谨以此书献给我的母亲

吉 林 大 学 哲 学 社

中国保险法视维之 Viewing fro

保险

精

EXPLANA
INSURAI

释义

INTERP

社会科学文

SSAP

SOCIAL SCIENCES ACA

本书是笔者基于"中国保险法视维"的第六本著作，也是潜心研习保险合同法十八载的凝神之作，将其定义为"一本为了教而学的书"。本书的特点在于：秉持保险法治文明进步的基本规律，展现我国保险合同立法的总体成就和制度进步历程。"保险先行，制度后成。"保险和保险法制，尤其是保险合同法制，是保险基因的两个互相绕行的链条，相伴相生，相生相进。如何能将保险法律和保险经营这种精妙互动凝结在保险法律教学和科研过程之中？是笔者在书写序言时最突出的思考所在，也是潜藏在本书写作过程中的走向所在。

法治文明的进化一如人类社会，常常是在顿挫中前行的。保险法治文明的进化历程同样如此，我国的保险立法和司法实践，是建立在世界保险法治文明有了一定程度发展的基础和背景之中的。我国保险法的确立、修订、补充，以及即将进行的包括保险合同法部分的保险法的再次修订，与英美法系诸国保险法制、大陆法系诸国保险法制的发展和进化过程"同且异"。"同"在保险产品、保险经营惯例决定的保险法律调整的功能和走向。"异"在保险产品的本土化、保险经营的过程和实践的本土化决定的保险法律调整的路径和制度选择。同而求异，需要探查世界保险立法的历史规律、现实变化，积极跟进和更新我国保险立法的制度以及调整保险立法的功能；需要探查我国保险立法的发展特点、具体制度的司法适用结果。本书在基本秉持保险合同法著作体例的前提下，力图在以下方面有所突破。

第一，力图在保险合同法理论和保险经营实践之间搭建稳固而坚实的桥梁，将保险经营实践的因素纳入对保险合同法理论问题的探讨之中。将拣选出来的保险司法判例以及保险条款附着在各类保险合同法律制度论述之后，力图展现保险经营、保险司法、保险立法的互动和连接关系。

第二，力图从我国保险合同法治进化的历程中追根溯源，将立法、法律修订、司法解释出台等重要的保险法制标志性大事件的背景资料汇集在本书附录之中，使其成为探查具体保险法律制度立法主旨的支撑性材料，也借此力图将我国保险法治文明建立在秉持传统的基础之上。

第三，力图以笔者的思考带动和引发读者的思考，将笔者对本书主体部分论述的相关思维线索展现出来，附着在传统的编、章、节之后，并融合成为本书的有机组成部分。

第四，力图在立足现行保险合同立法的基础上，对未来保险合同立法的走向有所建言，将本书论述和论证过的法条修订建议总结和归纳出来，作为本书附录的组成部分。以立足现实，着眼未来。

潘红艳

于吉林大学行政楼

2020 年 5 月 29 日

目录
CONTENTS

第三编 保险合同法总论

第一编

绪　论

第一章

保险制度概述

第一节　保险制度

一　保险制度的意义

保险是人类发展到一定阶段才得以迅速发展起来的行业，其所涉及者，囊括了个人、公司等组织、社会和国家。微观关涉个体生存发展，宏观关涉国计民生。

社会的安定、家庭生活以及企业经济活动的稳定，均需要一定的财力保障。但是，各层次主体，不论如何谨慎，还是可能发生意外，这些意外事件的偶然性和不可预测性，极大削弱了社会发展所需要的稳固基础。

当企业或个人发生了偶然的、不可预测的事故之后，一方面，社会和国家会以公共救济的方式施以援手，以扶持该企业或个人恢复到正常经济环境或生活的轨道；另一方面，社会和国家能提供的公共救济以及被救济的主体范围是很有限的，无法满足所有多层次主体不同程度的风险转嫁需求。

为了应对种种不安定因素带来的不良后果，应对将来可能发生的各种突发事件，寻找到自力救济的科学有效方法，人们设计出一种预备性的制度，这种制度就是建立在大数法则基础之上的保险。企业通过保险转嫁产品生产、分配、销售过程中的风险；个人和企业购买数以亿计的责任保险转嫁拥有、使用财产，驾驶机动车以及从事经营活动等行为中的责任风险；国家和社会、团体和个体，借由健康保险、意外伤害保险转嫁生老病死以及意外事件的风险。

保险，以加入者支付一定数额的金钱为前提，将这些金钱以储蓄的方式进行储备。当偶然的、不可预测的风险事件发生之后，予以给付，使参加者得到一定的补偿，恢复其经济等活动的能力。

二 保险制度的基础——大数法则的作用

以日常生活中比较容易发生的事故为例，如火灾、死亡等。如果从单个经济或社会主体的角度来进行观察，这些事故是偶然发生的，也是不可预测的。但是，把这些被单个主体认为是偶然的、不可预测的事故放到有一定数量的社会生活的群体中去考察，把主体的个数扩大，也就是在"大数"的背景下进行考察，那么情况会如何？

这里首先需要解释"大数法则"的内涵，所谓大数法则，是一种数学规则，可以通过做一个数学实验来简明扼要地把握这种规则。如果把硬币抛向空中，这些硬币落地后的状况包括两种可能：第一，硬币的正面朝上；第二，硬币的背面朝上。如果连续做 50 次、100 次，硬币正面朝上或背面朝上的出现概率可能会有很大差距。例如，在 100 次中，正面朝上出现了 60 次，而背面朝上只有 40 次。继续抛硬币，当抛出硬币的次数达到数万次或数十万次，甚至上百万次，其结果为，硬币正面朝上和背面朝上的概率已经十分接近，几乎接近 1∶1。在社会现象以及社会科学领域，道理亦然，剔除人为故意操作的因素，人类的性别可能是大数法则的最好例证，依据自然法则出生的男女比例接近 1∶1。

既然大数法则也在社会生活中起作用，那么就可以把单一主体认为是偶然的、不可预测的事故的发生，放到一定规模的人群中去观察。根据大数法则的原理，可以推断出，这些事故的发生是有规律的，发生概率是可以计算或预测的。在此基础之上，保险制度得以产生。通过精确地计算出特定人群中特定事故的发生率，将这种发生率作为该特定人群需要缴纳保险费的依据，然后对特定事故的损失进行补偿，维持或维护特定主体经济上的稳定，进而达至整个社会的安定。正是在此意义上，"保险保无险"得以成为保险行业运行的终极目标。

在对特定群体进行选择的时候，必须遵循一定的规则，否则，大数法则将失效。即要求所有被选的人，必须在同一标准之下，这样才能保持保险经营过程的公平和公正、经营结果的赢利和顺畅。因此，不论是财产保险还是人身保险，都要求被保险人符合大致同一的标准。人身保险要求投保人和被保险人如实告知被保险人的身体状况，一般不允许患有重疾参加保险。财产保险要求保险标的与同一保险险种的加入者具有同样的特性，不存在已经发生的风险或可以预见将来会发生的风险。例如，被保险的货物已经发生了腐烂或可以预见马上要腐烂。人身保险中，明知自己病入膏肓的人和所有身体健康的人加入同一保险，患病者可以预见会发生保险事故。在保险事故发生之后，如果保险人向该患病者支付保险金，那么，对其他的健康参保者在利益平衡角度上是不公平的，在法律评定上是不公正的。因为，支付给该患病者的保险金是所有参保人共同筹集的，用以填补所有投保条件相同的主体因不可预测的保险事故所遭受的损失。

医疗保险遵循同样的原理，保险人根据保险的内容和参保人群的性质，并参照以往的疾病概率以及保险金与保险费的比率，来确定哪些疾病属于给付保险金的范围、收取的保险费以及给付保险金的数额。最终将前述确定的结果以保险条款的形式固定下来，出险以后依据保险合同进行理赔，进而实现保险经营层面的主体平等，以及保险法律层面的公正。如果没有按照事先确立的条款内容约定，进行不适当的给付，那么对所有符合参保条件的人均有失公平。

依照大数法则建立保险制度以后，必须通过建立一定的规则来保持大数法则在保险中的应用。因此，在保险运营的过程中，必须要有法律来规定保险运行的法则；必须有实施监督管理的行政机构制定相应的监管规则；保险机构在经营保险过程中，会产生诸多行业惯例，将这些行业惯例加以法律的确认，与前两种层次的法律规则共同构成了保险法的应然以及实然的法源。

第二节　保险制度的本质

一　保险的本质

保险的本质是什么？事物的本质具有多个维度的功能：首先，本质实际上是从表及里认识事物的方法和路径；其次，事物的本质具有判断和区分事物"是此非彼"的功能，判断一个行为是不是保险取决于其是否符合保险的本质，而不是单纯地以是否以保险命名为标准。进而，从法律层面，掌握保险的本质直接决定是否适用保险法律的规定，只有符合保险本质的行为才能纳入保险法的调整范围。以前述功能为导向，本书认为，保险的本质包括如下方面。

（一）保险的核心理念

保险是以市场经济为背景，以私有财产和责任自负为前提，主体针对偶然发生的、事先无法预知的事故造成经济生活的不安定，所采取的一种应对措施。

（二）保险的核心功能

保险的核心功能是减轻或弥补事故的发生所造成的损害，称为"减灾防损"。

（三）保险的运营方法

保险的运营方法是，运用大数法则原理，对那些已经发生的风险从统计学的角度进行计算和观察，以预测该种风险将来发生的概率。以此概率为基础，聚集同类风险，以及面临同类风险的主体，结合发生该种风险后可能造成的损害，对需要支付的保险金数额作出预测。将预测的保险金数额，在面临同种风险的主体范围内，根据各自的风险率公平地分摊。汇集每个主体应分担的部分，形成保险储备金，用以弥补或补偿因预测的风险发生而造成的经济损失。可见，保险就是一个共同储备资金，以弥补或补偿风险造成损失的制度，称为"分散危险，消化损失"。

根据保险的原理，在面临同类风险的主体之间分摊的资金，就是保险实务中的"保险费"。收取保险费，形成保险储备金，并支付给保险金的管理者，称为"保险人"。在偶然发生的、不能预测的风险（称为"保险事故"）发生之后，由保险人对造成的损失进行弥补或补偿而支付的约定的金额，称为"保险金"。

二 保险本质的各种学说

有关保险的本质，在保险法研究领域存在诸多学说。在众多的学说中，人们对保险制度是应用大数法则的原理对保险事故发生的概率进行计算，并用合理的方法建立起来的制度，达成共识。但是，人们对保险制度发挥的经济作用和功能，存在分歧，代表学说是"损害补偿学说"和"损害分担学说"。

（一）损害补偿学说

该学说把保险的经济功能锁定为：保险人对偶然发生的保险事故中受到损害的保险参加者进行补偿。

基于保险补偿损失的特点，形成了这一学说，这种学说的形成受到海上保险的影响，立法依据主要来源于英国的海上保险。英国1906年《海上保险法》第1条规定：海上保险合同是保险人向被保险人承诺，在被保险人因海事风险而发生损害时，保险人根据约定的合同条款在保险金额范围内进行补偿的合同。从这一法律规定衍生并且逐渐形成了损害补偿学说。主要代表人物包括英国的马歇尔（S. Marshall）、德国的马修斯（E. A. Masius）和杰菲特（Gephert）。其主要观点认为，保险合同是补偿损害的合同，是保险人收取投保人事先约定的保险费，当被保险人发生保险事故遭遇到损害时，由保险人根据保险合同的约定给予补偿的合同。

该学说对后世影响甚巨，当代保险也一直受此基本理论的影响。

（二）损害分担学说

损害分担学说的观点认为，保险是保险人对保险事故遭受损失主体的补偿，该补偿源自特定多数人对损害的分担。它强调保险的功能是基于多数人互助来解决损害补偿问题，将互助的责任分担作为保险的本质属性。

损害分担学说起源于 19 世纪末，主要倡导者是德国经济学家瓦格纳（Wagner）。该学说主要是从经济角度来论述保险的。从经济补偿角度出发，认为保险是一种经济补偿制度，是把参保人由将来特定的、偶然的、外来的、不可预测的事故发生所造成的财产上的损害，由所有处于同一风险之中、将来也有可能遭遇同样事故的参保多数人来分担，以此减轻由于灾害带来的损害结果。

该学说不仅从法律的角度解释保险的性质，还从经济的角度来解释和明确保险的经济补偿功能。该学说对保险法学界和保险经营都有较大的影响，欧美很多学者至今都秉持该学说的一些基本原理。

上述两种代表学说仅仅在财产保险中具有解释力，但当保险行业发展到不仅财产需要保险，人（生命）也需要保险的时候，就会遭遇到无法自圆其说的窘境。

人身保险，尤其是人寿保险出现之后，即出现了所谓的"定额保险"之后，情况发生了变化。"损害补偿学说"和"损害分担学说"均无法解释定额保险，因为定额保险是在保险事故尚未发生，也无法预测保险事故何时发生的情况下，保险人与投保人之间事先约定如果发生风险则由保险人给付特定保险金（定额）为内容的保险（定额保险是当保险事故发生后，不论有无损害以及损害的金额是多少，保险人根据签订保险合同时所约定的金额给付保险金的保险）。

也有学说根据人身保险的特点，认为被保险人在规定的期间死亡（死亡保险），或生存期间达到人寿保险所规定的年限（生存保险）时，可以认定为保险事故的发生。从抽象的角度看，将损害认定为精神上的损害，进而将采取定额方式给付保险金的人身保险中的损害，认定为一种损害补偿。最终，将定额保险纳入以损害补偿原则为基础的保险的范围。运用了抽象模拟思维的方式，试图说明人身保险也是建立在损害补偿基础之上的。精神损害的差异性以及保险金数额的无限定性，决定了前述说明无法将人身保险和损害补偿原则有机地联系起来，无法得出以人身保险为主的定额保险是建立在损害补偿基础之上的结论。

可见，损害分担学说是从经济角度来考察保险性质的，没有很好地从法律角度或经营角度来审视保险。同时，该学说中的有些观点无法自圆其说，例如，该学说把"自保"也列入保险之中，这和"多数人以互助的方式分担少数人的损害"的性质是存在矛盾的。

综上所述，本书认为，保险的本质属性是通过保险建立事先储备的基金，转移风险和分配风险，以寻求保障功能，进而减轻或消除经济生活的不安定因素。[①]

第三节　保险制度与储蓄、赌博或博彩（彩票）的异同

保险制度的一些特点与储蓄、赌博或博彩（彩票）有一些相似之处，但是在本质上有很大的区别。

一　保险与储蓄

和保险一样，储蓄在我们日常的经济生活中，可以起到缓解由于经济不稳定而带来的困窘的作用。但是，这种日常的储蓄并不是为特定的偶然的风险而准备的；同时，这种储蓄的方式是单一主体应对未来发生的事件的方法，不是复数经济主体结合在一起共同应对偶然发生的保险事故的制度。对储蓄的使用方法、使用时间，以及在什么样的情况下使用，都是单个的经济主体自由决定的，这与针对特定的、偶然发生的风险，由众多的经济主体共同参与储备应对风险的保险制度存在根本区别。具体而言，二者主要存在三个方面的区别。

（1）保险和储蓄的实施方法不同。保险采取互助共济的方法实施；储蓄采取单独设立个别储蓄账户的方法实施。

（2）保险和储蓄给付关系遵循的规律不同。保险的给付关系遵循综合均等的规律，是保险人和投保人之间的均等；储蓄的给付关系遵循个别均

---

① "在一个复杂的商业社会，保险的界定至关重要，但这一界定不仅仅应当给出一个概念，也应当保留足够的灵活度，以适应新的险种以及保险经营所处环境的变化。" Robert E. Keeton, Alan I. Widiss, *Insurance Law*, West Publishing Co., 1988, p. 5.

等的规律。

（3）保险和储蓄设置的目的不同。保险设置的目的在于实现危险的具体防范；储蓄设置的目的在于综合未来事件的安排。

二　保险与赌博或博彩（彩票）

赌博或博彩（彩票）与保险存在两点相似：第一，赌博或博彩（彩票）和保险一样，具有射幸性，赌博的赢取钱财、博彩（彩票）的偶然中奖和保险因发生保险事故而给付保险金一样，都不具有必然性，而是偶然的；第二，博彩（彩票）同保险一样，都是聚集多数的经济主体，向这些主体集资，然后根据具体情况决定给付或不给付来保持均衡，并通过精确的计算来决定给付金额。

但是，保险与赌博或博彩（彩票）存在本质区别。保险制度的目的以及功能是，通过各个经济主体共同筹集资金，应对经济生活中的不安定因素、做经济上的储备。而赌博或博彩（彩票）并没有上述的目的和功能，只是通过偶然的机会赢得经济上的利益而已。

具体而言，保险和赌博主要存在三个方面的区别。

（1）法律评价不同。保险的法律评价是肯定的，为法律所倡导；除了在极少数地方以外，赌博为法律所禁止。

（2）对风险的作用不同。保险是防范风险的行为；赌博是制造风险的行为。

（3）保险利益的有无不同。保险法律规定保险必须具有保险利益，否则无效；赌博没有保险利益的要素。

第二编

保险合同法概论

第一节　保险的起源和保险法的历史沿革

一　保险的起源

保险的起源众说纷纭，一般认为，现代的商业保险和相互保险起源于欧洲，关于欧洲保险的起源，莫衷一是，并无统一或权威的说法。[①]

最早的保险起源可以追溯到古巴比伦王国（Babylonia）。古代的东方，贸易活动频繁。但是，贸易风险也很大。例如，恶劣的天气、地震、火山爆发等来自自然界的风险，以及盗贼、海盗、战乱等来自社会的风险。后来逐渐产生了为了预防风险、补偿损害的借贷活动，公元前1800年的汉穆拉比（Hammurabi）法典中可以找到这种后来中世纪地中海沿海一带产生的"冒险借贷"制度的原型。同时，在这部法典中也可以找到发生灾难时人们互相扶助这种类似现代社会保险制度的原型。

比较有力的说法认为保险起源于古罗马时期的名称为"可莱基亚"的

[①]　在保险法的发展历史上，有人认为"罗得海商法"是现代保险法的起源。大约在公元前900年，地中海上的罗得岛是当时海上贸易以及船舶的中转站。该岛上的船东和商人形成了一些海上贸易的规则，后人称为"罗得海商法"。该规则中规定，在海上运输途中，船舶及其所运载的货物遭遇到灾害或事故时，船长为了排除共同危险，可以采取合理的救难措施，如为了减轻船舶的重量可以把货物抛入海中，由此而造成的特殊损失和所产生的额外费用，将由船东和货主共同承担。"共同海损"的原则由此产生。也有其他一些说法。各家各说，保险法的起源究竟以什么样的标准来测定，至今未明。

丧葬互助会①，以及同时代的基于血缘和地域连接的家族或宗族式的互助组，或古代村落式的互助组。这是现代人寿保险的雏形。

到了中世纪的封建时代，基于商业的需要，形成了以行业利益为中心的基尔特（Guild）行会组织。该组织由同行业成员组成，当成员因经营不善发生经济困难时给予援助，或当成员有疾病、死亡时给予援助或对其遗族生活给予补贴。这种组织的方式，已经比上述寿险的雏形更进了一步。有人称这是人身保险制度的发端。② 由于该组织具有相互保险的性质，其成为现代人身保险中相互保险的原型。

二　现代商业保险制度的雏形

（一）"冒险借贷"制度

中世纪，在以菲尼基（Phoenicia，地中海东岸古国，位于现在的黎巴嫩、叙利亚一带）和希腊（Grecia）为中心的地中海沿海一带，海上贸易频繁，逐渐形成了"冒险借贷"制度。这一制度成为海上保险的先驱，也是现代商业保险制度的雏形。

"冒险借贷"是对从事海上贸易的商人实行的一种制度。由于当时航海技术尚未十分发达，海盗猖獗，海上贸易风险甚巨。商人以自己的船舶和货物作为担保，向金融业者借贷海上贸易的资金。如果发生海难事故或遭到海盗的袭击，无法完成航程，船只和货物灭失，商人不必向金融业者返还借款以及利息。如果航海顺利，则必须归还本金和事先约定好的利息。该制度起到以下几方面的作用，诱发了商业保险的正式登场。

第一，"冒险借贷"为从事海上贸易的商人提供资金，起到了调剂资

---

① "可莱基亚"的丧葬互助会是现代人寿保险的雏形。丧葬互助会向参会的会员收缴会费，在会员因战争死亡或因病而亡的情况下，以收集到的会费作为吊唁金给付家属。这种原始的会员制方式，成为现代人寿保险经营的基本原理。它和现代的终身保险的构造基本相同。

② 关于基尔特行会组织是不是现代人寿保险的起源，日本有很多学者曾有过比较有意义的讨论。详细内容参见近藤文二的《保险经济学》（第一卷）、《保险学总论》，左波宣平的《保险学讲案》，松本丞治的《保险法论》。

金的作用；

第二，"冒险借贷"在提供资金的同时，实现了将海上贸易的风险转嫁给金融业者的作用；

第三，"冒险借贷"的利息远远高于一般的借贷利息，为专门从事海上贸易风险承担的行业提供了获得较高利润的商业机会。

由于该制度形式自由、不是固定的以及具有独立的风险转嫁性质、借贷资金事先交付、风险负担费用不确定，"冒险借贷"并非真正意义上的保险。

（二）海上保险的逐步形成

"冒险借贷"制度的出现为海上保险的形成奠定了理论和实践基础。但是由于当时的行业分工不是十分清晰，金融业者和贸易商人之间互相渗透，使得市场上的需求变得比较复杂。

第一，有的贸易商人对资金并不缺乏，根本不需要向金融业者借贷，只是希望自己所经营的货物和船只的风险通过借贷行为获得转嫁而已，如果发生风险不仅可以省去金钱借贷和返还手续，还能节省高利息的支付。

第二，有的贸易商人挣钱之后，把海上贸易利用"冒险借贷"赚取的资金，反过来借给靠借贷为业十分需要现金的金融业者。那么，当这些贸易商人出海实施贸易时，根据"冒险借贷"的约定，就不再向金融业者借贷资金了。这样的话，会出现两种情况。一是航海平安结束时，船只和货物没有受到任何损害。贸易商人和金融业者之间就不再根据合同进行结算。贸易商人借贷给金融业者的贷款作为利用"冒险借贷"制度的费用，相当于金融业者应得的借贷高利息部分。二是航海发生海难事故或遭到海盗抢劫时，船只和货物血本无归。贸易商人损失了船只和货物。按照"冒险借贷"的约定，贸易商人可以不履行约定的义务。而贸易商人借贷给金融业者的钱，则可以请求返还。在履行上述两个合同时，所有的利息都互相抵销，不用支付。但是，"冒险借贷"的利息中，有关风险负担这一部分利息（实际上是手续费），须由贸易商人支付给金融业者。

这种制度形式上仍是金钱的消费借贷合同，但是从其实质上看，已经演变成以风险转嫁为目的的合同，在保险法历史上被称为"准保险"或"保险借贷"。

13~14世纪，由于当时的教会法禁止获得利息，公开的获取利息的借贷被禁止，"冒险借贷"转化为另外一种新形式：金融业者以只有当贸易商人的船只和货物受到损害的时候，才支付金钱给贸易商人为条件，缔结合同。如果船只和货物都安全抵达，则合同解除。但是，贸易商人必须把风险负担费用事先支付给金融业者。可以看出，该制度实质上已经是有偿的损害补偿合同了，1384年意大利比萨出现的证书就是例证。

上述制度在当时的欧洲逐渐固定，成为商人之间从事海上贸易的习惯法则，为现代商业保险的形成奠定了基础。

（三）海上保险的发展和早期的保险立法

最初的海上保险，大约出现在14世纪后期的意大利；通过意大利商人的商业路线向外扩展到西班牙、法国等地；而后沿波罗的海向北部的荷兰发展。海上保险对繁荣欧洲大陆的海上贸易发挥了极为重要的作用，在欧洲发展历史上为促进航海发展和加速贸易流通写下了浓墨重彩的一页。

保险制度的出现，引起了各国政府的重视。为了能够保障航海和海上贸易的正常发展，之后直至今日的数百年间，保险立法层出不穷。

1. 最古老的海上保险法典

欧洲各国在14世纪到17世纪前叶这段时期中，出现了在各种立法中包含有海上保险的有关规定。1369年意大利的《热那亚法令》和1393年意大利的《佛罗伦萨市条例》中都有对海上保险的规定。

真正作为比较完整的保险法令出现的是1435年西班牙的《巴塞罗那法令》。这是巴塞罗那市政当局公布的有关海上保险和损害赔偿的法令。《巴塞罗那法令》被后世定位为"世界上最古老的海上保险法典"。

最古老的以国家的法典形式出现的是1538年西班牙的《卡洛斯一世法令》。此后，1563年西班牙国王菲利普二世颁布了《安特卫普法令》。该法令中包含航海法令和海上保险以及统一海上保险单样式的法令。与此同时，欧洲其他国家也仿效西班牙，纷纷颁布国家级的与海上保险有关的法令。例如，荷兰颁布了《阿尔巴侯爵法令》（1571年），英国颁布了《伊丽莎白女王法令》（1601年）。

由于原始的海上保险是个体商人或一些商业资本家附带的投机行为，没有把对承担风险的预测以及保险费率的计算作为海上保险经营的重要环节加以考虑，各种法令更侧重如何预防赌博行为或恶意滥用的欺诈行为，因此，尚无从体系上以保险法形式进行比较完整规定的法令。这种现象一直延续到17世纪后叶。

2. 近代保险的开端和保险法的逐步形成

17世纪后叶到18世纪是世界近代保险史的开端，其间颇值一提的是火灾保险的出现以及近代人身保险的发端。

（1）拉丁语系国家保险法的蓝本

1681年，法国国王路易十四制定了《海事条例》，在第六章规定了海上保险的内容，统一了海上保险的规定。1804年《法国民法典》的第十二编规定了保险合同，1807年拿破仑制定的《法国商法典》继承了1681年《海事条例》的内容。《海事条例》成为之后拉丁语系国家制定保险法的蓝本。

17世纪后叶到18世纪中叶，保险业发生了较大的变动。这一时期，保险业从以个人经营为主，发展为以合作形态为主，出现了保险股份有限公司的经营形式。保险市场初步形成，有关航海的统计资料逐步聚集，海上保险进入了近代化阶段。

1731年，德国制定了该国最早的海上保险法——《汉堡保险及海损条例》，条例中规定了海上保险的行为准则以及有关海损补偿等内容。该条例的出现，为德国周边国家的立法提供了范本。1746年的《丹麦保险条例》、1750年的《瑞典保险条例》、1766年的《普鲁士保险条例》均受到《汉堡保险及海损条例》的影响。

（2）火灾保险的起源

随着海上保险的日益发达，随之而来的是火灾保险的粉墨登场。关于火灾保险的起源众说纷纭。[①]

火灾保险是从伦敦大火灾后才真正形成的，其起源于 1667 年的说法更容易被接受。1666 年，英国伦敦发生大火灾。[②] 次年，伦敦的牙科医生尼古拉·巴蓬（Nicholas Barbor）建立营业所，办理住宅火灾保险。1680 年，他召集其他人集资 4 万英镑，成立了火灾保险商行。1705 年，改名为"菲尼克斯火灾保险公司"（凤凰火灾保险公司）。当时的火灾保险在风险的分类、保险费率的计算上是比较粗糙的。经过多年的传播，火灾保险于 18 世纪后叶逐步传到德国、奥地利、法国、瑞典、挪威、美国等国家。

（3）生命表与近代人身保险的开端

人身保险的起源可以远溯至中世纪，和海上保险有连带关系。当海上贸易中出现了以运送奴隶为业的海上运输之后，奴隶主将奴隶的生命附随海上货物一起保险。随后海上贸易的船员也加入其中，再后来发展到陆地上，逐步形成了以人的生命为保险标的的近代人身保险的雏形。

到了 17 世纪末，人身保险的历史上发生了一件大事——生命表的诞生。因计算出哈雷彗星运行周期为 76 年而出名的英国天文学家、数学家哈雷（Edmond Halley，1656—1742），于 1693 年发布了德国的布雷斯劳城（Breslau，今弗罗茨瓦夫市，属波兰）的人口死亡率表（生命表），首次探讨了死亡率和年龄的关系。

生命表的出现，为人寿保险提供了精算费率的基础，为近代人寿保险的发展提供了极为重要的经营工具。1762 年，英国人詹姆斯·道森（James Dodson）借助生命表建立了精密计算投保人缴付保险费数额的人寿保险经营体系，成立了开创人寿保险先河的"公平人寿保险公司"

[①] 关于火灾保险的起源，有人认为是起源于日耳曼帝国时代。也有人认为，火灾保险源自 12 世纪（1118 年）冰岛地区的保险组织 Hreppsd 社以及德国北部基尔特（Guild）行会组织实施的互助救济事业，其中包含对火灾及其他灾害的互助事项，该事业当时已经比较发达。1591 年，德国汉堡设立了酿造业火灾行会；到了 1676 年，成立了汉堡总火灾金库；1718 年，在此基础上又成立了汉堡公立火灾保险所。与今天的火灾保险不同的是，上述机构或组织，并非以对火灾进行互助救济（保险）为主要目的建立，而是手艺人或工匠以福利或对火灾（风险）的自我防卫为目的建立起来的。

[②] 1666 年 9 月 2 日，英国伦敦发生火灾，大火整整烧了 5 天，被火灾殃及面积达伦敦市总面积的 83.26%。1.32 万户房屋被毁，直接财产损失高达 1200 余万英镑，20 多万人无家可归。

（Equitable Life Assurance Society）。该公司的成立标志着根据死亡率进行保险费精算的人寿保险制度已经初步形成。

（4）劳合社

1688 年，爱德华·劳埃德（Edward Lloyd）在英国伦敦泰晤士河畔开设了咖啡馆。因咖啡馆地处伦敦市中心，吸引了海陆贸易商人、船主、航运经纪人以及保险商等光顾，使之逐渐成为交换海运信息，接洽航运和保险业务的活动场所。劳埃德咖啡馆于 1696 年开始发行《海运贸易商况》的报纸，进一步成为伦敦海上保险业集中活动的场所。后来，保险商以发起人劳埃德为名组成了劳埃德保险社（Lloyd's）（现译为"劳合社"）。该社是以辛迪加（Syndicate）方式经营的团体，向保险合同双方当事人收取手续费，由选举产生的管理委员会进行管理。1871 年，英国上下议院通过了《劳合社法》。

迄今，已有 300 余年历史的劳合社（The Corporation of Lloyd's），业已发展成为英国海上保险的中心，是历史悠久和有国际影响的保险组织。

三 保险立法的繁盛期

（一）各国商法典的纷纷亮相

19 世纪之后，各国进入商法典的繁盛时代。《法国商法典》率先颁布，欧洲各国纷纷追随，形成了制定国家统一的商法典的潮流。例如 1865 年的《意大利商法典》、1871 年的《德意志商法典》、1897 年的《德意志商法典》。上述的商法典均偏重海上保险的规定，陆上保险几乎没有体现，1826 年的《荷兰商法典》和 1829 年的《西班牙商法典》是特例。

19 世纪后叶，各国的商法典均将陆上和海上保险的规定列入其中。比较具有代表性的商事立法包括 1874 年的《比利时商法典》、1875 年的《匈牙利商法典》、1882 年的《意大利商法典》、1887 年的《罗马尼亚商法典》、1888 年的《葡萄牙商法典》、1889 年的《西班牙商法典》、1889 年的《阿根廷商法典》、1889 年的《墨西哥商法典》、1890 年的《日本商法典》、1891 年的《荷兰商法典》、1910 年的《希腊商法典》和 1916 年的《巴西商法典》等。

（二）英国海上保险法

英国在 1906 年制定了至今仍有巨大影响的《海上保险法》，该法由英国伊丽莎白女王签署和颁布，是英国历史上第一部完整的海上保险法。其中将劳合社制定的海上保单，经过严密论证和修改后作为该法令的附件。颁布之后，这部法律成为世界各国制定海上保险法的范本。直至今日，各国在制定保险法时、保险公司在签订海上保险合同时仍在参考该法中的规定。①

（三）保险监管法的出台

从 19 世纪到 20 世纪，保险事业进入蓬勃发展时期。保险运营的成效直接影响到了经济的发展以及国民的生活。各国政府开始关注保险业的经营状态、运营方法等诸多问题，并从发挥政府职能的角度，将保险监管纳入了国家立法的视野之中。例如 1885 年的《瑞士私营保险业监管法》、1901 年的《德意志私营保险业监管法》、1903 年的《瑞典法》、1904 年的《丹麦人寿保险公司监管法》、1905 年的《法国保险业监管法》、1909 年的《英国保险公司法》、1911 年的《挪威保险公司法》、1922 年的《荷兰人寿保险业监管法》、1923 年的《意大利私营保险业监管法》以及 1930 年的《比利时人寿保险业监管法》等。

笔者有话说：保险是什么

——保险坐标的确定

一　保险坐标的确定

1. 保险的历时"经度"

还原保险的起源过程发现，保险制度萌生于"海上借贷"（冒险借贷），是金融业者为了获得高额利息将资金借贷给海上贸易商人这一经营

---

① 英国伦敦保险市场于 1982 年 1 月 1 日启用新的海上保险单格式和新的协会货物保险 A、B、C 条款，又从 1983 年 10 月 1 日起适用新的协会船舶定期/航次保险条款，标志着海上保险发展史上的重大变革。新的海上保险单格式和协会条款成功地经历了十余年来伦敦保险市场和其他保险市场的检验（仅船舶定期保险条款在 1995 年 11 月 1 日作出了一些修订）。参见杨良宜、汪鹏南《英国海上保险条款详论》，大连海事大学出版社，1996，作者自序。

形式的变生形态。保险制度的直接产生根源，在于封建法和寺院法"禁止得利"。但金融业者不会因为立法层面的禁止，而舍弃本应获得的高额利息。其将"海上借贷"运营过程中本来作为高额利息的部分分离出来，寻找到蕴含在海上贸易过程中的"高风险"作为其对价形态，从而与海上贸易商人签订新形式的"无偿借贷"合同，约定原来在"海上借贷"形态下的利息作为金融业者承担"高风险"的对价，预先向其进行交付。进而，一种脱胎于原有的"海上借贷"的交易形态——保险就产生了。这种交易形态向"风险转嫁"的群体回归以后，衍生出"风险转嫁群体"内部的"相互扶助"的属性。

反观这段历史，所有交易形式的最初萌芽，都是最原始的买卖、借贷。封建法和寺院法"禁止得利"，催逼精明的商人们为"利息"寻找对价——危险。"法欲禁而利不止"就是这段保险出生史的最贴切写照。

2. 保险的现实"纬度"

外观的、市场层面的保险，可以分解为三个层次。

第一层，保险经营层（外观层）。从一般的合同法理念出发，保险合同外观上显现出和其他合同同质的双方当事人特质，即一方是投保人，另一方是保险人，一方缴纳保险费，另一方承担危险。保险的商业属性蕴含在这一层次之中。

第二层，危险转嫁层（技术内核层）。技术内核体现为大数法则和精算原理，即借助大数法则和精算原理厘定危险以及保险费率，作为确定保险商品以及保险商品定价的基础。"分散危险，消化损失"是这一层次的另一种诠释。

第三层，保险互助层。保险合同实质是投保群体与保险人之间形成的"大合同"。即投保人和保险人为双方当事人，构成"显性保险合同"；背后隐藏着以投保群体和保险人为当事人的"隐性保险合同"。投保群体内部互助、互保，"我为人人，人人为我"即为这一层次的写照。

保险的三个层次可分可合，三层合一同时采取以营利目标为先的股份制公司形式经营，则体现为当代诸多股份制保险公司所经营的保险；三层中着重于后两个层次，同时采取相互保险的方式经营，则体现为保险的人和性；如果缺少了技术内核层，即不依据大数法则以及精算原理运营，而是采取"互联网"这一组织形式，则衍生出"保险为父、众筹为母"的"相互保"① 以及"相互宝"等衍生品。

二 保险的解剖学分析

如果将保险视为一个生物体的细胞，这一细胞的构成包括三个基本要素：三者缺一不可，缺一则不为保险。

1. 保险的细胞核：危险的转嫁

"无危险，则无保险"，保险是转嫁危险的制度。危险存在于保险之前，二者时间顺序不能颠倒，一定是先有危险，后有转嫁危险的保险，否则保险就异化为"赌博"。赌博和保险二者的区别也在于此，如果先存在保险，后有危险，就成了赌博——行为本身不是转嫁危险，而是创造危险。②

大数法则和精算原理是现代意义上的保险不可或缺的组成要素。虽然最初的保险运营，并非以大数法则以及精算原理作为厘定危险和保险费的依据，而是基于一般的商业理性对危险转嫁需要的费用（保险费）进

---

① 2018年10月17日，信美相互人寿和蚂蚁金服共同推出"相互保"产品，由"众美相互保险"承保，通过"蚂蚁金服"的保险平台销售大病保险产品。蚂蚁相互保是一款保障99种重大疾病加恶性肿瘤的大病保险产品。不限社保、不限药品、不限治疗手段。保障金额分两档：39周岁以下最高保障金额是30万元；40周岁至60周岁是10万元。保障金及管理费由全体成员平均分摊，公示期结束后根据分摊规则承担交费义务；保障金及管理费分摊日为每月的14日、28日。信美相互人寿和蚂蚁金服将通过支付宝扣划成员的每期分摊金额。每期分摊金额 =（保障金+管理费）/分摊成员数保障金。分摊金额设上限：每位成员为单个患病成员分摊金额不超过0.1元，每期分摊金额位数不足1分的按1分计算。如果不够的话，理论上由保险公司理赔。管理费：等于每期保障金的10%。赔偿越多保险公司获得的管理费越多，蚂蚁金服的佣金也就水涨船高。交费成员必须保证有足够金额用于划扣分摊金额，划扣时，如果5天内未完成划扣，交费成员将会被退出相互保，同时芝麻信用分会受到影响。理赔简单：不用到场。手机拍照上传相关资料，审核公示无异议，一次性全部到账。"330万参保人员数量底线"在一定程度上保证了参与者分摊金额的相对稳定性。相互保有一个"不到330万人参与自动解散"条款，其意义在于保证较大数量参保人员分摊和缴费金额的稳定性。
② 以一对赌一百是赌博最常见的形态，这种形态就是最好的先有行为，后有因这种行为而产生的危险的例证。大量的赌博的变形在生活中存在，比如电影《西虹市首富》中的"脂肪险"就是这一赌博的变形：一块钱的对赌是在约定的时间内减掉约定量的脂肪，"投保人"达成了目标，庄家支付一千块钱，如果达不成目标，则一块钱归庄家所有。

行厘定。① 保险制度的不断发展，使得蕴含在一般商业理性中的危险厘定以及保险费定价原理"大数法则""精算原理"逐渐析离出来，随着保险商人费用厘定的专业化需求的提升以及保险市场竞争的催化，在保险商品中普遍适用大数法则以及精算原理成为衡量各个保险商人核心竞争力以及保险商品质量的核心要素。所以，虽然只是一种科学领域的发现（大数法则和作为大数法则基础的危险发生概率之间在时间顺位上是先有危险发生的概率，后有人们对危险发生概率的发现），但是因为大数法则以及精算原理与保险制度实现科学化和商品化历经几百年的融合——这种融合从第一份基于大数法则以及精算原理厘定保险费的财产保单诞生开始，以及第一份运用生命表作为缴纳人身保险费依据的人身保单签发之时开始，二者成为保险制度不可别除的部分。

2. 保险的细胞质：转嫁危险的共同社群——投保群体

从单一的、外观的、显性的保险合同我们仅仅能看到作为双方当事人的投保人和保险人。回溯至保险的运营机理，综合的、内在的、隐性的保险合同双方主体其实是投保群体和保险人。保险人并非从自己的手中拿出钱来支付保险金，而是源自投保群体保险费的累积。保险是"分散危险，消化损失"的制度，危险的分散是在投保群体内部实现的，危险的消化基于投保群体发生危险的不同概率而完成。保险人的地位本质上是这种"分散危险，消化损失"机制的商业化经营的"介质"。

3. 保险的细胞液（保险介质）：转嫁危险的组织机构——保险公司、相互保险社、相互保险公司

无论采取何种经营形式，保险公司、相互保险社、相互保险公司，② 作为保险制度经营介质的本质属性和功能并没有变：将危险精细化和类型

---

① 在人寿保险中，承保事件——死亡——在某一年是不确定的，但死亡率一般随年龄增加而上升，直至最后成为一个确定性事件。在健康险中，并非每个人都会患病或受伤，其风险与死亡的模式不同，但在长期健康险合同下，承保风险随时间而增加，所以有必要收取持续上升的保险费或累积足够资金，以满足随着被保险人年龄增长而给付率相对提高的需求。参见沙银华、潘红艳《中国保险法视维度之日本保险精要》，台湾元照出版有限公司，2019，第 204 页。

② 保险公司属于营利性法人，相互保险无论其组织形式为相互保险公司还是相互保险社，其法律属性是中性法人，即不以营利为目的的法人组织。

化，运用大数法则和精算原理厘定保险费，将投保群体汇集在特定的保险商品中，将保险费累积成的保险基金进行金融市场的投资和收益，向特定发生危险的投保人支付保险金。

因为"缺之即无"，保险介质的各类型组织成为保险的要素，也是保险得以在市场经济背景之下运营的要素——这种市场化运营的功能不可小觑，"利之所在，趋之若鹜"。顺利而行，一种制度才能发挥更契合实际的功能。危险转嫁功能的实现过程因为更加符合各方主体原初的需求，凝结在危险转嫁功能之上的保险制度才得以更加顺畅地运行。

三　保险与其他金融产业的异同

1. 保险和其他金融产业的相同之处

从蕴含在保险中的资金流向可见：保险费—保险基金—资本，保险费的汇集成为保险基金，保险人将保险基金在金融市场上进行投资，成为金融市场与其他资金来源同质的资本，这些资本的运营遵从金融规律的作用。可见，在保险人参与资本运营的层面，保险和其他金融产业是相同的。

2. 保险和其他金融产业的相异之处

保险以危险转嫁为核心，其他金融产业以资本增值为核心。在形成保险费以及保险费汇集成为保险基金的链条上，保险显现出独特的属性。从投保人购买保险产品的角度出发，保险费汇集的目的在于转嫁危险（这一目的不排斥同时具有参与金融资本运营增值回报的目的），保险费汇集的功能衍生为保险产品具有的"分散危险，消化损失"以及保险人运营过程体现的"保险基金保值增值"两个向度。具体体现为两个方面。

第一，金融介质汇集资金的基础不同。保险汇集资金以社群（投保群体）为基础，即保险费的汇集以特定的面临同类风险的投保群体为基础。其他金融产业资金汇集以个体投资人、储蓄人为基础。

第二，金融资本的收益负担不同。保险中遵循"收益—保险基金—保险金—盈利"的收益分配顺位。保险经营人盈利顺位滞后，保险基金首先应当用来填补投保人损害的保险金，然后才是保险人获得的经营利润部分。保险机构运营保险基金获得的盈利，必须首先用来支付的保险金，然后才能获得自身的盈余，这一顺位是由投保群体利益的保护直接决定的。其他金融产业遵循"收益—金融机构盈利—利息"的收益分配顺位。金融机构盈利顺位优先，银行、信托等金融机构将资本运营过程中获得的盈利支付给储户的前提是首先满足自身盈利目标的实现，在此基础上才将利息等分配给储户、投资人等。

四　保险法学与各个学科的结构性联系

保险法学与各个学科的结构性联系如图 1 所示。

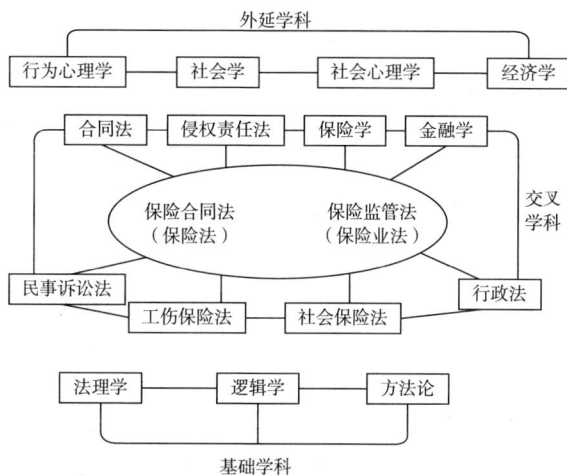

图 1　保险法学与各个学科的结构性联系

第二节　主要国家的保险立法概况

一　大陆法系主要国家的保险立法

（一）德国

德国是主要的大陆法系国家之一，这在前文保险的起源和保险法发展的叙述中已经略见一斑。1897 年的《德意志商法典》中，有关于海上保险的专门规定。该法的第四编第十章中规定了航海保险，分为七节：第一节总则、第二节签订保险合同的告知义务、第三节保险合同中被保险人的义务、第四节风险的范围、第五节损害的范围、第六节损害的补偿、第七节解除保险合同以及退还保险费。该法典的原则和精神在德国保险立法中一直延续至今。

德国 1908 年颁布的《保险合同法》规定了陆上保险。这部法律共有五章 194 条：第一章通用规定（包括第一节总则、第二节告知义务和增加风险、第三节保险费、第四节保险代理）；第二章损害保险（包括第一节损害保险通则、第二节火灾保险、第三节雹灾保险、第四节家畜保险、第五节运送保险、第六节责任保险）；第三章生命保险；第四章意外伤害保险；第五章附则。这部法律和瑞士商法典中的有关陆上保险均为 20 世纪初统一的陆上保险的先驱性立法，也成为其他国家立法时的范本。此后经过了多次修改，比较重要的修改是在 1939 年、1942 年、1943 年进行的。

欧盟在 2002 年颁布了两个对保险业至关重要的指令：异地直销指令和保险中介人指令。这两个指令对德国保险业产生了巨大的震动。为了能将欧盟指令及时落实为德国国内法，德国保险合同法改革委员会在 2003 年 6 月发布了改革初步意见，最终公布了专家共同拟定的新保险合同法草案。2006 年 10 月，德国联邦政府审订后的保险合同法草案颁布，并提交联邦议会审议。历经百年，新的《保险合同法》2008 年 1 月 1 日生效。

此次修订是德国保险立法有史以来最大的一次改动，基本上抛弃了原有的条款编排，完全重新改写。距离德国 1908 年保险合同立法正好 100 年，号称"百年修法"，改动如此巨大，实属德国保险立法史上的首次。

（二）法国

法国是大陆法系主要代表国家之一，在保险法的立法体制上，法国采用了保险合同法和保险业法分别立法的模式。

1976 年，法国将有关保险的法律编纂成大统一式的《保险法典》（*Code Des Assurances*），由三部分组成：第一部分是法律；第二部分是规定；第三部分是政令。该法典分为五章：第一章保险合同（包括海上保险）、第二章强制保险、第三章保险公司、第四章特殊保险组织和对保险业的特殊规制、第五章一般保险代理人和保险经纪人及其他保险中介。

这是一部内容非常完整的保险法典，不仅包括了保险合同、海上保险、保险公司、保险中介以及其他保险组织、保险监管，还包括了政策性很强的强制保险。迄今为止，在大陆法系国家，该法典是内容最为广泛的保险法典。

该法典分别在 1983 年和 1997 年进行了修订。保险合同法部分，在 1997 年版本中，一共分为七章：第一章非海上损害保险与人保险共通规定、第二章非海上损害保险、第三章人保险和长期储蓄保险的相关规定、第四章团体保险、第五章长期储蓄保险合同、第六章保险和长期储蓄保险合同相关的其他规定、第七章海上保险和内河湖泊保险合同。

（三）意大利

意大利属于大陆法系的国家，该国在民法典中对保险合同作出规定，并在海商法典中对海上保险作出规定，与此同时专门制定了保险业法。

意大利 1942 年在《民法典》第四编第三章第二十节中对保险合同作了详细规定，同年《航行法典》中对海上保险作了规定。1923 年意大利颁布的《民营意外保险业法》规定了保险监管的内容。此后，于 1959 年第 449 号法令对国家保险公司作了规定。

（四）日本

日本属于大陆法系国家，明治维新时，从西方引进了保险制度，并成立了第一家保险公司（东京海上保险公司）。与此同时，日本开始对保险进行立法。

日本长期以来将有关保险的立法分为海上保险和陆上保险，陆上保险又分为保险合同法和保险业法（保险监督法）。日本保险法将保险划分为损害保险和生命保险，损害保险中包括财产保险、意外保险和健康保险。由此可以看出，日本的损害保险不仅包括了财产保险，还包含了人身保险中的意外伤害保险和健康保险，即"第三领域"保险。

1890 年，日本首次公布了《商法典》，将保险合同编入了第二编的第十章中，将海上保险编入了第三编的第六章中。1939 年，日本制定了《保险业法》，该法在 1995 年进行了全面修订。2008 年 5 月，日本制定了《保险法》，分成五个章节96条，附则6条，总共112条：第一章总则；第二章损害保险；第三章生命保险；第四章伤害疾病定额保险；第五章杂则以及附则。该法于2010年实施，实施之前，日本对商法进行修改，把保险合同法部分从商法中剔除，而继续保留海上保险部分。

二 英美法系主要国家的保险立法

（一）英国

英国是英美法系的主要代表国家之一。英美法系是判例法国家，成文法不是其主要的法源。英国保险立法属于分别立法体例。

英国对世界保险界的最大贡献是1906年制定的《海上保险法》，这部法律对很多国家的海上保险立法产生过重要影响，其影响时至今日仍在继续。当年制定该法的目的是调整海上保险合同、承认其法律特征、赋予其法律效力、解释其法律含义并对海上保险合同涉及的其他问题进行调整。

英国的陆上保险立法主要包括1774年颁布的《人寿保险法》和《火灾预防法》、1867年颁布的《保险单法》、1930年颁布的《第三人（对保险人的权利）法》。

英国在保险监管法律（保险业法）方面的立法主要包括1774年颁布的《反赌博法》和1871年颁布的《劳合社法》。此外，英国还在1930年颁布《简易人寿保险法》、1958年颁布《保险公司法》、1975年颁布《保单持有人保护法》、1977年颁布《保险经纪人（登记）法》、2000年颁布《金融服务和市场法》、2012年颁布《消费者保险（披露与陈述）法》、2015年颁布《保险法》等。

英国虽然是判例法国家，但是在保险方面的成文法对世界其他国家的保险立法也产生了重要的影响。

（二）美国

美国是英美法系的具有代表性的另一个国家。在美国，依联邦宪法规定，商事立法权归各州所辖，故联邦（全国）没有制定统一的保险法，而是由各州自主立法。

美国各州在保险立法方面和英国一样，也采用成文法的体例。美国与英国不同，美国各州采用综合（合并）的立法技术。

自 19 世纪后叶，美国各州纷纷进行保险立法。现在，各个州基本上都有保险法，但各州的保险立法内容颇不一致。尽管都具备保险方面的成文法律，但是，毕竟美国是判例法国家，保险合同纠纷主要是依判例来进行调解判决。各州保险法均以对被保险人的保护及保险业监管为主要内容。例如，在纽约州的《保险法》总共 59 章节内容中，保险业的内容占绝大部分篇幅，有 55 章之多，保险合同的内容较少，只有 4 章。

有少数州是以保险合同法为中心进行立法的，例如加利福尼亚州、北达科他州、南达科他州和蒙大拿州。在加利福尼亚州的《保险法典》中，包括四编：第一编总则，分为保险合同和保险业两个章节；第二编各类保险，其中有火险、水险、寿险和意外伤害险等七个章节；第三编保险监督官协会；第四编保险公估人。

第三章
保险合同法

第一节　保险合同法概述

保险合同法是调整保险人和投保人订立的保险合同关系法律规范的总称。保险法是一个总括的部门法，其中包括海上保险法、保险业法、保险合同法等内容。保险法的分类比较多，根据调整范围的不同，依托保险的分类标准，可以有不同的分法。例如，按照保险法发展过程中自然形成的分类，一般分为海上保险法和陆上保险法；按照保险的对象分类，一般分为人保险法和物保险法；按照保险金是否事先确定进行分类，可分为定额保险法和不定额保险法；按照保险的性质分类，分为损害保险法、生命保险法等。将保险合同法从总括的保险法大门类中拣选出来，同时兼顾保险合同法囊括的对不同类型保险合同的调整内容，我们可以从以下方面认识保险合同法的属性和特征。

一　保险合同法的属性

如果按照保险法是调整保险关系的法律来下定义，保险法应当包含保险公法和保险私法。

1. 保险公法和保险私法的内容

保险公法是有关保险的公共法律关系的法律法规的总称，例如保险业监督管理法、社会保险法等。

保险私法是有关保险的非公共性法律关系的法律法规的总称，例如保险行业组织法和保险合同法。

在保险业法中，既有公法部分，也有私法部分。公法部分就是前述的保险业监督管理法，私法部分就是保险行业（包括保险股份有限公司和相互保险组织等形式）的组织法。

2. 保险业法与公司法

在一般的情况下，各国都有公司法，各国公司法对公司的组织均有十分详细的规定。在保险业法中，只对保险公司特殊的部分加以规定，其他部分则直接适用公司法的规定。

存在相互保险组织的国家，则会在保险业法中详细规定相互保险公司、合作保险组织等形式的内容。以公司形式经营的相互保险组织——相互保险公司的设立、结构、社员的权利和义务、保险计算等也在保险业法中加以规定。其原因在于，公司法并不规定相互保险公司的内容。

3. 保险合同法与商法

保险合同法是调整保险合同关系法律规范的总称，各国关于保险合同法的立法各不相同。

《中华人民共和国保险法》（以下简称《保险法》）中规定保险合同法的内容，共有 57 条（第二章"保险合同"第 10 条到第 66 条）。我国通常将保险法作为商法的一个部门法，与信托法、证券法、破产法、票据法共同构成商法。

二　保险合同法的立法体例

同其他法律一样，保险合同法的立法体例也受到了法系的制约和影响。不同的法系，立法的方法和表现形式都不相同。因此，保险合同法也存在两大法系之间的区别。

各国在保险立法时所遵循的原则，一般是将保险合同法作为商业行为法的一部分，而列入商法典的范围之中。也有一些国家，将海上保险列入商法典中，而陆上保险则另设单行法规。由此，有关保险合同法的立法，根据各国所属法系的不同可以分为两大类。

（一）大陆法系

同样是大陆法系的国家，在保险立法上却区分为两种不同的体例。观察保险的起源和初期的保险立法可知，德国和法国所经历的保险立法过程和内容存在诸多区别，实际上构成了大陆法系保险立法的两种不同体例。

1. 德国保险合同法的立法体例

德国体例是在该国的商法典中列入了海上保险的内容，颁布单独的《保险合同法》（1908 年）调整陆上保险的内容。保险立法基本与德国的立法体系相同，后被归类到德国体系的国家有瑞士、瑞典、挪威、丹麦、匈牙利等。

2. 法国保险合同法的立法体例

法国体例是在该国的商法典中规定了海上保险法。陆上保险同德国体例基本相同，另外颁布了《保险合同法》（1930 年）。在保险的立法史上，这种立法技术具有先进性，曾经被各国纷纷效仿。第二次世界大战前，与法国立法体例相同或借鉴了法国体例的国家众多，包括比利时、荷兰、西班牙、意大利、葡萄牙、罗马尼亚、土耳其、希腊、智利、乌拉圭、阿根廷。

（二）英美法系

1. 英国的保险立法

2012 年颁布的英国《消费者保险（披露与陈述）法》［*Consumer Insurance（Disclosure and Representations）Act*］，取代了英国 1906 年《海上保险法》确立的主动告知义务。包括主要定义、前合同及前变更信息、适格的误述、特定问题、最终条款以及附表几个部分。[①]

2015 年颁布的英国《保险法》（*Insurance Act* 2015）包括保险合同的主要定义、合理说明义务、担保及其他条件、欺诈索赔、诚信原则与合同

---

① 任自力：《英国 2012 年消费者保险（披露与陈述）法述评》，载尹田、任自力主编《保险法前沿》，法律出版社，2012，第 186 页。

适用除外、第三人向保险人求偿的修正、通则以及附录八个部分。

2. 美国的保险立法

美国的保险立法权属于各州，每个州的保险立法均不相同。

三　保险合同法的解释

（一）根据保险合同法的内在含义进行解释

如何对保险合同法进行解释？采用何种解释论？这是有关如何正确解释保险合同法立法意图的重要问题。

在同一法律中，同一用语，会有不同的立法含义。对这种含义不一致的用语进行解释，只有根据法条上下文的关联，才能正确把握用语在法律中的含义。

例如"赔偿"，在不定额保险（以财产保险为主）中使用与定额保险（以人寿保险为主）中使用的含义会有所不同。在财产保险中，当被保险人发生保险事故，保险标的物产生了损害，保险人（保险公司）应根据保险合同的约定给付保险金，以此弥补（实际上是填补）损失。因此，"赔偿"在财产保险中的含义是"填补"。而在人寿保险中，当被保险人发生了死亡、残疾、疾病或者达到一定年龄（在保险合同约定的时间内生存）等状况时，保险人应按照预先在保险合同中约定的金额给付。在人寿保险中所使用的"赔偿"，并不是填补或弥补损失之意，而是根据保险事故的发生，保险人履行给付保险金的义务。"赔偿"的含义是保险人根据保险合同而"履行义务"。

（二）根据保险惯例的内在含义进行解释

保险法的历史源远流长，保险业在长期发展过程中积累了许多成文法中暂时未规定或根本无法规定的行业经营惯例以及保险合同惯例。这些惯例虽然不是成文法的内容，但是在实际的经营或业务操作的过程中，需要运用这些惯例解决具体问题。这些被保险行业普遍使用的惯例，人们称为"惯例法"。遵循惯例，成为符合保险行业发展和经营特点的解释方法。

第二节　保险合同的概念

什么是保险合同？如何对保险合同进行定义？自从保险中出现两大险种——财产保险和人身保险（或损害保险和生命保险）之后，对保险合同的定义，就成为学术界和保险实务界争论不休的话题。各种学说和理论纷杂，在此无法一一介绍，下面将其中比较重要的学说予以呈现。

（一）损害说

比较早地呈现在人们面前的是"损害论"。持有该学说的学者[①]认为，保险合同是双方当事人签订的，保险人有偿地对特定的风险产生的损害进行填补的合同。

该学说只适用于财产保险（或损害保险），无法适用于人身保险（或生命保险）。其原因是，按照保险法的理论，在人身保险中不存在"损害"的问题。财产保险中的"损害"是财产性质的损害。人身保险中，人的生死和财产的损害不发生直接联系。损害是财产发生的一种变动，这种变动是财产遭到不利的变化形态。"填补损害"则是通过物质的手段，对财产的变动提供物质性补偿。换言之，如果不存在财产受到不利变化形态的变动，则不存在"填补损害"的概念。因此，"损害说"只适用于与财产有关的保险。

（二）危险说

持有该学说的学者[②]认为，保险合同是以承担填补他人的经济风险责任为内容或目的的约定。由于该学说是以损害说为基础的学说，和损害说一样无法解释人身保险的基本性质。

---

① 在欧洲赞成或主张损害论学说的保险法学家有 K. Malss、Elster、Doehl 和 Worner 等。
② 在欧洲赞成或主张危险论学说的保险法学家有 Rüdiger、Goldschmidt 和 Lewis 等。

（三）给付说

持有"给付说"观点的学者①认为，保险合同是投保人或第三者预测如果不确定的事故发生，需要物质补偿时，一方当事人（保险人）可以根据不确定的风险发生率确定物质补偿的数额，并在投保群体中平均分摊这一数额，按照约定将物质补偿给付给特定的发生风险的投保人。

该学说没有摆脱前两种学说的影响，只是在损害说和危险说的基础上加以改良。

（四）补充需求说

该学说认为，保险合同是当事人一方独立承担风险，补充其他当事人的不确定的需求，当特定的事故发生后，或在约定的时间以给付金钱为内容的有偿合同。给付的金额、给付的时间，要根据不确定的事故来决定。

这一学说不仅被欧洲的保险法学家所重视，也引起了一些日本学者的关注。日本学者松本丞治教授认为，保险合同是对偶然发生的事故带来的经济上的需求进行补充，是由多数也具有同样的偶然发生的风险的人进行分担的一种方法，这种方法将事先预定好需求的价格，与此对应地约定给付金额，根据上述原则与另一方当事人达成合意。

该学说的核心就是，保险合同是根据补充需求而形成的。根据该学说，在人寿保险中，投保人的需求虽然抽象，不论当事人是否产生需求，也不论是在何种情况下产生，保险人都应给付保险金。

---

① 在欧洲赞成或主张给付论学说的保险法学家有 Alexander-Katz、Hupka、Fick 和 Endemann 等。

第四章
我国保险制度与保险法

第一节　我国保险制度

一　我国保险制度的发展概要

我国正式引进保险业是在近代历史的序幕拉开以后。1805 年，英国率先在广州设立了"广州保险行"。此后，英国在我国的香港、上海等地分别设立了"保安保险公司"、"香港保险公司"、"扬子保险公司"、"中华保险公司"、"太阳保险公司"、"巴勒保险公司"、"永福人寿保险公司"以及"大东方人寿保险公司"等以外资为主的保险公司。

我国第一家民族保险公司是 1876 年由清朝政府官办的"仁和保险公司"。1878 年，清政府又设立了"济和保险公司"。1885 年，清政府将上述两家官办保险公司加以合并，称为"仁济和保险公司"。

20 世纪 10 年代到 20 年代，我国的民族工业以及民族金融业得到迅速发展。1916 年，国内资本注入的保险公司相继成立，如"联保保险公司"、"永宁保险公司"和"华安保险公司"。次年，"永安保险公司"成立。由于当时民族资本的财力相对薄弱，营业范围比较狭窄，保险市场的占有份额极小。

进入 20 世纪 30 年代，民族资本的保险业有了长足的发展，如上海银行和龙鸿记联合成立了"大华保险公司"，金城银资成立了"太平保险公司"，浙江兴业银行成立了"泰山保险公司"，上海银行和太古洋行合资成立了"宝丰保险公司",中央信托保险部和农民银行成立了"中国农业保险公司"。

20 世纪 40 年代后期,随着第二次世界大战的结束,民族资本的保险公司纷纷从内陆转向沿海城市,再次进入了黄金发展时期,尤其是上海再次成为我国保险业的中心。截至 1946 年 5 月,仅上海地区就存在 90 多家保险公司,同年 11 月猛增至 130 多家。1949 年解放前夕,在上海登记的中外保险公司达到了 400 家左右。

二 现代保险的情况

1949 年 10 月新中国成立,保险业从此进入了一个新的发展时期。[①] 新中国成立伊始,在政府的主导下,对我国境内的中外保险公司进行了清理,根据收归国有以及公私合营等政策对将近 200 家中外保险公司进行重新整合,成立了新中国第一家保险公司"中国人民保险公司"(以下简称"PICC")。1951 年,将上海市 28 家私营保险公司合并,全部归入公私合营的保险公司,最后并入 PICC。自此,PICC 成为直到改革开放初期这一段时间我国唯一的保险公司。

"文化大革命"时期,PICC 除了在北京的总公司还保留了一部分处理涉外保险业务的组织以外,其他各地的分公司全部解散,除了剩余的涉外义务,其他的保险业务几乎全部停止。

改革开放以后,保险业在 20 世纪 80 年代初期得到了全面的恢复,90 年代开始引进外国保险业,现在我国的保险业开始了新一轮的发展。

首先,在改革开放的初期,PICC 兼营财产保险和人身保险。其主要经营的保险品种有财产企业保险、汽车保险、海上运输货物保险、船舶保险、简易人身保险、团体意外伤害保险、养老保险等。还有一些大型保险项目,例如石油开发保险、原子能发电站保险、卫星保险等。

其次,随着改革开放的深入,我国保险业开始正式走向繁荣。平安保险公司和太平洋保险公司的成立,打破了 PICC 一家独占的局面。

[①] 新中国成立前后,我国保留和接收的保险公司属于完全官僚资本的有 6 家,官僚资本企业中有私股成分的有 18 家,另外官商合办的有 4 家。参见王安《保险中国 200 年》,中国言实出版社,2008,第 31 页。

截至 2015 年 8 月，我国已经有保险企业和保险机构数千家。其中：保险集团公司 6 家、人寿保险公司 52 家、财产保险公司 39 家、再保险公司 5 家、保险资产管理公司 8 家、保险代理公司 1614 家、保险经纪公司 299 家、保险公估公司 244 家。

第二节　我国的保险立法

一　近代保险立法概要

我国最早的保险立法源于 1903 年，清政府在制定《大清商律》时，在商律中设置了"商行为篇"，在该篇中损害保险以及人寿保险的内容专门列章。1910 年，我国历史上第一部保险业法——《保险业章程草案》诞生。该法分为七章，共由 105 条组成，对之后国民政府时期的保险业法产生了比较重要的影响。辛亥革命时，该法被废止。

辛亥革命以后，南京国民政府对保险立法颇为重视，1918 年，颁布了《保险业法案》。该法案共有 42 条规定。1929 年，我国历史上首部《保险法》颁布。该法律分为三章共 82 条：第一章总则、第二章财产保险（包括火灾保险和责任保险在内）、第三章人身保险（包括人寿保险和意外伤害保险在内）。由于种种原因该法律没能得到实施。1935 年，南京国民政府再次对保险法进行修改，同时还颁布了新的《保险业法》，分为七章共 80 条。两年后，再次对《保险业法》进行了修订，并同时公布了《保险业法》的实施办法。由于政局不稳，保险法律没能得到实施。1937 年，南京国民政府对该法进行修订，将原来的三章扩展为四章，条文也由原来的 82 条增加到 98 条。修改后的法律依旧没能得到实施。

1949 年新中国成立，直至 80 年代后期，与保险有关的法律一直没有公布，取而代之的是，各级政府或行政机关发布的各种行政规定以及各种通知、内部文件等对保险业进行管理。由于 PICC 是当时我国唯一的保险公司，所以那些规定、通知以及内部文件实质是通过行政手段来管理和指导 PICC 经营活动的。

二　现代保险立法

（一）保险法的公布

1985 年 3 月，国务院颁布《保险企业管理暂行条例》，同年 4 月正式实施。该条例由六章共 24 条组成：第一章总则、第二章保险企业的设立、第三章中国人民保险公司、第四章偿付能力和保险准备金、第五章再保险、第六章附则。该条例是 PICC 的专用法规。

1987 年以后，随着保险市场的开放，新诞生了几家中资保险公司，同时，外国保险公司也被允许进入我国。

1992 年，国务院正式公布《上海外资保险机构暂行管理办法》（当时只允许外国保险公司进入上海，所以行政法规的名称限定于上海），由此可见该管理办法仅对在上海开设保险机构者具有法律约束性。随着保险市场的对外开放，美国友邦保险公司（AIA，亚洲地区本部设在香港，隶属于美国的 AIG）以独资的方式，正式进驻上海，兼营人寿保险和财产保险业务。日本东京海上保险公司也在上海开设了分公司。

由于当时与保险有关的法律制度没有及时颁布，所以带来一定程度上的混乱。随着保险市场日益扩大和保险需求的增加，为了健全和规范保险市场，我国于 1995 年 6 月底公布了新中国第一部《保险法》，该法于同年 10 月正式实施。《保险法》的制定和公布，标志着我国的保险事业从此开始走向现代化阶段，对保险业的监督管理也从"计划经济"模式走向了"市场经济"模式。

2001 年 12 月 11 日，我国正式加入世界贸易组织（WTO）。在"入世"时，曾向世贸组织的成员承诺，在一定时间内开放保险市场。2001 年 12 月 22 日，我国政府履行上述承诺，按照承诺的内容逐步开放保险市场。国务院废除了与"入世"的承诺有冲突的《上海外资保险机构暂行管理办法》，颁布了《中华人民共和国外资保险公司管理条例》。2004 年 5 月 13 日，中国保险监督管理委员会（以下简称"保监会"）公布了该条例的实施细则。

此后，保监会陆续修改或新颁布了监管保险行业的行政法规。

《保险法》在实施了近 8 年之际，于 2002 年 10 月 28 日第一次进行了修改。这次主要是对保险业法部分进行修改，基本上没有对保险合同法部分进行修改，保险合同法部分和 1995 年公布的保险法中几乎没有区别。2009 年 2 月 28 日第二次修订，对保险合同法部分作了较大程度的修改。2014 年 8 月 31 日第三次修订，2015 年 4 月 24 日第四次修订。

（二）保险法的主要内容

我国《保险法》是混合型的立法，包含保险合同法、保险业法以及惩罚规定等。修改后的《保险法》分八章共 185 条规定：第一章总则、第二章保险合同、第三章保险公司、第四章保险经营规则、第五章保险代理人和保险经纪人、第六章保险业监督管理、第七章法律责任、第八章附则。

第一章总则，由 9 条组成，内容包括立法宗旨、保险定义、适用范围、从事保险活动的原则、诚实信用原则、保险业主体的范围、境内投保原则、分业经营原则、保险业监督管理机关等。

第二章保险合同，由三节 57 条组成。在保险法中是保险合同法部分，包括一般规定、人身保险合同和财产保险合同。

第一节一般规定，规定的内容包括保险合同定义及其主体、订立保险合同的原则、保险利益和保险标的、保险合同成立与生效、保险合同的效力、投保人解除合同的权利、投保人的告知义务、保险人的说明义务、保险合同的内容、无效格式条款、保险合同的变更、保险事故的通知、协助义务、保险金的核算和给付、拒绝赔付的通知、先行赔付、诉讼时效、保险欺诈、再保险的定义、再保险保险费及赔付、保险合同的解释等。

第二节人身保险合同，规定的内容主要包括人身保险利益、被保险人年龄不实告知及其处理、死亡保险的禁止、死亡保险合同的效力、保险费的支付方式、逾期支付保险费、保险合同的效力恢复、禁止诉讼方式请求保险费、保险金受益人的指定和变更、受益顺序和受益份额、保险金作为遗产的情形、受益权丧失、被保险人的自杀及其效果、保险金的代位求偿权、保险人免于赔付、保险人禁止追偿、人身保险合同解除等。

第三节财产保险合同，规定的内容主要包括财产保险利益、财产保险标的的转让、货物运输保险合同等的解除禁止、被保险人的防灾减少损失的义务、危险增加和通知义务、保险费的变动、保险费的退还、保险价值的确定、重复保险、残存物的代位权、代位求偿权、不能行使代位求偿权的法律后果、代位求偿权的行使限制、协助行使代位求偿权、勘验费用负担、责任保险、责任保险相应费用承担等。

第三章保险公司，和第四章、第五章、第六章共同组成保险法中的保险业法部分。其规定的主要内容包括保险公司设立的批准、保险公司设立的条件、注册资本、申请文件和资料、批准决定、筹建期限和要求、保险监管机构批准开业申请的期限和决定、设立分支机构、董事监事高级管理人员的责任、变更事项的批准、精算报告制度和合规报告制度、如实报送报告报表文件和资料、账簿原始凭证和有关资料的保管、聘请或解聘中介服务机构、解散和清算、重整和解和破产清算、人寿保险合同及责任准备金转让、经营保险业务许可证的注销、公司法规定的适用等。

第四章保险经营规则，规定的主要内容包括保险公司的业务范围、再保险业务、保证金、责任准备金、公积金、保险保障基金、最低偿付能力、财产保险公司自留保险费、最大损失责任的赔付要求、危险单位划分方法和巨灾风险安排方案、再保险、资金运用的原则和形式、保险资产管理公司、关联交易管理和信息披露制度、关联交易的禁止、重大事项披露、保险销售人员任职资格、保险代理人登记制度、依法使用经营保险业务许可证、公平竞争原则、保险业务行为禁止等。

第五章保险代理人和保险经纪人，规定的主要内容包括保险代理人和保险经纪人的定义，保险代理机构和保险经纪人的资格条件及从业许可管理，以公司形式设立的保险专业代理机构和保险经纪人的注册资本，保险专业代理机构、保险经纪人的高级管理人员的经营管理能力与任职资格，个人保险代理人、保险代理机构的代理从业人员、保险经纪人的经纪从业人员的任职资格，经营场所与账簿登记，保险代理机构、保险经纪人缴存保证金或者投保职业责任保险，个人保险代理人代位办理人寿保险业务接受委托的限制，保险业务委托代理协议，保险代理责任承担，保险经纪人的赔偿责任，保险事故的评估和鉴定，保险佣金的支付，保险代理人、保险经纪人及其从业人员的禁止行为等。

第六章保险业监督管理，规定的主要内容包括保险监督管理机构的职责、国务院保险监督管理机构立法权限、保险条款与保险费率的审判与备案、对违法违规保险条款和费率采取的措施、对保险公司偿付能力的监控、对偿付能力不足的保险公司采取的措施、责令保险公司改正违法行为、保险公司整顿、整顿组织权、被整顿保险公司的业务运作、保险公司结束整顿、保险公司接管、年度营业和财务会计报告的报送制度、保险事故的评估和鉴定、账簿和原始凭证等的保存等。

第七章法律责任，规定的主要内容包括擅自设立保险公司、保险资产管理公司或非法经营商业保险业务的法律责任，擅自设立保险专业代理机构、保险经纪人或者未取得许可从事保险业务的法律责任，保险公司超出业务范围经营的法律责任，保险公司在保险业务活动中从事禁止性行为的法律责任，保险公司未经批准变更公司登记事项的法律责任，超额承保及无民事行为能力人承保死亡保险的法律责任，违反保险业务规则和保险组织机构管理规定的法律责任，保险代理机构、保险经纪人违反诚信原则办理保险业务的法律责任，不按照规定缴存保证金或者投保职业责任保险设立收支账簿的法律责任，违法聘任不具有任职资格的人员的法律责任，不按规定披露保险业务相关信息的法律责任、刑事责任的规定等。

第八章附则，规定的内容包括保险行业协会的规定、其他保险组织的商业保险业务的法律适用、海上保险的法律适用、外资保险公司的法律适用、农业保险法律适用的例外、该法律的实施日期等。

如果按照有些国家的做法，一般在法律颁布的同时，实施该法律的细则以及行政命令就会随之而公布。《保险法》公布以后，没有公布实施细则，取而代之的是颁布了四部最高人民法院关于适用保险法的司法解释。

（1）2009年9月21日公布《最高人民法院关于适用〈中华人民共和国保险法〉若干问题的解释（一）》，针对最高人民法院适用2009年2月28日修订的《保险法》的规定进行解释，以解决新旧保险法的衔接问题。

（2）2013年5月31日公布《最高人民法院关于适用〈中华人民共和国保险法〉若干问题的解释（二）》，针对保险法中保险合同一般规定部分有关法律适用问题进行解释。

（3）2015年11月25日公布《最高人民法院关于适用〈中华人民共和国保险法〉若干问题的解释（三）》，针对保险法中保险合同有关人身保险部分法律适用问题进行解释。

（4）2018年7月31日公布《最高人民法院关于适用〈中华人民共和国保险法〉若干问题的解释（四）》，针对保险法中保险合同有关财产保险部分法律适用问题进行解释。

（三）其他有关保险的行政法规

由于我国《保险法》是保险合同法和保险业法混合型的法律，如果没有具体的实施细则，将无法具体实施法律中的规定。不公布实施细则，而由具体负责监督管理的监管部门来制定和公布行政法规或指导性意见，成为大陆法系保险立法中独树一帜的立法模式。

（1）国务院公布的行政法规主要有《外资保险公司管理条例》《机动车交通事故责任强制保险条例》《农业保险条例》等。

（2）中国保险监督管理委员会（2018年3月，根据第十三届全国人民代表大会第一次会议批准的国务院机构改革方案，将中国保险监督管理委员会的职责进行整合；2018年4月8日，中国银保监会正式挂牌）公布的行政法规主要有《保险公司管理规定》《保险代理机构管理规定》《保险经纪公司管理规定》《保险公估机构管理规定》《保险营销员管理规定》等。

（3）财政部公布的行政法规主要有《保险公司会计制度》《保险公司财务制度》等。

按照时间顺序将我国关于保险的较为重要的法律、行政法规和规章进行简要整理，如表1所示。

表1 我国关于保险的较为重要的法律、行政法规和规章

法规名称	公布日期	公布机构
保险法	1995年6月30日公布	全国人民代表大会常务委员会
中国人寿保险业经验生命表（1990~1993）	1996年6月公布	中国人民银行
保险管理暂行规定	1996年7月25日公布	中国人民银行
保险经纪人管理规定（试行）	1998年2月16日公布	中国人民银行
保险公司会计制度	1998年12月8日公布	财政部
保险机构高级管理人员任职资格管理暂行规定	1999年1月11日公布	中国保险监督管理委员会

法规名称	公布日期	公布机构
保险公司财务制度	1999 年 1 月 13 日公布	财政部
机动车辆保险条款	1999 年 2 月 13 日公布	中国保险监督管理委员会
保险公司管理规定	2000 年 1 月 13 日公布	中国保险监督管理委员会
保险公估机构管理规定	2000 年 1 月 14 日公布	中国保险监督管理委员会
保险兼业代理管理暂行办法	2000 年 8 月 4 日公布	中国保险监督管理委员会
保险代理机构管理规定	2001 年 11 月 16 日公布	中国保险监督管理委员会
保险经纪公司管理规定	2001 年 11 月 16 日公布	中国保险监督管理委员会
外资保险公司管理条例	2001 年 12 月 22 日公布	国务院
保险资产管理公司管理暂行规定	2004 年 4 月 21 日公布	中国保险监督管理委员会
外资保险公司管理条例实施细则	2004 年 5 月 13 日公布	中国保险监督管理委员会
中国人寿保险业经验生命表（2000~2003）	2005 年 12 月 22 日公布	中国保险监督管理委员会
机动车交通事故责任强制保险条例	2006 年 3 月 21 日公布	国务院
保险营销员管理规定	2006 年 4 月 6 日公布	中国保险监督管理委员会
健康保险管理办法	2006 年 8 月 7 日公布	中国保险监督管理委员会
关于《健康保险管理办法》实施中有关问题的通知	2006 年 9 月 13 日公布	中国保险监督管理委员会
关于审理海上保险纠纷案件若干问题的规定	2006 年 11 月 23 日公布	最高人民法院
关于股票投资有关问题的通知	2007 年 4 月 4 日公布	中国保险监督管理委员会
保险公司关联交易管理暂行办法	2007 年 4 月 6 日公布	中国保险监督管理委员会
关于印发保险公司偿付能力报告编报规则的问题解答（3~6 号）的通知	2007 年 4 月 9 日公布	中国保险监督管理委员会
保险许可证管理办法	2007 年 6 月 22 日公布	中国保险监督管理委员会
保险业内涉嫌非法集资活动预警和查处工作暂行办法	2007 年 12 月 26 日公布	中国保险监督管理委员会
保险公司偿付能力管理规定	2008 年 7 月 10 日公布	中国保险监督管理委员会

续表

法规名称	公布日期	公布机构
保险保障基金管理办法	2008 年 9 月 11 日公布	中国保险监督管理委员会、财政部、中国人民银行
保险专业中介机构分类监管暂行办法	2008 年 12 月 30 日公布	中国保险监督管理委员会
保险公司中介业务违法行为处罚办法	2009 年 9 月 25 日公布	中国保险监督管理委员会
中国保险监督管理委员会行政复议办法	2010 年 1 月 6 日公布	中国保险监督管理委员会
保险机构案件责任追究指导意见	2010 年 1 月 29 日公布	中国保险监督管理委员会
人身保险业务基本服务规定	2010 年 2 月 11 日公布	中国保险监督管理委员会
保险集团公司管理办法（试行）	2010 年 3 月 12 日公布	中国保险监督管理委员会
保险公司信息披露管理办法	2010 年 5 月 10 日公布	中国保险监督管理委员会
保险公司分支机构分类监管暂行办法	2010 年 5 月 25 日公布	中国保险监督管理委员会
中华人民共和国外资保险公司管理条例实施细则	2010 年 12 月 3 日公布	中国保险监督管理委员会
保险公司养老保险业务管理办法	2010 年 12 月 3 日公布	中国保险监督管理委员会
保险公司财会工作规范	2012 年 1 月 12 日公布	中国保险监督管理委员会
全面推广小额人身保险方案	2012 年 6 月 12 日公布	中国保险监督管理委员会
保险资金参与金融衍生产品交易暂行办法	2012 年 10 月 12 日公布	中国保险监督管理委员会
保险资金参与股指期货交易规定	2012 年 10 月 23 日公布	中国保险监督管理委员会
保险资金境外投资管理暂行办法实施细则	2012 年 10 月 12 日公布	中国保险监督管理委员会
人身保险公司销售误导责任追究指导意见	2012 年 10 月 23 日公布	中国保险监督管理委员会
人身保险业综合治理销售误导评价办法（试行）	2012 年 11 月 7 日公布	中国保险监督管理委员会
保险统计管理规定	2013 年 1 月 6 日公布	中国保险监督管理委员会
保险销售从业人员监管办法	2013 年 1 月 6 日公布	中国保险监督管理委员会

续表

法规名称	公布日期	公布机构
保险经纪从业人员、保险公估从业人员监管办法	2013 年 1 月 6 日公布	中国保险监督管理委员会
保险公司分支机构市场准入管理办法	2013 年 3 月 15 日公布	中国保险监督管理委员会
人身保险公司风险排查管理规定	2013 年 6 月 19 日公布	中国保险监督管理委员会
保险消费投诉处理管理办法	2013 年 7 月 1 日公布	中国保险监督管理委员会
中国保险监督管理委员会信访工作办法	2013 年 6 月 25 日公布	中国保险监督管理委员会
人身保险公司客户信息真实性管理暂行办法	2013 年 11 月 4 日公布	中国保险监督管理委员会
保险资金运用管理暂行办法	2014 年 4 月 4 日公布	中国保险监督管理委员会
保险资金运用内控与合规计分监管规则	2014 年 6 月 22 日公布	中国保险监督管理委员会
保险机构洗钱和恐怖融资风险评估及客户分类管理指引	2014 年 12 月 30 日公布	中国保险监督管理委员会
相互保险组织监管试行办法	2015 年 1 月 23 日公布	中国保险监督管理委员会
农业保险承保理赔管理暂行办法	2015 年 3 月 17 日公布	中国保险监督管理委员会
保险公司资本保证金管理办法	2015 年 4 月 3 日公布	中国保险监督管理委员会
互联网保险业务监管暂行办法	2015 年 7 月 22 日公布	中国保险监督管理委员会
养老保障管理业务管理办法	2015 年 7 月 30 日公布	中国保险监督管理委员会
保险公司管理规定	2015 年 10 月 19 日公布	中国保险监督管理委员会
人身保险公司保险条款和保险费率管理办法	2015 年 10 月 19 日公布	中国保险监督管理委员会
保险专业代理机构监管规定	2015 年 10 月 19 日公布	中国保险监督管理委员会
保险公估机构监管规定	2015 年 10 月 19 日公布	中国保险监督管理委员会
保险经纪机构监管规定	2015 年 10 月 19 日公布	中国保险监督管理委员会
保险小额理赔服务指引（试行）	2015 年 10 月 24 日公布	中国保险监督管理委员会
保监会政务信息工作办法	2015 年 12 月 29 日公布	中国保险监督管理委员会
责任保险统计制度（试行）	2016 年 1 月 21 日公布	中国保险监督管理委员会

续表

法规名称	公布日期	公布机构
保监会判处机构监管职责规定	2016 年 1 月 11 日公布	中国保险监督管理委员会
农业保险条例	2016 年 2 月 6 日公布	国务院
互联网保险风险专项整治工作实施方案	2016 年 4 月 14 日公布	中国保险监督管理委员会
保险公司城乡居民大病保险投标管理暂行办法	2016 年 10 月 9 日公布	中国保险监督管理委员会
财产保险公司保险产品开发指引	2016 年 12 月 30 日公布	中国保险监督管理委员会
保险公司合规管理办法	2016 年 12 月 30 日公布	中国保险监督管理委员会
保险信访工作责任制实施办法	2017 年 1 月 12 日公布	中国保险监督管理委员会
国务院办公厅关于加快发展商业养老保险的若干意见	2017 年 6 月 29 日公布	国务院办公厅
保监会关于加强保险消费风险提示工作的意见	2017 年 9 月 11 日公布	中国保险监督管理委员会
保险资金运用管理办法	2018 年 1 月 24 日公布	中国保险监督管理委员会
保险经纪人监管规定	2018 年 2 月 1 日公布	中国保险监督管理委员会
保险公估人监管规定	2018 年 2 月 1 日公布	中国保险监督管理委员会
关于修改《中华人民共和国外资保险公司管理条例实施细则》等四部规章的决定	2018 年 2 月 13 日公布	中国保险监督管理委员会
保险公司股权管理办法	2018 年 3 月 2 日公布	中国保险监督管理委员会

第三节　保险的分类

"分类常常是将保险实践和保险法律规制对应的重要步骤。此外，分类有助于为特定问题的分析和解决提供创造性路径。然而，分类也因囿于分类标准而自限其身。"[1]

按照我国保险的分类，可以将保险分为"商业保险"与"社会保险"，

---

[1]　Robert E. Keeton，*Insurance Law*，West Publishing Co.，1988，p. 16.

而又可以将"商业保险"分为"财产保险"与"人身保险"。根据保险分类的基准，可以将保险划分为各种不同的种类。上述的分类方法，只是其中的一种分类方法。一般可以将其分为公营保险和民营保险①、营利保险和相互保险、物保险（财产保险）和人保险（人身保险）、损害保险和生命保险、定额保险和不定额保险、原保险和再保险、企业保险和家庭保险、任意保险和强制保险等。

本书根据我国保险经营发展的实际情况，拣选域外保险分类中对我国保险行业具有借鉴意义的分类方法，主要对社会保险和商业保险、公营保险和民营保险、定额保险和不定额保险、财产保险和人身保险等分类方法加以论述和介绍，并将前述分类方法所蕴含的概念群作为后续保险合同法其他问题阐述时所需的概念参照系。

一　社会保险和商业保险

社会保险（social insurance）和商业保险（commercial insurance）是我国立法体系显现的分类方法。这种分类方法和下述公营保险和民营保险的分类方法比较相似。

（一）社会保险

依据《中华人民共和国社会保险法》（以下简称《社会保险法》）（2010年10月28日公布，2011年7月1日起实施），我国《社会保险法》规定的属于社会保险的包括基本养老保险、基本医疗保险、工伤保险、失业保险、生育保险等。② 保障公民在年老、疾病、工伤、失业、生育等情况下依法从国家和社会获得物质帮助的权利。

（二）商业保险

商业保险也称为"营利保险"，商业保险是带有营利性的保险事业。

---

① 民营保险亦可称为"私营保险"。根据我国保险的分类方法，本书均使用"民营保险"的用法。

② 《社会保险法》第2条规定："国家建立基本养老保险、基本医疗保险、工伤保险、失业保险、生育保险等社会保险制度，保障公民在年老、疾病、工伤、失业、生育等情况下依法从国家和社会获得物质帮助的权利。"

包括由民间的团体或企业投资经营的保险公司以及国有资产经营的商业保险公司①经营的保险。我国《保险法》调整的即为商业保险，依据该法第2条规定，"本法所称保险，是指……商业保险行为"。

二　公营保险和民营保险

（一）定义

将保险分为公营保险和民营保险是欧美和日本等国家的分类方法。依据经营保险的主体和保护利益的不同，保险包括公营保险和民营保险。公营保险是指，国家以及其他的公共团体从整个国家或社会的角度出发，实施以公共利益保护为目标，用以贯彻政府经济政策而经营的保险。民营保险是指，市场保险主体，以市场经济营利目的为目标而经营的保险。

公营保险和民营保险的划分实质是侧重以不同的经营主体作为区分标准的，由于我国保险经营主体的关系比较复杂，无法十分准确地将保险经营划分为公营保险和民营保险。例如，我国有些保险公司虽然不属于国有保险公司，但是，从保险公司的股权结构观察，大股东都是国有企业。因此，在进行划分的时候，根据我国的国情，将大体为中央政府或地方政府经营的保险，社会保险以及国有保险公司经营的保险归入公营保险；将商业保险以及全国总工会在工会内部实行的职工互助保险等则归入民营保险的类别。

公营保险和民营保险的分类功能在于解决两个问题。第一，解决法律适用的问题，同属保险行业，但公营保险关涉公共利益，一般适用诸如社会保险法等部门法的规定。民营保险一般适用商业保险法的规定。第二，解决立法价值导向和原则的问题，主要调整关涉公共利益的社会关系和主要调整关涉商业利益的社会关系立法在价值导向、法律原则、法律解释等向度均存在较大不同。此点从"社会保险法"和"商业保险法"不同的规制体系和规制方法可以折射出来。

---

① 例如，中国人民保险公司（1950~2001年），此后，该公司一分为四，均为国有资产经营的保险公司。

（二）公营保险

公营保险可以细分为社会保险和产业保险。

我国的产业保险中的一部分，如农业保险、出口信用保险、出口信用保险的再保险等均属于公营保险，均为以经济政策的贯彻为目标设置的保险类型。有些国家除了以上的公营保险以外，还存在其他的公营保险种类。例如，在日本，公营保险中还包括护理保险、机动车损害赔偿责任保险的再保险、临时工健康保险、船员保险、地震保险的再保险等。

（三）民营保险

与我国保险法所规定的商业保险对应，民营保险包括保险股份有限公司所经营的各种财产保险和人身保险。

（四）公营保险和民营保险的区别

公营保险和民营保险有所不同。

第一，经营主体的不同。公营保险的经营主体是国家（政府）和其他的公共团体；而民营保险的经营则是以营利性团体为主体进行的。

第二，经营的目的不同。公营保险的经营目的是实现社会的公共利益，实现政府的经济和社会政策；而民营保险则是为了取得商业性的盈利。

第三，加入保险的强制性不同。一般的保险法理论上都会强调保险加入时是否具有强制性作为区分公营保险和民营保险的一个标准。加入公营保险时具有一定的强制性。例如，社会保险中的年金保险、医疗保险、失业保险、工伤保险等，都是带有一定的强制性。而民营保险，一般没有强制性。但是，也有一些例外，有些虽然是属于民营保险但是根据国家再保险的规定，间接地可以得到财政援助的保险，比如巨灾保险；还有一些禁止赢利的保险，如交强险；还有一些是同时具有公营和民营保险法律关系的保险，如出口信用保险。

第四，调整保险关系的法律的不同。由于公营保险和民营保险的性质所决定，调整这些保险关系的法律也是不同的。公营保险关系一般是由公法加以调整的，而民营保险关系一般是由私法加以调整的。

三　商业保险与相互保险

根据民营保险组织形式的不同可以分为商业保险和相互保险（mutual insurance）。

（一）商业保险

如前所述，商业保险亦可称为"营利保险"，区别于非营利性质的相互保险。商业保险公司是以接受投保人的投保并进行经营的组织，成为保险事业中的保险人的一种经营形式。在商业保险中，由众多的投保人所组成的投保群体关系，是通过特定的保险人为媒介间接形成的。保险人与每一个希望加入保险的对象签订有偿的保险合同，以此方式进行经营。但是，投保人在法律地位上与保险人是相同的，都是同一合同的当事人。他们之间形成的法律关系属于合同的债权债务关系。经营保险行业的权利则为保险人独享，由保险人负责经营，投保人无权过问或参与。在经营保险的过程中所产生的赢利归属于保险人，不属于投保人。我国《保险法》第三章规定了保险公司的内容，依据《保险法》第67条规定，保险公司的设立采取批准制度。保险行业属于法定的必须经过国务院保险监督管理机构批准才能从事经营行为的行业，未经批准经营商业保险，要承担相应的法律责任。[①]

（二）相互保险

相互保险[②]是以投保人为其组织成员（我国称为"会员"），以成员之间相互进行保险为目的，并且以由此而形成的特殊组织为保险人的保

---

① 《保险法》第158条规定了擅自设立保险公司、保险资产管理公司或非法经营商业保险业务的法律责任。

② 从保险的发展历史上，我们可以得知，相互保险的形式，有着十分悠久的历史，最早的相互保险公司是240年前在英国诞生的Equitable Life。这种保险形式，至今仍然在寿险领域占很重要的地位。近年来，欧美一些相互保险公司纷纷向股份有限保险公司转制，例如，美国的Metropolitan于2000年4月转制。这在世界保险业中引起了人们的关注。有关相互保险组织章程问题请参见潘红艳《相互保险组织章程研究》，《保险职业学院学报》2019年第5期，第11~16页。

险。依据我国保监会 2015 年颁布的《相互保险组织监管试行办法》的规定，相互保险是具有同质风险保障需求的单位或个人，通过订立合同成为会员，并缴纳保险费形成互助基金，由该基金对合同约定的事故发生所造成的损失承担赔偿责任，或者当被保险人死亡、伤残、疾病或者达到合同约定的年龄、期限等条件时承担给付保险金责任的保险活动。我国的相互保险组织包括相互保险公司和相互保险合作组织等形式。①

相互保险公司（mutual insurance company）和股份有限保险公司的主要区别如下。

（1）股份有限保险公司是营利法人，相互保险公司是中间法人。在以同业者以及具有同一社会地位者的共同利益为目的的团体中，根据特别法的规定而被承认的团体，为"中间法人"。相互保险公司、消费者保护协会等属于中间法人。

（2）相互保险公司筹集资金的方法与股份有限保险公司发行股票的方式不同。股份有限保险公司是根据公司的股东出资的资本而设立的。相互保险公司是以筹集基金的方式进行的，它和债券十分相似，并设置返还日期。①股份有限保险公司在满足一定的条件之后，可以将股份上市从证券市场上筹集资金；相互保险公司的基金一般不能上市发行。②股份有限保险公司可以以转换企业债券等方式筹集资金；相互保险公司不可以。③股份有限保险公司发行股票后没有返还义务，即没有必要从公司的盈利中返还给基金投资者；相互保险公司在发行基金的时候，必须设置返还日期。

（3）股份有限保险公司的成员是股东，而相互保险公司的成员是会员，即投保人。

（4）公司的最高决策机构不同。股份有限保险公司的最高决策机构是股东大会，而相互保险公司的最高决策机构是会员总代会。

（5）股份有限保险公司的盈亏承担者是股东，而相互保险公司的盈亏承担者是全体会员，即所有在该公司投保的投保人。

（6）股份有限保险公司可以在自己的上面建立金融控股公司，而自己可以成为金融控股公司"伞下"或是"下游"公司。而相互保险公司无法

---

① 《相互保险组织监管试行办法》第 40 条。

组建控股公司。因为相互保险公司本身没有可以流动的股票，无法在自己的上面建立控股公司。

前述区分集中体现为相互保险组织和保险公司的盈利，如图 1、图 2 所示。

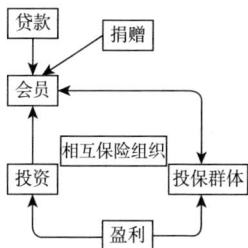

图 1 相互保险组织盈利

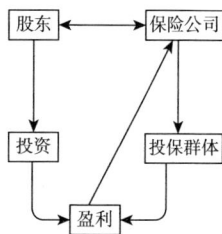

图 2 保险公司盈利

笔者有话说：对相互保险组织的观察和启示

一 相互保险组织发展的历史和现实观察

相互保险起源于古代的互助团体，其萌芽可以追溯到古埃及。[①] 对相互保险组织加以规制的立法：1875 年，英国通过《互助社法案》，开启了法律对相互保险组织进行监管的新纪元；1901 年，德国、日本分别制定《保险企业监督法》和《保险业法》，将相互保险组织纳入法律层面加以调整。全

---

① 早在公元前 4500 年，古埃及修建金字塔的石匠们成立一种互助组织，向每个成员收取会费，支付石匠们死后的丧葬费用。公元前 2 世纪，古罗马成立了丧葬互助会，会员交付会费后一旦死亡，由互助会支付葬礼的费用。中世纪以后，基尔特行会制度在西欧盛行，包括商人基尔特和工人基尔特两种形式，是相同职业者基于相互辅助的精神共同出资组成的团体，对会员遭受的死亡、疾病等人身风险、财产损失给予赔偿。基尔特组织是相互保险组织的前身，随着组织成员的增加，西欧一些地区逐渐打破行业的范畴，出现了以保护救济为目的的保护基尔特组织，最终发展成为专门办理相互保险的"友爱社"和"互助社"等相互保险组织。相互保险公司的出现是在 1756 年，英国成立公平保险公司。1778 年，德国成立汉堡养老协会。1820 年，德国成立科达生命相互保险公司。1843 年，美国首家人寿相互保险公司成立。1902 年，日本成立第一生命相互保险公司。

球保险业发展经历了"相互化—逆相互化—相互化复兴"的发展历程。①

国际上相互保险的组织形式多样，如相互保险公司、相互保险社、交互保险社、保险合作社、兄弟社等。国际合作与相互保险联盟的 *Global Mutual Market Share 2015* 的数据显示，这些组织形式在世界各国均有良好发展。② 我国的相互保险组织包括一般相互保险组织，专业性、区域性相互保险组织等组织形式。我国相互保险组织的发展壮大是在世界保险业相互化复兴的大背景下进行的。2018 年批准成立的相互保险组织有三家：法国教育健康相互保险公司设立北京代表处、众惠财产相互保险社、汇友财产相互保险社。其中涉及相互保险组织章程申请变更的有两家：2018 年 9 月 4 日，中国银保监会批准了众惠财产相互保险社修改章程的申请；③ 2018 年 8 月 22 日，中国银保监会批准了汇友财产相互保险社修改章程的申请④。在我国保险业服务能力不断提高的今天（2018 年 1~8 月，保险业累计为全社会提供风险保障 5263 万亿元，累计赔款和给付支出 7965 亿元），保险业已经成为国民经济和国际金融的重要组成部分，对实体经济的发展和缓释风险都起到了很好的作用。相互保险组织的功能、目标、发展历史、未来走向，直接关涉保险行业的组织形式选择和在相互保险组织形式之内的保险经营的顺畅进行。顺应历史发展轨迹、体现社会主体内涵的相互保险组织法律定位，是对这一组织加以引导、监管的前提和理论基础。

二 相互保险组织历史考察的启示

对相互保险组织历史发展脉络的回顾，可有如下启示。

（1）相互保险组织的产生和兴起根植于保险制度的从无到有，与保险

---

① 孙正成：《我国发展相互保险的制度环境分析——基于全球发展历程和实践的考察》，《西部论坛》2017 年第 6 期。

② 转引自易辉《相互保险商业模式的国际比较研究》，《国际经济合作》2017 年 5 月，第 89 页。

③ http://bxjg.circ.gov.cn/tabid/7906/InfoID/4119366/frtid/5239/Default.aspx，最后访问日期：2018 年 9 月 30 日。

④ http://bxjg.circ.gov.cn/tabid/7906/InfoID/4117826/frtid/5239/Default.aspx，最后访问日期：2018 年 10 月 1 日。

的萌芽、产生和发展相伴相生，反映出前文叙述的相互保险组织的保险属性和保险目标的核心性。

（2）相互保险组织发展的低落与复兴过程与股份有限责任公司的兴盛和问题凸显相伴相生。表象是相互保险组织成为股份制公司运营保险的替代组织形式，深层次原因是相互保险组织与保险的契合度高度一致。从投保人的角度，保险是一种可以去商业化（营利目的性）的群体组织形式，相互保险组织就是这种组织形式的最基本体现和归附。

从历史的发展表象还可以观察到，相互保险组织在会员人数较少的情况下，可以很有效地发挥保险运营的功能：一个会员一份表决权，每个表决权都具有均等的效力和权限范围。会员作为相互保险组织以及保险组织体中的一分子，其参与该组织、进行保险运营的积极性获得了充分的调动。作为投保群体的会员全体可以实现与其加入相互保险组织的初衷——保险，有助于凸显和实现相互保险组织的保险目标。

但是，当相互保险组织发展壮大到一定的规模——类似股份制公司的规模以后，会员的保险目标会因为受到对投资收益等非保险目标的作用而产生偏移甚至背离，转向一般股份制公司的营利目标——发生了相互保险组织的目标异化。导致相互保险组织与股份制公司的形式混同，历史轨迹上体现为相互保险组织转化为股份制公司。当股份制公司这种营利目标优先（甚至唯一）的组织形式在运营保险的过程中展现出种种弊端之后——为了追求投资回报的最大化，而舍弃其股东的利益以及在保险经营中的承保利益等，对这些弊端进行反思，转而恢复相互保险的组织形态，纷纷采取公司化经营的形式或者采取合作社形式等相互保险形态。这种做法表象是对股份制公司经营保险业务弊端的规避，对相互组织形态经营保险业务的复兴，深层原因是相互保险组织形态的目标与保险经营的高度契合属性。即保险目标的核心地位是相互保险组织复兴的原动力。

三 定额保险与不定额保险

以保险事故发生时支付的保险金是否预先约定为标准，保险分为定额保险和不定额保险，这是大陆法系国家采取的保险分类方法之一。

（一）定额保险

定额保险一般称为"生命保险"（life insurance），这种称谓一方面是为了和"不定额保险"对应；另一方面生命所产生的损害其实就是生命的消失，由于生命是无法用金钱来衡量的，因此以生命为承保风险的保险无法采用对损害进行补偿的做法，只能在事先约定保险金的给付金额。

（二）不定额保险

不定额保险即损害保险（non-life insurance），是在保险合同中约定，如果被保险人在偶然的事故中遭受了一定程度的损害，保险人对该损害给予补偿，补偿的额度与损害的金额相同。虽然最高补偿的保险金额是事先约定的，但是，实际补偿金额是根据具体损害的大小来确定的。因此，在一些大陆法系国家，比如日本，将不定额保险称为"损害保险"。

四 财产保险与人身保险

人身保险（personal insurance）和财产保险（property insurance）的分类，实质是人保险与物保险，这是我国《保险法》的分类标准。

我国《保险法》将商业保险划分为人身保险和财产保险两种类型。人身保险是以人的寿命和身体为标的的保险，包括人寿保险、健康保险和意外伤害保险。财产保险是以财产及其有关利益为保险标的的保险。

第四节 保险的法律分类和学理分类

"保险法采用的分类标准各不相同，虽然许多争议的问题涉及不同原则和规则的应用，然而这并非是保险法对保险进行分类的初衷。分类通常和保险法中特定原则或者规则相提并论，然而，依据风险对保险所作的分类因多种原因而存在。"[1]

---

[1] Robert E. Keeton, Alan I. Widiss, *Insurance Law a Guide to Fundamental Principles, Legal Doctrines and Commercial Practices*, West Publishing Co., 1988, p. 18.

一　保险法律分类的不同层次及意义

（一）第一层次上的保险法律分类

保险实务界同学术界对保险法的分类方法历来众说纷纭，但是，在将保险分为"保险业法"和"保险合同法"的看法上基本没有大的区别。

保险业法是从政府监管保险行业的角度，制定的监管保险业的法律。其中有大部分内容属于公法的范畴。例如，监管规定中的政府行为部分。其中也有一部分属于私法范畴，例如，对保险公司行为的规定部分，成立公司等法律规范。

保险合同法是规范保险人和投保人，被保险人以及其他保险合同参与人之间的合同关系的法律，属于私法的范畴。

（二）第二层次上的保险法律分类

保险的分类影响到保险合同的立法如何进行，也对怎样立法产生影响。视角不同，保险的分类也不相同。

从各国对保险的立法历史和现行立法的根据看，各国是根据自己国家的情况进行综合判断，选择分类方法的。我国沿用历史遗留下来的分类法，在已有的人身保险和财产保险分类基础上进行完善，不再重新立法。1993年《海商法》已经有海上保险的规定，1995年制定《保险法》时就规定了陆上保险部分。世界上许多国家的保险立法均如此，在制定保险合同法的时候对海上保险部分就保持原样，将陆上保险部分从商法中剥离出来，制定保险合同法。到了现代，也继续沿用上述分类方法。

（三）保险法律分类的意义

保险法律分类的重要意义在于构建法制，由于保险合同在构造上与标准合同有很大的差异，它无法归属于标准合同，属于特殊的合同。普通合同法的规范无法直接适用于对保险合同的法律调整。

二　保险的法律分类方法

保险的法律分类，一般有实体分类法和学术分类法两种。所谓实体分类法，是各国在制定实体法过程中对保险进行的分类。学术分类法，是根据保险法学理论研究的需要与保险实务中的具体险种之间的关联性进行的分类。

（一）实体法上的保险分类

实体法上的保险分类就是各国在制定实体法时所采用的分类方法。它是根据各国分类标准进行分类的。一般有以下几种比较有代表性的分类方法。

1. 德国分类法

在德国法律中，对保险的法律规定，分别在商法和保险合同法中加以规定。

在《德国商法》第 4 编第 10 章中，以"与航海风险有关的保险"为内容，从第 778 条开始详细规定了海上保险的内容。

在《德国保险合同法》中，第一编总体规定中第二章规定了补偿保险，第二编特种保险中第一章规定责任保险、第二章规定诉讼费用保险、第三章规定运输保险、第四章规定建筑物火灾保险、第五章规定人寿保险、第六章规定职业伤残保险、第七章规定意外伤害保险。

第一，由德国保险的实体法上的分类可见，把"海上保险"放在了商法中，而把陆上保险另外制定了保险合同法进行规范。

第二，由德国陆上保险的法律分类可见，将保险分为了三类：补偿保险、人寿保险和伤害保险。

2. 瑞士和法国分类法

瑞士保险合同法采取了形式和实质统一的做法，将"损害保险"与"人保险"进行对应。在其保险合同法第 2 章规定了"损害保险"的内容，第 3 章规定了"人保险"的内容。

法国首先在商法中将海上保险分离出来，在保险合同法中，采取了形式和实质统一的做法，将"损害保险"与"人保险"进行对应，并分别加以规定。

3. 日本分类法

2008 年，日本将保险合同法从《商法典》中独立，制定了《保险法》。保险分类规定体现在第二章损害保险、第三章生命保险、第四章伤害疾病定额保险中。日本保险法中对保险的分类（专指非海上保险的分类）方法是将保险分为两大类：损害保险和生命保险。损害保险中包括财产保险、意外伤害保险和健康保险。但是，意外伤害保险和健康保险的承保标的不仅属于损害保险的范畴，同时因受损害的主体是"人"，所以与生命保险也有关。因此，人身意外伤害保险和健康保险既属于生命保险，也属于损害保险，保险行业内将这种横跨两个行业的险种，称为"第三领域"。①

4. 我国分类法

我国保险法对保险的分类呈现以下几个特点。

第一，"海上保险"与"陆上保险"分离。在《海商法》规定"海上保险"的内容。

第二，保险业法和保险合同法混合在一起。对陆上保险部分规定在《保险法》中。因此，我国的《保险法》中，不仅包含保险合同法的内容，也包含了保险业法的内容。

第三，以"物保险"和"人保险"进行分类。在保险法的保险合同法部分，将保险分为"物保险"和"人保险"，即"财产保险"和"人身保险"。而在保险实际业务中，一般把"人身保险"通称为"人寿保险"（实际上，"人身保险"与"人寿保险"的概念不一，在此不作讨论）。

各国保险分类的方法如表2所示。

表 2　各国保险分类的方法

国家	损害保险	生命保险	人身保险	财产保险	伤害保险	疾病保险
中国			保险法	保险法	第三领域	第三领域
德国	保险合同法	保险合同法			保险合同法	
瑞典	保险合同法	保险合同法			保险合同法	保险合同法
法国	保险合同法		保险合同法			
瑞士	保险合同法		保险合同法			
日本	保险法	保险法			第三领域	第三领域

---

① 尽管在日本的保险实务中，第三领域实际上已经成为独立于生命保险与损害保险之外的一种新领域，但是，在日本的保险立法中，始终没有将其归位，而是将其定位于"生命保险"和"损害保险"之外的第三领域，并没有在法律中给予一席之地。参见沙银华《日本新保险法的实施》，《中国保险报》2010年3月17日。

（二）保险的学理分类

根据保险法律的基本理论，一般采取以下标准对保险予以分类。

1. 根据保险对象的分类

根据保险对象①进行分类，例如，保险对象是人还是物或是财产，可以将保险分为人保险和物保险，我国称为人身保险与财产保险（包含无形资产）。

2. 根据给付保险金形式的分类

根据给付保险金的形式进行分类，例如，可以根据发生保险事故之后给付保险金的方式，是弥补损失还是定额给付，将保险分为"损害保险"和"定额保险"。

损害保险是指当发生损害时，根据损害的大小确定给付金额，也可称为"不定额保险"。

定额保险是指在投保时事先确定给付金额，当保险事故发生之后，按照事先约定的保险金额给付保险金。

三 各国保险分类方法概览和评析

（一）各国对保险的立法分类

世界各国，尤其是作为保险发源地的欧洲国家，在保险的分类上顺应和沿用了保险发展历史流传下来的各种方法，并体现在其保险立法中。由于历史的沿革路径各异，以及各国所处的环境差异，保险分类出现了各种不同的版本，自在情理之中。

由于欧洲大陆和英伦海岛对支撑海上和陆地贸易安全为核心的保险

---

① 我国有学者把保险对象称为"保险标的"。大陆法系的保险法体系，不承认人的生命或人的身体是保险标的。这是根据损害补偿为原则的"物保险"或"损害保险"与定额给付保险金为主要特征的"人保险"或"生命保险"的不同性质而作出的判断。其主要的理由是，物或实际损害是保险标的，而人的生命或身体不能成为保险标的，而仅仅是保险对象而已。当然，如果从逻辑学上探究，"保险标的"属于"保险对象"的大概念之中，避免各种学说的混乱，以及各种不同概念的混淆，妥当起见，不论是"人保险""物保险"或"损害保险""生命保险"，或其他的分类方法中的被保险对象，都在保险法体系中统称为"保险对象"。

的发展途径并不相同，形成了两条基线：一条是以德国、瑞典、法国、瑞士等北欧国家为核心的大陆法系国家保险法基线；另一条是以英国海上贸易为主要保险形式、延伸到现代形成的英美法系保险法基线。两条基线辐射的各国保险分类方法不尽相同。大陆法系国家中，包括两个流派，一个是以德国和瑞典为代表的流派，另一个是以法国和瑞士为代表的流派。

（二）各国保险分类评析

1. 分类标准应当保持一致，以同一标准分类的保险才可以作对应

如前文所述，在学术分类法上，我们一般在进行分类的时候，要依据某一种根据进行分类。

第一，根据保险事故发生的对象（标的）进行分类，也就是保险事故发生的对象是物，还是人，分为"物保险"和"人保险"；

第二，根据保险所保障的对象进行分类，也就是保险所保障的对象是财产，还是人的生命，分为"财产保险"和"人身保险"；

第三，根据保险给付的内容进行分类，也就是保险给付的内容是弥补损害，还是事先预定给付金额（定额），分为"损害保险"和"定额保险"。

《日本保险法》将保险分为"损害保险与生命保险相对应"，实际上把不同分类方法混淆在一起了。损害保险、生命保险或人身保险、财产保险是根据不同的划分依据或标准进行的划分。实际上，由于划分依据或标准的不同，其划分后的概念是无法比较或跨越分类依据或标准重新进行归类的。因此，生命保险无法同损害保险相对应。

"损害保险"理应和"定额保险"对应，而"生命保险"则应和"财产保险"或"物保险"对应。因为"损害保险"是根据保险给付的内容进行分类而得出一种与"定额保险"对应的保险，而不是根据保险事故发生的对象（标的）进行分类，或根据保险所保障的对象进行分类，不是与"生命保险"对应的保险类型。因而，从严格的法律逻辑角度，"损害保险"和"生命保险"是无法对应的两种保险。

2. 伤害保险的归属问题

伤害保险应当归属于哪一类保险，或应当独立成一类保险？在大陆法系的国家，各国都有自己的理解和具体的规定。

从其弥补损害的形式看，可以把它归类到损害保险中去。但是，由于被保障的客体或对象是人体或人的寿命，应归属于"人身保险"。由于存在概念上的重叠或交叉，伤害保险应当同时归属于两种保险。但是，即便是归属于两种不同的保险，两种保险的经营者也并不看好这种归属，于是，就创造出与两种保险分离的"第三领域"①。而"第三领域"中的伤害保险，可以由损害保险同生命保险公司同时进行营销。

我国补偿型医疗保险的适用问题实质就是伤害保险分类纷争的体现，依据《最高人民法院关于适用〈中华人民共和国保险法〉若干问题的解释（三）》第18条规定，保险人给付费用补偿型的医疗费用保险金时，主张扣减被保险人从公费医疗或者社会医疗保险取得的赔偿金额的，应当证明该保险产品在厘定医疗费用保险费率时已经将公费医疗或者社会医疗保险部分相应扣除，并按照扣减后的标准收取保险费。如果将补偿型医疗保险归属于人身保险之中，保险金给付不应当作出扣减，只有将其归属于财产保险中，才存在保险金扣减的问题。

---

① 日本把伤害保险列为第三领域。其理由是，伤害保险一般是指人体遭到意外的损害，而由保险人弥补其损失的保险。日本的保险实践中，根据保险事故发生的程度（占全额给付的比例）给付事先约定相应比例的保险金。例如，在投保时约定发生保险事故后，发生100%损害时，保险人给付100%保险金。发生50%损害时，保险人给付50%的保险金。这种做法，引起了保险纠纷，在日本最高裁判所的判决中，明确指出，这种伤害保险既不是损害保险也不属于生命保险。其理由是，如果是损害保险的话，则应该根据损害补偿原则，实际受到多少损害则补偿多少。该伤害保险是事先约定保险金额，属于定额保险。定额保险不是损害补偿原则的保险，该保险不属于损害保险。该保险也不属于生命保险。生命保险是事先约定保险金额，属于定额保险。该保险在保险事故发生之后，没有按照事先约定的保险金额给付，而是按照损害的发生程度，这种发生程度是相对事先约定的保险事故而言，损害程度占保险事故的比例来确定给付保险金比例的。因此，该保险也不属于定额保险。该判例一经公开之后，引起了学界和实务界的批评。但是，尽管遭到批评，事实上这种保险分类的弊病已经显而易见，并引起了法律争端，不容忽视。此后为了弥补这种保险分类上的弊端，引进了第三领域理论，把伤害保险列为既不属于损害保险领域，也不属于生命保险领域的第三领域。而且，从法律上规定，伤害保险既可以由损害保险经营，也可以由生命保险经营。

笔者有话说之一：探索保险分类方法
对我国保险立法的启示

如前文所述，我国《保险法》分类上有三个特征，"海上保险"与"陆上保险"分离，保险业法和保险合同法混合，以"财产保险"对应"人身保险"进行分类。

从上述分类的方法中，可以观察到我国的保险分类，至少在保险立法中，将面临以下几个课题。

一　保险业法和保险合同法的分离，已经成为今后保险立法的一个重要课题

从各国保险立法的历史或现行立法的情况看，将保险业法和保险合同法混合在一起的立法例很少有。因为，保险合同法是属于私法的范畴，而保险业法中的很多规定具有公法属性。分开立法将有利于理顺保险法律体系；便于保险监管机构进行监管；便于广大民众理解和掌握对其切身利益有关的保险合同法的规定，提高自我利益的保护意识。

保险业法的立法时机已经成熟。目前我国保险监管机构，已经发布了几乎涵盖保险业所有领域的行政规范，只要将这些行政规范加以整理和进一步修改，将其法规化，作为独立的部门法律保险业法的组成部分，易于操作。可见，将既存的保险监管行政规范进一步精确化、规范化、系统化，最终形成保险业法，将是一个重要课题。

二　引进第三领域保险的分类，对现行保险法体系加以整合

根据我国保险分类的方法，在保险合同法中，以"财产保险"对应"人身保险"进行了分类。我国的这种分类方法不会出现类似日本在保险分类上的尴尬，需要硬性引进"第三领域"的概念。原因在于，伤害保险和疾病保险既不属于"损害保险"的范畴，也不属于"生命保险"的范畴，需要新设立一个领域，即所谓的"第三领域"。

而我国的保险分类中，根据保险事故发生的对象（标的）进行分类，

根据保险事故发生的对象是物还是人，分为"物保险"和"人保险"。在"人保险"中包含了死亡保险、生存保险、伤害保险、疾病保险、残疾保险、老龄年金保险等。该保险分类的本身逻辑上是周延的。

但是，在 2002 年的《保险法》修改时，增加短期伤害保险和疾病保险允许财产保险和人寿保险公司经营的规定，实质上是引进了类似日本的"第三领域"的概念，从而打破了保险法体系的逻辑自洽。

这种引进"第三领域"的做法，和保险法体系的逻辑自洽是否存在矛盾，是否存在潜在问题，都将成为保险立法中的一个新课题，引起专家学者以及保险实务界的关注。

笔者有话说之二：保险法分类和保险商品分类的差异

"是以法律的分类格式化保险商品，还是将保险商品进行抽象形成法律的分类"?[1] 保险分类的根源是保险商品的观察还是切入机理——危险种类的不同？答案是后者，法律和法律所调整的市场应当成为一对最和谐的舞者，法律的固化规定源自对市场的抽象和概括，并且随着后者的活性和变化做出调整；市场活性的发挥，必须在法律规定的框架之下进行。保险的分类就是如此，我国保险法所做的对保险的分类，仅仅触及了保险标的物的表层标准，没能深入保险的机理——以危险作为分类标准。德日保险立法已经将"第三领域"独立出来，成为伤害保险领域，就是尊崇保险市场的制度需求，以危险作为保险分类标准的明证。

第五节　保险合同的法律渊源

一　成文法

（一）保险法

在现行保险法未公布之前调整保险合同关系的立法进程前文已论述，

---

[1]　潘红艳：《医疗保险法律适用问题研究》，《法学杂志》2018 年第 2 期。

在现行的实体法中，保险合同的法源主要是《保险法》。《保险法》第二章规定了保险合同的内容，是规范保险合同关系的主要法律渊源。

（二）海商法

在《海商法》中关于保险的规定也构成了调整保险合同关系的主要法律渊源之一。《海商法》第十二章海上保险合同，对海上保险部分作了比较详细的规定。例如，《海商法》第 15 条对抵押人应当对被抵押船舶进行保险的事项进行了规定。第 207 条对保险人享受赔偿责任限制的事项进行了规定。第 264 条对海上保险合同成立以后，向保险人的请求权时效进行了规定。《海商法》有关海上保险合同的规定也构成了保险合同法的法律渊源。

（三）行政法规和规章

在行政法规和规章中，保险监管法的法源主要包括：国务院、我国人民银行监管保险事业时期公布的监管保险业的行政法规，保险监督管理委员会监管保险业时期公布的行政法规和规章，以及现在的保险业监管管理机构银保监会颁布的行政法规和规章。具体的规定主要有《保险公司管理规定》《保险代理机构管理规定》《保险经纪公司管理规定》《保险公估机构管理规定》《外资保险公司管理条例》等。这些行政法规和规章实际上起到了保险法尤其是保险业法实施细则的功能。

二　保险条款

（一）保险条款概说

保险市场和保险经营是由保险法和保险合同共同调整的。单凭保险合同法有关的保险法律法规的规定完全囊括保险合同在签订时将遇到的所有问题，几乎是不可能的。因此，只能由保险人制作的，经过保险监管部门批准或者备案的保险条款来调整这种保险关系。保险合同是保险商品的体现形式和内容载体，保险商品是性质不固定、不断推陈出新的。但是，基于保险的"分散危险，消化损失"的运营原理，保险合同具有"天然的社会性"，应当加以定型化。在由保险条款来调整的保险关系中，如果出现与法律的强制性规定（包括禁止性规定，限制性规定）相左的内容，且该内容鲜明地有悖于投保群体利益，那么这些内容应归于无效。

在高度化市场经济的社会里，大规模生产和大规模的商品交换得以实现，保险业也不例外。在大规模营销保险的情况下，保险商品的合同条款定型化、标准化、附合化是不可避免的现象。但是，一般保险条款是由保险人制作的，特别是在和人们的日常生活有紧密关联的保险领域里，普通消费者大多无法掌握保险的专门知识。因而，需要识别和排除保险条款中对投保方不利的内容，这就要求对保险条款的性质进行明确、规范和监管。防止附意合同（contract of adhesion）① 以 "优势集团制作的，带上商业伦理的光环"② 的形式，侵害投保群体利益。

如果说合同法需要阐明 "什么合同意味着法律"③，那么保险合同法就需要阐明什么样的保险合同意味着法律。可见，保险条款是借由保险法的规制间接成为保险合同关系的法律渊源的。

（二）对保险条款的监管

1. 对合同进行法律规制的原因

在现实经济生活中，一般实行合同自由的原则，但是，这种自由是在不违反法律的强制性规定的基础上进行的。无论是不是定型化合同，法律法规中均会规定，合同自由是建立在不能侵害社会的或大众的利益为前提下。定型化合同中，由于法律法规无法囊括所有的违反社会或大众利益的现象，在合同自由的框架原则下，必须对定型化的条款加以法律约束，才能实现合同的内容不损害社会或大众的利益。

2. 保险条款的行政监管

建立在保险原理基础上的保险合同更具有了区别于一般定型化合同的

---

① 一方有更大的讨价还价权力，能够将一些条款强加给权力较弱的一方。参见〔美〕博西格诺（John J. Bonsignore）等《法律之门》（第八版），邓子滨译，华夏出版社，2017，第197页。

② 〔美〕博西格诺（John J. Bonsignore）等《法律之门》（第八版），邓子滨译，华夏出版社，2017，第193页。

③ E. Allan Farnsworth, Carol Sanger, Neil B. Cohen, Richard R. W. Brooks, Larry T. Garvin, *Contracts Cases and Materials*, Eighth Edition, Foundation Press, 2013, p. 1.

独特属性，必须采取必要的行政监管的措施，以保护投保群体利益，同时兼顾保险经营的交易效率。行政机关对保险条款的监管主要表现在以下两个方面。

第一，实行保险条款监管机关行政审批和备案制度。我国《人身保险公司保险条款和保险费率管理办法》第2条规定，保险监管机关依法对保险公司的保险条款和保险费率实施监督管理；第3条规定，保险公司应当按照《保险法》和保险监管机关的有关规定，公平、合理地拟定保险条款和保险费率，不得损害投保人、被保险人和受益人的合法权益；第4条规定，保险公司应当按照本办法将保险条款和保险费率报送保险监管机关审批或者备案；第20条规定，对关系社会公众利益的保险险种、新开发的人寿保险险种，保险监管机关规定的其他险种实行审批制度。

我国《财产保险公司保险条款和保险费率管理办法》第3条规定，保险监管机关对保险机构的保险条款和保险费率实施监督管理；第4条规定，保险公司应当将保险条款和保险费率向保险监管机关报送审批或者备案；第5条规定，关系社会公众利益的保险险种、依法实现强制保险的险种的保险条款和保险费率，保险公司应当报保险监管机关审批；其他保险险种的保险条款和保险费率，保险公司应当向保险监管机关备案。

第二，监管机关要求保险人公开保险条款的内容。根据我国《保险法》第13条的规定，在保险合同成立以后，保险公司应当及时向投保人签发保险单或其他保险凭证。传统保险理论上分析，保险凭证上应该全文记载保险条款的内容，或者将记载该内容的书面资料附上。[1] 现代网络交易背景下，保险凭证和保险条款越来越多地借助于网络信息资源加以提供。

在保险实践中，保险公司通常不采用将保险条款直接记载在保险凭证上的方法，而是采用在交付保险凭证的同时另外附加保险条款的方法。这样就出现很多人购买了保险，并未真正看到保险条款，只拿到一纸保险凭证，有些网络销售的保险产品，甚至连纸质的保险凭证都没有。针对这种

---

[1]　〔日〕石田满：《商法Ⅳ（保险法）》，青林书院新社，1978，第19页。

保险经营中的现象，在保险立法中应该强调的是，保险人同投保人签订保险合同时，应该向投保人公开保险条款。我国监管机关对特定的保险商品作了专门的信息公开规定，如《人身保险新型产品信息披露管理办法》。

3. 保险条款的司法监督

保护投保群体利益，最终常常是通过司法审判功能实现的。因为，在立法上给予的一定的法律法规的约束，以及行政上给予的监管无法实现对投保群体利益的全面保护。尤其对保险条款的有效性进行判断时，司法审判的作用是十分重要的。

（1）保险条款的效力。首先，由于保险条款是经过行政监管机构审批或备案的，因此由司法（通过司法审判的程序）来判断保险条款是否有效或无效，一般只限于以下三种情况。第一，保险条款的规定违反法律法规中的强制性规定。第二，保险条款的规定十分明显违背社会公德，或有损于社会公众的利益。第三，保险条款的内容显失公平，或有损于投保方的利益。在上述情况下，可以通过司法的途径认定保险条款无效。其次，不能因为保险条款经过保险监管机构审批或者备案，就得出保险条款的所有内容均有效的结论。毕竟，司法机关的功能异于保险监管机关的功能。

（2）承认禁止事项。在机动车保险条款中，一般规定如果事先没有得到保险公司同意的话，将免除保险公司对损害保险的一部分或全部责任。这种"承认禁止事项"的内涵是，投保人或被保险人在没有得到保险人认可的情况下，私下与第三者达成损害赔偿协议的，保险人可以免责。

这一约定往往会导致以下两种情况的出现。第一，投保方的利益容易受到损害。因为保险条款是保险人所制定，并且由于保险合同的性质属于附合合同，投保人除了合同中的一些可变项目（如保险金额、保险费、保险日期、投保人和被保险人等）以外，无法修改保险条款。如果投保人因为不知该约定而与第三者达成损害赔偿协议，保险人不给付保险金，明显对投保人不利。第二，基于该约定投保方处分其与第三者权利的权利受到限制。损害赔偿协议实质是以投保人自己的意愿处分与第三者之间纷争的文件，鉴于保险合同的"承认禁止事项"的约定内容，投保人这一权利必须在通知保险人之后才能实施。义务的设定会直接对权利的行使产生实质的影响，投保人在获得保险人认可后与第三者达成的协议势必受到保险人利益的影响。

（三）保险条款的变更

保险条款变更应当向保险监管机关重新报送审批或者备案（《人身保险公司保险条款和保险费率管理办法》第 35 条，《财产保险公司保险条款和保险费率管理办法》第 9 条、第 13 条），否则保险监管机关会对其实施罚款等处罚（《保险法》第 164 条）。修改保险条款未经审批前，保险公司不得经营使用（《财产保险公司保险条款和保险费率管理办法》第 12 条）。

三　最高人民法院的司法解释

我国颁布了最高人民法院关于适用《中华人民共和国保险法》若干问题的解释（一）、（二）、（三）和（四），《最高人民法院关于适用〈中华人民共和国保险法〉若干问题的解释（一）》于 2009 年 9 月 14 日通过，主要解决 2009 年《保险法》修改之后的适用问题。《最高人民法院关于适用〈中华人民共和国保险法〉若干问题的解释（二）》于 2013 年 5 月 6 日通过，主要解决保险法中关于保险合同一般规定部分有关法律适用问题。《最高人民法院关于适用〈中华人民共和国保险法〉若干问题的解释（三）》于 2015 年 9 月 21 日通过，主要解决保险法中关于保险合同人身保险部分有关法律适用的问题。《最高人民法院关于适用〈中华人民共和国保险法〉若干问题的解释（四）》于 2018 年 5 月 14 日通过，主要解决保险法中财产保险合同部分有关法律适用问题。

四　保险交易习惯

习惯源自个体本能和社会本能记忆，是人类行为经过反复进行而得以固定的行为方式，这种行为方式反作用于人类或者习惯存在的特定社会群体，就是习惯法。历时观察，习惯是先于法律之前就存在的约束人类社会的规则体系。在法律存在之前，习惯作为社会的调节器发挥作用。法律形成的过程中，将部分习惯法律化成为立法的组成部分，将部分习惯以法律的标准矫正或者剔除，还有部分习惯游离在法律的确认之外。当法律缺乏规定时，应当挖掘和尊重这些习惯。[①]

惯例，是指在处理某种事情上，慢慢形成的一种处理方法。先是一种习惯，后来产生了一种规则性的处理方法，大家都会自觉遵守，成为一种不成文的规则，就是惯例法。所谓惯例，就是以此为准的意思，也就是约定俗成的行为规则。保险法领域，保险交易惯例大量存在，保险行业的约定俗成，成为整个行业共同遵守的规定，即行规，或称为惯例。将这些行规赋予法律效力，就形成了惯例法。如车险理赔时，保险公司形成的惯例，勘察判断一个事故还是多个事故，例如，在长期停车位，每天开车门时撞到邻居的车，每天连续反复撞，撞击不是一天或一时之间完成，结果勘验时发现有二十几个撞击痕迹，这并非发生在同一时间内的事故，算一件事故还是多次事故，行业内的规则是，一次报案，算作一个事故作一次赔偿。[②] 再如作为保险合同当事人的投保人死亡，出现当事人缺位现象，为了保护被保险人和受益人的利益，保单效力应当继续，但是对此法律没有规定。有些保险公司规定，投保人病故，投保人的法定继承人作为当事人，如果其法定继承人有两个或者两个以上，那么则在继承人中选举代表，补充当事人的缺位，这些保险公司内部的规定形成惯例，为业界共同遵守。

五　其他法律渊源

在保险法以外的其他法域中，如在消费者保护法律中、市场交易主体管理法律中、公司法律中、证券法律中等涉及保险内容以及保险合同当事人内容的法律，同样是保险合同法的法律渊源。

[①] "相对而言，法律是现代的产物。人类的生活曾经世世代代没有任何成文法，那时，人们之间的关系仅仅用习惯、习性和习俗调整，它们因不断重复而变得神圣，每个人在童年时代就已经习得，正如学习怎样通过狩猎、畜牧或耕种而获取食物一样。"参见〔美〕博西格诺（John J. Bonsignore）等《法律之门》（第八版），邓子滨译，华夏出版社，2017，第 229 页。

[②] 日本算作多次事故，赔偿金额增加。

第六节　保险合同法与民法典

我国《民法典》已实施，保险合同法作为调整保险合同法律关系的法律，是以《民法典》为上位法的。依据我国《民法典》第12条规定，中华人民共和国领域内的民事活动，适用中华人民共和国法律。法律另有规定的，依照其规定。我国《保险法》中保险合同法的规定为《民法典》总则编第12条所称的"法律另有规定"的情形。保险合同法没有规定的内容，适用《民法典》的规定。

一　保险合同法与民法典总则编的规定

1. 保险合同当事人的主体资格的规定

投保人属于《民法典》第一编总则规定的民事主体，必须满足有关民事主体实施民事行为的法定条件。《民法典》总则编中有关自然人和法人等民事主体的基本制度是保险合同投保人主体资格的一般规定。

2. 父母对未成年子女监护的规定

依据我国《民法典》总则编第19条、第20条、第21条、第22条、第23条、第27条等规定了我国对"未成年人"的界定标准以及其法定代理人，这些规定与我国《保险法》第32条有关父母为其未成年子女购买以死亡为给付保险金条件的保险的规定具有法律适用上的一般法和特别法关系。

3. 法人一般规定

作为保险合同的一方当事人——保险公司，属于《民法典》总则编第三章，规定了法人制度，有关法人的一般规定适用于保险公司。《保险法》对保险公司成立等的特殊要件规定属于《民法典》总则编法人规定的特别法内容。

4. 请求权时效的规定

《民法典》总则编第九章规定了诉讼时效的内容，是保险合同法保险金请求权的一般规定。我国保险法及其司法解释未根据《民法典》总则编一般诉讼时效为3年的规定，调整保险金请求权时效的规定，保持了《保险法》原有的人身保险金请求权 5 年的诉讼时效规定和财产保险金请求权 2 年诉讼时效的规定。

二 保险合同法与民法典合同编的规定

我国《民法典》第三编规定了合同的内容，保险合同作为一种特殊的有名合同，与《民法典》改编的规定属于特别法与一般法的关系。

三 保险合同法与民法典婚姻编的规定

我国保险合同法中涉及对配偶、近亲属、子女、父母等的界定，在法律适用和解释时应当以我国《民法典》第五编婚姻家庭规定为基础。

四 保险合同法与民法典继承编的规定

我国《民法典》第六编规定了继承的内容，我国保险合同法中有关对被保险人继承人等相关规定应当以该编规定的内容为基础。

五 保险合同法与民法典侵权编的规定

我国保险合同法中有关责任保险的规定与侵权法律规定存在交叉，在法律适用和法律解释时应当以我国《民法典》第七编侵权责任的规定为基础。

参考文献

1. 于新年、曹守晔、高圣平：《最新保险法条文释义》，人民法院出版社，1995。
2. 施文森：《保险法总论》，三民书局，1995。
3. 李玉泉：《保险法》，法律出版社，1997。
4. 徐卫东：《保险法学》，科学出版社，2004。
5. 孙积禄：《保险法论》，中国法制出版社，1997。
6. 邹海林：《保险法》，人民法院出版社，1999。
7. 沙银华：《日本经典保险判例评释》，法律出版社，2002。
8. 孙积禄：《保险法论》（第二版），法律出版社，2003。
9. 刘宗荣：《新保险法：保险契约法的理论与实务》，中国人民大学出版社，2009。

10. 傅廷中：《保险法学》，清华大学出版社，2015。

11. 邹海林：《保险法》，社会科学文献出版社，2017。

12. 范健：《保险法》，法律出版社，2017。

13. 郑云端：《保险法论》，北京大学出版社，2009。

14. 贾林青：《保险法》，中国人民大学出版社，2014。

15. 樊启荣：《保险法》，北京大学出版社，2011。

16. 李玉泉：《保险法学——理论与实务》，高等教育出版社，2010。

17. 孙积禄：《保险法》，高等教育出版社，2008。

18. 方乐华：《保险与保险法》，北京大学出版社，2009。

19. 黄进才：《保险法学》（第二版），郑州大学出版社，2011。

20. 温世扬、冯兴俊、杨巍、周珺、武亦文、李琛、范庆荣、夏晓宇：《保险法》，法律出版社，2016。

21. 〔日〕田中耕太郎：《保险讲义要领》，有斐阁，1938。

22. 〔日〕石田满：《商法Ⅳ（保险法）》，青林书院新社，1978。

23. 〔日〕大森忠夫：《保险法》，有斐阁，1986。

24. 〔日〕铃木竹雄：《新版商行为法，保险法，海商法》，弘文堂，1979。

25. Robert E. Keeton, *Insurance Law*, West Publishing Co., 1988.

第三编

保险合同法总论

第五章

保险合同概述

第一节　保险合同的概念和性质

一　保险合同的概念

我国《保险法》第 10 条第 1 款规定："保险合同是投保人与保险人约定保险权利义务关系的协议。"这一规定应当结合对保险的定义一并理解，方能显现保险合同的特殊性。我国《保险法》第 2 条规定："本法所称保险，是指投保人根据合同约定，向保险人支付保险费，保险人对于合同约定的可能发生的事故因其发生所造成的财产损失承担赔偿保险金责任，或者当被保险人死亡、伤残、疾病或者达到合同约定的年龄、期限等条件时承担给付保险金责任的商业保险行为。"

"虽然保险包括两种基本要素：风险转嫁和风险分散，但是仅涉及这两个要素的合同仍不足以解决特定交易性质问题"。[1] 保险的定义和保险合同的定义是紧密联系的[2]，保险分类方法的不同，对保险的定义各异。我国采用财产保险和人身保险的分类方法，要对不同领域的保险事业的不同

---

[1]　Robert E. Keeton，*Insurance Law*，West Publishing Co.，1988，p. 6.

[2]　对保险和保险合同两个概念的区别，江朝国认为："保险和保险合同前者为抽象之观念，这是保险本身制度之意义；后者为私法上具体个别行为之观念，注重双方当事人间对立契约行为之意义。惟于保险法之范畴保险与保险契约，如买卖和买卖契约为例，并无强加区分之必要。"江朝国：《保险法逐条释义》（第一卷总则），台湾元照出版有限公司，2018，第 35 页。

性质的保险合同，下一个完整的、无争议的定义，难度颇大。结合上述保险法规定的保险和保险合同的定义，虽然可以概括性地理解保险合同的特殊性，但是比定义更能精确以及全面地揭示保险合同特性的是保险合同的性质。以下，我们对保险合同的性质展开分析。

二　保险合同的诺成性

诺成合同和实践合同是以合同的成立是否需要特定物的交付为要件标准作的区分，与诺成合同对应的合同类型是实践合同。诺成合同是依当事人的意思表示一致即可成立的合同；实践合同又称要物合同，是指合同的成立要件除了当事人的意思表示一致，还包括标的物的交付或者完成其他给付的要件。"诺成合同与要物合同的主要区别，在于要物合同以物的交付或者其他现实给付的完成为要件，这里的要件均是合同的成立要件"。①

（一）保险合同的诺成性

保险合同是一种诺成合同，它是根据保险人同投保人之间达成合意，也就是必须经过投保人提出加入保险的申请之要约，而保险人对投保人的要约进行审核之后，对该加入保险的要约表示承诺而成立的合同。这种根据当事人的要约和承诺而成立的合同，即为"诺成合同"。

（二）保险合同的非要物性

保险费的交纳不是保险合同的成立要件。保险实践中存在以保险费的交纳作为保险人开始承担责任条件的约定，在签订保险合同之时，投保人（保险合同的一方当事人），将投保申请书（投保单）和首期保险费交给保险人（保险合同的另一方当事人），而保险人将签发保险费的收据和保险单（保单）给投保人。通过这些具体的实务操作，保险合同的双方当事人确定保险合同的内容，保险合同就此成立。

在人寿保险合同签订的过程中，一些大陆法系国家存在以下经营惯例，在尚未承诺，也尚未签发保单之前，保险人向投保人提前收取保险

---

① 〔日〕松阪左一：《民法提要：债权各论》（第5版），有斐阁，1933，第9页。

费。也就是说，当投保人递交了投保单之后，一般就会被要求把相当于首期保险费的金额提前交给保险人。如果仅根据这种非正式的，暂时的金钱转移行为，或者说保险人将投保人将来需要交纳的费用暂时保管起来的行为，从而认定保险合同不是诺成合同，而是以金钱的交付——当事人一方履行交纳保险费的义务为保险合同成立要件的"要物合同"，有违保险合同法的原理。需厘清的是，在承认保险合同的非要物属性的基础上，如何调整人寿保险实践中先交纳保险费的行为。而不是以人寿保险先交纳保险费的现象反向质疑和否定保险合同的非要物性。

在保险实务中，保险合同存在被要物化的现象。签订保险合同时，需要提交保险申请书来申请参保，并且提前交纳一部分保险费，保险人也会交付给投保人保险费收据和保险凭证。这一过程只是为了明确保险合同内容，通过提前收取保险费来维持保险事业的经营，并不能因此认定保险合同是要物合同。观察社会上保险合同成立的实际情况可以发现，多数情况下会把保险费收据作为合同成立的证据，以没有保险费收据等资料为由不承认保险合同成立的事例也存在。这些实务上的做法及其法律后果的误判，使得保险合同和要物合同很相似。

另外，还有一些保险人在对保险签约人的保险费支付能力有所怀疑时，可能会在附加条款中要求其支付保险费全额，这样的附加条约也被认为是有效的。财产保险合同的条款一般规定："保险合同成立之后，在收取保险费之前，所发生的保险事故，保险公司不承担补偿责任"。人寿保险合同中，有的保险公司规定："保险公司对加入保险的申请给予承诺之后，从收取首期保险费时开始承担保险责任"。

但是不能因此认为保险合同具备了要物合同的属性。保险合同是不是要物合同，应当以保险法的规定作为判断标准，而不应当以实践的具体做法作为判断标准。不论是从国外保险合同法的规定，还是从我国保险法的规定，都无法得出保险合同是要物合同的结论。

我国《保险法》第13条规定，"投保人提出保险要求，经保险人同意承保，保险合同成立"。保险合同的成立，并无法定需要附带任何条件。保险实务中的约定，保险费的交付仅仅是保险人开始承担保险责任的要件，并非保险合同的成立要件。故此，保险合同是诺成合同，并非要物合同。

三　保险合同的非要式性

要式合同和非要式合同是合同以特定的形式制成作为合同成立要件为标准作的区分，与非要式合同对应的分类是要式合同。要式合同是必须依据法律规定或当事人要求的形式制成方可成立的合同。"要式合同要求的形式是合同的成立要件"。[①] 非要式合同是对合同成立不以法律规定或当事人要求的特定形式制作成为成立要件的合同。

虽然以书面形式为保险条款的载体，书面形式不是保险合同的成立要件。一般来说，在保险经营实践中，保险人事先印刷好参保申请书交付给参保申请人，申请人必须填好申请书中的必要事项，并且签名盖章。如果没有这样的申请书的话，保险人一般不接受申请人的申请。上述保险实践导致对保险合同非要物合同属性的争论集中在对保险合同形式问题的争论上，1995 年我国《保险法》公布至今，学界争议不断。主要存在两种意见：一种意见认为，保险合同应当以书面形式订立，属于"要式合同"；另一种意见认为保险合同无须以书面形式订立，属于"非要式合同"。

观点对立方论证的依据都是以我国《保险法》第 13 条的规定为基准展开的，第 13 条规定："投保人提出保险要求，经保险人同意承保，保险合同成立。保险人应当及时向投保人签发保险单或者其他保险凭证。保险单或者其他保险凭证应当载明当事人双方约定的合同内容。当事人也可以约定采用其他书面形式载明合同内容。依法成立的保险合同，自成立时生效。投保人和保险人可以对保险合同的效力约定附条件或者附期限。"依据该条第 1 款的规定可以判定，保险合同是"非要式合同"。因为，保险合同的成立只需要投保人提出"要约"，得到保险人的"承诺"即可，并未附加任何形式要件。

但是，第 13 条第 2 款又规定，"保险单或者其他保险凭证应当载明当事人双方约定的合同内容。当事人也可以约定采用其他书面形式载明合同内容"。第 2 款直接并十分明确地规定，保险合同应当采用书面形式。于

---

① 佟柔主编《中国民法》，法律出版社，1990，第 342 页。

是，该法律条文就像谚语故事中的"金银盾牌"那样，正面是金盾牌，反面是银盾牌。也就是说，本身既不是金盾牌也不是银盾牌。

本书的观点是：学术界争论保险合同是不是要式合同没有意义，更具探讨价值的问题是消除法律自相矛盾的规定。保险单不等于保险合同。我国《保险法》第 13 条的规定可见，保险合同成立之后，"保险人应当及时向投保人签发保险单"，该规定说明保险单是保险合同存在的证明文件，其本身不是保险合同。保险合同采取书面形式的问题，不论是英美法体系，还是大陆法体系，国际上将保险合同的形式规定为"要式合同"的国家并不多见。因此，如果认为保险合同书面形式为其成立要件，则与我国《保险法》第 13 条第 1 款的规定不符。

故此，本书认为，保险合同是保险人和投保人的意思表示一致，经要约和承诺而成立的非要式合同。① 只要双方意思表示一致即可成立保险合同，无须以完成书面形式为成立要件。

四　保险合同的射幸性

（一）射幸合同的基本含义

射幸合同与实定合同是以合同约定的义务是否确定发生为标准所作的区分，和射幸合同相对的合同类型是实定合同。与实定合同相比，射幸合同的构造具有特殊性。在射幸合同中，当事人双方或者其中一方的给付义务是否发生具有偶然性。保险人和投保人之间的给付均衡关系受到是否发生保险事故的影响，发生保险事故的，保险人履行给付保险金义务，如果不发生保险事故，保险人则无须履行给付保险金义务。

射幸合同不同于赌博，投保人订立合同的目的是转嫁风险，并非为了获得像赌博一样的投机利益；在保险合同法中，我国承继英美法系的做法，作出保险利益的规定，无保险利益的保险合同无效；同时，在保险法

---

① 我国《海商法》第 221 条没有规定海上保险合同一定要以书面形式签订。依据该法第 221 条规定："被保险人提出保险要求，经保险人同意承保，并就海上保险合同的条款达成协议后，合同成立。保险人应当及时向被保险人签发保险单或者其他保险单证，并在保险单或者其他保险单证中载明当事人双方约定的合同内容。"

中，我国对保险合同条款采取行政监督的做法，可以有效排除其中违反公共良俗的合同内容。

（二）保险合同射幸性的特征

射幸合同与实定合同相同之处在于，基于合同成立而设定特定义务；与实定合同不同的是，需要借由特定事故是否发生而决定这种义务是否转化为具体的需要实际履行的义务。[①] 在保险合同中，对受偶然事实支配对象的认识不同，对保险合同射幸性特征的认识也会有所差别。

保险人的主要义务为给付保险金，保险合同成立，保险人的该给付义务就已经存在，只是这一义务是否实际履行是不确定的。可见，保险合同成立时即设定了抽象的保险金给付义务；保险事故发生后，抽象的保险金给付义务转化为具体的、需要实际履行的保险金给付义务。

（三）保险合同射幸性的立法体现

我们强调保险合同的射幸性，以及强调保险合同射幸性的特征在于偶然事实和给付义务的对应性的目的，在于揭示保险合同此种属性在立法上的必要性。保险合同立法，必须遵循射幸性特征，排除将偶然事实和履行给付义务结果直接对应的保险合同。在射幸合同中，偶然事实会导致当事人的对应给付义务的不均衡，可能出现一方当事人以较小的代价获取较大收益的结果，也存在从一开始就以"不劳而获"的利益驱动为目的签订射幸合同的可能性，这种可能性构成了保险合同中的道德危险。为了防止前述情形的发生，保险法律制度的设定需要排除不法的签约动机——排除不以风险转嫁为目的的订立的保险合同；还需要防止对偶然事实发生的依存关系的破坏——规定保险利益制度，以保障保险合同的利益均衡。

否认保险合同的射幸性的学者认为，从保险人的角度上看，单个的合同具有射幸性，但是从整体来看，保险费收入与保险金支出是平衡的，保险合同并不具有射幸性。本书认为，射幸性并非仅侧重于偶然事实和给付

---

① 还有一种作为保险合同射幸性依据的观点，认为保险人的保险金给付义务并非在合同成立时发生的不确定性义务，而是以事故的发生为条件的义务。由于保险金给付义务的发生与否取决于保险事故的发生与否，因此保险合同具有射幸合同性。

义务结果之间的对应关系，即因为偶然的事实而产生履行给付义务后获得的金钱利益。同时也侧重于偶然事实与给付义务本身的对应性，以单个的保险合同为观察对象，射幸合同是中立的，只要满足一方或者双方当事人的合同给付义务是否发生，受到偶然事实的支配的条件即可。在保险合同中，投保人的保险费交纳义务是确定的，不受偶然事实的影响，但是保险人的保险金给付义务的具体化，或者其具体化的时期则受到偶然事实的支配。

五　保险合同的诚信性

保险合同是在最大诚信原则下构建起来的契约，要求保险合同的双方当事人都具有最大诚信，例如，要求保险人履行说明义务、要求投保人或被保险人履行告知义务。"最大诚信"源自 1906 年《英国海上保险法》中"utmost good faith"的规定，是对保险立法的历史传承也是当代保险立法的共性特征。[①]

保险合同之所以以法律的形式确定为最大诚信合同，原因在于保险人和投保人之间存在着保险合同利益均衡关系。回溯保险及其立法的发展历史，最初的海上保险中，商人们将海上贸易的风险转嫁给保险人，但与风险评估直接相关的船和货物由投保人掌控，受限于当时的科技水平，除了从投保人处获知保险标的物的信息以外，保险人几乎没有其他方式获得那些作为其承担风险对价的信息。即使有，获取信息的成本也有违交易效益。

当代各国保险立法均秉承和确认了保险合同的诚信性，虽然较之保险制度发展之初，科技水平已经有了长足的进步，但是保险合同的诚信属性内核并没有发生根本性改变。第一，投保人对保险标的物的信息优势地位没有改变，从投保人处获得与风险相关的保险标的物信息仍然是最直接和最低成本的渠道；第二，风险和保险标的物的分离状态没有发生改变——投保人使用和掌控保险标的物，保险人承担保险标的物的危险；第三，投

---

① 我国《保险法》中并未使用"最大诚信原则"的概念表述方法，而是秉持了和其他部门法相同的概念使用习惯，在第 5 条规定中使用"诚实信用原则"表述。

保人和保险人之间基于保险标的物和风险转嫁的利益均衡关系没有改变。投保人交纳保险费，保险人给付保险金。经济利益的均衡反作用于对保险合同规制的法律制度，成为保险合同诚信属性的实践依托。

六　保险合同的有偿性

有偿合同和无偿合同是以当事人是否因给付而取得对价为标准作出的区分，与有偿合同对应的是无偿合同。有偿合同是指双方当事人在从合同的缔结到债务的履行过程中，均作出相互具有对价形式的给付。无偿合同是只有一方当事人作出给付，或虽为双方作出给付但双方的给付之间不具有对价意义的合同。[①]

保险合同是有偿合同，学界对将投保人保险费的给付义务作为保险合同有偿性的认定标准并无争议，对投保人的保险费给付和保险人何种义务形成对价关系存在不同主张。

（一）保险金给付论

保险金给付论认为和投保人的保险费给付形成对价的是实际履行的保险金给付义务。如果没有发生保险事故，保险人不需要付出任何代价，由此认为大部分的损害保险合同并非典型的有偿合同。此种主张的问题在于，同样种类、同样内容的合同，发生了保险事故的保险合同为有偿合同，没有发生保险事故的保险合同为无偿合同，那么保险合同的统一性就被否定。这个观点也无法解释没有发生保险事故时的财产保险的有偿性，学界现在很少有人支持这个观点。

（二）有条件保险金给付论

有条件保险金给付论认为，投保人的保险费给付和保险人负担的有条件或者不确定保险金给付形成了对价关系。保险合同是否具有有偿性应该以"合同的效力发生时间"为标准，不应该以结果来判断，不能把保险合同等同于一般的有偿合同。这种观点进一步主张：只要保险人的有条件保

---

① 〔日〕松阪左一：《民法提要：债权各论》（第5版），有斐阁，1933，第8页。

险金给付和投保人的无条件保险费支付之间的对应关系存在，保险合同就具有有偿合同性。以结果判断，保险事故发生的时候保险合同是有偿合同，保险事故没发生时保险合同是无偿合同，因此，保险合同时而为有偿合同，时而为无偿合同。

判断保险合同是否为有偿合同不应该只以保险期间结束时点为准，而应该以整个保险期间为准。另外，这个观点认为，保险人的给付义务在法律上的界定仅指保险金给付，风险负担只是保险合同履行的经济效果，并不包含在保险人的给付义务中，如果把风险负担也理解成给付内容，则过分扩大了给付的概念。

这个观点与保险金给付论同样重视发生保险事故时的保险金给付，但是与保险金给付论不同的是，在保险事故发生之前，保险人负担的有条件保险金给付就已经和投保人的保险费支付形成了等价关系。

（三）风险负担给付论

风险负担给付论认为，与投保人的保险费给付形成对价关系的并非保险金给付，而是风险负担给付。保险人通过保证发生保险事故时对被保险人支付保险金，减轻或者消除被保险人的经济生活的不安。无论是否发生保险事故，也无论是否支付保险金，保险人承担风险负担义务，保障被保险人经济生活的安定。因此，即使保险期间结束时不曾发生任何保险事故，由于保险人承担了风险负担义务，不需要返还保险费。也就是说，即使是无退款保险，保险人承担了风险负担，达成了解除经济生活上不安的合同目的，收取保险费具有法律正当性。保险的经济目的并不在于对发生事故时的保险金支付的期待，而在于缓解被保险人对将来可能发生的经济上的不安，这是对被保险人的心理上的效果。保险人的风险负担义务在合同成立时开始，在合同有效期间存在。从合同成立时保险人就进入履行合同期，即使没有什么特别的履行行为，也符合法律对义务履行方式的要求。风险负担义务与保险金给付义务具有同一性，约定的事故发生，风险负担义务被具体化，转变成为保险金给付义务。保险合同中的"保险人的风险负担"和"投保人的保险费交纳"形成等价关系，在此意义上，保险合同属于有偿合同。

本书认为，保险合同的有偿性可以从两个角度理解。第一，从单个的保险合同关系出发，保险合同的有偿性可以理解为：一方面，保险人承担风险负担义务以及发生保险事故后的保险金给付义务；另一方面，投保人承担给付保险金的义务。此为保险合同的等价有偿关系的一重体现。第二，从购买同一保险产品的多个保险合同关系出发，保险合同的有偿性可以理解为：一方面，保险人收取投保群体的保险费；另一方面，投保群体的保险费汇集成为保险基金，保险人在特定投保人发生保险事故时从保险基金中支付保险金。此为保险合同等价有偿关系的另一重体现。

七　保险合同的双务性

保险合同既是有偿合同，又是双务合同。[①] 双务合同和单务合同区分的标准是当事人是否承担合同义务，与双务合同对应的合同分类是单务合同。双务合同是双方当事人均须承担合同义务的合同；单务合同是仅一方当事人承担合同义务，另一方当事人无须承担合同义务的合同。

保险合同是保险人负有的风险负担义务和投保人负有的保险费给付义务为对应义务关系的双务合同。保险合同双方当事人在保险合同成立之后，必须按照保险合同的要求履行义务，同时享有保险合同利益和权利。如果投保人尚未支付保险费，保险公司可以以此为抗辩，不履行给付保险金的义务。[②]

在现代保险经营中，一般都采取保险费事先交纳的方式，在保险合同尚未成立的时候，投保人就必须交付相当于首期保险费的金额，当保险合同成立之时，将此事先交付的金额转为首期保险费。

[①] 有偿合同与无偿合同和双务合同与单务合同相比，是在对合同的全过程中经济的平衡与否加以考虑的基础上作出的分类。两种分类不必然一致对应。有偿合同较之双务合同，是一个更广的概念。任何一种双务合同都是有偿合同，但有偿合同并不全是双务合同。比如有偿保证或附负担赠与。参见韩世远《合同法总论》，法律出版社，2011，第56页。

[②] 结合保险合同的诺成性特征，保险合同不以交纳保险费为成立要件。即使投保人没有交纳保险费，只要双方形成了交纳保险费的约定，即满足了保险合同的双务属性。保险人给付保险金仅以投保人交纳保险费义务为抗辩要件，而非保险合同的成立要件。

八　保险合同的附和性

保险合同具有团体性，为了避免与众多投保人反复磋商从而导致签订保险合同的过程过于烦琐，保险经营中采取保险人事先拟定的保险条款，使得保险合同具有附和性特征。鉴于保险合同的技术性、复杂性和专业性特点，为了防止保险人在订立合同中侵害投保人群体利益，保险合同法以强制规定的方式对保险合同内容加以规制，包括绝对强制性规定和相对强制性规定。违反绝对强制性规定的保险合同约定无效，如保险利益的规定。保险合同法中的相对强制性规定当事人可以在保险条款中约定，但这些约定以"对被保险人较为有利者为限"。① 保险业法同时要求保险条款的制定和变更需要符合保险监管部门的相关规定。目前，我国规范保险条款内容的主要监管性文件包括《人身保险公司保险条款和保险费率管理办法》（2015 年修订）、《财产保险公司保险条款和保险费率管理办法》等。

九　保险合同的商业行为性

把保险作为一种经营活动的内容，并接受投保人进行投保的行为过程，实际上属于一种商业行为的运营过程。在我国的保险法和其他相关的法律中，没有明确规定这种商业行为的法律属性。

保险合同商业行为的属性最直接地体现在保险合同中的利益均衡关系，强调保险合同商业行为属性的意义在于更准确地理解保险合同法律规范的特征。原则上，保险合同法的规定属于任意性规定，有关保险合同的成立、生效、内容及效果尊重当事人的意思自治。保险合同法的规定是当事人意思的解释和补充。同时，保险合同关涉投保群体利益，法律应当以利益均衡为功能导向调整保险合同关系，因而，保险合同法的某些规定也呈现强制性特点。

相互保险组织经营的保险具有特殊性，保险股份有限公司经营的保险是以营利为目的的保险，相互保险组织是以保险的运营为组织目的，营利性仅为其衍生目的。调整相互保险组织的法律需要区别于调整保险股份有

---

① Robert E. Keeton , *Insurance Law* , West Publishing Co. , 1988, p. 6.

限公司的法律，我国的相互保险组织由《相互保险组织监管试行办法》加以规范。

此外，风险需要经过特定期间才能显现和被评估，承保风险的保险合同具有继续性特征。财产保险合同和人身保险合同均如此。

笔者有话说：对保险合同利益均衡的思考

一　保险合同利益均衡与失衡

投保个体与保险公司确定的合同表面上属于契约自由的范畴，但是保险合同条款内容具有专业性、复杂性和技术性，加之保险合同订立过程是由保险公司主导的，使用的是格式化的保险合同条款，这些足以使保险合同打破契约自由所依托的利益均衡而导致利益失衡，比如，"美国医疗保险协会是众多医疗保险公司的游说集团。医疗保险人为那些最不易生病的人提供保险，比被迫扩大保险范围并承担更多风险能够赚到更多的钱"。[①] 保险的投保个体、投保群体利益范畴直接体现在保险合同条款内容和承保范围之中，反而造成"实质之契约不自由"。[②]

二　保险合同利益均衡的路径

（一）由保险监管部门实施的利益均衡

保险条款和保险费率自由化以后，我国保险合同采取批准制度和备案制度结合的监管方法。[③] 对于新开发的寿险产品等特定范围的保险产品实行保险监督管理部门批准的制度，其他保险产品实行备案制度。保险公司制定保险条款以后，经由批准制度而实现对保险合同利益监管层面的均衡，此为一次利益均衡。实质上，这一利益均衡过程是在保险合同的投保

---

① 〔美〕博西格诺（John J. Bonsignore）等：《法律之门》（第八版），邓子滨译，华夏出版社，2017，第243页。

② 江朝国：《保险法逐条释义》（第一卷总则），台湾元照出版有限公司，2018，第36页。

③ 依据是《人身保险公司保险条款和保险费率管理办法》（2015年修订）、《财产保险公司保险条款和保险费率管理办法》。

方无法对保险合同格式条款进行自我利益主张时，由保险监管机构代为审核保险条款合法合规性以及是否有侵犯投保人权益的一次利益均衡。

（二）以法律规定的方式进行的利益均衡

经过保险监管部门的批准和备案程序以后，保险产品进入保险市场销售，保险公司与投保个体订立保险合同，从而实现保险运营。如果投保个体对保险条款的正当性不认同，有权向消费者保护组织以及保险监管部门投诉，以投诉的方式将潜在的"霸王条款"纳入《保险法》和《消费者权益保护法》的调控范畴中，实现对保险合同的二次利益均衡。

（三）以司法裁判的方式进行的利益均衡

投保人对依据保险合同的理赔结果或者拒赔结果不认同，有权通过司法诉讼的程序解决争议，法院依据《保险法》中保险合同的规定对案件作出判决，此为对保险合同的三次利益均衡。

保险公司为了获得保险监管部门的批准，避免保险监管部门以及消费者保护组织的负面评定，避免在司法诉讼中败诉，在保险条款制定、修改的过程中会将投保人的利益纳入考量范围。加之保险市场竞争的需要——保险产品的竞争是保险市场竞争的核心竞争力的体现，保险合同得以达至利益均衡。

需要说明的是，本书使用"利益均衡"的概念，而非"利益平衡"的概念。原因在于：一般合同关系中，合同利益通常只涉及订立合同双方当事人之间的利益关系的平衡，因而使用"利益平衡"并无不妥。但在保险合同中，除了订立保险合同的双方当事人以外，还关涉被保险人、受益人、责任保险中的受害人等主体的利益，使用"利益均衡"更能体现保险合同利益关系主体的多元化特征。

第二节　保险合同法的基本原则和基本范畴

原则是指规则据以制定的原理和准则，部门法律的基本原则是指作为部门法基础的，对该部门法所调整的社会关系具有根本揭示、支撑、解释作用的原则。保险合同法的基本原则源自对保险基本属性的揭示：保险是分散风险、消化损失的制度，调整保险关系的法律原则的探查，应当与对保险制度的支撑作用相契合。故此，本书将保险利益原则和损害填补原则作为保险合同法的两大基本原则加以论述。

本书对其他保险法著作中提及的保险法基本原则，如近因原则、最大诚信原则等并未加以论述，原因在于，本书认为：近因原则实质是保险理赔中判断因果关系的技术性规则，与大陆法系侵权法理论中的因果关系保持同步即可，单独强调的必要性不大。最大诚信原则在我国保险立法已经转化为诚实信用原则，而诚实信用原则属于作为保险合同法私法领域的共通原则，最大诚信原则比照诚信原则的特殊性，前文已经论及，此不赘述。

一 保险利益原则

（一）"保险利益"概念厘清

和我国保险法学界"保险利益"概念对应使用的英文是"insurable interest"，直译为可保利益。"本质上，可保利益要求在被保险人和受到保险交易支配的人、客体、行为之间具有重要联系"。① 国内的理论界和实务界，包括立法都将保险事故发生之后，被保险人遭到损害对应的那部分利益，称为"保险利益"。事实上，财产保险中的被保险人对保险标的物具有"可保利益"。当该保险标的物成为保险合同中被保险的对象时，围绕保险标的物而产生的利益，成为保险合同中的"保险利益"，该项利益被保险合同所保障。

有鉴于我国现行保险立法中显现的保险利益的属性和特征，我们可以从两个维度掌握保险利益的内涵。首先，保险利益应该作为保险合同立法的基本原则，原因在于保险利益具有统领保险合同法诸多规则的功能，是赋予保险合法性的根源所在。其次，保险利益还是由保险合同法中具体规则构成的制度，我国保险合同法中在一般规定和人身保险合同以及财产保险合同中分别规定了保险利益的内容，这些规定构成了完整的保险利益制度。

从英文中的可保利益转化为我国保险法理论中使用的保险利益概念过

---

① Robert E. Keeton，*Insurance Law*，West Publishing Co.，1988，p. 135.

程尚待查证，需要强调的是，我国在立法现实和传统上一般采纳和遵从大陆法系国家的立法模式，英美法系的可保利益制度，在引入我国立法中需要和我国的立法模式进行融合。我国保险合同法中保险利益相关规定的修改完善，必须在充分论证和比较英美法系和大陆法系有关保险利益规定异同的基础上，作出更有利于我国保险行业发展的立法模式选择。

（二）保险利益是订立保险合同的目的

在财产保险中，利益和损失是硬币的两面，财产保险遵循"无利益则无保险"。因而，财产保险中的保险利益原则和损害填补原则功能相同，均为保障被保险人获得损失范围内的保险补偿，防止其获得超出损失范围的不当得利。依据损害填补原则，保险所给予的保障是对保险标的物具有利益，并对预计可能发生的损失给予保障，按照实际发生的损失给予补偿。相应地，对不可能发生的损失约定给予补偿的保险合同不能成立。我国《保险法》中没有规定危险已经发生或者危险不可能发生保险合同的效力问题，但是依据危险的特征，应当可以推断危险已经发生或者危险不可能发生的保险合同违背保险合同订立的目的，其合同效力不被法律保护。

（三）保险利益的功能

在近现代保险合同法中，"保险利益"具有十分重要的意义，保险利益原则的确立，使得保险与赌博之间的界限日渐分明。保险业的起源和发展遵循"先海上，后陆上；先财产，后人身"的总体脉络。与这一发展过程伴生的是包括保险利益在内的保险立法。

保险业起源阶段的中世纪（13~16世纪），随着欧洲的航海业日益发达以及海上贸易的发展，出现了海上保险，之后出现了陆上保险，再之后出现了人身保险。与此同时，海上保险合同法在各大都市逐渐形成。为了避免因发生海上风险造成的财产损失，一般以船舶、货物作为保险合同标的物等。可见，保险起源阶段，保险合同标的与财物具有相同含义。

此后，航海业得以迅速发展，保险标的从单纯的财物逐渐扩展到被保险人对财物所拥有的利益。即现代保险中依然沿用的"保险利益"。以此为基础，对财物所有人以外的其他财产利益给予保护，进而从理论上完善了保险利益原则的内涵。人身保险的发展是建立在财产保险产生和发展基础之上的，人身保险立法进一步强化保险利益具有的区分保险和赌博的功能。

（四）保险利益的内容

基于保险利益内容的不同，我们将保险分为两种，一种是对既存的利益损失风险进行的保险，亦称为"积极保险"；另外一种是对可能利益的损失风险进行的保险，包括责任保险、费用保险等，称为"消极保险"。在消极保险中，不存在既存的特定利益。当合同所约定的责任或约定给付的费用负担实际发生时，产生的被保险人的损失，通过保险制度将这些风险转嫁给保险人。发生了保险事故，由于该事故使得被保险人的利益受到损失，被保险人可以得到损失补偿的前提条件是，该项利益必须在事故发生之前已经存在。即"无利益则无保险"。

二 损害填补原则

"损害填补原则与可保利益原则形影相随"，[①] 损害填补是构成保险合同最基本的特征之一，保险合同是将特定风险造成的损失转嫁给保险人的协议。损害填补的内涵在于保险人支付的损害补偿金额不超过遭受损失的经济限额。保险的制度安排是在保险人支付的保险补偿和被保险人遭受的损失之间达至获利和损失的平衡，前者的数额不超过后者的数额。保险合同保障付给被保险人的保险金不超过其遭受的损失，禁止投保方不当得利的原则，被称为损害填补原则。该原则是保险经营的基本支柱，具有维持社会安定的性质。

损害填补原则影响整个保险立法，遵从该原则意义在于防止因保险而获得不正当利益，防止赌博。如果允许被保险人获得超出其损失以外的保险金补偿，会诱发以保险的形式实施赌博行为。这一原则并非指保险金给付必须和损失相等，仅提供部分保障的保险不违反损害填补原则的要求。在许多情况下，投保人购买的保险合同不能对风险造成的全部损失提供保险保障。

在 17 世纪和 18 世纪的英国，赌博盛行，包含赌博成分的保险常常涉

---

① Robert E. Keeton , *Insurance Law* , West Publishing Co. , 1988, p. 135.

诉。18 世纪中叶，英国国会颁布了禁止性立法才将赌博从保险制度中剔除。① 最初的立法是在海上保险中，后来延伸至人寿保险等其他保险领域。

三 保险合同法的基本范畴

部门法基本范畴是统领部门法各个法律规范的基本概念，以及各个基本概念之间的相互关系。保险合同法基本范畴的挖掘必须和保险产品属性相结合，和提升保险行业的国际竞争力相结合。同时，从保险合同法理论体系的内核出发，探查保险社会关系的属性特征。以道德风险防范为功能导向，围绕保险合同法的两大基本原则，保险利益原则和损害填补原则，最终形成调整保险合同利益的综合保险合同法理论体系。

从共同防止赌博的功能角度观察，保险利益原则和损害填补原则都指向道德风险防范，而道德风险是与保险制度伴生的负面性，保险制度的进一步发展和道德风险防范相伴相生。融合保险经营过程中道德风险防范的措施，以及保险合同立法中道德风险防范的措施，是支撑保险制度的核心所在。在此意义上，保险利益原则、损害填补原则以及道德风险防范成为贯穿于保险合同法律之中的基本范畴。

保险合同法的基本范畴，如图 1 所示。

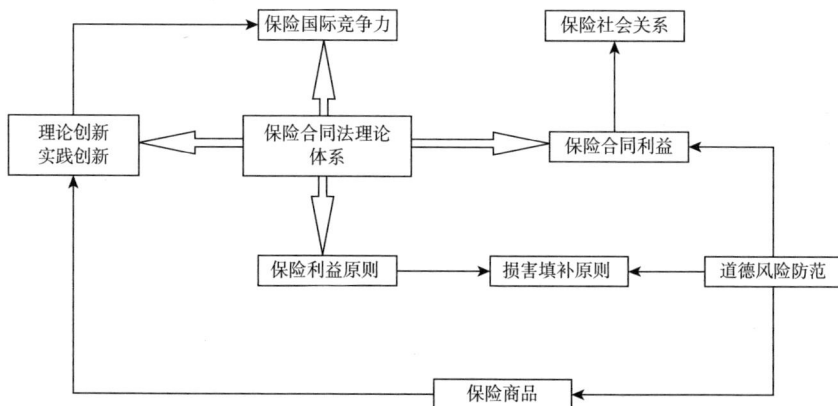

图 1 保险合同法基本范畴

---

① Robert E. Keeton, *Insurance Law*, West Publishing Co., 1988, p. 135.

第三节　保险条款的性质

一　问题的提起

在现代化社会中，保险的观念已经深入人心，人们除了参加能保障基本生活的社会保险之外，还会选择购买各类商业保险，未雨绸缪、防范风险。这已经成为社会安定、正常生产和家庭幸福的需要。"人食五谷生百病""人有霎时祸福"，于人类社会发展伴生的是各种风险的发生。进入现代化社会之后，随着工业化进程的加快，各种意外事故的发生已成为日常生产生活的另一种"癌症"，日益威胁着人们的安宁。

在加入商业保险之后，人们会有投保后等于进入保险箱的想法，认为万一遇到意外事故，保险公司会代替投保人承担风险所造成的损失。但是，当人们遭遇意外事故，向保险公司请求给付保险金时，有时会遇到保险公司拒绝给付的情况。

当被保险人或保险金受益人向保险公司请求给付保险金时，有时会被告知，该事故由于不符合保险条款的约定，不属于保险合同的承保范围，所以不能给付保险金。也有投保人自己认为根据保险产品的介绍和保险条款的约定，应该符合请求保险金给付的条件，但是由于在保险条款中没有十分明确地约定给付条件，需要对保险条款进行解释。根据保险公司的解释，又被列入不能给付的范围。凡此种种，有一些遇到上述情况的投保人会选择向消费者协会等机构投诉，或者向保险监督管理部门投诉，也有通过各种媒体反映自己的不满并希望获得圆满的解决。种种因素导致"理赔难"问题已成为社会上一个引起公众关注的热门话题。

人们发现，在许多保险公司拒绝给付的纠纷中，保险公司所依据的是保险条款，如果保险条款中没有约定或者约定不明确，保险公司常常对保险条款进行解释，进而拒绝给付保险金。因此，保险条款在人们的眼中充满了神秘的色彩。人们也对保险条款充满了困惑，这是因为，一方面，保险条款不是按照普通合同成立的那样，由合同双方当事人共同协商制定，而是由保险公司单方在保险合同签订之前事先拟定而成。当保险合同成立以后，要求保险合同双方当事人必须共同遵守。另一方面，保险条款内容繁复，条款表述方式和使用文字超出投保人既有的知识体系和认知能力。

同时，当人们在购买保险的时候，有许多人根本就不知道保险条款的存在，也有许多人虽然知道它的存在，也曾在购买保险以后从保险公司那里得到保险条款，但是从来没有认真地阅读，甚至不知道条款中写的是什么。也有的投保人虽然阅读过，但是由于保险条款的语句以及词汇的组成多为法律用语和保险行业用语，文字之艰深，往往使人望文兴叹。虽然人们在购买保险，尤其是购买人身保险的时候，保险营销员会将保险条款中所规定的内容向投保人作一些说明，尤其是免责事项的部分。但是不能否认的是，在现在的营销活动中，没有将条款的内容完全清楚地向投保人说明的情况屡见不鲜。

正是由于上述种种情况的发生，我们有必要对保险条款的性质、效力和如何解释保险条款等问题展开讨论，以揭示产生保险条款效力的依据，从而探查对保险条款进行解释和法律调整的正确方法。

二 保险条款效力的产生和质疑

在现代保险经营中，投保人和保险人签订保险合同时，对保险合同的条文一般都没有经过充分的协商和合意，导致保险合同无法充分体现投保人意志。由保险人（一般为保险公司）事先准备好格式合同（包括保险条款在内），待投保人提出投保申请后，作出承诺（承保），保险合同成立。

普通合同的成立，一般经过要约邀请和要约，以及反复数次的交涉过程。在预先设想的利益条件得到满足时，双方或数方的当事人达成合意；以书面或口头的方式将合同的内容确定下来，合同方告成立。签订合同的当事人要遵守合同约定的事项，受合同的效力约束。当事人所追求的利益，以合同条文化显现，经由法律的确认和保护，具有法律约束力。合同是根据契约自由的原则而产生的：愿意和谁签订，要签订怎样的合同，只要取得对方当事人的同意，在不违反法律强制性规定、不违反社会公德的前提下，合同主体以及合同内容的选择均是自由的。各方主体为了实现自己最大的利益，有权与对方当事人进行交涉，以争取最好的交易条件。

保险合同的成立过程以及签订的方式与普通合同有所不同。这是由于保险事业已经进入现代化经营时代，保险人的法人代表不可能分别同数以百万计、千万计甚至亿万计的投保人直接进行订立保险合同的交涉。在现代的保险交易中，一般都是由保险人根据保险产品的种类事先准备好保险条款。根据保险条款的约定，投保人除了可以根据承保范围和条件自由选择自己所需要的保险以外（比如保险金额的多少、保险期限的长短、保险费用的高低等），对既成的保险条款的内容无权加以修改或拒绝。换言之，投保人不能提出以下请求：条款中的某一些约定不能接受，需要保险人加以修改或取消，只能全盘接受保险合同条款。

不仅在中国，在世界范围内，人们对保险合同条款都存在诸多质疑，主要包括以下几种：第一，认为条款是保险人单方制定的，没有融合投保方的意思，与"契约自由"原则有所冲突；第二，保险条款由保险人制定，只能保护保险人的利益，无法充分体现投保方的利益，所以认为保险条款是不公平的；第三，在签订保险合同时，投保人不可能事先熟读和透彻地理解保险条款的内容。具有投保意向的人一般是在听取保险代理人的介绍以后，提出保险申请而购买保险的。保险产品中约定的保险事故发生以后，投保人向保险公司请求给付保险金时，才被告知该事故不符合保险条款的约定，而无法获得保险金给付。投保人事先没有得到关于保险条款的充分说明，事后保险条款的解释与保险人发生意见分歧时，最终解释权却在保险人那里，这有违交易公平。

三　保险条款效力的学说

各国保险法学者以及保险实务界人士，对保险条款为什么具有拘束力，存在不同的见解和主张。比较有影响的是以下四种理论：意思推定论、法规论（自治法论）、附和契约论和商习惯法论。

（一）意思推定论

在现实生活中，普通投保人一般不会从头至尾彻底研究其希望投保的保险产品条款以后才投保。我国有些保险产品的条款相对简单，条文相对较少，仔细看一遍并非没有可能。在保险比较发达的国家，保险条款的条文之多，语句之复杂、之专业，令人如读天书。再者，保险条款的文字结构比一般的法律条文还要复杂。除了使用严谨的法律专业用语之外，还要加上保险行业用语，一般人尽管十分认真地阅读，恐怕其结果也是一头雾水，不知所云。在保险合同条款中，法律专业用语和保险行业用语交叉混合在一起，加之复杂的保险法学和保险经营学的原理，若非保险专家，一般人很难真正理解其中的内涵。普通的保险消费者，一般是在听取保险中介人对保险产品的介绍以后，才确定是否投保。对于保险条款的存在以及理解它的详细内容，并未居于投保选择的首要位置。

根据上述实际情况，意思推定论主张者认为，保险合同的成立与否主要取决于双方当事人是否具备签约的意思，离开签约意思来讨论保险合同的成立是不合理的。因此，分析和判断保险合同效力需要以投保人是否具有投保的意思为要素。投保人将投保单递交给保险代理人时，已经具有依据保险条款的约定同保险人签订保险合同的意思，以订立保险合同的意思作出推定，投保人愿意依据保险条款的约定签订保险合同。

从合同法和保险实务两个角度进行分析，意思推定论具有一定的合理性。但是该理论与保险法的基本原理并不契合。保险合同在推定成立之后，如果保险合同的双方当事人发生纠纷，保险人主张该保险事故不符合条款的约定而拒绝给付保险金时，投保人则主张根本不知道保险条款的具体约定内容，要求给付保险金，那么对投保人"知"，还是"不知"如何举证的问题就成为解决纠纷的关键。依据诉讼法"谁主张，谁举证"的原则，举证责任属于保险人。如果保险人无法举证证明投保人是"知"的，保险条款的有效性就很难得到保证。

（二）法规论（自治法论）

由前文分析可知，意思推定论无法成为保险条款拘束力的理论依据。人们把目光集中到法规论之上，法规论主要是将保险条款作为一种社会内部的规范来看待，所以又被称为自治法论。它主要是从保险条款的法源角度加以考量，认为保险公司所制定的保险条款进入市场之前，必须经过保险监督管理机构的备案或批准。进行保险条款备案或批准之后，可以认为该保险条款的内容具有合理性，即排除保险条款只体现保险人的利益而不体现投保方的利益，从而使保险条款具有法规的约束力。因为，保险监督管理机构在进行备案或批准时，不会单方面只考虑保险公司的利益、忽视消费者的利益，而是在进行综合利益平衡之后给予备案或批准。从而使保险条款成为社会内部的规范，即法规化。这种法规化后的保险条款，将其作为一种法源而具有约束力。

法规论在我国保险条款自由化之前颇为盛行，但是随着保险条款和保险费率自由化的进程，保险监督管理机构将保险条款的制定权限下放至保险公司，法规论也逐渐淡出学界的视线。

（三）附和契约论

附和契约论认为，保险合同是一种附和合同（contract in set form），保险条款不是仅适用于某个投保人，而是普遍适用于所有投保人。投保人基本上不能自由与保险人进行磋商，保险条款中所约定的条文是不可更改的。投保人只有两种选择的自由，附和或者不附和保险条款的约定。

鉴于保险运营普遍采用格式条款的方式进行，投保人如果不愿意接受这种不可更改的保险条款，保险合同则无法成立。对投保人来说，保险合同的订立体现了某种强制性的特点。

附和契约论缺乏对保险条款效力来源的论证和论据，其理论的核心说服力仍有待商榷。

（四）商习惯法论

商习惯法论认为，在保险合同订立之时，保险合同是依据保险条款的内容来签订的，这种行为一开始并没有在保险领域形成商业习惯。在众多的保险实践中，保险条款成为保险行业公认的商业习惯，在保险合同的缔约过程中，被保险合同的当事人所认可，从而使保险条款具有了商业习惯法的效力。商习惯法论的核心是：不论当事人（主要指投保人）对保险条款的约定理解程度如何，在保险合同订立的时候，当事人对保险条款是认可和接受的。

该理论从保险业历史角度加以考察，凸显保险条款商业习惯的形成过程，能够充分说明保险条款效力的产生根据，因而比较具有说服力。同时，商习惯法论不仅具有保险行业历史的正当性，而且与当代保险交易频率和交易特点相匹配。在当代社会，人们普遍购买诸如机动车损失保险等保险产品的背景下，保险交易已经从偶发的交易过程成为一种具有反复交易特征的交易行为。

四 保险条款效力的法规体现

我国《保险法》第 114 条第 1 款规定："保险公司应当按照国务院保险监督管理机构的规定，公平、合理拟定保险条款和保险费率，不得损害投保人、被保险人和受益人的合法权益。"中国保险监督管理委员会（以下简称中国保监会）在 2015 年修订《保险公司管理规定》时，充分体现了《保险法》的精神，该管理规定第 43 条规定："保险机构应当公平、合理拟定保险条款和保险费率，不得损害投保人、被保险人和受益人的合法权益。"中国保监会在 2010 年颁布实施的《财产保险公司保险条款和保险费率管理办法》以及 2015 年修订的《人身保险公司保险条款和保险费率管理办法》中规定了经过保险监督管理机构审批的保险险种类型。《财产保险公司保险条款和保险费率管理办法》第 7 条规定，依照法律和行政法规实行强制保险的险种以及中国保监会认定的其他关系社会公共利益的险种必须报中国保监会审批；《人身保险公司保险条款和保险费率管理办法》第 20 条规定，关系社会公众利益的保险险种；依法实行强制保险的险种、中国保监会规定的新开发人寿保险等险种必须报送中国保监会审批。

（1）中国保监会对保险条款进行行政上的监管则主要是依据《人身保险公司保险条款和保险费率管理办法》第 48 条规定：

（一）损害社会公共利益；

（二）内容显失公平或者形成价格垄断，侵害投保人、被保险人或者受益人的合法权益；

（三）条款设计或费率厘定不当，可能危及保险公司偿付能力；

（四）违反法律、行政法规或者中国保监会的其他规定。

（2）《财产保险公司保险条款和保险费率管理办法》第 26 条规定，保险公司的保险条款和保险费率应当符合下列要求：

（一）结构清晰、文字准确、表述严谨、通俗易懂；

（二）要素完整，不失公平，不侵害投保人、被保险人和受益人的合法权益，不损害社会公众利益；

（三）保险费率按照风险损失原则科学合理厘定，不危及保险公司偿付能力或者妨碍市场公平竞争；

（四）保险费率可以上下浮动的，应当明确保险费率调整的条件；

（五）《中华人民共和国保险法》等法律、行政法规和中国保监会规定的其他要求。

五　保险条款的解释

保险合同的双方当事人对保险条款存在不同理解、发生争议时，对保险条款如何解释？鉴于解决争端的最后手段是诉诸法庭，由人民法院根据法律对双方所争执的内容进行判断，从诉讼的角度对保险条款的解释，是由人民法院作出的。人民法院代表国家适用法律实施裁判，有权在裁判过程中对保险条款作出具有法律约束力的解释。

（一）保险条款解释的整体性前提

一些人民法院的司法判例表明，如果没有保险合同中的特别注明，保险条款具有整体性，不能将其中的一部分条款判定为无效。法规论赞成前述结论：法规论将保险条款作为一种法规，在保险实务中不可能将没有效力的条款事项置于保险合同中。故此，在解释保险条款时，应当首先尊重保险条款的整体性，避免限于条款的细节之中，而与保险条款整体意思相背离。保险条款的名称、承保范围、除外责任、概念说明等内容应当视为一个整体，在此前提下完成对具体争议条款的解释。

（二）对保险条款中的个别条文的效力判断

对保险条款进行解释时，不能否认各个保险条款在保险合同中的完整性。但是，在保险实务中评判保险条款效力时应该考虑到，签订保险合同时，保险条款作为保险合同的内容是被投保人一并认可的，即从整体上加以认可的。只是这种认可的前提是，投保人不具有保险学以及保险法学的专业知识，要求每一个投保人都必须成为保险学或保险法学的专家后再来投保，既不现实，也过于苛刻，投保人对保险条款的理解只能停留在整体接受的前提下。故此，投保人是否真正理解保险条款的内涵或内容，仍需推敲。既然投保人在全盘接受保险合同时，不太可能从完整意义上去理解保险条款，对保险合同中的某一些条款（事项）上存在与保险人不同的理解，这是很正常的。产生争议的条款是否具有法律约束力，不应该由制定条款的当事人（保险人）来确定，而应该由人民法院依法进行解释和判断。

（三）保险条款解释的探索

1. 法院对保险条款进行解释的必要性

虽然保险条款的制定和修改必须经过保险监督管理机构的审批或备案，保险行业协会也会指定各类保险合同的示范条款，但是，保险监督管理机构依法对保险行业进行监督管理，不享有立法权。经过保险监督管理机构的审批或备案，从形式上看是在一定程度上将保险条款法规化了，但是事实上这种法规化不具有法律效力。因为保险人是从自身利益出发制定保险条款，保险监督管理机构仅从行政监督的立场进行判断，虽然也会将保护投保人、被保险人以及受益人的利益纳入保险条款审批范围，但不能从根本上杜绝保险条款对投保相对方的利益倾轧甚至否定。故此，需要司法机关以法律的标准，综合考量保险合同订立的过程和双方当事人的利益，对保险条款作出独立的解释和判断。

2. 保险监督管理机构对保险条款解释的法律效力

如果保险合同当事人之间对某一保险条款的解释发生争议，保险监督管理机构是否拥有解释权？如果有的话，其作出的解释是否具有法律效力？该解释能否成为法院判案的理由和根据？

根据《保险公司管理规定》第 61 条的规定，保险监督管理机构对保险公司的监管事项包括是否按照规定对使用的保险条款和保险费率报经审批或者备案。对于向保险监督管理机构备案的保险条款，与其他的格式条款同质。保险监督管理机构通常是针对保险公司或者投保人提出的具体问题作出解释，并不具有法律效力，人民法院仅可以参考对保险条款进行的解释，不应当直接作为案件判决的依据。

对于经过保险监督管理机构判断的保险条款，有鉴于保险监督管理机构行政监督管理的职责范围，以及对保险行业的权威了解，保险监督管理机构作出的解释效力增强。但是，人民法院作为享有独立司法权的审判机关，并不必然遵循和囿于保险监督管理机构的解释结论，依然可以在参考保险监督管理机构解释的基础上独立作出司法裁决。

3. 保险条款解释的标准

对保险条款的解释和对法律的解释是不同的。对法律进行解释，需要明确立法意图，然后根据相关的立法资料采取综合的文义解释、体系解释、历史解释等方法进行。保险条款的解释不能单纯从制定者的意图出发，还要考虑投保人的理解能力、保险合同订立过程等要素。保险条款在制定的过程中体现的是保险人的意思，投保人对保险条款的合理化理解，即基于人们普遍认知的合理化理解（本书称为投保人的常识性理解）应当成为保险条款的解释标准。保险人在制定条款时，如果将含有特殊意义的语言作为条款的用语，应当虑及人们普遍的认知能力和理解能力，要根据人们普遍知识水平能够理解的程度作为标准。为了保护弱势的消费者，我国《保险法》第30条规定："采用保险人提供的格式条款订立的保险合同，保险人与投保人、被保险人或者受益人对合同条款有争议的，应当按照通常理解予以解释。对合同条款有两种以上解释的，人民法院或者仲裁机构应当作出有利于被保险人和受益人的解释。"

值得注意的是，对免责条款的解释，中外保险法理论都强调不能进行扩张解释，也不能进行类推解释。而应当尊重保险条款的基本含义，首先判断是否存在异议，存在两种解释的，才能适用不利解释立法。

4. 保险条款的效力判断

在普通合同中，违反法律强制性规定（包含禁止性规定）的合同条款无效，违反法律任意性规定的合同条款有效。为体现契约自由的原则，《民法典》总则编以及合同编等法律中有关合同的规定特点是，虽然也包含极少数的强制性规定，但一般以任意性规定居多。

对保险合同的保险条款法律效力的判断，如果遵循对普通合同法律效力的判断相同的逻辑：只有违反法律强制性规定的保险条款无效，不违反法律强制性规定的保险条款均有效，和保险合同的属性特征以及保险原理难以契合。

原因在于，双方当事人在签订普通合同的时候，对合同的所有条款均经过充分协商，在取得合同双方当事人意思表示一致后，合同成立。合同成立后，合同中所约定的事项对双方当事人具有约束力。但是，双方当事人订立保险合同，未对保险条款进行协商，仅凭保险条款没有违反强制性规定而判断内容有效，缺乏基于意思自治层面的理论根据。

判断普通合同约定事项是否有效，除了依据是否违反强制性规定，还依据合同是否违反公共利益、社会公德、公序良俗等原则进行判断。判断保险条款的效力亦然，此外，判断保险条款效力还要根据保险合同特有的保险经营原则——投保人公平原则以及双方利益均衡原则加以评判，同时考量保险条款与保险基本原理的一致性。

可见，简单地以保险条款不违反强制性规定为标准认定为有效，不符合保险合同的特殊属性。兼顾投保群体利益的保护、保险合同的符合性等要素，本书认为，判断保险条款的效力应当遵循三个基本标准，第一，违反强制性规定的保险条款无效；第二，与保险法列举的任意性规定不同的保险条款约定并不必然有效[1]；第三，判断保险条款的效力需要附加"不利于投保人之约定应归于无效"[2]的标准。

参考文献

1.〔美〕博西格诺（John J. Bonsignore）等：《法律之门》（第八版），邓子滨译，华夏出版社，2017。

2. 江朝国：《保险法逐条释义》（第一卷总则），台湾元照出版有限公司，2018。

3.〔日〕松阪左一：《民法提要：债权各论》（第5版），有斐阁，1933。

---

[1] 详细论述参见潘红艳《论〈保险法〉对投保群体利益的保护》，《法制与社会发展》2019年第4期，第202~211页。

[2] 《德国保险合同法》中诸多法条在规定保险合同效力的同时，将"不利于投保人之约定应归于无效"作为保险条款生效与否的法定判断标准。如《德国保险合同法》第112条的规定："违反本法第104条及第106条并不利于投保人之约定应归于无效。"

4. 佟柔主编《中国民法》，法律出版社，1990。

5. 韩世远：《合同法总论》，法律出版社，2011。

6. 潘红艳：《论〈保险法〉对投保群体利益的保护》，《法制与社会发展》2019 年第 4 期。

7. Robert E. Keeton, *Insurance Law*, West Publishing Co. , 1988.

第六章

保险合同的当事人、关系人和辅助人

第一节　概述

在保险合同法律关系中，不仅包括保险人（以保险公司为主）和投保人这两种保险合同当事人，还包括保险合同辅助人以及当事人以外的关系人。在不同的保险合同中，前述当事人、关系人和辅助人所处的法律关系和法律地位各不相同，在保险合同成立以及保险合同的履行过程中的作用也不尽相同。辨明上述当事人、关系人和辅助人的权利义务和相互之间的法律关系，对保险合同的履行以及争议解决，均具有重要意义。

保险合同的当事人以及辅助人员的概况如下。

1. 保险合同的当事人

在保险合同中的当事人有两方，一方是保险人，另一方是投保人。我国《保险法》第 10 条规定了保险合同及其主体，其第 2 款规定："投保人是指与保险人订立保险合同，并按照合同约定负有支付保险费义务的人。"投保人除了我们熟知的自然人以外，还包括各类经营企业、事业单位等法人和其他非法人组织。其第 3 款规定："保险人是指与投保人订立保险合同，并按照合同约定承担赔偿或者给付保险金责任的保险公司。"我国《保险法》各项法律制度设置的预设前提，是将投保人视为不具有投保经验、在保险合同中处于弱势地位的主体，因而诸多制度显示出偏重保护投保人一方的特点，比如免责条款、明确说明义务等。但是，随着各类主体保险意识的增加，以及机构性尤其是经营性法人投保主体的介入，保险法中应当进行更加符合投保人和保险人利益均衡要求的扩容。除了现有的将保险合同区分为附合性保险合同和非附合性保险合同，加以区别调整以外，还需要考量投保人的具体属性和投保经验，以免因为保险立法的利益考量不精准，造成保险司法个案衡量时的压力。英国2013年颁布的《消费者保险法》和2015年颁布的《保险法》，将消费者保险合同和非消费者保险合同分别进行调整。

2. 保险合同的关系人

保险合同的关系人主要包括被保险人（insured person），在人身保险中还有保险金的受益人。

3. 保险合同的辅助人

保险合同的辅助人一般包括保险代理人、保险经纪人、（insurance broker）、个人保险代理人（保险营销人员，insurance agent）等。

第二节　保险合同的当事人

一　保险人

（一）保险人资格和活动规范

根据我国《保险法》第10条第3款规定："保险人是指与投保人订立保险合同，并按照保险合同约定承担赔偿或者给付保险金责任的保险公司。"《保险公司管理规定》[①]第3条第1款规定："本规定所称保险公司，是指经保险监督管理机构批准设立，并依法登记注册的商业保险公司。"

我国同许多欧洲大陆国家一样，对保险人的资格进行行政监管采取的是"许可主义"。《保险公司管理规定》第5条明确规定："保险业务由依照《保险法》设立的保险公司以及法律、行政法规规定的其他保险组织经营，其他单位和个人不得经营或者变相经营保险业务。"在我国设立保险公司，必须满足我国《保险法》《公司法》以及保险监督管理机构规定的

---

① 中国保险监督管理委员会：《保险公司管理规定》，2009年10月1日起施行，2015年10月19日修订。

条件，向保险监督管理机构提出申请，在获得保险监督管理机构颁发的保险业务许可证后，向工商行政管理部门办理登记注册手续，领取营业执照后才能开展保险经营活动。保险业务许可证是保险监督管理机构依法颁发的准许保险机构经营保险业务的法律文件，是保险机构依法经营保险业务的证明。如果没有得到保险监督管理机构的许可，则不能进行保险经营活动，违反者将受到处罚。①

保险人不仅要受到"保险业法"的规范，还必须遵守"保险合同法"的规定。对保险人的监管具有公共性和公益性，保险人在其经营活动中实施的行为具有私法属性。对保险人开展经营活动的行为，包括在保险市场上进行公平、公正的竞争活动，在证券市场或其他金融市场中进行资金运作的行为，主要是通过保险业法的部分进行规范的。保险人与投保人签订保险合同的行为，则通过保险合同法部分进行规范。目前我国的保险立法是保险业法与保险合同法的混合，因而，我国《保险法》包含公法性质的规范，也包含私法性质的规范。

（二）保险合同当事人的人数限制

对保险合同的双方当事人的人数，一般没有限制性规定。保险人可以是1人，也可以是复数。在人身保险合同中，一般是由一家保险公司作为保险人。在财产保险合同中，保险标的具有交易重要性或规模巨大的，可能由两个或者两个以上保险人共同承保，即所谓的"共同保险"。共同保险所签订的合同，称为"共同保险合同"。

（三）共同保险合同中的保险责任

在共同保险合同中，复数的保险人对保险合同中所约定的义务承担连带责任，各个保险人之间形成连带债务。由于保险人是复数，在保险实务中一般会推选或选定一家保险公司作为具体负责保险事务的代表公司。设

① 我国《保险法》第158条规定："违反本法规定，擅自设立保险公司、保险资产管理公司或者非法经营商业保险业务活动的，由保险监督管理机构予以取缔，没收违法所得，并处违法所得一倍以上五倍以下的罚款；没有违法所得或者违法所得不足二十万元的，处以二十万元以上一百万元以下的罚款。"

置有代表公司的共同保险中，可以约定保险公司之间不承担连带债务。

（四）保险人中的特殊成员——相互保险组织

1. 相互保险组织是保险人中的特殊成员

我国保险实务中，已经出现了相互保险组织"阳光农业相互保险公司"等多家相互保险公司和其他相互保险组织。早在公元前 4500 年，古埃及修建金字塔的石匠们就成立了一种互助组织，向每个成员收取会费，支付石匠们死后的丧葬费用。公元前 2 世纪，古罗马成立了丧葬互助会，会员交付会费后一旦死亡，由互助会支付葬礼的费用。中世纪（13~16 世纪）以后，基尔特行会制度在西欧盛行，包括商人基尔特和工人基尔特两种形式，是相同职业者基于相互辅助的精神共同出资组成的团体，对会员遭受的死亡、疾病等人身风险和财产损失给予一定限额的赔偿。基尔特组织是相互保险组织的前身，随着组织成员的增加，西欧一些地区逐渐打破行业的限制，出现了以保护救济为目的的保护基尔特组织，这种组织形态最终发展成为以专门办理相互保险为目的的"友爱社"和"互助社"等相互保险组织。相互保险公司起源于 1756 年成立的英国公平保险公司。1778年，德国成立汉堡养老协会。1820 年，德国成立科达生命相互保险公司。1843 年，美国成立首家人寿相互保险公司。1902 年，日本成立第一生命相互保险公司。[1] 与保险公司比较，相互保险组织的特殊之处在于以下两点。

第一，调整的法律规范不同。保险公司的经营业务由《保险法》加以调整，相互保险组织则不然。我国《保险法》未对相互保险组织作出规定，有关相互保险组织的管理规范体现在中国保监会于 2015 年 1 月 23 日公布并实施的《相互保险组织监管试行办法》中。

第二，法律主体性质不同。保险公司属于典型的营利性法人组织，相互保险组织不是营利性质的法人，也不是非营利性质的法人，而是介于营利性和非营利性之间的法人组织形态，国外被称为"中间法人"。

2. 相互保险组织的设立

依据我国《相互保险组织监管试行办法》第 5 条至第 13 条的规定，

---

[1] 参见易辉《相互保险商业模式的国际比较研究》，《国际经济合作》2017 年第 5 期；姚庆海、宋占军：《相互保险的历史与借鉴》，《中国金融》2016 年第 24 期。

相互保险组织的设立应当满足以下条件。

第一，设立相互保险组织，必须经过中国保监会批准，并在工商行政管理部门依法登记注册。

第二，相互保险组织的名称中必须有"相互"或"互助"字样。

第三，设立一般相互保险组织应当具备以下条件：具有符合《相互保险组织监管试行办法》规定的主要发起会员和一般发起会员。其中，主要发起会员负责筹集初始运营资金，一般发起会员承诺在组织成立后参保成为会员，一般发起会员数不低于 500 个；有不低于 1 亿元人民币的初始运营资金；有符合法律、法规及《相互保险组织监管试行办法》规定的章程；有具备任职所需专业知识和业务工作经验的董（理）事、监事和高级管理人员；有健全的组织机构和管理制度；有符合要求的营业场所和与经营业务有关的其他设施；中国保监会规定的其他条件。

第四，设立专业性、区域性相互保险组织，应当具备下列条件：具有符合《相互保险组织监管试行办法》规定的主要发起会员和一般发起会员，一般发起会员数不低于 100 个；有不低于 1000 万元的初始运营资金；在坚持会员制和封闭性原则的基础上，针对特定风险开展专门业务或经营区域限定在地市级以下行政区划；其他设立条件参照一般相互保险组织。

第五，以农民或农村专业组织为主要服务对象的涉农相互保险组织，或其他经保险监督管理机构认可的专业性、区域性相互保险组织，可以适当降低设立标准，但初始运营资金不得低于 100 万元。

第六，初始运营资金由主要发起会员负责筹集，可以来自他人捐赠或借款，必须以实缴货币资金形式注入。在弥补开办费用之前，相互保险组织不得偿还初始运营资金。初始运营资金为债权的，在盈余公积金与未分配利润之和达到初始运营资金数额后，经会员（代表）大会表决通过，并报保险监督管理机构批准，可以分期偿还初始运营资金本金和利息。当偿付能力不足时，应停止偿还初始运营资金本息。其他形式的初始运营资金偿付和回报方式由相互保险组织章程另行规定。

第七，相互保险组织的主要发起会员应当信誉良好，具有持续出资能力，其资质要求参照《保险法》《保险公司股权管理办法》中主要股东条件，主要发起会员为个人的除外。

第八，相互保险组织的设立程序，适用中国保监会关于保险公司设立的一般规定。

第九，一般相互保险组织董（理）事、监事和高级管理人员任职资格管理按照《保险法》和中国保监会有关规定执行；专业性、区域性相互保险组织董（理）事、监事和高级管理人员任职资格标准可以根据实际情况适度予以降低，但不得违反法律、法规、规章的禁止性要求。

3. 相互保险公司同股份有限公司的主要区别

第一，性质不同。股份有限公司是营利法人，相互保险公司是中间法人。

第二，出资不同。股份有限公司是根据由公司的股东出资的资本而设立的，相互保险公司是以公司债权人（投保人）加入保险而付出的保险费作为设立公司的基金而设立的。

第三，成员不同。股份有限公司的成员包括股东等，相互保险公司则是由会员，即投保人组成。

第四，公司的最高决策机构不同。股份有限公司的最高决策机构是股东大会，相互保险公司的最高决策机构是会员大会。

第五，利益的分配以及损失的负担不同。股份有限公司利润分配和损失负担方案通常在公司章程中载明，利润由股东享有、损失的承担者也是股东；而相互保险公司利润和损失的承担者是会员。

二 投保人

投保人（policyholder）是指与保险人订立保险合同，并按照合同约定负有支付保险费义务的人（《保险法》第10条第2款）。

（一）投保人支付保险费义务

投保人作为保险合同一方当事人，在签订保险合同时，具有缴纳保险费的义务。但是，基于保险合同的特殊性，缴纳保险费的义务，并非必然由投保人承担，也可以由第三人实际缴纳。比如在人身保险合同中，投保人可能失去继续缴纳保险费的能力，为了维持保险合同效力被保险人和受益人可以代替投保人缴纳保险费，保险公司不应当拒绝。

（二）投保人的资格

在各国保险合同法中，一般都不限制投保人的资格，不论是个人或法人都可以投保。关于无行为能力人是否可以作为投保人，各国基本上没有禁止性的规定，合同法中有关订约当事人行为能力的规定应当适用于投保人。

（三）投保人的变更

合同当事人一般是不允许变更的，但在保险合同实践中，尤其在人身保险合同中，投保人大多可以变更。原因在于，人身保险合同具有长期性特点，投保人、被保险人和受益人的社会关系处于变动之中。如作为投保人的丈夫和作为被保险人的妻子可能因为婚姻关系的解除，而出现投保人不再适合继续交付保险费的情况，此时作为被保险人的妻子如果希望继续维持保险合同的效力，则可以请求将投保人变更为自己。

第三节 保险合同的关系人

保险合同的关系人是被保险人和保险金受益人。财产保险中的被保险人同人身保险中的被保险人有很大的不同。在财产保险中，投保人与被保险人可以不是同一个人，被保险人一般都是保险金的受益人。

在人身保险合同中，投保人、被保险人、保险金受益人，可能是同一个人，可能是两个人，也可能是三个不同的人。例如，在生存保险合同中，投保人可以为被保险人，同时也是保险金受益人。在死亡保险合同中，投保人可以以自己的生命作为保险标的成为被保险人，同时指定他人为保险金受益人。在死亡保险合同或意外伤害保险合同中，投保人可以以他人为被保险人，同时指定第三人成为保险金受益人。

一 财产保险合同中的被保险人

财产保险合同中的被保险人是，投保人同保险人（保险公司）签订保险合同时，作为保险利益的归属主体，当保险合同中约定的保险事故发生之后，具有保险金请求权，并具有领受保险金权利的人。

如果投保人自己成为被保险人，那么，该保险合同是为自己而订立的合同。反之，如果投保人将他人作为被保险人，则是为他人订立的保险合同。

（一）被保险人的权利

被保险人不是保险合同的当事人，除了享有保险金请求权和领受权之外，不具备对保险人的其他各项权利。例如，保险合同解除权、保险费返还请求权等。

（二）被保险人的义务

被保险人的义务主要有以下几点。

第一，被保险人有发生保险事故，保险标的危险程度增加等通知义务。我国《保险法》第 21 条规定："投保人、被保险人或者受益人知道保险事故发生后，应当及时通知保险人。"第 52 条规定："在合同有效期内，保险标的的危险程度增加的，被保险人应当按照合同约定及时通知保险人，保险人可以按照合同约定增加保险费或者解除合同。保险人解除合同的，应当将已收取的保险费，按照合同约定扣除自保险责任开始之日起至合同解除之日止应收的部分后，退还投保人。被保险人未履行前款规定的通知义务的，因保险标的危险程度显著增加而发生的保险事故，保险人不承担赔偿保险金的责任。"

第二，被保险人有安全防护义务。我国《保险法》第 51 条规定："被保险人应当遵守国家有关消防、安全、生产操作、劳动保护等方面的规定，维护保险标的的安全。"

第三，被保险人有防止或减少损失义务。我国《保险法》第 57 条规定："保险事故发生时，被保险人应当尽力采取必要的措施，防止或者减少损失。"

除了特殊情况外，被保险人不承担支付保险费的义务。

二　人身保险合同中的被保险人

（一）人身保险合同中被保险人的法律地位

在人身保险合同中，投保人可以以自己为被保险人，也可以以自己的名义为第三人购买保险。投保人为第三人购买保险的，该第三人，即被保险人的死亡、伤残、疾病或者达到合同约定的年龄、期限等条件成为保险合同承保的风险。许多大陆法系国家保险法律中，被保险人一般并不享有法定保险合同权益，只能依据保险合同的约定享有保险金请求权。保险金请求权由指定的受益人享有，而享有受益人指定权的是投保人，不是被保险人。如《德国保险合同法》第44条第1款规定："在投保人为第三人购买保险的情形下，被保险人可以依照保险合同享有保险权益。"第159条第1款规定："投保人有权不经保险人同意指定第三人为受益人或者指定他人替换受益人。"

同时，被保险人有告知义务和风险发生的通知义务。如《德国保险合同法》第47条第1款规定："在为被保险人投保的情形下，除投保人之知悉及其行为具有法律意义外，还应当考虑被保险人知悉和行为。只有投保人在被保险人不知道或无法及时通知被保险人而为其订立保险合同时，被保险人知悉的事项才不予考虑。"在该规定中，虽然没有明示被保险人有向保险人的告知义务，但是"其知悉的事项被考虑"的表述至少间接地证明被保险人告知义务的存在（被保险人告知义务的行使对象可以是保险人，也可以是投保人）。

（二）我国保险法的规定

我国《保险法》对被保险人的权利义务所作的规定，不同于前述大陆法系国家的规定。在我国，被保险人享有法定的保险金请求权；法定的指定和变更受益人的权利；被保险人死亡时，保险金权益归属于被保险人的继承人。我国《保险法》第12条第5款规定："被保险人是指其财产或者人身受保险合同保障，享有保险金请求权的人。"第39条规定，"人身保险的受益人由被保险人或者投保人指定。投保人指定受益人时须经被保险人同意"。第 42 条规定，被保险人死亡后，出现特定情形，保险金作为被保险人的遗产。但是，被保险人并非我国《保险法》第 16 条规定的告知义务人，仅为保险事故发生的通知义务人。

（三）对受益人的指定权和变更权的质疑

依据权利和义务相一致的一般合同法原理，人身保险合同是投保人和保险人缔结的合同，目的是投保人通过履行一定的义务，获得保险合同权益。我国《保险法》关于被保险人可以指定或变更保险金受益人的规定，与合同法的基本原理相悖。

（1）投保人是按照约定履行缴纳保险费的义务，从而希望获得万一发生保险事故而获取保险金的请求权。保险人按照约定取得投保人缴纳的保险费，从而承担履行发生保险事故后支付保险金的义务。

（2）投保人对保险金的权利可以自己获得，亦可将发生保险事故后的保险金请求权指定给他人享有，指定受益人的权利应当归属于保险合同的当事人。

（3）被保险人只是保险合同的关系人，而不是保险合同的当事人，从保险合同的成立或其性质中都无法得出被保险人应该具有指定保险金请求权去向的权利。

（四）被保险人的同意

在人身保险合同中，我国《保险法》规定了系列需要经过被保险人同意的事项。

（1）对保险利益的同意。我国《保险法》第 31 条规定："除列举范围以外，被保险人同意投保人为其订立合同的，视为投保人对被保险人具有保险利益。"

（2）对以死亡为给付保险金条件的人身保险合同订立及保险金额的同意。我国《保险法》第 34 条第 1 款规定："以死亡为给付保险金条件的合同，未经被保险人同意并认可保险金额的，合同无效。"即规定投保人为被保险人投保以死亡为给付保险金条件的人身保险合同，需要经过被保险人同意并认可保险金额。

（3）对指定和变更受益人的同意。我国《保险法》第 39 条第 2 款规定，"投保人指定受益人时须经被保险人同意"。

（五）对投保人为被保险人投保以死亡为给付保险金条件的人身保险的解析

对投保人为被保险人投保以死亡为给付保险金条件的人身保险，《最高人民法院关于适用〈中华人民共和国保险法〉若干问题的解释（三）》第 3 条规定，人民法院应当主动审查以死亡为给付保险金条件的合同是否经过被保险人的同意并认可保险金额。那么，是不是所有包含以死亡为给付保险金条件的人身保险合同的订立都需要被保险人的同意？需要进行进一步的探查。

1. "以死亡为给付保险金条件的合同"具体情形

第一，在人身保险合同中，根据被保险人和保险金受益人的不同，可以分为以下几种类型。"以死亡为给付保险金条件的合同"包括在这些类型之中。

（1）自己的生命，为自己的保险。投保人为自己投保，以自己为被保险人，以自己为保险金受益人。

（2）他人的生命，为自己的保险。投保人为自己投保，以他人为被保险人，以自己为保险金受益人。

（3）自己的生命，为他人的保险。投保人为他人投保，以自己为被保险人，以他人为保险金受益人。

（4）他人的生命，为他人的保险。投保人为他人投保，以他人为被保险人，以他人为保险金受益人。

（5）第三人的生命，为他人的保险。投保人为他人投保，以第三人为被保险人，以他人为保险金受益人。

前述类型如表 1 所示。

表 1   人身保险合同类型

投保人	被保险人	受益人
A	A	A
A	B	A
B	A	B
B	B	B
B	C	B

第二，根据保险金受益人进行分类，可以将上述五种类型分为："为自己的保险"和"为他人的保险"。（1）和（2）类保险称为"为自己的保险"，而（3）、（4）、（5）类保险称为"为他人的保险"。

第三，根据被保险人的情况，还可以将人身保险合同分为："自己的生命保险"和"他人的生命保险"。（1）、（3）类保险称为"自己的生命保险"；（2）、（4）、（5）类保险称为"他人的生命保险"。

2. "他人的生命"的人身保险合同需要被保险人同意

除了以自己的生命，为自己的保险之外，以"他人的生命保险"均存在不同程度的道德风险（moral hazard）。在以他人为被保险人的保险合同中，被保险人是投保人以外的其他人，生命不可逆，道德风险防范至关重要。在现实生活中，为了骗取保险金而杀人的案件时有发生，各国保险法一般都对此作出明确的规定以防发生道德风险。一般而言，对投保人以他人的生命投保时，主要采取以下三种方式加以限制。

（1）采用利益主义的方法（英美法系国家居多），限定投保人对被保险人的生存具有利害关系。

（2）采用亲属主义的方法，限定投保人和被保险人具有亲属关系。

（3）采用同意主义的方法，限定投保人在投保时，要取得被保险人的同意。例如，德国（《保险合同法》第 159 条）、瑞士（《保险合同法》第 74 条）、法国（《保险合同法》第 57 条）、意大利（《民法》第 1919 条）等，基本上采用同意主义立法。

3. 我国《保险法》的立法模式

我国是兼采前述两种以上形式立法的国家。我国《保险法》第 12 条采取"利益主义"立法模式："投保人对保险标的应当具有保险利益。投保人对保险标的不具有保险利益的，保险合同无效。保险利益是指投保人或者被保险人对保险标的具有的法律上承认的利益。……"

我国《保险法》第 31 条采取"亲属主义"和"同意主义"立法，"投保人对下列人员具有保险利益：（一）本人；（二）配偶、子女、父母；（三）前项以外与投保人有抚养、赡养或者扶养关系的家庭其他成员、近亲属；（四）与投保人有劳动关系的劳动者。除前款规定外，被保险人同意投保人为其订立合同的，视为投保人对被保险人具有保险利益，该规定中同时采用"。

我国《保险法》第 34 条第 1 款采取"同意主义"立法，"以死亡为给付保险金条件的合同，未经被保险人同意并认可保险金额的，合同无效"。

我国《保险法》同时采用利益主义、同意主义、亲属主义立法模式的做法，是否具有科学性和合理性，还有待进一步思考。

4. 需要征得被保险人同意的情形

（1）以"他人生命"投保的死亡保险和生死混合保险，必须获得被保险人的同意，以被保险人生存为条件订立的保险合同不必征得被保险人的同意。

（2）被保险人和保险金受益人为同一人，具备无须征得被保险人的同意的表面特征。但是，在保险实务中，生命保险中的定期保险、终身保险以及养老保险，一般都包含以被保险人死亡为给付保险金条件的条款。被保险人死亡后，真正领受保险金的是被保险人兼保险金受益人的法定继承人，并非被保险人本人，因而也存在着很大的道德风险（moral hazard）。只要保险合同中包含以被保险人死亡为给付保险金的条款，即使被保险人和保险金受益人为同一人，同样需要征得被保险人的同意。

（3）保险金请求权的转让必须征得被保险人同意。保险合同成立以后，依据我国《保险法》第 34 条第 2 款规定："按照以死亡为给付保险金条件的合同所签发的保险单，未经被保险人书面同意，不得转让或者质押。"

保险金受益人将保险金受益权转让给第三人，包括两种情形：第一，被保险人已经死亡，受益人转让受益权，此时无须（也无法）经过被保险人同意。第二，被保险人生存期间，受益人如果为可变更受益人（可变更受益人和不可变更受益人的分类源自英国，我国没有做可变更受益人和不可变更受益人的区分），其受益权属于期待权，不具有可转让性。如果受益人为不可变更受益人（虽然没有法律规定，但是法律也没有否定不能指定不可变更受益人，如果指定了应当是有效的），该不可变更受益人转让受益权的，需要经过被保险人同意。

（4）指定和变更受益人的限制。包含以死亡为给付保险金条件的保险在保险合同成立以后，如果要重新指定或变更受益人，需要重新获得被保险人的同意。

三 保险金受益人

我国《保险法》对受益人的界定虽然规定在第二章保险合同第一节一般规定中，但是其范围仅限定在人身保险中，并未明确规定财产保险中的受益人。在财产保险合同和人身保险合同中，保险金受益人的地位和性质并不相同。

（一）人身保险合同中的受益人

人身保险合同中的保险金受益人是人身保险合同的关系人，我国《保险法》第18条规定，"受益人是指人身保险合同中由被保险人或者投保人指定的享有保险金请求权的人。投保人、被保险人可以为受益人。"

（二）财产保险合同中的受益人

一般情况下，财产保险合同的受益人就是被保险人。保险实务中也有指定投保人和被保险人以外的第三人为受益人的情形，如指定房屋抵押贷款的银行为保险金受益人。其性质应为被保险人保险金权利的处分，即在保险合同中将属于被保险人的保险金权利以指定受益人的方式进行了处分。银行的法律地位相当于第三人利益合同中的第三人，其对保险金的权利属于约定权利。

第四节　保险合同的辅助人

一　保险代理人

（一）保险代理人的概述

我国调整保险代理人的法律规范体系包括：《保险法》、《保险专业代理机构监管规定》（2015 年修订）、《保险兼业代理管理暂行办法》等。

1. 保险代理人定义

保险代理人是指根据保险人的委托，向保险人收取保险代理手续费，并在保险人授权的范围内代为办理保险业务的单位或者个人。根据保险代理人制度，保险代理人可分为三类：专业代理人（保险代理公司）、兼业代理人和个人保险代理人。

2. 保险代理的原则

保险代理人从事保险代理业务必须遵守国家的有关法律法规和行政规章，遵循自愿和诚实信用原则。为了防止违背投保人的意思自治而进行不当展业行为，必须强调自由意志原则。同时，为了保护消费者（包括投保人、被保险人、保险金受益人）的利益，维护保险市场的健全发展，保险代理人从事保险代理业务时，必须遵循诚实信用原则。

3. 代理行为法律责任的承担

保险代理人在保险人的授权范围内代理保险业务的行为所产生的法律责任，由保险人承担。但是，没有代理权、超越代理权的法律责任除外。

（二）保险代理人的种类

1. 专业代理人（保险代理公司，professional insurance agency company）

我国的保险代理公司，是依据《保险法》的规定成立，得到保险监督管理机构的许可，并取得工商行政管理局签发的营业执照的营利性法人组织。

我国《保险法》第 117 条规定："保险代理人是根据保险人的委托，向保险人收取佣金，并在保险人授权的范围内代为办理保险业务的机构或者个人。"

中国保险监督管理委员会于 2015 年 10 月 19 日修订了《保险专业代理机构监管规定》，其中对专业代理机构的市场准入、经营规则、监督检查、市场推出和法律责任作出详细的规定。依据《保险专业代理机构监管规定》第 5 条，我国保险专业代理机构采取公司制经营，包括有限责任公司和股份有限公司。保险专业代理机构须经过保险监督管理机构的批准设立，并接受保险监督管理机构的监督管理。

2. 兼业代理人

兼业代理人是指受保险人委托，在从事自身业务的同时，为保险人代办保险业务的单位。《保险兼业代理管理暂行办法》（保监发〔2000〕144号）第 12 条规定："保险公司只能与已取得《保险兼业代理许可证》的单位建立保险兼业代理关系，委托其开展保险代理业务。"在业务经营场所上，该办法第 17 条规定，保险兼业代理人只能在其主业营业场所内代理保险业务，不得在营业场所外另设代理网点。在业务范围上，该办法第 13条、第 18 条规定，兼业代理人的业务范围比专业代理人（保险代理公司）的要小，其代理业务范围以《保险兼业代理许可证》核定的代理险种为限。兼业代理人只能从事下列两种业务：其一，代理推销保险产品；其二，代理收取保险费。兼业代理人不得代理再保险业务，不得兼做保险经纪业务。

二 保险经纪人（insurance broker）

保险经纪人是基于投保人的利益，为投保人与保险人订立保险合同提供中介服务，并依法收取佣金的机构。我国调整保险经纪人的法律法规主要包括《保险法》和《保险经纪机构监管规定》（2015 年修订）。保险代理人和保险经纪人的区别体现在以下三点。

1. 被代理人不同

保险代理人的被代理人是保险公司，保险经纪人的被代理人是投保人。

2. 代理事项不同

保险代理人的代理事项多为代为销售保险产品、代为收取保险费、代为签订保险合同。保险经纪人除了代理以上业务以外，《保险经纪机构监管规定》（2015 年修订）第 27 条规定，其经营业务还包括：为投保人拟订投保方案、选择保险公司以及办理投保手续；协助被保险人或者受益人进行索赔；再保险经纪业务；为委托人提供防灾、防损或者风险评估、风险管理咨询服务；中国保监会批准的其他业务。

3. 责任范围不同

我国《保险法》第 127 条规定，保险代理人根据保险人的授权代为办理保险业务的行为，由保险人承担责任。保险代理人没有代理权、超越代理权或者代理权终止后以保险人名义订立合同，使投保人有理由相信其有代理权的，该代理行为有效。保险人可以依法追究越权的保险代理人的责任。我国《保险法》第 128 条规定，保险经纪人因过错给投保人、被保险人造成损失的，依法承担赔偿责任。

三　个人保险代理人（保险营销人员）

个人保险代理人是根据保险人的委托，向保险人收取代理佣金，并在保险人授权的范围内代为办理保险业务的个人，即保险营销人员。目前，我国保险营销人员和保险公司之间的关系包括若干样态，如，其一，作为保险公司内部职员的保险公司业务员；其二，不是保险公司的内部职员，专门为某一家保险公司提供代理服务的保险营销人员；其三，不是某家保险公司产品的营销员，而是作为某一类保险产品的营销员。不同样态保险营销人员的存在，给判断个人保险代理人与保险公司之间法律关系性质带来难题，界定保险人和保险营销人员权利义务关系时容易出现纷争。

个人保险代理人同保险公司之间的代理关系，是通过保险公司将特定范围内的行为委托给个人保险代理人建立起来的，个人保险代理人与保险公司之间是一种特定行为的代理关系。特定行为范围包括：代理推销保险产品，代理收取保险费。问题是，如果按照人们所熟悉的推销商品的方式加以理解，推销员向消费者推销商品的过程就是两者直接进行"钱"和"物"的交易过程，包括交易过程中的要约和承诺在内，就是消费者掏钱购买推销员所推销的商品。但是，在保险公司将保险产品的推销委托给个人保险代理人进行代理时，如何理解"推销商品"的含义？推销保险产品的过程，一般包括以下几个环节。

1. 要约

由保险代理人向消费者发出要约邀请，如果消费者有加入保险的意向，则该消费者填写指定的投保申请书，向保险公司发出要约。

2. 向保险公司告知

准投保人（具有投保意向的人）在填写投保申请书时，根据投保申请书规定的项目，如实填写需要告知的事项。

3. 交付第一期保险费

准投保人在交付投保申请书后，根据保险代理人的指示，一般需要当场交付第一期保险费。

4. 体检

保险公司在接到准投保人的要约以后，在尚未作出承诺之前，有些保险产品需要准被保险人进行体检。

5. 承保

承保就是合同法意义上的承诺。保险公司对准投保人提出要约时填写的投保申请书、体检报告等材料进行审查核保，在此基础上作出承保或者不承保的决定，有些需要特殊处理的案件则另行处理，如，以增加保险费为条件承保等。在保险公司承诺以后，保险合同成立。

6. 签发保险单

为了证明保险合同的存在，保险公司在合同成立以后，应该将记录有保险合同内容的保险单连同保险条款一起交给投保人。

在完成以上前5项手续以后，保险合同正式成立，"推销商品"的过程才算完毕。上述实务操作过程可以归纳为3种最基本的权利，即接受告知权、签订合同权和收取保险费权。

保险代理人在保险人授权的范围内代为办理保险业务，如果个人保险代理人不拥有上述三种基本权利的代理权，则其实际上所从事的工作将会发生"名不副实"的现象。所谓的"个人保险代理人"，只不过是保险产品销售时的中介，而非"推销商品"，更不是"代为办理保险业务"的人员。

（一）个人保险代理人是否拥有签订合同的权利

依据我国《保险法》第 13 条规定，"投保人提出保险要求，经保险人同意承保，保险合同成立"。在保险实务中，一般是由个人保险代理人代替保险人接受投保人向保险人发出的要约，在要约发生效力以后，对要约发出方有约束力。个人保险代理人接受投保人的要约（投保书）是否可以作为"保险人同意承保"的行为表征，取决于个人保险代理人是否获得了保险公司的承诺代理权。

我国《保险法》和其他相关的法律对此并无直接规定，保险实务中，险种的不同，各国的做法并不相同。一般对财产保险产品的销售，尤其是意外伤害保险，许多保险公司将接受要约和实施承诺的代理权都授权给个人保险代理人。寿险行业则有许多不同的做法。保险募集人员一般包括保险公司的员工①及保险公司的外勤员工，也称为"保险外务员"。保险外务员和保险公司的关系是雇主和雇员的关系，进行保险产品销售的时候，是代表公司进行销售的。因此在保险销售的过程中，不具有接受要约和实施承诺的代理权。俗称"三无"，无接受告知代理权，无签订合同代理权和无收取保险费代理权。

独立的个人保险代理人，不属于保险公司的员工。其和保险公司的关系不是劳动合同关系，而是基于委托代理合同产生的保险代理关系。依据委托代理关系的基本原理，将签订保险合同的权利授权给个人保险代理人，由个人保险代理人来代理行使符合代理制度原理。但是，从我国保险实务的商业习惯来看，这种授权不符合保险经营的实际情况，保险公司，尤其是人寿保险公司，一般不会将实施承诺的代理权授予个人保险代理

---

① 员工型的保险外务人员则是保险公司的员工，他们和保险公司之间的关系是通过劳动合同建立起来的。这种关系随着劳动合同关系的变化而变化。基于这种法律关系的存在，保险公司有责任使其职工成为社会保险的对象，为其购买诸如养老保险（年金保险）、医疗保险、失业保险、工伤保险以及生育保险等社会保险。员工型的保险外务人员的工资待遇和普通的职工没有区别，如果说在奖金的分配上与开展业务的成绩挂钩的话，也是在公司的工资体系下发生的，员工型的保险外务人员同保险公司的法律关系不会因此发生根本变化。在个人所得税上，员工型的保险外务人员应当依照国家规定的个人所得税缴税。

人，而必须经过保险公司的核保之后，最终由保险公司作出拒绝或者承诺的意思表示。

（二）个人保险代理人的法律地位

个人保险代理人与员工型的保险外务人员的法律地位不同，个人保险代理人与保险公司是平等主体之间的关系。

1. 个人保险代理人具有独立性

依据《保险法》等法律法规的规定，以及个人保险代理人同保险公司之间的委托代理合同，个人保险代理人和保险公司之间的关系是非从属性的，是平等主体之间的关系，个人保险代理人具有独立性。

2. 个人保险代理人是独立展业、收取佣金的主体

个人保险代理人展业的方式和收取报酬的方式是，个人保险代理人将保险公司的商品销售给消费者，保险公司对个人保险代理人参与中介活动付出的劳务支付费用。

参考文献

1. 姚庆海、宋占军：《相互保险的历史与借鉴》，《中国金融》2016 年第 24 期。
2. 潘红艳：《相互保险组织章程研究》，《保险职业学院学报》2019 年第 5 期。

第七章

保险合同的成立及保险责任的开始

第一节　保险合同成立的实践过程

保险合同的成立，特别是人寿保险合同的成立和普通契约（合同）的成立有着很大的不同，有其特殊性。本章节侧重于保险合同的特殊性比较突出的人寿保险合同为重点展开论述。

首先将人寿保险合同的成立为止的一般流程展开进行分析。人寿保险合同的成立，一般要经过以下几个过程。

1. 劝诱（推销、要约邀请）

一般是由保险公司所专属的保险代理人对有加入保险意向的消费者进行劝诱，意在推销保险商品，该行为的法律性质是保险代理人向消费者发出"要约邀请"。

2. 投保申请（投保、要约）

保险代理人在推销保险的过程中，和有投保意向的消费者对保险商品中的条件以及事项达成合意的，具有投保意向者根据保险代理人的引导，填写由保险代理人提供的《投保单》，将填写完毕的《投保单》交给保险代理人。

3. 审查

保险公司对具有投保意向者进行审查。审查的内容有两个：一是投保单上所填写的内容以及具有投保意向者的告知内容；二是根据保险商品的要求，进行具体事项的审查。如果保险商品要求体检的，那么对将来被保险人的健康状况应进行体检。

4. 承保（承诺）

根据对具有投保意向者以及将来可能成为被保险人的各种审查结果，保险公司决定承保，还是拒保。如果审查合格的话，那么保险公司在承保的同时，会及时将承保决定通知投保人。

5. 保险合同成立

当保险公司作出承保（承诺）决定以后，保险合同正式成立。按照保险法理论，保险合同成立以后，即使投保人尚未缴纳保险费，一旦发生保险事故，保险人应该给付保险金或根据保险合同的其他约定给付应该由保险人承担的费用。

6. 缴纳初期保险费

保险公司在承保以后，向投保人要求缴纳初期保险费。

7. 保险责任的开始

保险公司在收到初期保险费以后的特定时间点开始承担保险责任。

在保险合同条款中，人寿保险公司的保险责任一般是从收到初期保险费（溯及保险合同成立之前）时开始的。

8. 签发保险单

最后一个程序就是保险公司签发保险单。

可以将投保的过程用以下的简略方式来表示：

要约（填写投保单，达成纳费方式的协议）⇒承诺⇒保险合同成立

如果所有的保险合同订立均按照上述的程序进行的话，那么，保险人和投保人之间的纠纷以及争议就不太容易发生。但是，在现代保险经营中，为了避免经营风险，一般都采用了保险费事先缴纳的方式，导致实际保险经营过程中出现诸多问题，本章节将围绕这些问题展开论述。

第二节　保险合同成立及保险责任开始的时间

一　我国《民法典》合同编的规定

我国《民法典》合同编第 471 条规定："当事人订立合同，可以采取

要约、承诺方式或者其他方式。"第 472 条规定："要约是希望与他人订立合同的意思表示，该意思表示应当符合下列条件：（一）内容具体确定；（二）表明经受要约人承诺，要约人即受该意思表示约束。"第 479 条规定："承诺是受要约人同意要约的意思表示。"第 483 条规定："承诺生效时合同成立，但是法律另有规定或者当事人另有约定的除外。"

二　我国《保险法》的规定

我国《保险法》第 13 条规定："投保人提出保险要求，经保险人同意承保，保险合同成立。保险人应当及时向投保人签发保险单或者其他保险凭证。"

保险合同是诺成合同，订立保险合同的当事人是保险人和投保人。根据我国保险法的规定，保险合同通过投保人提出加入保险的申请和保险人作出承诺而成立，隐含的成立条件是：保险人和投保人之间已经就保险合同的内容（条款）达成了合意。保险合同成立以后，保险人应该及时向投保人签发保险单。在保险单中必须明确记载双方当事人所约定的内容。

根据我国《保险法》的规定，保险合同成立的要件可以简单地归纳为两点。第一，投保人的投保申请，就是要约。第二，保险人的承诺。我国《保险法》的规定可以将投保的过程用以下的简略方式表示：

要约⇒承诺（对保险合同的条款达成协议）⇒保险合同成立⇒签发保险单

保险合同订立的过程并不必然由投保人进行要约、保险人进行承诺，合同法规定的要约和承诺的过程也是衡量保险合同是否成立的标准。故此，本书认为，在保险合同成立的规定上，与合同法保持一致即可。

三　保险责任开始的时间

根据我国《保险法》第 14 条规定，保险合同成立后，投保人按照约定交付保险费，保险人按照约定的时间开始承担保险责任。需注意的是，法律条文表述的不是"规定"，而是"约定"。由此推之，保险合同双方当事人可以约定保险责任开始的时间。各保险公司的保险条款都是保险公司事先准备好的格式合同，实务中基本上不存在"约定"一说，保险责任开始的时间是依据保险条款事先作出的约定。依据保险公司的合同条款，实务中保险责任开始的时间并不统一，排除使用"等待时间"（有的险种设置 180 天或 90 天后保险责任开始）做法的险种，大致包括以下三种方式。

1. 保单签发后责任开始方式

其过程是：①同意承保；②收取首期保险费；③签发保险单。

比如，B 保险公司条款中约定，"本公司所承担的保险责任自本公司同意承保，收取首期保险费并签发保险单的次日零时开始"。C 保险公司条款中约定，"本合同自本公司同意承保，收取首期保险费并签发保险单的次日开始生效"。D 保险公司条款中约定，"本公司所承担的保险责任，自本公司同意承保、收取首期保险费并签发保险单的次日零时开始生效"。

2. 收取保险费后责任开始方式

其过程是：①同意承保；②收取首期保险费。

比如，E 保险公司条款中约定，"本保险的保险责任自保险人同意承保并收到保险费的次日零时开始"。F 保险公司条款中约定："本公司在同意承保并收取首期保险费后，自保单计划书所载的保单生效日零时起承担保险责任"。

3. 承保后责任开始方式

其过程是：①收取首期保险费；②同意承保。

比如，G 保险公司条款中约定，"本公司对本合同应负的保险责任，自投保人缴付首期保险费且本公司同意承保之日二十四时开始"。

保险合同具有双务性，投保人履行自己的缴纳保险费的义务之后，保险人就应当履行保险合同所约定的义务，保险责任应该从投保人履行缴纳保险费的义务之后就开始。实务中保险条款的约定和投保人对保险责任开始时间的期待之间存在差异，需要保险法律对保险责任开始的时间作出相应的调整和规范。

第三节　保险合同的要约

一般人身保险合同的成立过程较财产保险合同复杂。在本节中，我们对人身保险合同的成立进行专门剖析。人身保险合同是诺成合同，保险合同的成立必须有两个要件，投保人的要约和保险人的承诺。当二者达成一致，保险合同成立。在我国，人身保险合同是否属于诺成合同和不要物合同，根据现行的保险法是无法判断的，《保险法》中的规定并不明确。

一　要约的意义

要约和承诺组合在一起是保险合同成立的意思表示。保险合同中的要约，在保险法中没有找到比较详细的规定。仅在我国《保险法》第 13 条中规定，投保人提出保险要求，经保险人同意承保，保险合同成立。

所谓意思表示的合意，应该包括保险合同的各项内容的合意。例如，保险合同的当事人（投保人、保险公司）、被保险人、保险事故、保险金额、保险费等。按照通常加入保险的手续，有投保意向者（在保险合同成立以后，正式成为投保人）通过投保单向保险人提出投保申请（要约），是通过保险代理人来实现的。

但是，在保险实务中，保险代理人首先向具有投保意向者发出加入保险的邀请，而有投保意向者对保险代理人的邀请表示感兴趣，并对保险商品的内容表示理解，和保险代理人之间就保险合同中的内容（条款）达成一致意见之后，正式书写由保险代理人所提供的保险公司的正式投保单。这种行为，在法律上称为"要约邀请"。

在正式研究要约之前，有必要对"要约邀请"的形态作一番探查。

二　要约邀请

我国《民法典》合同编第 473 条第 1 款规定："要约邀请是希望他人向自己发出要约的表示。拍卖公告、招标公告、招股说明书、债券募集办法、基金招募说明书、商业广告和宣传、寄送的价目表等为要约邀请。""要约邀请"与"要约"有如下的区别。

1. 目的不同

"要约邀请"是劝诱对方向自己发出要约为目的的，这和对方只要承诺就立即使合同成立为目的的要约不同。

2. 法律约束力不同

"要约邀请"仅仅是劝诱对方发出要约的意思表示，没有法律约束力。

要约则不同，要约发出以后，要约发出人在一定的时间内受到该要约约束，不能任意撤销或撤回。

关于保险合同的"要约邀请"，在国内与保险有关的法律以及行政法规中没有明确的规定。作为保险合同的"要约邀请"的劝诱行为实施主体，如果能将保险商品的信息正确无误地传递给具有投保意向者，一般不会发生争议。但是，行为主体仅仅是为了招揽客户，以赚取保险代理手续费为目的，故意夸张和曲解保险商品信息，误导有投保意向者加入保险的，在保险合同成立以后，该投保人遭受损失时，那种基于虚假劝诱行为而产生的要约（投保）行为，是有效还是无效？对此，我国的《保险法》中没有明确的规定。

近年来，我国有一部分保险公司以及一些专业网络公司通过互联网进行保险商品的销售。这种网络上进行的保险销售是通过介绍保险商品的画面，以及在网络的画面上实现人机对话来完成投保手续的。根据我国《民法典》合同编的规定，这种在网络上介绍保险商品的画面来劝诱有投保意向消费者的行为，应该列入"要约邀请"①的范畴。但是，如果网络中存在虚假的表示，而且是面向不特定的人群进行要约邀请的话，应该怎样运用法律法规来加以规范，这是网络法规和保险法规应该研究的一个课题。

三　要约人

我国《保险法》第 13 条第 1 款规定，投保人提出保险要求，经保险人同意承保，保险合同成立。根据这项规定，要约人是有投保意向的人，合同成立以后是投保人。在保险实践中，有投保意向者是在保险代理人的劝诱下同意加入保险。这种劝诱虽然是发自保险人方面，但是，从合同性质上属于一种"要约邀请"，而不是"要约"。在保险实际业务中，由保险人发出要约的情况十分少见。

在什么样的情况下，会出现保险人发出"要约"的情况？一般是在投保人发出的要约超过具有约束力的有效期限以后，保险人对此表示承诺

---

① 《民法典》第 473 条规定，"要约邀请是希望他人向自己发出要约的表示"。

的。此时，保险人的"承诺"在事实上已经失去了作为"承诺"的法律效力，而变成一种向投保人发出的新"要约"。投保人在接收到保险人发出的要约以后，需要对保险人发出"承诺"，保险合同才成立。

四　被要约人

一般情况下，投保人是要约人，保险人是被要约人。在人身保险的实际业务中，保险代理人从要约人那里接受投保申请（投保单），然后将其转交给保险人（保险公司）。保险代理人是否对要约人的投保申请有领受的权限？分为以下两种学说。

1. 无投保领受权说

持该学说的学者认为，作为人身保险代理人的保险公司外勤人员（直接推销保险商品的工作人员，在我国被称为外勤员工），不具有从要约人（具有投保意向者）那里接受投保申请的权利，即"无投保领受权"。

2. 有投保领受权说

持该学说的学者认为，人身保险的代理人有代理保险公司领受投保申请的权限。领受投保申请书是保险人委托人身保险代理人的一项任务，保险代理人代替保险人领受的权限是应当存在的。

五　保险要约的完整性

1. 合格的保险要约

根据保险合同法的原理，当投保人发出"要约"之后，该"要约"发出人受"要约"的约束。前述原理的存在包括一个前提：能够得到对方承诺的要约，必须是合格的"要约"。也就是说，该要约必须完整。一个合格（完整）的"要约"应当满足以下几个要件。

第一，要约中必须包括要约人完整的意思表示；

第二，要约中包含有签订保险合同所必需的内容以及证明履行法定义务的必要文件，如证明投保人已经履行如实告知义务的文件；

第三，被保险人必须是符合人身保险合同所要求的年龄及健康状况的主体；

第四，排除逆选择的道德风险（moral hazard）因素的存在。

2. 保险人对合格的要约是否具有承诺的义务

投保人发出合格的要约之后，保险人是否具有承诺义务？成为保险法学界讨论的一个问题。详细分析参见本章第五节保险合同的承诺。

第四节　投保单

一　概论

投保单也称为"保险合同申请书"（application form；proposal form），是指在保险合同签订之前，由投保人如实填写保险公司要求的事项，并向保险人提交的、由保险人制作并规定样式的文书。

由于保险合同属于诺成合同，也是不要物合同，在签订保险合同时，不需要以书面形式进行。但是，正是由于保险合同的这种不要物性，往往因为口头约束的确定性不足，双方对保险合同内容的理解容易存在差异，从而会发生对约定的保险合同内容产生误解的情况，导致在保险合同成立之后发生争议。因此，在签订保险合同时，准确地把投保人的意思向保险人进行传递的载体——投保单意义重大，而保险人也只有在掌握了准确无误的信息之后，才能作出是承保（承诺）还是拒保、还是有条件的承保（向投保人提出新的投保条件）的决定。由于投保单可以避免因保险合同的不要物性而产生的误解或纠纷，因此，在现代保险经营实务中，投保单成为订立保险合同不可或缺的投保手续之一。

投保单的法律属性是作为保险合同当事人一方的投保人，向保险人提出保险要约的文件。在保险实务中，保险人设计的投保单要求将投保人的投保意愿和条件完整地记载在投保单上，并要提供投保人、人身保险合同的被保险人的基本信息，以及投保人应当履行的告知义务的内容。

二　投保单的基本形式

投保单的基本形式一般由保险监管机构制定，也有保险公司将投保单的样式报保险监管部门备案或审批。在日本，保险业法中规定了投保单的基本形式，投保单要得到保险监管当局的批准，其形式必须符合保险监管局的基本要求。因此，在日本同一险种各保险公司使用的投保单基本相同。

三　投保单的填写

按照保险人的设计，投保人在投保单上应当遵循投保单所提示的事项，一丝不苟地填写。但是，由于投保人的理解能力以及受教育程度的不同，填写的内容五花八门。导致保险公司对投保单进行归类，或将投保单上的信息输入电脑管理系统时，带来比较大的困难。在保险实务中，为了统一投保单上的记载事项，有的保险营销人员在推销保险时，代替投保人填写，或以口授的形式由投保人进行填写，然后再由投保人签字。一旦发生争议，投保人常常以投保单代填为由提出抗辩，否定投保单记载内容的真实性。

1. 投保单填写的事项

保险险种不同，保险人要求不同，投保单需要填写的事项也大相径庭。但是，不论何种形式的投保单，都存在以下共同须填写的事项。

第一，投保人的自然状况、姓氏、性别、年龄、居住地址、联系方式、职业等。

如果有两个以上职业的，一般只需填写一个，另一个可以省略。如果保险合同中的风险同职业有关——职业不同其风险亦不同，保险人会因该职业是特殊的职业而提高或减少保险费，保险人基于风险控制需要拒保的，则无法省略。一般情况下，不会因省略另外一个职业，而产生保险人因投保人违反告知义务而解除保险合同的结果。

第二，与保险标的风险相关的情况。

第三，投保人或被保险人以往有无发生保险事故的经历，或被其他保险公司拒保的经历。

第四，有无重复保险的情况。

该事项中一般需要投保人向保险人告知是否与其他保险人签订过同类保险合同的事实。具体划分以下几项。

A. 是否与其他保险人签订过类似合同？如果有的话，是什么样的合同？有多少这样的合同？这一事项在财产保险中关系非常重要，如果答案是肯定的，就属于重复保险，需要依据保险法有关重复保险的规定处理（有关重复保险及其法律后果，请参阅本书第五编财产保险合同的相关内容）。

B. 须告知是否被其他保险人拒保过？是否保险标的的风险问题导致保险费提高后再投保的经历？

C. 与其他保险人订立的同类保险合同，是否有解约，或保险人拒绝续保的情形。

D. 是否因发生同类保险事故而取得过其他保险人给付保险金的情况？

对保险人而言，前述事实具有十分重要的意义，是保险人判断能否承保、提高或减少保险费的重要依据。

2. 不同险种投保单的填写事项

不同险种的投保单需要填写的事项也不相同。

（1）汽车保险。根据汽车保险的需要，填写事项中一般会包含以下内容：汽车的登记号码、行驶牌照的号码、制造年月、新车登记年月、车身号码、用途、生产厂家和车型、驾驶人员等。

（2）火灾保险。火灾保险合同需要投保人填写的事项包括：第一，被保险建筑物的所在地址、构造、使用途径、电气设备、消防设施、建筑物中是否进行具有火灾风险的生产活动或经营业务关联的活动等；第二，是否与其他的保险人签订有火灾保险合同？如果有的话，需要将保险合同的内容向保险人进行告知。

（3）偷盗保险。偷盗保险的投保单侧重于投保人和被保险人职业信息。此外还包括，保险标的物的详细情况、保存的场所、该场所周围的安全状况以及是否发生过偷盗事件的信息。

（4）人寿保险。人寿保险投保单除了要求填写投保人的详细情况外，还必须根据保险险种的保障内容填写以下事项：第一，被保险人的姓名、年龄、性别、职业等；第二，保险费的缴纳方式；第三，死亡保险必须指定保险金的受益人；第四，投保人必须将被保险人的身体状况如实告知保险人。

（5）意外伤害保险。意外伤害保险与人寿保险、财产保险不同，但其填写的项目基本上与人寿保险相同。第一，对被保险人身体状况的告知，意外伤害保险和人寿保险不同之处在于，有的寿险产品需要对被保险人进行体检。意外伤害保险中一般只需由投保人在投保单上对保险人提出的书面问题给予回答即可。第二，如有申请加入其他保险人的人寿保险遭到拒保，或加入其他保险人的人寿保险后解约，或加入期限已满在续保时遭到拒绝等情形，需要向保险人提供相应信息。

四 提交投保单行为的法律性质

投保人填写投保单并署名后，将其提交给保险人，此时提交的投保单，就是向保险人提出要求加入保险的要约。在投保单中，投保人将要约的内容记载其中，保险人收到该投保单，也就是收到了投保人的要约。如果保险人收到要约之后同意承保，并对要约进行承诺，保险合同即告成立。值得注意的是，投保人对保险人印制的投保单中所列举的项目表示不同意，或要求进行更改，或提出新的项目或条件的话，那么这种主张将无法得到保险人的认可。

另外，投保单是保险人印制的，其中的项目和条件也是保险人所主张或提出的，如果投保人完全按照该要求进行填写，并表示同意和署名后提交给保险人，保险人在审查后同意承保的，应当负有签发和投保单的内容相符合的保险单（保单）给投保人的义务。

第五节 保险合同的承诺

保险合同的承诺，也就是保险人对投保人所提出的加入保险的请求（要约）予以承诺，保险行业中称为"承保"。保险合同是不要物合同，在承诺的形式上，不以书面形式为限。普通合同的承诺往往可以通过双方在合同书上署名或签字，作为合同的承诺及成立的标志。但是，在保险合同订立的过程中，往往无法显现保险人是如何承诺的。例如，投保人将投保单填写完毕后，将其通过保险代理人或保险中介机构提交给保险人，保险人在收到该投保单之后，根据保险产品的不同，有的需要审查，有的需要对被保险人的身体状况进行检查，有的还需要对投保人的财务状况进行调查。此后，方能作出承诺。问题是，这种承诺的方式，保险外部人士无法亲眼看到，就是在保险人内部，有时候也无法明确什么时间段是承诺的确切时间。保险人的内部操作人员在投保单上签署承办者的名字、日期，并加盖保险公司印章，是唯一可以确定的保险人承诺的时间。但是，这一承诺时间，保险人以外的人根本无法获知。诸多保险合同纠纷和诉讼中关于承诺时间的纠纷一直是双方当事人争论的焦点。本书认为，虽然保险合同的双方当事人就保险合同的部分内容达成合意，但尚未实施该合意的，无法认定该保险合同已经成立。例如，保险合同双方当事人对有关担保条件或保险费尚未最后确定的，原则上无法认定保险人已经对该保险合同的要约表示承诺。在保险人未作出承诺之前，保险合同不成立。那么，保险人承诺的方法究竟如何判断？根据何种特征来判断保险人的承诺行为？两个问题的回答对保险合同法的理论研究以及保险实务都大有裨益。

一 保险人的承诺方式

保险人的承诺方式，一般包括以下几种。

1. 送达"承诺书"

保险人在接收投保单之后，内部进行投保单的书面审查，对需要体检的险种通知被保险人进行体检。符合投保条件、保险人同意承保的，保险人将其同意承保的承诺以书面方式传递给投保人，该书面方式就是"承诺书"或称为"投保承诺书"。

2. 签发保险单

保险人决定承保之后，应当根据投保单所记载的内容，制作并签发保险单（或称为"保单"），并及时递送给投保人，这也是一种向投保人传递保险人已经承诺意思表示的方式。

3. 收取保险费

保险人在承诺之后，即保险合同成立之后，向投保人正式收取保险费的行为，可以视为保险人已经正式实施了承诺的意思表示。

对上述三种方式进行分析判断，第一种方式，由保险人送达"承诺书"给投保人的方式，无疑是确认保险人是否承诺的最理想的方法。由保险人亲自将已经承诺的信息，通过书面方式，向投保人进行表示，这是一种最具备法律约束力的和最不容易发生争议的承诺方式。

第二种方式，直接由保险人签发保险单（保单）给投保人的方式，省略了保险人向投保人作出承诺意思表示的过程，直接采用签发保单的方式标明保险人的承诺，并将保险合同成立的信息通过签发保单来传达。这种方法一般也无争议，但是，如果在保险人收取保险费以后、正式承诺之前，发生被保险人死亡或者财产保险标的毁损等保险事故的，则容易发生争议。避免争议的路径可以借鉴国外有些寿险公司的做法，在保单上补充"由保单代替承诺书"的内容，并将承诺书的内容与保单同时发送给投保人，那么保险人承诺的意思表示和保险单的内容并一同到达投保人处，保险合同成立的时间和保险人开始承担保险责任的时间也就不存在争议了。

第三种方式，保险人不以书面或其他方式直接向投保人表示其已经承保，而是通过以开始收取保险费的方式间接向投保人暗示保险人已经同意承保。这种方法，虽然也是一种承诺的意思表示，但是，由于在保险实务中发生纠纷事例较多，并不可取。原因在于，这种暗示性的承保方法，存在保险合同法理论和证明方式的障碍。尤其在现代人寿保险的经营中，保险人一般会提前收取保险费，一旦具有投保意向的消费者填写了投保单，保险人尚未承诺，保险代理人就实施保险费收缴行为。由此而判断保险人已经承诺，抑或判断保险人仍未承诺均存在以下问题。

首先，如果不将收取保险费的行为性质确定为承诺，则会发生以下方面的利益失衡。第一，保险人收取了保险费却不承担相应的保险责任，其结果是保险人只享有保险费运用的收益等权利，而不承担损害发生的保险金给付义务，导致权利和义务失衡。第二，投保人一旦支付了保险费，一般不会轻易再向其他保险公司购买同类保险产品，投保人丧失与其他保险人的交易机会，保险人占据了投保人的交易机会，如果不承担相应义务，投保人和保险人的交易机会就会失衡。

其次，如果将收取保险费的行为性质确定为承诺，也会发生以下方面的不均衡。第一，在人寿保险中，保险人常常必须依据被保险人的体检结果决定是否承保，投保人支付保险费就认定为保险合同成立，有违人寿保险的交易公平。第二，与人寿保险需要根据被保险人的体检结果确定是否承诺的问题相衔接，寿险中对被保险人进行体检的目的在于防止投保人拟选择的问题，以维护面临同类风险的投保群体的利益。如果将保险人收取保险费的行为直接界定为保险人的承诺，即使被保险人的体检结果不符合保险人的承保要求，在保险人真正作出承诺前发生保险事故，保险人一律赔付保险金，侵害的不仅是人寿保险的正常经营制度、保险人的经营利益，也侵害了投保群体的利益。

为了防止保险人在正式实施承诺前收缴保险费的行为，必须对之加以多重考量。《最高人民法院关于适用〈中华人民共和国保险法〉若干问题的解释（二）》第4条规定："保险人接受了投保人提交的投保单并收取了保险费，尚未作出是否承保的意思表示，发生保险事故，被保险人或者受益人请求保险人按照保险合同承担赔偿或者给付保险金责任，符合承保条件的，人民法院应予支持；不符合承保条件的，保险人不承担保险责任，但应当退还已经收取的保险费。保险人主张不符合承保条件的，应承担举证责任。"

二　保险人作出承诺的义务

一般情况下，保险合同的成立要有投保人向保险人发出投保的要约，保险人对该投保要约的内容进行审查以后给予承诺。在投保人等待保险人承诺期间，谁都无法保证将要成为被保险人的准被保险人或者保险标的不会发生风险。如果在投保人发出投保要约之后、保险人予以承诺之前发生了风险事故，并且按照保险合同的约定该事故属于承保范围，保险人对该事故是否应当承担保险责任？具体可以分为以下两种情形。第一，投保人已经完成所有投保所必需的手续，只是等待保险人承诺的期间内发生了保险合同承保范围内的事故，保险人该如何处理？第二，投保人在进行投保的时候没有履行如实告知义务，被保险人及保险标的物的实际状况不符合保险人承保的条件，如果发生了事故，保险人应该如何处理？

依据合同成立的原理推演，保险合同成立过程体现为双方当事人之间就合同的内容进行协商，达成意思表示一致后，合同即告成立。但是，在人寿保险的保险实务中，保险合同成立过程以及需要的具体手续，较之上述理论预设的过程复杂得多。投保人填写投保单、履行告知义务之后，将投保单通过保险营销员转交给保险人。对需要体检方能完成核保程序的险种，保险人会安排被保险人进行体检。保险人一般会要求投保人在递交投保单之后，进行体检之前支付首期保险费。在这种情况下，投保人已经完成了保险合同成立所必需的"要约"。在发出"要约"之后，在等待保险人承诺的期间内，如果被保险人发生保险承保范围内的事故，就涉及保险人对该保险合同是否有承诺义务的问题。

当投保人发出"要约"之后，该"要约"发出人受该"要约"的约束。但是，这里有一个值得留意的环节就是，能够得到对方承诺的要约，必须是合格的"要约"。而一个合格的"要约"应当满足以下四个要件。

第一，要约中必须包括要约人完整的意思表示；

第二，要约中包含有签订保险合同所必需的内容以及已经履行了必要的手续，包括已经完成投保人以及被保险人履行告知义务的手续在内；

第三，被保险人必须是符合寿险合同要求的主体；

第四，排除投保人逆选择道德风险（moral hazard）因素的存在。

凡是由投保人发出的要约只要符合前文所阐述的四个要件，并认可保险合同条款的规定，保险人没有理由拒绝投保人的投保申请，就像不特定的人去商店购物，只要购物钱财的来源是合法的，商店不能以人种区别、性别差异等条件为由拒绝消费者购物一样，保险人不能以其他借口拒绝投保人的投保申请，具有承诺的义务。

第六节　保险合同成立过程中的时间节点

保险合同何时成立，保险责任何时开始，这两个问题在保险实践中争议颇多。我国《保险法》第 13 条规定："投保人提出保险要求，经保险人同意承保，保险合同成立。保险人应当及时向投保人签发保险单或者其他保险凭证。保险单或者其他保险凭证应当载明当事人双方约定的合同内容。当事人也可以约定采用其他书面形式载明合同内容。依法成立的保险合同，自成立时生效。投保人和保险人可以对合同的效力约定附条件或者附期限。"第 14 条规定："保险合同成立后，投保人按照约定交付保险费，保险人按照约定的时间开始承担责任。"对上述规定加以归纳，几个时间节点至关重要：第一，保险合同成立的时间；第二，交付保险费的时间；第三，保险责任开始的时间。在财产保险业务中，争议不大。在人寿保险业务中，上述的三个时间节点如何确定，有待厘清。

一　保险合同成立的时间

根据我国《保险法》的规定，保险合同在保险人承诺时成立。在保险实务中，保险人在审查投保单以及相关被保险人的体检状况之后（仅针对需要体检的保险种类），在投保单上签字或盖章，并署上日期即为保险人实施承诺的时间，此时保险合同成立并生效。

二　交付保险费的时间

在一般顺序上，应当是订立保险合同在先、缴纳保险费在后，或者保险合同订立与保险费缴纳同时进行。但是，财产保险和人身保险都存在先交付保险费的问题，尤其在现代人寿保险的保险实务中，一般多实行"保险费提前缴纳"的做法，因为保险费"后付式"保险存在各种营业风险。在人寿保险的展业过程中，根据保险实务以及行业惯例，投保人一般是在投保人递交投保单同时或之后，在保险人承保之前缴纳保险费。法律后果见本书第四编人身保险合同相关内容。

三　保险责任开始的时间

根据我国《保险法》第 14 条的规定，保险人按照约定的时间开始承担保险责任。需要强调的是，法律规定的不是"规定"，而是"约定"。因此可以推论为，双方当事人可以约定保险责任开始的时间。在保险实务中，保险责任开始的时间包括以下四种：第一，保险人表示接受投保人申请（要约），并作出承保决定（承诺）时；第二，追溯到投保人发出要约并交纳相当于首期保险费的金额时；第三，保单签发日期；第四，按照保险合同中约定的日期开始。

在人寿保险中，保险责任开始的时间较为特殊。人寿保险条款都是保险公司事先准备好的格式合同，在保险条款中事先已经规定好保险责任开始的时间，不存在"约定"的可能。笔者查阅了部分保险公司目前正在使用的保险条款，发现各保险公司保险责任开始时间并不统一，排除使用"等待时间"（有的险种设置 90 天或 180 天后保险责任开始）做法的险种，大致包括以下三种情形。

1. 保单签发后责任开始

其顺序是：①同意承保；②收取首期保险费；③签发保险单。例如，某甲保险公司条款中约定，"本公司所承担的保险责任自本公司同意承保，收取首期保险费并签发保险单的次日零时开始"。

2. 收取保险费后责任开始

其顺序是：①同意承保；②收取首期保险费。例如，某保险公司条款中约定，"本保险的保险责任自保险人同意承保并收到保险费的次日零时开始"。

3. 承保后责任开始

其顺序是：①收取首期保险费；②同意承保。例如，某丙保险公司条款中约定，"本公司对本合同应负的保险责任，自投保人缴付首期保险费且本公司同意承保之日二十四时开始"。

保险责任开始的时间关涉投保方利益的保护，以及保险合同当事人之间的利益均衡。在保险合同约定和投保人期待不一致时，需要法律作出调整。关于人身保险先交保险费后保险责任开始的时间，如何通过立法进行调整的问题，本书在第四编人身保险合同部分进行专门论述。

第七节　告知义务

一　告知义务概述

在保险经营过程中，基于平衡保险人和投保人利益的需要，为了精确地进行风险厘定，投保人在投保时须对保险标的或被保险人的真实状况向保险人履行如实告知义务。保险人在设计保险产品时，依据保险大数法则，对特定风险进行经验计算后得出其可能发生的风险率，根据该风险率来确定风险程度基本符合测算结果范围内的风险，以投保群体互助共济的方式，由保险公司承担特定保险产品。若发生了风险，特定投保人（被保险人）遭受了经济损失，则从投保群体缴纳的保险费中支付填补该损失的保险金。如果在这一过程中将超出风险测算结果范围的风险纳入承保范围之中——有的投保人在投保前已经发生保险事故，或即将发生保险事故，或已经确定将发生保险事故，其结果是保险人根据保险大数法则设计的保险产品将失去存在的基础。如果保险人对此类风险支付保险金，则会让投保群体利益蒙受损失。因而，保险经营过程中必须排除未在保险大数法则计算范围内的风险，否则保险经营无法正常进行。各国保险法律均规定投保前必须履行如实告知义务，我国《保险法》亦然。[①] 不论是财产保险还是人身保险，投保人都必须履行告知义务。

告知义务在我国亦被称为"如实告知义务"。我国《保险法》第16条规定："订立保险合同，保险人就保险标的或者被保险人的有关情况提出询问的，投保人应当如实告知。投保人故意或者因重大过失未履行前款规定的如实告知义务，足以影响保险人决定是否同意承保或者提高保险费率的，保险人有权解除保险合同。前款规定的合同解除权，自保险人知道有解除事由之日起，超过三十日不行使而消灭。自合同成立之日起超过二年的，保险人不得解除合同；发生保险事故的，保险人应当承担赔偿或者给付保险金的责任。投保人故意不履行如实告知义务的，保险人对于合同解除前发生的保险事故，不承担赔偿或者给付保险金的责任，并不退还保险费。投保人因重大过失未履行如实告知义务，对保险事故的发生有严重影响的，保险人对于合同解除前发生的保险事故，不承担赔偿或者给付保险金的责任，但应当退还保险费。保险人在合同订立时已经知道投保人未如实告知的情况的，保险人不得解除合同；发生保险事故的，保险人应当承担赔偿或者给付保险金的责任。保险事故是指保险合同约定的保险责任范围内的事故。"

1906年的《英国海上保险法》（*the Marine Insurance Act of* 1906）中有关"disclosure"（披露，告知）规定了如实告知义务的内容。《英国海上保险法》第18条（被保险人的告知）的规定如下："（1）除本条的规定外，在签订合同前，被保险人必须向保险人告知其所知的一切情况。被保险人视为知道在通常业务过程中所应知晓的每一情况。如果被保险人未履行该

---

① 潘红艳：《〈保险法〉中投保人如实告知义务的结构性解读及完善》，《法学杂志》2020年第2期，第89页。

项告知义务，保险人即可宣布合同无效。（2）影响谨慎的保险人确定保险费或影响其决定是否接受承保的每一情况，被认为是重要事项。（3）如保险人未问及，对下列情况，被保险人无需告知：（a）减少风险的任何情况；（b）保险人知道或被认为应该知道的情况；保险人应该知晓众所周知的事情，以及他在通常业务中应该知晓的一般情况；（c）保险人不要求被保险人告知的情况；（d）由于明文或默示的保证条款，被保险人无需告知的事项。（4）在每一案件中，未告知的任何特别情况是否重要，是一个事实问题。（5）'情况'一语包括送给被保险人的通知和其收到的消息。"

1906年的《英国海上保险法》第19条"投保代理人的告知"中又规定："如由代理人为被保险人投保，除按前款规定无需告知的事项外，对下列事项，代理人必须向保险人告知：（a）他所知道的每一重要事项，投保代理人视为知晓其在通常业务中应知晓或被保险人已通知他的情况；（b）被保险人有义务告知的每一重要事项，除非被保险人获知该项情况甚晚，无法及时通知代理人。"可见，上述条文中同时包括被保险人告知义务的规定，也包括保险人"披露信息"也就是将条款中的规定进行说明的义务（说明义务）的规定，还包括对保险人违反免责条款说明义务的惩罚性规定。

保险法律中规定告知义务的原因在于：保险合同具有射幸性，这是针对保险合同双方当事人所协商而定的保险事故而言的。由于保险事故的发生不具有必然性，而是偶然的，意外发生的，因此，在保险合同中所规定的保险事故是否会发生，将对保险金请求权行使与否，以及保险人是否支付保险金，有直接的关系。一般情况下，对保险事故是否会发生，投保方比保险方要清楚。保险人在不知情的情况下，对投保方加入保险的请求予以审核，在确信对方（投保方）没有隐瞒重要事项的情况下，同意承保，并根据保险标的的风险程度进行保险费的精算。反之，则保险人根据保险标的物的情况，要么拒绝承保，要么向投保人提出反要约，要求提高保险费。

因此，投保人同保险人在签订保险合同之前，有必要对投保对象的保险标的情况，向保险人进行告知，保险人也有权利知道保险标的的情况。由此，投保人将关于保险标的的重要事项，例如，可能存在什么样的风险，或曾经发生过什么样的事故等，如实向保险人进行告知。如果投保人违反告知义务，保险人则可以免除承担保险责任，甚至可以解除保险合同。但是，如果发生投保人违反上述义务，其举证责任应当由保险人承担。

在本节中，对告知义务的性质、告知义务的根据、告知义务的承担主体，告知的对象、告知的时间和方法、告知的事项、违反告知义务的形态、违反告知义务的构成要件，以及违反告知义务的法律后果等，进行分析和研究。

二 告知义务的性质

大陆法系国家的保险法理论界对告知义务的性质如何，长期以来争论不休。告知义务到底是属于何种性质的义务？学术界有两种不同的学说。

1. 前提要件学说

所谓"前提要件学说"，认为告知义务属于"自我义务，间接义务"。该学说的核心观点是，告知义务是保险合同成立之前必须履行的一项义务，保险合同成立之后，其告知义务的效果已经不存在了。因此可以判断，该义务不是真正意义上的义务，而是作为保险合同成立的前提（并非保险合同的成立要件）而存在的。并且，前提要件学说还强调，保险人对告知义务并无对应的请求权，即在投保人实施告知行为时，保险人无法在告知行为上有所要求或请求，因为此时保险合同尚未成立，保险人与告知行为对应的请求权尚无法律依据，故无法行使。即便是投保人不实告知，保险人对违反告知义务的行为没有向投保人请求损害赔偿的权利①，仅具有解除保险合同的权利。

总之，该学说认为，告知义务是间接性的义务，而不是真正意义上的义务。告知义务设置的作用在于，投保方履行告知义务是将来向保险人请

---

① 保险人在保险合同成立之前，花费了一定的成本。例如，派遣保险营销人员的人工费用、通信交通费、各种宣传资料费、各种保险合同有关的材料费用、企业的管理费用等。这些成本在保险合同成立之前已经付出，一旦，保险合同由于投保人方面的不实告知或不告知而引起解除保险合同，保险人显然将蒙受一定的经济损失，而这些损失将无法向投保人方面请求或追偿。

求保险金的前提条件。在此意义上，该义务的实施得到了法律的认可。

2. 义务学说

义务学说主张的主要观点是，告知义务在法律构造上直接与保险合同成立后的保险金请求权存在与否相联系，在法律结果上借由保险金请求权的有无而反向制约投保人的投保行为，告知义务是作为行为规范的一种义务。如果说前提要件学说主要是从告知义务制度功能的角度进行观察而形成的观点，那么义务学说的存在并非从制度功能角度出发而形成。前提要件学说强调把告知义务限定在保险合同成立的前提条件之中，并没有揭示告知义务的法律构造。义务学说则侧重从法律构造层面揭示其法律性质。

具体分析该学说，第一，该学说承认告知义务本身并非真正意义上的义务，是一种效力较弱的义务，也就是说，对义务所具有的可强制实施性上，无法真正体现出法律义务应有的属性。第二，告知义务无法具有强制性，告知义务得以履行，不仅仅是对保险人有益，而对实现投保人的投保目的而言也是有益的。

目前，对告知义务的性质的认识上有多种学说，也存在各种议论。上述介绍的两种比较有代表性的学说都对告知义务的性质进行了揭示，这对后来的研究奠定了基础。但是，上述两种学说从根本上说并没有实质性的区别，都可以归结为告知义务本身并非真正义务，不具有可强制实施性。二者的区别在于分析问题的视角，前提要件学说，是从告知义务的附加属性考察，告知义务附加于保险合同成立以后的义务，告知义务作为一种前提条件，不具有可强制实施性。而义务学说，则从义务本身的视角出发，将告知义务的内在联系同一般合同中所必须履行的义务进行比较之后，认定其属于一种比较弱的义务，无法体现义务的全部特征，主要从义务的法律构造出发揭示了告知义务的性质。

对告知义务的性质，本书有如下观点。

第一，上述两种学说，都对揭示告知义务的性质起到了重要的作用，据此可以认定告知义务并非真正义务，并不具有可强制实施性。

第二，就其性质而言，从合同法的角度看，告知义务并无实质的法律属性。例如，合同成立后，在合同中规定的义务，必须按照合同规定的条件履行，具有可强制实施性。而保险行业有其特殊性，因为构成告知义务的根据不是保险合同本身，而是保险行业所经营的保险产品本身。对投保群体的公平性和保险经营原理共同决定了保险合同的特殊性，保险合同的特殊性决定了告知义务存在的必要性。

第三，告知义务的自我义务性和间接性。保险合同的特殊性决定了告知义务存在的必要性，告知义务存在的必要性必须在保险合同法中有所体现。履行告知义务的阶段，保险合同尚未成立，保险人与告知行为对应的请求权尚无法律依据，故无法行使。即便出现相对方的不实告知，保险人也无法实施任何具有法律强制的行为要求投保方履行告知义务。对违反告知义务的行为，保险人没有向投保人请求损害赔偿的权利，只享有解除合同的权利。

综上所述，告知义务是投保人为了加入保险而必须实施的一种行为，是为了保护投保群体和保险人共同利益的一种行为，其性质反映了保险合同的特殊性。告知义务具有为实现投保意图而自觉遵守的准强制性，也是投保人的主观愿望得以实现而必须履行的一种义务。它不具备法定义务的性质，虽然告知义务并非法律上可强制实施的义务，但是，如果不履行该项义务，则保险合同不能成立。如果不如实告知，即便保险合同成立，保险人也有权解除。因此，告知义务虽不具有一般义务所应有的可强制实施性，但保险合同的特殊性决定了告知义务具有准义务的性质。

三 告知义务的根据

告知义务所产生的根据何在？至今仍存在不同的学说。主要代表有：技术构造学说、合同法理学说和诚信学说。

1. 技术构造学说

技术构造学说，还有两种称呼，一种是测定风险说，另一种是技术学说。

技术构造学说的主要观点是将告知义务的法律根据定位于保险制度本身的技术构造。该学说认为，告知义务的存在无法从保险合同法的法理中找到其产生的根据，保险合同法理论也无法说明该义务产生的理由。该学说以保险合同法本身无法提供这种根据为前提，转向从保险制度本身的技术构造探查告知义务的存在根据。该学说的核心主张包括以下两点。

第一，保险制度必须通过十分稳定的经营方法，使支付保险金的总额与保险费的收入保持平衡。这种平衡是保险经营持续发展的必要条件，因此，为了保持保险金和保险费的收支平衡，保险人必须在签订保险合同时，对将来有可能支付保险金的保险事故的发生概率或风险有精准的预测或测定。为此，保险人必须对每一个保险合同的风险进行充分预测之后，再决定是否对该保险合同的要约给予承诺，对高于一般风险的保险合同提高保险费率。

第二，由于风险的预测或测定必须建立在科学的保险大数法则基础之上，并且，这种预测或测定使用的数据收集均须由保险人进行。从宏观角度看，也就是整个保险产品的角度观察或计算，可以得出相应的风险发生概率。但是，从微观角度看，某个具体的、微观的保险对象或标的不一定与预测或测定的概率完全吻合。因此，保险人在签订具体的保险合同时，对特定的保险标的或对象的风险概率的把握无法通过保险人收集的数据直接获取。例如，既往存在的保险标的风险事故、使用保险标的的物的方式等，都与保险事故发生的风险概率直接相关。因此，有必要让投保人或被保险人，以明示的方法将保险标的的风险隐患等情况向保险人进行告知，借由这种方式，实现特定保险合同的订立。同时，保险人将投保群体所提供的信息收集起来，为保险标的的风险预测和测定提供进一步的准确数据。

因此，保险人在进行风险管理和对投保人加入保险的风险进行选择时，源自投保人（包含被保险人在内）的信息，将作为重要的选择依据和资料予以使用。保险经营所必需的这种明示的行为，在法律中作为告知义务得以确定。

2. 合同法理学说

合同法理学说，或称契约法理学说，该学说的主要观点是，告知义务的理论根据来源于合同法理，基于保险合同的法律构造的特殊性而成。该学说还可以分为各种分支学说。其中射幸合同学说和善意合同学说影响颇大。

射幸合同学说认为，保险合同具有射幸性，属于射幸合同。告知义务源于保险合同的射幸性。该学说认为，保险人是否给付保险金受制于保事故的发生与否，给付保险金额的大小取决于保险事故造成损失的大小，保险合同约定的保险人的义务是否履行以及履行的程度均具有偶然性，此所谓保险合同的射幸性。由于保险事故的发生出于偶然，双方当事人订立保险合同时的善意和诚信标准提升，以增加偶然发生的保险事故的合同层面的确定性。

如果投保人对保险事故发生的可能性以及对保险事故的大小有影响的事实事先知悉，而保险人却无法事先获知，一旦投保人有意隐瞒，不将这些事实如实告知保险人，保险合同双方当事人的信息就会失衡。信息全面与否直接关系到对保险事故评估的精准程度，保险事故评估精准与否直接关系到保险费收取和保险金给付是否平衡，利益失衡有违于交易公平原则。故此，投保人应当如实告知相关信息，在保险合同签订之前将自己掌握的情况如实向保险人公开，使保险人也掌握这些情况，保险人就可以根据这些情况来决定保险合同的订立与否以及如何确定保险费率。如实告知义务决定以下均衡关系：信息平衡、利益平衡和交易公平。

可见，基于保险合同的特殊构造，一方面，保险人需要根据投保人告知的信息精准地确定承保风险，形成保险合同的等价有偿机制；另一方面，投保人进行告知是维持保险合同双方当事人处于信息对称地位的方式。换言之，告知义务制度是为了满足保险合同双方当事人对信息平衡的需求，是保险合同射幸属性的基本要求。

虽然，射幸合同学说从告知义务的产生以及该义务的必要性提供了较有说服力的根据，但是，该学说无法解释投保人隐瞒重要事项而违反告知义务，保险人为何享有合同解除权。

3. 诚信学说

我国《保险法》关于投保人告知义务以及保险人的说明义务最直接的根据源自诚信学说，依据我国《保险法》第5条规定："保险活动当事人行使权利、履行义务应当遵循诚实信用原则。"据此可见，投保人的告知义务以及保险人的说明义务主要是根据诚实信用原则而产生，诚信学说也因此得名。

诚信学说认为，投保人的告知义务以及保险人的说明义务都是基于最大诚实信用原则，保险合同双方当事人本着善意和最大的诚实和信用，订立保险合同。保险合同本身就是最大诚信合同（contract of the utmost good faith），而投保人正是遵循保险合同的这种原则履行告知义务（duty of disclosure）。当然，由于保险合同是双方当事人共同合意而签署的合同，投保人需要根据最大诚实信用原则对保险人履行告知义务的同时，保险人也需要根据最大诚实信用原则的要求负担相应的义务，即对保险合同条款以及合同中的免责条款等向投保方进行信息披露，也就是履行"说明义务"。

综上可见，诚信学说和合同法理学说在基于合同善意这一基础上，属于同一类型的学说。

4. 本书观点

综合考察有关告知义务的各种学说，不难发现各种学说力图从不同的角度挖掘告知义务产生的理论根据，各学说在构造各自理论根据的同时，并不排斥其他学说，而是积极地在其他学说的基础上进行改进或提出新的见解。

本书认为，投保人告知义务的根据，应当追溯到保险的起源时期。保险行业作为一项新兴行业开始立足于世界舞台之时，从长期的经验积累，到一个十分完整的现代化行业的出现，经历了很多我们现代人所意想不到的困难和挫折。

投保人必须履行告知义务，首先源自最大诚信原则的要求。因为当时的保险业，主要是以航海为中心的海上保险。而经营海上保险的保险人不像是现在保险公司那么规模庞大的组织，而是当时的小规模保险组织。保险交易主要是建立在个体自然人之间，即船主和保险经营者之间信赖关系的基础之上，凭借双方的诚实和信用进行。如果船主（投保人亦是被保险人）不预先告诉保险经营者准确的信息，而是隐瞒船只隐患、货物瑕疵、事先得知船只会遇到仇家抢劫等风险，出险后，会引发保险经营者遭受极大的损失。因此，在保险行业发展的初期，主要是以最大诚信原则为支柱，形成了投保人必须履行告知义务的固定做法。可见，从保险业早期经营的角度查究其根源之时，可以获知投保人如实告知义务是从保险交易的层面自然形成的一种习惯做法。这种习惯做法的根据，我们可以用"合同善意学说"或"诚信学说"来概括。

然后，随着保险行业发展到一定的规模，通过长期保险交易的经验积累，保险组织逐步壮大，当积累了一定的经验数据之后，对保险风险可以根据保险大数法则进行测算。当取得比较精确的数据时，保险经营者逐渐发现，如果保险合同的当事人违反了告知义务，隐瞒了风险的程度，而这种风险远远高于他们所预测的风险概率时，直接受损失的将是保险经营者。只有采取更为科学的方法，根据保险合同的构造，当保险标的具有高于预测的风险概率时，或者根据风险概率提高保险费，或者对那些风险概率高于预测底线无法承保时，拒绝承保。这样才能维持保险人的正常经营，才能进一步拓展保险人的经营实力。如果投保人违反告知义务，隐瞒高风险的事实，那么，保险经营者将面临比其他经营者更大的风险，对其保险经营极为不利，保险人很可能因此而破产倒闭。因此，当保险行业发展到能比较精确地利用生命表等方法计算各类风险概率时，除了从保险合同是最大诚信合同出发之外，还从保险合同的构造出发，找到了投保人（被保险人）必须履行告知义务的根据。

因此，本书认为，在强调"最大诚信原则"为告知义务根据的同时，技术构造学说的合理性已经被现代意义的保险行业所承认，技术构造学说事实上已经成为大陆法系国家如实告知义务立法依据的主要学说。

四 告知义务的承担主体

告知义务应当由谁来承担？依据我国《保险法》第 16 条第 1 款规定："订立保险合同，保险人就保险标的或者被保险人的有关情况提出询问的，投保人应当如实告知。"可见，我国《保险法》将告知义务的承担主体规定为投保人。

《德国保险合同法》中同样把告知义务的承担主体规定为投保人，《日本保险法》的规定则不同。《德国保险合同法》第 19 条规定："订立保险合同之前，对于保险人以书面方式询问的对其订立保险合同有重要影响的事实，投保人应当向保险人如实告知。"《日本保险法》第 3 条规定："投保人或者被保险人在订立损害保险合同时，就损害保险合同补偿与损害发生的可能性有关的重要事实，对将成为保险人的人要求告知的事项，应当如实告知。"

如果投保人是复数的，一般采用各自只需履行自己所负责部分的告知义务。对同样一项内容，达到保险人能如实掌握的告知内容，只需其中一位履行告知义务即可。在保险实务中，情况要复杂一些。例如，在财产保险中，投保人为他人的保险标的物而投保，被保险人所有或控制的保险标的物只有被保险人才最清楚，投保人对被保险人所有的财产情况并不十分清楚，因此，在保险实务中，许多财产保险的条款中都有明确约定，被保险人亦应承担告知义务。

同样，在人寿保险中为他人的保险，例如，投保人不是为自己投保，而是以他人或第三者为被保险人的保险中，投保人和被保险人不是同一人。如果投保人所要加入的保险是需要对被保险人进行体检的产品，那么，除了投保人在投保时，需要通过保险营销人员向保险人进行告知外，被保险人在进行体检时，也有义务通过体检医生向保险人进行告知。在立法上，应当如何对告知义务的承担主体进行更准确定位？是否除了将投保人列入承担者之外，还应当将被保险人列入其中？有待进一步商榷。

五　告知的对象

告知义务人应该向保险人或有代理保险人接受告知领受权的代理人进行告知。

在财产保险中，保险代理公司或保险代理人如果和保险公司达成保险代理协议，约定该公司或代理人具有代理签约权和签发保单权，那么根据该约定，保险代理公司或保险代理人一般具有接受告知领受权。也就是，可以接受投保人的告知。产生的法律后果是，投保人向保险代理公司或者代理人履行告知义务，相当于投保人向保险人履行告知义务。

人寿保险情况比较复杂，从保险法的规定可知，投保人只能向保险人履行告知义务，也就是只有保险人方能接受投保人的告知。但是，在人寿保险营销活动中，有以下两种情况值得我们思考。

第一，在保险营销活动中，募集保险的保险营销员是否属于有权接受告知？

第二，大部分的人寿保险产品需要对被保险人的身体状况进行检查，以便保险人对投保人提出的投保申请进行选择。对被保险人进行体检的医生在体检过程中会对被保险人进行询问，被保险人会向体检医生作出告知，体检医生有无接受告知的权利？换句话说，体检医生能否成为接受告知义务主体的适格主体？

体检医生以及募集保险的保险营销员是否属于能接受告知义务主体的适格主体的详细论述参见本书第三编第二章第四节保险代理人部分的论述。

六 告知的时间和方法

1. 告知的时间

我国《保险法》将告知的时间明确规定在订立保险合同时，其第16条第1款规定："订立保险合同，保险人就保险标的或者被保险人的有关情况提出询问的，投保人应当如实告知。"在实践中，订立保险合同的行为非保险人亲自所为，而是通过保险代理人或其他营销人员进行，订立保险合同的时间需要根据具体情况确定。

我国《保险法》中规定的"订立保险合同"，应该是指一段时间。从投保人开始填写投保单（投保申请书），然后提出投保申请（投保人向保险人发出要约），到保险合同成立（保险人作出承诺）为止，均属于保险合同订立之前的时间段，符合法律规定的告知时间到底是哪一段时间？对此，我国《保险法》没有明确规定。可以从保险法中得到确认的是，投保人的告知应该在"订立保险合同"时完成。

对此问题，大陆法系国家中《日本保险法》与我国《保险法》相同，将告知义务的行使时间界定为"保险合同签订时"。《德国保险合同法》将告知义务的履行时间规定为"订立保险合同之前"。保险法学界比较有力的学说认为，投保人履行告知义务的时间应当在保险合同成立之前，告知内容的撤销或更正只能在保险合同成立之前进行。一旦保险合同成立之后，告知的内容就无法更正或撤销。如果在保险合同成立之后，再对告知内容进行更正，那么，违反告知义务的性质将无法改变。

与告知的时间相关联的问题在于，投保人告知时间之后获悉的事项，是否属于告知义务的内容？投保人应否将订立合同之后获知的事项告知保险公司？如果投保人不告知产生何种法律效力，值得进一步探讨。在实务中，发生过这样的事例：投保人是一家人寿保险公司的业务员，向另一家人寿保险公司投保人寿保险，在订立保险合同之前履行了健康告知义务。订立保险合同第二天，该投保人赴医院体检，检查出乳腺癌。人寿保险合同等待期满之后第二天，该投保人进行了乳腺癌手术治疗。投保人向人寿保险公司申请理赔，人寿保险公司拒赔。从投保人履行告知义务的时间上判断，符合"订立保险合同"之前的法律规定，但是从投保人职业以及订立保险合同之后赴医院的检查行为判断，投保人在投保人寿保险之前已经知道自己患有乳腺癌疾病的可能性极大。本书认为，将告知义务的履行时间节点界定在订立保险合同之前并无不可，但是，投保人对订立保险合同之后获悉的事项也应当告知，而此时的告知应归于危险程度显著增加的通知义务范畴（正是在此意义上，本书第三编第五章第三节关于"危险程度显著增加通知义务"的论述中，主张将人身保险也纳入该义务的适用范围之内）。

2. 告知的方法

我国《保险法》没有明确规定告知的方法，《德国保险合同法》中规定告知应当采取书面方式进行。根据保险经营的实务操作，一般是由保险营销人员对具有投保意向的人进行劝诱之后，该人同意投保。在填写投保申请书时，具有投保意向的人对投保申请书中列明的询问项目一一如实回答。在财产保险实务中，履行告知义务采取书面方式及口头方式的情况均存在；在人身保险实务中，履行告知义务一般采用书面方式进行。投保的产品需要体检时，体检医生接受被保险人告知的，一般不是书面方式，而是口头方式，由体检医生进行记录再转交给保险人。

七　告知的事项

（一）有关告知的事项的法律规定和基本原则

我国《保险法》第 16 条第 1 款仅规定，保险人就保险标的或者被保险人的有关情况提出询问的，投保人应当如实告知。但是，究竟什么情况属于"有关情况"？投保人应当将哪些事项向保险人进行告知？我国《保险法》并无明确规定。

1. "有关情况"与"重要事项"

我国《保险法》对告知的事项规定为与"保险标的或者被保险人的有

关情况"，是否所有和保险标的或者被保险人有关的情况都必须告知？在保险实务中，投保人应当向保险人进行告知的情况不是所有的情况，而是与保险标的有关或与被保险人有关的"重要事项"。依据保险的基本原理，如果投保人知悉的情况为保险人决定是否承保或改变保险费率所必须，这些情况就属于"重要事项"，投保人就应当向保险人进行告知。判断保险人决定是否同意承保或者提高保险费率，是依据保险合同的设计要求以及保险事故发生的风险概率测定标准进行的。

2. 客观主义（无限告知主义）

在投保人进行告知时，对告知内容有无限制？是将投保人已知情况告知，还是要求投保人将应当知道的情况也要告知？应当根据什么样的原则加以判断？在各国的保险立法及惯例中，有采用"客观主义"，即无限告知主义做法的，所谓客观主义，包括两层含义。

第一，告知事项的范围不限于保险人询问事项。

投保人的告知内容和事项，并不受保险人事先设定的询问事项的限制，保险人在询问事项中没有涉及的，应当根据该保险合同的设计要求以及保险事故发生的风险概率测定标准，需要告知的，应当向保险人进行告知。被判断为需要告知的情况，则属于重要事项。

第二，是投保人"已知"情况的告知，而非"不知"或"应知"情况的告知。

由于告知义务是以客观主义为标准，一般情况下，要求告知义务主体只将自己所知道的情况进行告知，并不要求对其不知道的情况进行调查或调查的义务而后告知。对应当告知的情况或事项限制在告知义务主体知道的范围之内。[1]

因此，如果属于告知义务主体不知道的情况或事实，不管其是否出于过失，都不能成为告知的事项范围。当然，告知义务主体的期待、意见、信念或忧虑等情况，也不属于告知的事项范围。

---

[1] 在我国也有不同的学说，例如，"在订立保险合同前，投保人应当如实告知保险人就保险标的或者被保险人的有关情况所作出的询问，或者应当如实告知保险人其知道或者应当知道的有关影响保险人是否同意承保或者据以确定保险费率的重要事项"。参见邹海林《保险法》，人民法院出版社，1999，第63页。

3. 自发式告知

告知的方法一般有两种。一是"自发式告知";二是"询问式告知"。有的国家采用"询问式告知",例如,我国和法国等;也有的采用"自发式告知"的做法,例如,日本等。

所谓"自发式告知"是指在投保申请时,投保人等告知义务主体自发地把保险标的的重要事项或与被保险人的身体状况有关的重要事项向保险人进行告知。

自发式告知的问题在于,对一般不精通保险专门知识的告知义务主体而言,哪些属于必须告知的事项,哪些不属于必须告知的事项,哪些是重要的事项,哪些不是重要的事项,基本上无法进行正确判断。因此,会发生一些重要事项的告知遗漏,将一些本不属于应当告知的内容进行了告知。在采用自发式告知方式的国家,基于上述理由出现以下主张:因缺乏保险专业知识的告知义务主体无法正确判断是否属于应当告知的内容,造成了重要事项的告知遗漏,据此认定告知义务主体违反告知义务,要求其承担违反告知义务的责任,不具有合理性。因此,提倡采用被动式的告知,即告知义务主体处于被动状态,接受来自保险人的询问,即"询问式告知"的方式。

4. 询问式告知

我国《保险法》采用的是"询问式告知"方式,保险人就……有关情况提出询问,投保人……告知(第16条第1款)。告知义务主体对保险人提出的询问,有履行告知的义务。该规定可以解释为,告知义务主体的告知内容限定在保险人提出的询问范围之内,而保险人不询问的事项,告知义务主体不负有告知的义务。据此可以推知,对保险人不询问的事项无告知义务,凡是保险人不询问的事项,即便属于重要事项,而且因此发生的保险事故,告知义务主体不负有告知义务也不承担违反告知义务的责任。

关于采用询问式告知的理由,有学者认为,"保险合同条款的内容为具有专业知识和业务经验的保险人所熟知,但对于一般的投保人来说,缺乏对专业知识的了解等因素可能导致对条款内容的误解,以致保险合同的不当订立"。因此推导出,"当保险人就保险标的或被保险人的有关情况提出询问时，投保人有如实告知的义务"。①

从投保人保护角度，询问告知制度比自发告知制度略胜一筹，但其也有不尽如人意之处。例如，对特定的告知义务主体的一些情况，保险人则无法以积极的方式进行询问。因为在实际操作过程中，所谓的询问式告知，是将需要询问的事项都事先设计好询问表，保险营销人员按照询问表上列举的项目对告知义务主体进行询问。一旦出现属于重要事项，而询问表上却没有列举，投保人因此未告知的，是否违反告知义务？在保险实务与司法实践中，往往会产生很多纠纷。

5. 询问事项和重要事项的关系

由保险人向投保人进行询问的事项和重要事项之间是什么样的关系？询问的事项是否就是重要事项？还是询问事项中的一部分才是重要事项？

询问事项是由保险人根据保险产品的性质所设计，基本上将涉及与保险标的或被保险人身体有关的重要事项包含在内。但是，从保险实务看，并非所有的询问项目都是重要事项。问题是，告知义务主体所要告知的内容，必定是重要事项，对重要事项有告知的义务。如果不属于重要事项，则无告知义务。那么，根据前文所述内容进行推断，告知义务主体是否只要将重要事项告知就可以满足告知义务的要求，还是有必要对所有的询问事项都必须告知？我国《保险法》对上述问题，没有进行规定。对于这一设问，有各种不同的解释。在保险实务中，一般要求告知义务主体对所有的询问项目都要告知，不论其是否属于重要事项。按照保险惯例，投保人应当将有关测定风险的重要事项，以及投保人和其他保险人已经签订同类保险合同的状况，向保险人进行告知。

进一步的设问是，什么样的询问事项属于重要事项，到底由谁来举证？保险人来举证还是告知义务主体来举证？对此，司法实践中一般认定，应当由保险人进行举证某一事项是否属于重要事项。法官可以要求保险人举证证明询问事项属于"足以影响保险人决定是否同意承保或者提高保险费率"的事项，然后对其举证结果进行符合居中裁判地位以及一般常

---

① 于新年、曹守晔、高圣平：《最新保险法条文释义》，人民法院出版社，1995，第66页。

识的裁决。①

(二) 有关风险测算的重要事项

1. 重要事项的标准

在测算保险标的的风险概率时，有关保险标的的"重要事项"是对保险人至关重要而且必须要掌握的信息。因此，该信息成为告知内容中的重要事项。《德国保险合同法》有关告知义务的规定中，也采用了"重要事项"的概念。②《日本保险法》在损害保险合同中将告知的事项表述为："可以取得补偿的与损害有关的重要事项；"在生命保险合同中表述为："与保险事故有关的重要事项。"

例如，在机动车保险中，驾驶人员的年龄、被保险车辆的用途、车辆种类、汽车本身是否有隐患等情况；在建筑物火灾保险中，建筑物的构造、用途、周围的环境等都属于告知的重要事项。在人寿保险合同中，被保险人的身体状况，即有无重大疾病的既往病史（Pre-Existing Condition or Abnormality）、有无做过重大手术等情况，均属于应告知的重要事项。

2. 现存情况、过去情况和将来必定要发生的情况

从时间段上对重要事项进行归类，其应当包括：现存情况、过去情况、将来必定要发生的情况。

3. 积极情况和消极情况

从具体事项对保险事故是否发生及产生的影响程度进行归类，重要事项包含"积极情况"和"消极情况"。例如，投保火灾险的厂房中存在不安全的隐患，厂房内存储的易燃易爆品很多，工厂电焊场所与之十分接近等情况和保险事故的发生有直接的关系，属于"积极情况"；投保火灾险的厂房缺少安全生产所需的必要通风设备，虽然这种情况不会直接构成保

---

① "足以影响保险人决定是否同意承保或者提高保险费率"与保险人"提出询问"的事项具有一致性，除非依据常识即可判断保险人设置的询问事项不属于"足以影响保险人决定是否同意承保或者提高保险费率"的事项（签订保险合同需要但与保险人的经营性判断无关的事项）。参见潘红艳《〈保险法〉中投保人如实告知义务条文的结构性解读及完善》，《法学杂志》2020 年第 2 期，第 92 页。

② 参见《德国保险合同法》第 19 条第 1 款规定："……对于保险人……有重要影响的事实，……"。

险风险，但是一旦火灾发生，无通风设备烟雾无法及时散去，会导致人身伤亡及财产损失的扩大，属于"消极情况"。

4. 重要事项的范围

重要事项的范围，即某种情况是否属于必须告知的重要事项，要根据具体的保险险种、保险条件等保险产品的设计要求来决定。在保险惯例中，重要事项一般包括以下几种情况。第一，能表明保险标的处在非常危险状态的情况；第二，能表明投保人不是以常态投保，而是具有特殊原因或动机进行投保的情况；第三，能表明大幅度超越了保险人承担保险责任的承受力的情况；第四，能表明具有道德风险（moral hazard）的情况；第五，能表明如果该情况存在，保险人则将提高保险费或拒绝承保的情况。

5. 对重要事项的处理方法

投保人实施告知行为以后，保险人根据投保人的告知内容，作出是否承保，或附加条件承诺等行为反馈。在保险实务中，保险人一般会有以下三种处理方法。

第一，如果拟投保的风险率与保险商品设计时厘定保险费的标准风险率相同，或低于标准风险率，保险人可以根据标准风险率范围之内的条件，即按照与一般保险合同同等条件来签订保险合同。

第二，如果拟投保的风险率高于保险商品设计时厘定保险费的标准风险率，保险人可以根据保险标的的风险程度相应提高保险费率，以求投保群体范围内的风险平衡，即风险高者，承担缴纳保险费的义务必须同其风险程度相符合。但是，这种提高保险费率以获取保险人承保承诺的决定，必须同投保申请人进行协商，也就是对投保申请人的要约进行修改，由保险人向投保申请人发出新的要约，双方达成协议后，保险合同方成立。

第三，如果拟投保的风险率明显高于保险商品设计时厘定保险费的标准风险率，保险人即便提高保险费率也无法和只具有一般风险率的投保群体进行组合，保险人可以不接受投保申请人的投保要约而拒保，否则会损害其他具有一般风险投保群体的利益。

6. 告知重要事项的时间

对重要事项的告知，必须在保险合同成立之前进行，也应当包括投保人已经完成投保申请后，一直到保险合同成立之前的这段时间。换言之，当投保人向保险人发出投保申请，完成了告知手续之后，事实上该告知义务并没有履行完成。如果在发出投保申请后，保险合同成立之前发生了重要事项，投保人应当迅速将该情况向保险人进行告知，如果懈怠，则违反告知义务。

（三）与其他保险人签订同类保险合同情况的告知

在财产保险中，投保人就同一保险标的、同一保险期间、同一保险利益，与不同保险公司订立保险合同，对该保险的存在是否属于重要事项，是否向保险人进行告知的义务？

1. 投保人的告知义务

一般的财产保险条款都约定，投保人应当将和其他保险公司已经签订保险合同的情况向保险人进行告知。如果违反该项告知义务，则新签订的保险合同可能被解除。

2. 投保人的通知义务

投保人不仅应当向与之新订立合同的保险公司告知其与其他保险公司签订同类保险合同的事项，还应当将新成立保险合同的信息通知给与之签订同类保险合同的其他保险公司。如果投保人违反了该项通知义务，需要承担我国《保险法》有关违反通知义务的法律后果。

3. 保险人掌握投保人与其他保险公司订立同类保险合同的原因

作为财产保险的保险人，有必要掌握投保人和其他保险人之间订立的同类保险合同的内容和有关约定，其原因在于以下几点。

第一，防范道德风险。保险和赌博同为一种射幸合同，极易发生道德风险（moral hazard）。财产保险的被保险人不能从保险补偿中获得不当得利，对于同一保险标的，发生了同一保险事故，却分别向数家保险公司请求给付与保险标的的损失同样金额的保险金。如果各家保险公司均予以赔付，被保险人获得的保险金总和将超过保险标的的损失数额，甚至数倍于保险标的的损失数额，其结果是被保险人多重获利。这一结果有违于财产保险填补损害的宗旨，导致被保险人的不当得利。因此，要求投保人将其与其他保险人签订的同类保险合同向保险人进行告知，是很有必要的。

第二，减少保险人的经营成本。一旦保险标的发生了保险事故，保险人在进行给付保险金的计算过程中，可以将损害补偿保险金的义务同其他保险人分担。保险人分担或分摊保险金的方法，参阅本书第五编财产保险合同有关重复保险内容的论述。

同时，存在重复保险情形的，发生保险事故之后保险人对保险事故的调查费用也可以同其他保险人一起分摊。

第三，参考其他保险人使用的保险费率。保险人与投保人签订保险合同的过程中，如果保险人能得知投保人与其他保险人已经订立的保险合同的内容，则保险人可以参照其他保险人的费率、保险金额等，决定是否承保以及确定费率厘定标准。

（四）投保人的身体情况是否属于告知范围

投保人有没有必要对自身的身体情况向保险人进行告知？投保人自身的身体情况是否属于应告知的范围？

我国《保险法》规定投保人告知的范围，是与保险标的或被保险人有关的情况，各国通用的保险惯例也如此。虽然我国《保险法》的规定与其他国家保险法的规定存在诸多不同，但在告知范围上，各国保险法的规定是基本相似的。不论是采用"有关情况"，还是"重要事项"的概念，告知的范围都直接指向保险标的或被保险人有关的情况。各国保险法均未规定告知义务主体有必要将自身的身体情况向保险人进行告知。

依据保险合同法的基本原理，作为保险合同当事人的投保人，应当将自身与保险合同订立有关的信息（姓名、年龄等信息，不包括投保人自身的身体状况）告知保险人。在为他人的人寿保险合同（投保人同被保险人不是同一人）中，当保险产品将投保人的生命列为保障对象时，则要求投保人对自身身体的重要事项向保险人进行告知。

可见，投保人的身体状况不必然成为告知事项的范围，只有当投保人作为人身保险的被保险人，或者投保人的身体状况与保险合同承保风险有关系时，投保人才有必要向保险人告知其身体状况。否则，只需向保险人告知与保险合同订立主体要求相匹配的信息即可。

八 违反告知义务的形态

违反告知义务的形态，包括"不告知"和"不实告知"两种。

1. 不告知

我国《保险法》第 16 条第 2 款、第 4 款和第 5 款规定了违反告知义务的形态及其法律后果：投保人故意或者因重大过失未履行如实告知义务，足以影响保险人决定是否同意承保或者提高保险费率的，保险人有权解除保险合同。投保人故意不履行告知义务的，保险人对于合同解除前发生的保险事故，不承担赔偿或者给付保险金的责任，并不退还保险费。投保人因重大过失未履行告知义务，对保险事故的发生有严重影响的，保险人对于合同解除前发生的保险事故，不承担赔偿或者给付保险金的责任，但应当退还保险费。

上述规定将违反告知义务的形态，以"未履行如实告知义务"（《保险法》第 16 条第 2 款、第 5 款）和"不履行如实告知义务"（《保险法》第 16 条第 4 款）两种不同表述方法加以区分。投保人故意不履行告知义务，投保人因重大过失未履行告知义务两种情况构成要件不同，后文详叙。

2. 不实告知

所谓"不实告知"，即告知事项不真实，是告知义务主体表面上履行了告知义务，而该告知的内容与事实不相符合。例如，告知义务主体明知保险标的存在着很大的安全隐患，或被保险人的身体患有重大疾病，生命岌岌可危，向保险人告知时，故意隐瞒保险标的的真相，将隐患的严重性人为地淡化，告知为风险性极小或几乎没有风险，或将患有重大疾病被保险人的身体状况说成小病或无病。

3. 不实告知事项不是保险事故发生的原因

不实告知事项不是保险事故发生的原因，如投保人隐瞒被保险人的病情带病投保后，被保险人却死于与不实告知的病情不同的病因。保险金受益人向保险公司请求死亡保险金时，投保人不实告知的情况被保险公司察觉，应当产生何种法律后果？

（1）依据我国《保险法》第 16 条第 2 款规定，投保人故意不实告知的，投保人未告知的病情必须符合"足以影响保险人决定是否同意承保或者提高保险费率"的标准，保险人有权解除合同。如果投保人未告知的病情不属于前述事项，保险人无权解除合同。

依据我国《保险法》第 16 条第 4 款规定，投保人故意不履行如实告知义务，不要求其未告知的事项对损害结果（被保险人）的死亡具有严重影响，只要投保人未如实告知被保险人的病情，无论投保人未告知的病情是不是引起被保险人死亡的病情，保险人均无须承担责任。

如果投保人未告知的被保险人的病情属于"足以影响保险人决定是否同意承保或者提高保险费率"的情况（A），依据我国《保险法》第 16 条第 16 条第 2 款规定，保险人有权解除保险合同；如果投保人未告知的被保险人的病情不属于"足以影响保险人决定是否同意承保或者提高保险费率"的情况（B），依据我国《保险法》第 16 条第 2 款规定，保险人无权解除保险合同。依据我国《保险法》第 16 条第 4 款规定，无论投保人未告知的被保险人病情是不是引发被保险人死亡的病情，保险人均无须承担给付保险金的责任。

当投保人未告知的被保险人病情为情况 B 时，依据我国《保险法》第 16 条第 2 款规定保险人无权解除保险合同，依据我国《保险法》第 16 条第 4 款保险人无须给付保险金，法律适用的矛盾显而易见。

（2）如果投保人并非故意，而是基于重大过失没有将被保险人的病情如实告知保险人，依据我国《保险法》第 16 条第 2 款规定，未告知的被保险人的病情属于"足以影响保险人决定是否同意承保或者提高保险费率"的事项，保险人有权解除合同；如果投保人未告知的被保险人的病情不属于"足以影响保险人决定是否同意承保或者提高保险费率"的情况（B），依据我国《保险法》第 16 条第 2 款规定，保险人无权解除保险合同。

依据我国《保险法》第 16 条第 4 款规定，投保人因重大过失未告知的事项对保险事故的发生有严重影响的，保险人不承担给付保险金的责任。投保人未告知的被保险人的病情对被保险人的死亡没有严重影响，保险人应当承担保险责任。

当投保人未告知的被保险人病情满足"足以影响保险人决定是否同意承保或者提高保险费率"的标准，依据我国《保险法》第 16 条第 2 款规定，保险人有权解除合同；但是投保人未告知的被保险人的病情对被保险人的死亡没有严重影响，保险人应当承担保险责任。法律适用的矛盾显而易见。

九　违反告知义务的构成要件

违反告知义务的构成要件，学界一向有"主观要件"和"客观要件"两种学说。

1. 客观要件说

客观要件说强调判断违反告知义务的标准是客观事实与告知义务主体向保险人进行告知的内容不统一。告知义务中最重要的就是必须如实地将事实向保险人进行告知，如果两者不相符合，则违反了告知义务。

客观要件说强调的表现形态是"不告知"和"不实告知"。即由于告知义务主体不将重要事项（客观事实）向保险人告知，或虽然形式上向保险人告知了，但是没有将重要事项向保险人告知，告知的是虚假或与事实不相一致的情况。

客观要件说源自判断标准的客观性，要求客观事实（情况）与告知义务主体所告知的内容一致，二者不一致的，即为违反告知义务。但是，告知义务主体主观的认识与告知义务主体所告知的内容不一致的，不构成告知义务的违反。

2. 主观要件说

主观要件说强调告知义务主体违反告知义务需要满足主观要件的要求，除了存在不告知或者不实告知的客观事实，还要求告知义务主体主观方面为故意或重大过失，才能判定其违反了告知义务。

我国《保险法》第 16 条规定采取的是主观要件说，将投保人的主观要件规定为"故意"或"重大过失"。

（1）故意。所谓故意，是告知义务主体明知应告知事项的存在却不告知，或者明知应当向保险人告知事实，却隐藏真实情况而不实告知。判断是否属于故意必须要满足以下三个条件。

第一，告知义务主体明知事实的存在；

第二，该事实属于应告知事项的范围；

第三，该事实应当向保险人告知，但却不告知或不实告知。

（2）重大过失。所谓重大过失，是告知义务主体未履行如实告知义务存在重大过失，如应当知道应告知事项的存在，因为重大过失而不知，未向保险人进行告知；虽然知道应告知事项存在，因为重大过失而未向保险人告知；虽然知道应告知事项，也向保险人进行了告知，但告知事项与真实情况不符，告知义务主体对不实告知存在重大过失。具体可以细分为以下四种情况。

第一，不知道应告知事项存在重大过失。

告知义务主体应当知道，却因为重大过失不知道应告知事项的存在。

第二，因重大过失而对其重要性不知。

告知义务主体虽然知道应告知事项，因重大过失而对其重要性不知，因此导致未告知。这种行为属于比较典型的违反告知义务的行为。

第三，因重大过失而对不告知是违反告知义务的行为不知。

告知义务主体知道具体事项的重要性，或也知道不实告知义务的存在，但是，对不告知或不实告知等是违反告知义务的行为不知。

第四，告知义务主体知道具体事项的重要性，也知道不实告知义务的存在，但因重大过失相信别人已经告知，其实并没有告知。这类重大过失造成不告知或不实告知，是违反告知义务的行为。

在确认告知义务主体是否存在重大过失，则应当由保险人进行举证。同样如果保险人以告知义务主体出于重大过失违反告知义务，而要解除保险合同，也应当由保险人进行举证。

（3）一般过失。如果告知义务主体因一般过失而未履行如实告知义务，是否违反告知义务，产生何种法律后果？因出于一般过失而将应当告知的情况遗漏了，一般有以下几种情况。

第一，告知义务主体对应当告知的有关情况（重要事项）因过失而不知；

第二，告知义务主体虽然知道该情况或事实，但是对其重要性因过失而不知；

第三，告知义务主体知道该情况或事实的重要性，但是没有及时告知，或告知遗漏。

我国《保险法》第16条仅规定了投保人故意和重大过失未履行告知义务的情形，未规定投保人因一般过失违反该义务的情形。投保人因一般过失违反告知义务，不应当赋予保险人合同解除权，理由在于投保人为一般的保险产品的消费者，通常对保险不熟知。在参与保险产品消费时，对其承担义务的主观方面的要求，以普通人的一般注意为已足。一般过失违反告知义务情况下不赋予保险人以合同解除权，方可平衡双方的地位。①

但是，法律应当对投保人一般过失未能如实告知的情形加以规定，否则难以保护保险人的利益。如果不加以规定，投保人明明存在告知不实的现象，却不承担任何不利的后果，发生保险事故后保险人仍需要给付保险金，对保险人有失公平。导致即使存在不实告知，保险人依然要维持保险合同效力，违背保险合同订立的信息平衡基础，违背保险费率厘定的基础，进而会打破保险商品的对价平衡关系。《德国保险合同法》第19条第3款规定："如果投保人违反告知义务并非基于故意或重大过失，则保险人不能解除合同。保险人有权在通知投保人之日起的1个月内终止合同。"综上所述，本书认为：应补充规定投保人因一般过失违反告知义务的法律后果，赋予保险人在一定期限内终止合同的权利。即在我国《保险法》第16条第5款后增加规定，投保人因一般过失违反如实告知义务的，保险人不能解除保险合同，可以在通知投保人之日起三十日内终止合同。

十　违反告知义务的法律后果

（一）处理违反告知义务的立法原则

在违反告知义务的情况下，如何处理保险合同？各国的保险法规在立法过程中所采用的立法的方法并不同。大致可以分为无效主义、解除主义和折中主义三种。

1. 无效主义

无效主义就是对违反告知义务的保险合同，从法律上规定其是无效合同。例如，《法国保险法典》（1997年版）L113-8条规定，"如果告知义务主体违反告知义务，则保险合同无效"。另外，日本明治32年（1899

---

① 潘红艳：《〈保险法〉中投保人如实告知义务条文的结构性解读及完善》，《法学杂志》2020年第2期，第90页。

年）的《商法》第 398 条和第 479 条也是采用无效主义。

2. 解除主义

解除主义对违反告知义务的合同，从立法上赋予保险人解除权。我国《保险法》第 16 条规定，"投保人故意隐瞒事实，不履行如实告知义务的，或者因重大过失未履行如实告知义务，……保险人有权解除保险合同。"由此可见，我国《保险法》采用的是解除主义。此外，还有德国、瑞士、英国、澳大利亚、日本等国都采用了解除主义。

3. 折中主义

也有国家的立法采取折中的方法进行，兼采无效主义和解除主义，例如《意大利民法》第 1893 条。折中主义立法对违反如实告知义务的保险合同采取以下方式处理：第一，对故意违反告知义务的，则认定该保险合同是无效合同，但是，保险人对保险费的收缴权利仍然存在；第二，对告知义务主体的违反告知义务是否故意行为无法举证时，则不认定保险合同无效。当保险事故发生之前发现违反告知义务时，保险人可以对投保人要求增加保险费或减少保险金的金额（减少保险责任）。如果投保人不同意，则可以解除保险合同。当保险事故发生后发现违反告知义务时，保险人可以按照投保人已经缴纳的保险费和如果将重要事项如实告知后应当缴纳的保险费之间的比例，给付保险金。

无效主义的立法是保险技术尚未发达时，尤其是风险比较大的海上保险盛行时代的产物，如果到了现代依然在陆上保险法中采用无效主义的立法，则不仅不会对保险人有利，也有违保险合同的双方当事人之间的公平。因此，采用解除主义是世界的潮流。当然，一部分国家依然保留古老的保险习惯法，也无可非议。

（二）解除保险合同的法律后果

因告知义务主体违反了告知义务，而导致保险合同解除的，其解除合同的效果如何？由于大多数国家是采用解除主义立法，根据合同解除的基本理论，保险合同是在其合同成立之后解除的，因此涉及解除保险合同的法律后果是否具有追溯效力的问题。

我国《保险法》第 16 条第 4 款规定："投保人故意不履行如实告知义

务的，保险人对于保险合同解除前发生的保险事故，不承担赔偿或者给付保险金的责任，并不退还保险费。"第 5 款规定："投保人因重大过失未履行如实告知义务，对保险事故的发生有严重影响的，保险人对于合同解除前发生的保险事故，不承担赔偿或者给付保险金的责任，但可以退还保险费。"

从以上规定可以看出，我国《保险法》采用的是具有追溯效力的解除保险合同的方法。即保险人对保险合同解除之前发生的保险事故，不承担保险责任。当然，保险合同解除的同时产生面向将来的效力。因故意违反告知义务的，不退还投保人已经缴纳的保险费。因重大过失违反告知义务的，对保险事故发生有严重影响的，保险人对保险合同解除之前发生的保险事故不承担保险责任，但应当将已经收缴的保险费退还给投保人。

（三）保险合同解除权

1. 解除权的产生

保险人对违反告知义务的保险合同具有解除权，该解除权是基于保险法的规定而产生的，属于法定解除权。我国《保险法》第 16 条第 2 款规定，"投保人故意或者因重大过失未履行如实告知义务，足以影响保险人决定是否同意承保或者提高保险费率的，保险人有权解除保险合同"。

2. 解除权的行使方法

投保人违反告知义务保险人行使解除权的方法在保险法中没有明文规定，我国《民法典》合同编第 565 条规定，"当事人一方依法主张解除合同的，应当通知对方。合同自通知到达对方时解除……"。

保险人在解除保险合同时，也应当根据前文所述合同法的规定，以单方通知的方式，将解除保险合同的意思通过通知的方式（一般是书面通知），将该通知送达给投保人或其代理人，该通知到达之时，保险合同正式解除。

3. 保险人的故意或过失

在认定违反告知义务的要件时，或确定违反之后效果时，将保险合同双方当事人主观方面的要素加以考虑是公平的举措。如前文所述，告知义务主体的故意或重大过失是违反告知义务的构成要件。但是，我们往往会在关注一个方面时，忽视对另一个方面的关注。保险人方面也可能出现故意或重大过失的行为。在以下情形下，保险人不得行使解除权：保险人在签订保险合同时，对告知义务主体的不实告知事实已经知悉，或应当知道而因过失没有知道的，不能赋予保险人解除权。

我国《保险法》第16条第6款确认了保险人明知的情况："保险人在合同订立时已经知道投保人未如实告知的情况的，保险人不得解除合同；发生保险事故的，保险人应当承担赔偿或者给付保险金的责任。"这实质上是要求保险人承担更重的注意义务。

4. 行使解除权的除斥期间和不可抗辩期间

第一，行使解除权的除斥期间。

保险合同的解除涉及保险合同双方当事人之间的权利义务关系，在赋予保险人解除保险合同权利的同时，采取必要的法律措施防止保险人权利滥用。一般各国立法均规定：告知义务主体违反告知义务，保险人的解除保险合同的权利，如果保险人在知情之后的一个月以内不实行，则该项保险合同的解除权则失效。我国《保险法》第16条第3款第一句话也规定，保险合同解除权，自保险人知道有解除事由之日起，超过30日不行使而消灭。

如果保险人对告知义务主体违反告知义务已经知道，并在知情后1个月之内不行使解除权，保持沉默，等到保险事故一旦发生后，立即端出告知义务主体违反告知义务的事实，从而拒绝给付保险金并解除合同。此时，投保人方已经支付保险有效期限内的保险费，结果非但没有领受到保险金，连保险费也无法请求返还。这种将投保人方长期搁置在不安定的状态中，而保险人则长期掌握着解除权的做法，是不适当的，也是不合理的，有损于公平原则。因此，通过立法的手段将除斥期规定在1个月之内，如果在此期间不行使则意味着放弃解除权。

但是，如何证明除斥期间已经开始？换言之，怎么知道保险人在1个月前已经掌握了告知义务主体违反了告知义务的事实？根据国内外的众多司法实践，该举证责任一般归于投保人，由投保人提供保险人已经掌握该事实的证据。

第二，解除权的不可抗辩期。

关于"投保人违反告知义务，保险人免除承担保险责任"，在欧美的保险实务和保险合同法中，有"不可抗争"（不可抗辩）的规定。投保人违反告知义务经过一定的时间而没有被保险人察觉，则保险合同的解除权失效。我国《保险法》第16条第3款第二句话也规定了保险人解除权的不可抗辩期间：自合同成立之日起超过二年的，保险人不得解除合同，发生保险事故的，保险人应当承担赔偿或者给付保险金的责任。

我国人身保险实务中，各家保险公司的保险条款约定中均已确立"不可抗辩"的内容，这与我国《保险法》的规定以及国际保险行业中的规定同步。以2年为期，如果对不实告知或不告知的事实没有发现或发现后没有采取一定的措施，那么2年届满之日起，保险人无法行使该项保险合同的解除权。

5. 不告知或不实告知的情况消灭或消失

不告知或不实告知的情况在保险事故发生前消灭或消失的，保险人因告知义务主体违反告知义务而产生的解除权是否受影响？关于这一点，在我国《保险法》中没有规定，《瑞士保险合同法》第8条明确规定了解除权失去效力，保险人无法解除合同。

6. 解除权的放弃

我国《保险法》尚未规定解除权放弃的内容。依据一般解除权原理，保险人如果没有行使解除权，并根据其自身的原因作出"放弃"行使解除权的决定，这种决定可以以"明示"方式和"默示"方式进行。

在除斥期间以及不可抗辩期间内，告知义务主体违反如实告知义务，保险人没有行使合同解除权的，被视为对解除权的放弃。这是所谓的"默示"方式。保险人在明知告知义务主体违反告知义务的事实，明确表示"放弃"行使解除权，就是"明示"放弃解除权的方式。《瑞士保险合同法》第8条规定，告知义务主体违反告知义务，保险人对解除保险合同的权利表示放弃的，该保险合同无法再行解除。

十一 违反告知义务导致的判断错误（重大误解）和保险欺诈

（一）概述

1. 违反如实告知义务造成保险人判断错误（重大误解）

所谓判断错误，在我国民法中被称为"重大误解"，意思是，行为人在行使民事行为时，对构成民事行为的要素（内容）产生了重大误解。表现在保险合同缔约过程中，一般是保险人对保险标的因为投保方的不告知或不实告知行为而产生重大误解，导致了判断错误，和投保方缔结了保险合同。

2. 违反如实告知义务的保险欺诈

所谓保险欺诈，是行为人在行使民事行为时，以欺诈的手段使对方在违背真实意思的情况下所为的民事行为。在保险合同缔约过程中，欺诈行为表现为投保方（告知义务主体）故意隐瞒影响风险测定的重大事项，采取不告知或不实告知的行为，以骗取保险金。

3. 问题所在

根据我国《保险法》的规定，违反告知义务的行为产生三种法律后果：第一，保险人可以解除保险合同；第二，发生保险事故保险人可以免除给付保险金的责任；第三，根据我国《保险法》规定的除斥期间和不可抗辩期间，发生保险事故保险人依然应当向被保险人给付保险金。

投保人违反告知义务与保险人订立保险合同，同时满足欺诈或者重大误解的构成要件时，如果根据《保险法》的规定，当违反告知义务的行为超越了解除权行使的除斥期间，保险人则无法再行使解除权。但是根据《民法典》总则编的规定，保险人依然有权请求法院撤销该民事行为。可见，这是一个对同一行为到底应当适用《保险法》还是《民法典》总则编规定的问题。

我国《民法典》总则编第147条规定："基于重大误解实施的民事法律行为，行为人有权请求人民法院或者仲裁机构予以撤销。"第148条规定："一方以欺诈手段，使对方在违背真实意思的情况下实施的民事法律行为，受欺诈方有权请求人民法院或者仲裁机构予以撤销。"第152条将撤销权行使的除斥期间规定为两类：第一类，当事人自知道或者应当知道撤销事由之日起1年内、重大误解的当事人自知道或者应当知道撤销事由之日起90日内；第二类，当事人自民事法律行为发生之日起5年内没有行使撤销权的，撤销权消灭。

我国《保险法》将保险人解除权行使的除斥期间规定为保险人知道有解除事由之日起30日，自合同成立之日起超过二年。（《德国保险合同法》

规定保险合同生效 5 年，投保人故意违反告知义务的，保险合同生效 10 年之内，保险人可以行使合同解除权；《日本保险法》规定保险合同订立 5 年内，保险人可以行使合同解除权。）超过法定期间的，即便告知义务主体违反了告知义务，保险人也丧失保险合同的解除权，发生了保险事故，保险人应当承担给付保险金的责任。但是，如果适用《民法典》总则编的规定，保险人有权请求撤销保险合同，从而不给付保险金。

但是，这种情况会引起法律的重复适用，因此，对此类问题究竟该如何适用法律？是只适用《保险法》，排除适用《民法典》总则编的规定？还是两种法律规定并同适用？对此学界存在各种不同的学说，主要包括单独适用保险法学说，重复适用学说和折中学说。

（二）三种学说

1. 单独适用保险法学说

单独适用保险法学说是主张单独适用《保险法》的规定，不适用《民法典》总则编的规定。其理由为，《保险法》有关告知义务的规定，是在《民法典》总则编中有关无效或可撤销民事行为等规定的基础上对保险合同关系进行的特别调整。应当排斥使用《民法典》总则编中的基本规定，适用《保险法》的特别规定。

该学说主要是从当事人双方利益均衡的角度进行考虑的。一方面，投保人负有告知义务，如果违反该义务，则从法律上赋予保险人合同解除权，以此对投保人加以制裁。另一方面，为避免保险人长期处于有利地位，设置了除斥期间的规定，以抑制保险人滥用投保人违反告知义务的事实：在保险事故不发生时，保险人接受投保人缴纳的保险费，享有保险费的利益；一旦保险事故发生，保险人则可以因投保人违反告知义务而拒绝付保险金。如果不进行利益均衡的制度设置，保险人这种事实上的优越地位，会导致投保方长期处在不安定的状况中，一旦保险事故发生，则无法向保险人请求给付保险金，造成当事人双方权利义务关系的不均衡。《保险法》从保护保险合同双方当事人利益出发作出制度规定，违反告知义务的行为适用保险法的规定，经过除斥期间保险人无法解除保险合同。一旦再适用《民法典》总则编的规定，则很有可能按照《民法典》总则编的规定，保险人可以解除保险合同，或判该保险合同无效，《保险法》的利益均衡机制失灵，无法真正实现《保险法》设置该规定的宗旨。

2. 重复适用学说

重复适用学说主张《保险法》与《民法典》总则编的规定都适用。该学说认为，《保险法》的立法宗旨与《民法典》总则编的立法宗旨不同，并非普通法（一般法、上位法）同特殊法（单行法、下位法）之间的关系。因此，《保险法》中的告知义务制度是根据保险经营制度以及保险合同构造的特殊性而设置的，是投保人在加入保险时，给予其某种负担，如果不遵守该种负担，保险人则可行使保险合同的解除权。而《民法典》总则编是对行为人实施民事行为进行的调整，如果该行为是基于行为人的判断错误（重大误解）或欺诈行为时，则可宣布该行为无效或撤销该行为。《民法典》总则编对实施意思表示时有缺陷的行为人（保险人）给予权利救济。因此，保险法和《民法典》总则编的规定可以并同适用。

3. 折中学说

折中学说是采用折中主张的学说，上述两种学说都对判断错误（重大误解）或欺诈行为一起进行考察才引发法律适用的不同主张，应当将这两种不同性质的行为分开考察，加以区别。对欺诈行为导致的告知义务违反应当采取重复适用《保险法》和《民法典》总则编的规定；对由于判断错误（重大误解）而导致的告知义务违反则不重复适用保险法和《民法典》总则编的规定。

折中学说认为，如果投保方（告知义务主体）是出于保险欺诈的目的实施的行为，有违于社会公德，无由加以保护。保险人因重大误解造成判断错误而缔结保险合同的，投保方（告知义务主体）并无加害之意，对保险人的利益应当加以保护。为此，对因保险人因重大误解造成判断错误而缔结保险合同的行为，应当适用《保险法》除斥期间的规定，不适用《民法典》总则编的规定。而对由于投保方（告知义务主体）出于保险欺诈实施的行为，即便是已经超过了除斥期间，保险人无法适用《保险法》的规定行使保险合同的解除权，应当适用《民法典》总则编的规定确认该民事行为为无效或将该民事行为予以撤销。

（三）本书主张

本书比较赞同折中学说，主张应当将这两种不同性质的行为分开考察，并根据各自行为性质的不同而适用不同的法律。一般情况下，《保险法》关于除斥期间以及解除权的不可抗辩期是基于保险经营的特点作出的规定，这一规定也与保险行业习惯保持统一，应当承认保险合同的效力，赋予保险人在除斥期间之内行使合同解除权。

但是对投保方（告知义务主体）故意违反告知义务订立的保险合同，对投保人的主观故意不加区分，一概承认合同效力，一旦除斥期间经过，保险人的保险合同的解除权无法行使，则有失公允。如果投保方（告知义务主体）不履行如实告知义务的行为动机是为了骗取保险金、不劳而获，进而实施虚假告知行为、隐瞒远高于预测风险率的重要事实，而该重要事项足以影响保险人缔结保险合同的决定。投保方（告知义务主体）的这种不告知或不实告知行为不仅有违保险基本原理，也有违公序良俗。因此，即便是除斥期间已经经过，从《保险法》规定无法解除该保险合同的，应当适用《民法典》总则编的规定，认定该民事行为无效，溯及保险合同订立之时，彻底否定合同的效力。

十二 如实告知义务立法完善的向度

1. 规定被保险人成为告知义务主体，消除纠纷隐患

从立法论的角度，应当将被保险人列为告知义务主体。原因在于，被保险人对保险标的的情况最为清楚，尤其是为他人的保险，投保人和被保险人不是同一人的情况下，被保险人更应具有对保险标的的情况如实向保险人进行告知的义务。人身保险中以他人为被保险人的尤其应当如此规定。投保人不是以自己为被保险人，而是以他人为被保险人，投保人和被保险人不是同一人，如果投保人所要加入的保险是需要对被保险人进行体检的产品，除了投保人在投保时需要通过保险营销人员向保险人进行告知外，被保险人在进行体检时也有义务通过体检医生向保险人进行告知。

2. 规定重要事项是告知的范围，澄清义务性质

我国现行保险法对哪些事项投保人必须向保险人进行告知，没有明确

的规定。

保险法应当将告知的事项确定为，"保险标的或者被保险人的有关情况"。在保险实务和保险法理中，投保人应当向保险人进行告知的，不是所有的情况，而是与保险标的有关或与被保险人有关的"重要事项"。如果投保人所知道或所掌握的情况，超过了该保险合同的设计要求以及保险事故发生风险率的测定标准，将会影响到保险人决定是否承保或改变保险费率，那么，该情况就属于"重要事项"。投保人应当向保险人进行告知的正是这些"重要事项"。

告知事项的范围受到告知义务性质的限制，有别于一般的信息获取，告知义务是以订立保险合同为目的、依据保险原理而设置的目的。因而，在立法论上对告知义务的性质作明确的界定十分重要。告知义务在德国被认为是不真正义务的一种，2008 年《保险合同法》改革后废止了原来的全有全无原则，该采比例原则，以投保人的过错程度为标准，按比例减少保险金给付。

3. 明确区分"不告知"和"不实告知"的法律后果

如前文所述，违反告知义务的形态包括不告知和不实告知两种。我国《保险法》第 16 条第 2 款规定："投保人故意或者重大过失未履行前款规定的如实告知义务，足以影响保险人决定是否同意承保或者提高保险费率的，保险人有权解除保险合同。"由此可见，我国《保险法》未区分"不告知"与"不实告知"，统一规定为"未履行如实告知义务"。对"未履行如实告知义务"的行为，可以解释为包含"不告知"和"不实告知"的行为在内。虽然"不实告知"归根到底也属于"未履行告知义务"的范畴，但是作为法律规定应当是明确和严谨的。如法律无明确性，且一个规定有多种解释，那么法律适用时容易引起混乱。故此，从法律规定完善以及使用概念统一两个角度，我国《保险法》第 16 条第 2 款应该修改为：投保人故意或者重大过失未履行前款规定的如实告知义务，不告知和不实告知的，……同时，第 4 款中使用的概念"不履行如实告知义务"修改为和本款以及第 5 款保持一致的"未履行如实告知义务"。

4. 保险中介妨碍告知不能解除合同，以保护消费者利益

我国《保险法》第 131 条规定，保险代理人、保险经纪人及其从业人

员在办理保险业务活动中不得有下列行为：……（三）阻碍投保人履行本法规定的如实告知义务，或者诱导其不履行本法规定的如实告知义务。但是对于这种妨碍告知的行为《保险法》上并没有规定法律责任，也没有具体规定在这种情况下保险合同应否被解除。

在立法论上应当加以明确的是，若是由于保险中介妨碍而导致的违反如实告知义务，保险人不得据此解除合同。但是在该保险合同中因为没有如实告知的事项引发了保险事故的发生，保险公司理赔后，可以向保险中介追偿。

笔者有话说：中德日三国保险合同法有关告知义务规定及比较

一 《德国保险合同法》对告知义务的规定

《德国保险合同法》中对告知义务作出了以下规定，第 19 条第 1 款规定："在投保人表示了投保意思时，并对保险人在达成投保协议并以该协议为基础决定签订保险合同具有重要参考作用的情况下，保险人对投保人书面方式的询问，投保人应当将自己所知的风险事实，向保险人进行告知。"第 2 款规定："投保人违反前款规定的告知义务，保险人有权解除合同。"第 3 款规定："投保人违反告知义务非基于故意和重大过失，保险人不能解除合同，保险人有权在一个月内终止保险合同。"第 4 款规定："如果保险人知悉该未告知事项仍将依据其他合同条件订立合同的，保险人因重大过失违反告知义务时享有的解除权以及第 3 款规定的终止权被排除。其他合同条件依保险人的请求溯及生效，在投保人不可归责违反告知义务时，溯及自该进行中保险期间起成为合同内容。"第 5 款规定："第 2 款至第 4 款规定的权利存在的前提是保险人以书面形式向投保人说明了法律后果。保险人明知投保人未履行告知义务的，不享有合同解除权。"第 6 款规定："依据第 4 款规定，如果因为合同变更需要提高保险费超过 10%，或者保险人将未告知情况的危险承担排除的，投保人在保险人发出通知后 1 个月内，不附期限终止合同。保险人须在通知中告知此项权利。"

二 《日本保险法》对告知义务的规定

《日本保险法》对损害保险（与我国"财产保险"相似，属于不定额保险）和生命保险（与我国"人身保险"相似，属于定额保险）中的告知义务分别进行了规定。

《日本保险法》第4条（损害保险）规定："订立损害保险合同时，投保人或被保险人应当根据保险人的要求，将与损害发生可能性相关的重要事项向保险人如实告知。"日本《保险法》第37条（生命保险）规定："在订立生命保险合同时，投保人或被保险人应当根据保险人的要求，将与保险事故发生可能相关的重要事项，向保险人进行告知。"

《日本保险法》第28条第1款（损害保险合同）和第55条第1款（生命保险合同）规定：签订保险合同时，投保人或被保险人因故意或重大过失，没有将重要的事实告诉保险人，或对重要事实不实告知的，保险人可以解除损害保险合同或生命保险合同。

三 我国《保险法》对告知义务的规定

我国《保险法》第16条其中第1款规定："订立保险合同，保险人就保险标的或者被保险人的有关情况提出询问的，投保人应当如实告知。"

第2款规定："投保人故意或者因重大过失未履行前款规定的告知义务，足以影响保险人决定是否同意承保或者提高保险费率的，保险人有权解除合同。"

第3款规定："前款规定的合同解除权，自保险人知道有解除事由之日起，超过三十日不行使而消灭。自合同成立之日起超过二年的，保险人不得解除合同；发生保险事故的，保险人应当承担赔偿或者给付保险金的责任。"

第4款规定："投保人故意不履行告知义务的，保险人对于合同解除前发生的保险事故，不承担赔偿或者给付保险金的责任，并不退还保险费。"

第5款规定："投保人因重大过失未履行告知义务，对保险事故的发生有严重影响的，保险人对于合同解除前发生的保险事故，不承担赔偿或者给付保险金的责任，但应当退还保险费。"

第6款规定："保险人在合同订立时已经知道投保人未如实告知的情况的，保险人不得解除合同；发生保险事故的，保险人应当承担赔偿或者给付保险金的责任。"

保险诉讼案中有很大一部分争议与告知义务有关①，越来越多的保险案件凸显告知义务的重要性，因此，在现代保险法中告知义务的实施与保险经营的关系越来越密切。

四　对三个国家保险法规定告知义务的比较

德、日保险法中关于告知义务的规定与我国《保险法》中的规定有何不同？我们可以通过分析中日德三个国家保险法中的条文进行比较。

（一）　告知义务主体的不一致

1. 我国《保险法》只将投保人列为告知义务主体

我国《保险法》在第二章第一节一般规定中规定了投保人具有告知义务，至于被保险人是否具有同样的义务，我国《保险法》没有明文规定。无论在财产保险还是人寿保险中，投保人作为合同当事人必然是告知主体，这一点毋庸细说。在一般情况下，财产保险中的投保人（被保险人），对保险标的的情况最为了解。在投保人和被保险人非同一人的为他人的保险中，投保人和保险人签订财产保险合同，其保险标的的权利人并非投保人，而是另有其人，该保险的受益人不是投保人自己，而是实际拥有财产的他人，就是被保险人和受益人。因此，在财产保险中，受益人和被保险人不会分离而是同一人。可见，如果是为他人的财产保险，投保人对保险标的的了解不会超过财产的权利人，即被保险人。

人身保险情况比财产保险情况更为复杂，不仅投保人和被保险人可以分离，甚至连受益人都可以是投保人和被保险人以外的第三人。换言之，投保人、被保险人和受益人可以是分别不同的三个人。例如，父亲作为投

---

① 依据全国各级法院自2009年至2019年1月保险案件判决的统计数据，在"聚法案例"上查阅的涉及《保险法》第16条的诉争案件达5757件之多，http://www.jufadh.com/，最后访问日期：2019年4月3日。

保人，将孩子作为被保险人，而受益人是母亲的人寿保险合同；或学校作为投保人，将学生作为被保险人，而受益人是学生的父母的团体人寿保险合同，在现实生活中并不少见。

如父亲作为投保人，将孩子作为被保险人，而受益人是母亲的人寿保险合同中，投保人不是为自己投保，而是以第三人（在别处工作的孩子）为被保险人的人寿保险中，投保人和被保险人不是同一人，投保人父亲不一定知晓孩子身体的现实状况，如果投保人所要加入的保险是需要对被保险人进行体检的产品，除了投保人在投保时需要通过保险营销人员向保险人进行告知外，被保险人在保险人当地指定医院进行体检时，也有义务通过体检医生向保险人进行告知。

同时，如果学校作为投保人，将学生作为被保险人，而受益人是学生的父母的团体人寿保险合同，学校作为投保人，面对成千上万的被保险人（学生）的身体状况，不可能全部知悉每个学生的健康状况，投保人必定没有被保险人自己了解自己的身体情况。如果把被保险人也列入告知义务主体，以下纠纷就不难解决了。

在1起学生团体短期健康保险合同纠纷案例中，大学为数千余名学生投保后，其中1名学生入院做手术，向保险公司提出给付保险金申请，遭到拒绝。理由是，学校没有将该学生3年前曾入院做过同样手术的事实向保险公司告知，违反了告知义务。该学生向法院提起诉讼，要求保险公司给付医疗保险金。

这个案例反映的问题就涉及了告知义务的主体。如前文所述，作为告知义务主体的学校，如果要将全校学生所有的告知事项全部掌握的话，不做大量的工作无法实现。问题是怎么做工作，如何做才能达到要求？由于学校不是保险专业机构，根本无法同保险机构那样按照专业的要求去完成，因为学校仅仅是投保人，无法做到将所有被保险学生的情况一点不漏地向保险人进行告知。事实上，诸如此类的案件已经对保险立法提出要求，即将告知义务的主体扩大到被保险人。

2.《日本保险法》将被保险人列为告知义务主体

在《日本保险法》公布之前，日本《商法》第664条第1款规定："保险合同签订时，投保人出于故意或重大过失没有告知重要事实，或对重要事项不实告知的，保险人可以解除合同。"而在 2010 年 4 月 1 日实施的《日本保险法》中，法律将被保险人列入了告知义务主体的行列。《日本保险法》对生命保险和损害保险分别进行规定，在损害保险和生命保险的规定中均将投保人和被保险人列为告知义务的主体。对该规定的修改理由是，由于被保险人对保险标的的情况最为清楚，尤其是在生命保险中的为他人的保险中，投保人和被保险人不是同一人的情况下，被保险人更具有对保险标的的情况向保险人进行告知的义务。

3. 被保险人是否应当成为告知义务的主体

基于如前文所述的理论根据，笔者认为，《日本保险法》将被保险人列入损害保险合同和生命保险合同中成为告知义务主体的做法，可以成为我国修改保险法时的可借之鉴。因为，众多事实表明，将被保险人列为告知义务主体，可以更有效地防范道德风险和保险经营风险。

（二）告知的方法与询问方式的不同

告知的方法一般有两种，一是"自发式告知"；二是"询问式告知"。有的国家采用"询问式告知"，例如我国、德国、法国以及保险法修订后的日本等；也有的采用"自发式告知"的方法，例如保险法修订之前的日本。

1. 自发式告知

所谓"自发式告知"，是指投保人等具有告知义务的主体在投保申请时，自发地把保险标的的重要事项或与被保险人的身体状况有关的重要事项向保险人进行告知。

自发式告知方式的问题在于，对一般不精通保险专门知识的告知义务主体而言，哪些属于必须告知的事项，哪些不属于必须告知的事项，哪些是重要事项，哪些不是重要的事项，基本上无法正确判断。因此，会发生一些重要事项的告知遗漏，将一些本不属于应当告知的事项进行了告知。采用自发式告知方式的立法受到来自保险法学界的批评，认为因缺乏保险专业知识的告知义务主体无法正确判断是否属于应当告知的内容，而实际造成了重要事项的告知遗漏，而认定告知义务主体违反告知义务，而要求其承担违反告知义务的责任，不具有合理性。因此，提倡应当采用被动式的告知，即告知义务主体处于被动状态，接受来自保险人的询问，也就是保险人问什么，告知义务主体回答什么的方式。这就是"询问式告知"方式。

2. 询问式告知

询问式告知已经成为大陆法系国家的立法主流，2008 年相继修订的《德国保险合同法》和《日本保险法》均采用这种方式。询问式告知顺应保险行业迅速发展的需求，更方便投保人，操作透明化，有利于保护消费者，因而在大陆法系国家得以迅速普及。

我国《保险法》采用的是"询问式告知"方式，"保险人就……有关情况提出询问，投保人……告知"（第 16 条第 1 款）。告知义务主体对保险人提出的询问，有履行告知的义务，对保险人未询问的事项，无须进行告知。

从解释论角度，采用询问式告知方法的理由在于：保险合同条款的内容为具有专业知识和业务经验的保险人所熟知，但对于一般的投保人来说，由于缺乏对专业知识的了解等因素可能导致对条款内容的误解。据此，当保险人就保险标的或被保险人的有关情况提出询问时，投保人有如实告知的义务。对我国《保险法》第 16 条第 1 款的内容进行反向解释可知，告知义务主体的告知内容限定在保险人提出的询问范围之内，而保险人不询问的事项，告知义务主体不负有告知的义务。既然对保险人不询问的事项无告知义务，那么可以推导出，凡是保险人不询问的项目，即便属于重要事项，而且因此而发生的保险事故，告知义务主体都不负有告知义务也不承担违反告知义务的责任。

询问式告知制度虽然比自发式告知制度对投保人方面的保护略胜一筹，这种立法模式可以避免司法适用领域的很多争议，一般情况下，法院仅需对保险人询问事项的真实与否和告知与否进行审查即可。

但是也有不尽如人意之处，例如，保险人无法以积极的方式对特定告知义务主体的一些情况进行询问。因为在实际操作过程中，所谓的询问式告知，是将需要询问的事项都事先设计好询问表，保险营销人员按照询问表上列举的事项对告知义务主体进行询问。但万一属于重要事项，而询问表上却没有列举，保险人没有询问告知义务主体，那么这种不告知行为，是否违反告知义务？在保险实务与司法实践中，容易产生较大分歧。

本书认为：从保险人和投保人利益关系的均衡角度，应当根据投保人和保险人的具体情况，对属于重要事项，但在保险人设计的询问表中没有列举的事项加以个案分析，而不是统一认定为投保人未违反告知义务。如果投保人并非一般消费者，而是具有丰富风险转嫁经验的企业，虽然采取和一般投保人相同的投保流程，但是该投保人对风险的认知能力远远超过一般投保人。该投保人对保险人未列入询问表，但是属于对风险发生具有重要影响的事项故意隐瞒，不予告知，则应当判定其违反如实告知义务。

3. 询问式告知的书面方式和口头方式

《德国保险合同法》采用了"书面询问的方式"；而《日本保险法》则没有明确规定采用书面方式，还是口头方式；我国《保险法》也没有明确规定需要采用何种询问方式。

但是，我国与日本的保险实务中，却都采用了与德国相同的书面询问的方式。问题是，在我国《保险法》修订时，有没有必要将目前已经形成的行业惯例，如同《德国保险合同法》一样，采取立法手段将其固定下来？如果以立法的行使加以固定，则对保护消费者利益有益，同时也可以提醒保险行业在设计书面询问内容时更加审慎。

据此，本书认为，我国《保险法》第16条第1款的规定应当增加"书面询问"的限定，修改为："……保险人就保险标的或者被保险人的有关情况提出书面询问的，……"

（三）告知内容的比较

1. 中德日三个国家关于告知内容的规定

什么样的内容属于告知的范围？法律应当如何规定？中德日三个国家的法律规定并不相同。

我国《保险法》则规定："保险标的或者被保险人的有关情况"是投保人必须向保险人告知的内容。《德国保险合同法》规定："投保人应当将自己所知的风险事实"进行告知。《日本保险法》在损害保险合同中规定"损害保险合同补偿与损害发生的可能性有关的重要事项"；在生命保险合同规定"与保险事故发生可能相关的重要事项"为告知的内容。

2. 风险事实＝重要事项

在测算保险标的的风险率时，保险标的的"重要事项"是对保险人最重要而且必须要掌握的信息。因此，该信息也就成为告知内容中最重要的项目（关于告知重要事项，外国保险法律法规也有同样的规定。例如，《英国海上保险法》第 18 条第 2 款，《德国商法》第 806 条第 1 款，《德国保险合同法》第 19 条第 1 款，《法国商法》第 348 条第 1 款，《法国保险契约法》第 15 条第 1 款第 2 项，《瑞士保险契约法》第 4 条第 1 款，《意大利民法》第 1892 条等）。

在财产保险领域，如在机动车保险中，驾驶人员的年龄、被保险车辆的用途、车辆种类、汽车本身是否有隐患等情况；在建筑物火灾保险中，建筑物的构造、用途、周围的环境等都属于告知的重要事项。在人寿保险中，被保险人的身体状况，有无重大疾病的既往病史（Pre-Existing Condition or Abnormality）、有无做过重大手术等情况，均属于告知的重要事项。

由保险人设计的向投保人进行询问的事项和重要事项之间是什么样的关系？询问事项是否就是重要事项？还是询问事项中的一部分才是重要事项？

询问事项是由保险人根据保险产品的性质所设计，基本上将涉及与保险标的或被保险人的身体状况有关的重要事项包括在内。但是，从保险实务看，并非是所有的询问项目都是重要事项。但告知义务主体所要告知的内容，必定是重要事项，对重要事项有告知的义务。如果不属于重要事项，则无告知的义务。那么，根据上述的理论推断，告知义务主体是否有必要对所有的询问事项都必须告知？是否只要将重要事项告知就可以了。

是否属于必须告知的重要事项，要根据保险险种、保险条件等保险产品设计的要求来决定。在保险惯例中，重要事项一般可以归纳为以下几种情况。第一，表明保险标的处在非常风险状态的情况；第二，表明投保人不是以常态投保，而是具有特殊原因或动机进行投保的情况；第三，表明大幅度超越了保险人所能承担保险责任的承受力的情况；第四，表明具有道德风险（moral hazard）的情况；第五，表明如果该情况存在，保险人则将提高保险费或拒绝承保的情况；等等。

如何判断某一情况是否属于重要事项？应当根据保险技术的要求，对客观的情况进行判断，这种判断并不应当受判断者主观意见的影响。但是，如果因保险人无法预知或由于过失而不知，投保人没有将重要事项进行告知的，未告知行为可以确定为违反告知义务。

本书认为，凡是保险人根据保险产品的性质所设计的询问事项表中所列举的询问事项，都应当推定为重要事项。我国《保险法》对上述问题没有进行明确规定。但是在保险实务中，一般要求告知义务主体对所有的询问项目都要告知，不论其是否属于重要事项。为此，我国《保险法》修订之时，理应对告知的内容有所限定，将非重要事项排除在询问事项内容之外，以免在保险实务以及在司法实践中引起不必要的混乱。

（四）保险人解除权的限制性规定

1. 我国《保险法》的例外规定

我国《保险法》规定了因投保人违反告知义务，而保险人却不能行使保险合同解除权的例外情形包括：保险人在合同订立时已经知道投保人未如实告知的情况的，保险人不得解除合同（第16条第6款）。

另外，我国《保险法》第131条规定，保险代理人、保险经纪人及其从业人员在办理保险业务活动中不得有下列行为：……（三）阻碍投保人履行本法规定的告知义务，或者诱使其不履行本法规定的如实告知义务。但是对于这种妨碍告知的行为，在保险法上没有规定法律责任，也没有具体规定在这种情况下保险合同是否能够被解除。应当将违反《保险法》第131条规定的法律责任规定为：违反告知义务是由于保险中介妨碍而导致的，保险人不得解除合同。

2.《德国保险合同法》和《日本保险法》的例外规定

《德国保险合同法》在第19条第4款规定了投保人违反如实告知义务，保险人不能解除合同的例外情况：如果保险人知晓投保人未告知的事实仍然与之订立合同，保险人基于投保人重大过失未履行告知义务而解除合同的权利不得行使。

《日本保险法》第28条第2款和第55条第2款，分别规定了因违反告知义务而解除合同的条件和不能解除合同的两种例外情况。

第一种例外是：保险人明知或因过失而不知的情况下，不能解除合同。第一层次是，保险人明知投保人或者被保险人违反告知义务；第二层次是，由于保险人的过失，应当知道投保人或者被保险人违反告知义务却不知道。

第二种例外是：在保险中介（包括保险代理人和保险经纪人）妨碍告知义务履行的情况下，保险人不能据此而解除合同。具体规定如下：违反告知义务若是由于保险中介妨碍而导致的，保险人不得据此解除合同。但是在该保险合同中因为没有如实告知的事项引发了保险事故的发生，保险公司理赔后，可以向保险中介追偿。

（五）保险人行使解除权例外规定的原因

从保险经营的角度分析，是否需要对因违反告知义务而解除合同的条款规定例外的情形？我们可以从告知义务制度的存在依据来进行探究。

告知义务制度是为了满足保险合同双方当事人的信息平衡，依据保险合同的善意和诚信等特性而产生的。如果保险人已知有关保险标的的重要事项，就说明保险人同投保人之间的信息是平衡的，保险人不需要投保人告知就能准确地测定出该保险标的的风险，根据该风险预测就能决定是否承保及提高保险费，可以不需要投保人履行告知义务。反之，则需要投保人履行告知义务来达到信息平衡。一般情况下，保险人不可能预知成千上万投保的保险标的的重要事项，因此，要求投保人履行告知义务是借由《保险法》的强制性规定来实现的。

保险人已知投保人未履行告知义务而承保的，具体细分为两种情况。第一种是保险人不需要投保人的告知，在保险产品设计的时候，已经把能预见的风险计算在内，在此基础上制定保险费率，从而主动放弃合同解除权。从等价有偿角度，此时投保人未告知并不影响保险人对保险标的风险状况的判断，不构成对价等价有偿的破坏。第二种是保险人明知投保人没有告知而故意装作不知，一边收取保险费，一边等待保险事故发生时，以投保人违反告知义务主张解除合同而拒绝支付保险金，从而获取不当得利。为了防止第二种情况的发生而损害到投保人的利益，保险法运用立法的禁止性规定，来维护投保群体利益。

可见，对因违反告知义务而解除合同做例外规定的必要性体现在：一方面，能够使保险合同双方当事人的权利义务更加平衡；另一方面，能够抑制保险公司在保险合同中的强势地位，兼顾供需双方在保险合同中的信息平衡，以及使保险公司尽责掌握应知的重要事项。

（六）不告知或不实告知的事项与保险事故发生无因果关系，保险人应否给付保险金

告知义务主体不告知或不实告知的事项如果与保险事故的内容无因果关系，例如，投保人没有向保险公司告知被保险人患有严重的胃溃疡，而被保险人在投保 3 年后死于肺癌。类似这种情况，中德日三个国家是如何规定的？

《德国保险合同法》第 56 条第 1 款规定，"……投保人未告知或者不实告知的事项并非保险事故的原因或与保险人承担责任的范围无关，保险人应当对该保险事故承担给付义务"。

我国《保险法》对此并无规定，在保险实务中时常出现因上述原因而诉诸法庭的案件，保险人认为投保人违反告知义务，主张解除保险合同；而投保人则主张，违反告知义务的内容与保险事故之间无因果关系，不能以违反告知义务而不履行给付保险金义务。

本书认为，我国有必要借鉴德国的立法经验，防止此类案件增多，进而保护消费者利益，同时规范保险行业操作规程。

（七）告知义务中的不可抗辩条款

如果告知义务主体违反了告知义务，保险人明知或因重大过失而不知；或保险合同已经成立了一段时间，既定时间内并没有发生保险事故，之后保险事故发生了，如果保险人以投保的时候没有履行告知义务为由解除保险合同、拒绝给付保险金，投保方在该既定的时间内所交纳的保险费将化为乌有。保险公司有可能在不承担任何风险的情况下，不当占有投保方交纳的保险费，获得不当得利。因而，包括我国在内的许多英美法系和大陆法系国家的保险法都对上述情况采取了相应的立法对策，该对策被称为"不可抗辩条款"，又称"不可争条款"。

不可抗辩条款一般规定为：在保险合同生效一段时间（规定 2 年、3 年或 5 年）后，则保险人不能对保险合同的有效性提出抗辩。所指的不能对保险合同的有效性提出抗辩——保险人不能以投保单包含的重大不实告知或投保人违反生效要件为由向法院要求解除合同。

1. 我国《保险法》对不可抗辩条款的规定

我国《保险法》第 16 条第 3 款规定了保险合同解除权的不可抗辩期限：保险人的合同解除权，自保险人知道有解除事由之日起，超过三十日不行使而消灭。自合同成立之日起超过二年的，保险人不得解除合同；发生保险事故的，保险人应当承担赔偿或者给付保险金的责任。该条款中"解除权超期不行使而消灭"和"保险人不得解除合同"应作相同理解，均为保险人享有的解除权经过法定期限不行使而消灭的含义。我国《保险法》没有区分投保人故意违反如实告知义务以及以欺诈为目的进行不实告知的情况，和其他违反如实告知义务的情况作了相同的规定；且最长的不可抗辩期规定为二年，这与德国和日本的保险法规定存在不同。

2.《德国保险合同法》对不可抗辩条款的规定

《德国保险合同法》第 21 条第 3 款规定，投保人违反告知义务的，保险人解除合同的权利"从保险合同签订时起，5 年之内不使用而失效。但是，这个规定对该期满之前发生了保险事故的除外。""投保人故意或以欺诈为目的违反告知义务，该期限为 10 年"。

《德国保险合同法》通过不可抗辩条款的立法，对保险公司的解除权进行限制，解除权行使期限为 5 年。但是，为了防止道德风险的出现，对故意或欺诈行为加以严格限制，将解除权行使期限延长到 10 年。这种不可抗辩时效规定的立法，更有利于保护保险行业的良性发展。

3.《日本保险法》对不可抗辩条款的规定

《日本保险法》第 28 条第 4 款和第 55 条第 4 款规定，违反如实告知义务保险人的解除权，自保险人知道解除原因之时起一个月不行使而消灭。从保险合同订立时开始经过 5 年不行使，解除权消灭。可见，《日本保险法》对保险公司解除权的限制最长期限为 5 年。在保险的实务中，行业常常自行约定为 2 年。这更有利于保护投保人、被保险人和受益人的权益；同时要求保险公司具备一整套严格、有效的运营机制和风险防范机制。以保险合同约定缩短保险法规定的不可抗辩期限有利于保险公司的健康发展和树立良好的企业形象。

第八节　说明义务

一　说明义务概述

（一）我国《保险法》对说明义务的规定

我国《保险法》规定了保险人向投保人进行说明的义务，即信息公开义务，也被称为"信息开示义务"（duty of disclosure）。我国《保险法》第17条规定："订立保险合同，采用保险人提供的格式条款的，保险人向投保人提供的投保单应当附格式条款，保险人应当向投保人说明合同的内容。对保险合同中免除保险人责任的条款，保险人在订立合同时应当在投保单、保险单或者其他保险凭证上作出足以引起投保人注意的提示，并对该条款的内容以书面或者口头形式向投保人作出明确说明；未作提示或者明确说明的，该条款不产生效力。"按照《保险法》的上述规定，凡是在保险条款中规定保险公司可以免责的条款，保险人都有向投保人进行明确说明的义务。① 针对我国《保险法》关于说明义务的规定，以下两个问题值得研究。

1. 保险合同中的约定须加以明确

如果仅将保险条款在"责任免除"的章节内所约定的责任免除条款作为保险公司必须说明的部分，则保险实务中实际出现的"隐性免责条款"将无法包含和覆盖。我国《最高人民法院关于适用〈中华人民共和国保险法〉若干问题的解释（二）》（以下简称《保险法司法解释（二）》）第9条第1款规定："保险人提供的格式合同文本中的责任免除条款、免赔额、免赔率、比例赔付或者给付等免除或者减轻保险人责任的条款，可以认定为保险法第十七条第二款规定的'免

---

① 有关免责条款明确说明义务的内容，请参见笔者的两篇论文《论保险人的免责条款明确说明义务——以保险行业的实践考察为基础》，《当代法学》2013年第2期；《保险人免责条款明确说明义务检讨及其替代制度研究》，《甘肃社会科学》2013年第3期。

除保险人责任的条款'。"该解释第 10 条规定："保险人将法律、行政法规中的禁止性规定情形作为保险合同免责条款的免责事由，保险人对该条款作出提示后，投保人、被保险人或者受益人以保险人未履行明确说明义务为由主张该条款不生效的，人民法院不予支持。"进而，通过司法解释的方法对免责条款的范围作了界定。

2."保险产品说明书"有无必要

保险是十分复杂的商品，有很多普通消费者无法无师自通即可明确保险知识和实务操作流程。例如，如何提醒投保人或被保险人以及人寿保险中的受益人履行缴纳保险费义务、告知义务以及各种通知义务？在什么样的情况下以及如何行使人寿保险中的指定受益人的权利？如何变更保险合同内容或者转让保险合同？转让保险标的物时，应当怎样履行义务或行使权利等问题，都必须有一个比较明确的书面介绍。这些介绍类似汽车等的产品说明书，我们称为"保险产品说明书"。

我国《保险法》在第 17 条中将保险人的说明义务以及免责条款明确说明义务单独加以规定，体现了对投保群体利益的保护，保险实践中"保险产品说明书"也就成为与保险人履行前述法定义务相对应的必要措施。

（二）其他国家对说明义务的规定

1. 英国

1906 年的《英国海上保险法》第 18 条规定，保险人负有将所有重要事项（every material circumstance）公开的义务。但是，英国同美国并没有从成文法的角度在保险法中将保险人履行说明义务正式列入法条之中。

在大陆法系国家中，德国、法国、日本等国家都对说明义务有相应的规定。

2. 法国

《法国保险法》第 1 编第 1 章第 2 节中的第 2 条第 2 款规定：保险人在缔结保险合同之前，负有将参保的金额以及担保的内容等有关的信息提供给投保人的义务。保险人在合同成立之前，应当将保险合同计划案以及附属文件各 1 份，包含免责事项、保障内容以及记载被保险人义务的有关信息的说明书，交付给被保险人。该法第 1 编第 1 章第 2 节第 4 条规定，在保险单（保单）上规定无效、弃权或免责事项的部分，如果不是使用十分清楚辨认的文字（字体）记载的，不发生效力。

3. 德国

《德国保险合同法》第 7 条，从对保险人与投保人之间的信息不对称的角度出发，规定保险人具有向投保人提供保险产品信息的义务。该条文共有 5 款，其主要内容为：

第 1 款规定，保险人在投保人表示投保之前，应当以书面形式告知投保人保险合同的相关条款，包括保险合同的一般条款和相关情况以及第 2 款规定的相关法律规定的信息。保险人应将上述信息完整、清楚地告知投保人，以保证双方的信息沟通方式健全。如果根据投保人的要求，保险合同是通过电话或者其他通信方式订立的，而上述缔约方式使得投保人在作出承诺前无法获得上述信息，在保险合同订立之后保险人必须尽快将上述信息通知投保人。即使投保人在作出承诺前以书面声明方式放弃获得上述信息的权利，上述规定仍然适用。

第 2 款规定，联邦司法部有权在获得联邦财政部同意并与联邦食品、农业以及消费者保护等部委磋商后无须经联邦参议院同意即向投保人提供下列全面信息。①保险合同的细节信息，特别是有关保险人、保险合同的基本条款以及投保人的解除权等；②有关人身保险的相关信息，特别是被保险人可以期待的利益，上述利益的确定和计算模型，获取保险的相关成本以及其他费用；③健康保险的相关信息，特别是有关保险费的支付形式以及获取和分散成本；④如果保险人通过电话形式联系投保人，则相关信息应通知投保人以及被保险人；⑤上述信息的提供方式（列举所依据的欧盟及欧洲理事会、欧洲议会相关指令，内容略）。

第 3 款规定，前款规定的法定条例，应当进一步详细规定保险合同存续期间保险人应当以书面形式向投保人提供的信息，在之前提供的信息发生变化时，特别是当健康保险中保险费率提高以及关税发生变化的可能性增加，以及人身保险中由于分红引起的变化等情况，保险人应将上述信息向投保人说明。

第 4 款规定，投保人在保险合同有效期间内，可以向保险人要求提供包含保险合同条款在内的保险合同订立条件的书面文件，保险人应当承担首次提供信息的费用。

第 5 款规定，第 1 款至第 4 款的规定不适用于第 210 条第 2 款规定的大额风险合同。如果上述保险合同的投保人是自然人，在保险合同订立前保险人应当以书面形式通知其相关的适用法律和监管机构。

《德国保险合同法》与其他大陆法系国家的立法宗旨基本相同，虽然不是直接规定保险人必须履行面对面的说明义务，而是采取保险产品信息公开和定向提供方法，将保险产品的相关信息向投保人公开并提供，并要求所提供的信息必须具备明确性和可理解性。

《德国保险合同法》对提供信息的时间上，也有严格的规定。保险人在投保人尚未正式决定投保之前，必须将保险产品的信息提供给具有投保意向的人。另外，在保险合同期间，投保人也可以向保险人请求提供保险合同条款以及包含保险合同签约内容和条件在内的信息。

4. 日本

《日本保险法》中并没有对保险人的说明义务作出规定，在《保险业法》第 300 条中作出有关保险人说明义务的相关规定。第 300 条第 1 款规定："保险公司，保险公司的主要负责人（兼任生命保险营销人及损害保险营销人者除外）、生命保险营销人、损害保险营销人或保险经纪人及其主要负责人、高级职员，在保险合同订立或保险营销中，不得有下列行为：

（1）对投保人或被保险人进行虚假说明，或者不就保险合同条款的重要事项进行说明的行为；

（2）对投保人或被保险人隐瞒不利情况，任意解除有效的保险合同，使其加入新的保险，或者任意使其先加入新的保险，然后将有效保险合同解除的行为；

（3）向投保人、被保险人或不特定的对象，将某保险合同与其他保险合同的内容进行比较，实施有可能引起误解的说明或表示的行为；

（4）对投保人、被保险人或不特定的对象，就内阁府令规定的，不确定的未来的投保人分红以及社员剩余金的返还的金额等及其他不确定的金额等事项，作出确定性的判断或者实施可能引起误解的说明或表示的行为。"

虽然没有规定保险合同条款的说明义务，《日本保险合同法》第6条、第40条、第69条规定了保险人的保险合同条款提供义务，具体表现为：第6条规定，保险人在订立损害保险合同后，应立即向投保人交付记载有保险人姓名或者名称、投保人姓名或名称、保险金额、保险费及支付方式等事项的书面材料；第40条规定，保险人在订立生命保险合同后，应立即向投保人交付记载有保险人姓名或者名称、投保人姓名或者名称、保险金额、保险费及支付方式等事项的书面材料；第69条规定，保险人在订立伤害疾病定额保险合同时，应立即向投保人交付记载有保险人姓名或者名称、投保人姓名或者名称、保险金额、保险费及支付方式等事项的书面材料。

二　说明义务的法律属性和依据

（一）说明义务的法律属性

保险人的说明义务主要是对保险合同中的内容以及保险条款中的免责约定要向投保人进行说明。保险人为什么要履行说明义务？其法律属性如何？

1. 保险人履行说明义务的原因

保险合同是不要物合同，保险合同不采用纸张化的形式，而是采取不要物合同的方式。① 但是，有关保险合同的内容，基本上记载在保险人事先设计好的保险条款上。由于该条款是由保险人单方面设计制定的，保险合同的另一方当事人无法参与制定，事先也无法知晓其详细内容，这种订

---

① 我国《保险法》第13条规定，投保人提出保险要求，经保险人同意承保，保险合同成立。保险人应当及时向投保人签发保险单或者其他保险凭证。保险单或者其他保险凭证应当载明当事人双方约定的合同内容。从该条款的规定可以看出，我国《保险法》规定保险合同是"不要物合同"，但是，在《保险法》第13条第2款又规定，"当事人也可以约定采用其他书面形式载明合同内容"，虽然不是直接规定保险合同为"要物合同"，但是从该规定中却可以直接推导出《保险法》将保险合同规定为"要物合同"前后矛盾的结论。

立合同的方式，被称为"格式合同"。① 即保险人将其事先制作好的保险条款作为保险合同的主要内容，将其展示在投保人的前面，丝毫不会就保险条款的内容去征求投保人的意见，或根据投保人的意见临时增减保险条款的内容。由于投保人对保险行业不熟悉，加之保险条款大量使用法律用语和保险行业用语，即便把保险条款放在投保人面前，投保人也可能根本无法完全了解保险条款中的所有内容。

与投保方利益连接最为紧密的主要是保险条款中保险人免责的条款。因为，这些免责的条款是由保险人单方面将有关保险人免责事项加以规定，投保方在加入保险时，基本是不知情的。如果发生属于保险人免责条款中规定的保险事故，保险人可以免于承担保险金给付的义务。即便投保人缴纳了保险费，以金钱换取了同保险人达成协议的保障，该保险事故属于免责条款中约定的事项，也无法从保险人那里领受到保险金。

保险合同双方当事人力量对比显明：一方是保险人，是保险产品中的供方，其特点是精通保险业务和保险技术，制定保险条款包括免除责任的条款；另一方是投保人，是保险产品交易中的需方，其特点是几乎对保险技术和保险业务一无所知的普通消费者。双方当事人掌握的信息极为不对称（保险法领域称为信息偏在），导致对投保人的不公平。为调整保险人和投保人基于信息偏在而产生的利益不均衡，保险人应该将自己掌握的信息，向消费者、保险产品交易中的需方进行公开，让投保人在投保时事先知道，以便决定是否投保，或选择自己所需要的险种进行投保。

2. 保险人说明义务的法律属性

保险人的说明义务的性质属于"约定义务"还是"法定义务"？ 相关

---

① 投保人同保险公司在签订保险合同时，不采用双方临时逐条合意并设定的普通合同签订方式，而是采用格式合同的方式，主要原因有以下三点。第一，保险产品的设计必须合法合规，在法律法规有规定的情况下，保险合同双方当事人没有讨论或交涉的余地，必须将其体现在保险合同中，因此保险公司必须将这些规定事先写入格式条款；第二，保险公司在保险产品设计等重大问题或基本问题上，除了合法合规之外，还必须根据保险经营的大数法则，对加入该保险产品的投保群体做到公平、公正，必须设置一些所有参保人都共同遵守的规则，而这些规则属于不能个别交涉、量身定做的范畴；第三，还有一部分内容，属于保险代理人无法代理保险人和投保人进行交涉的内容，只能由保险公司事先设计好，并写入格式条款。换言之，也就是保险人将其事先制作好的保险条款作为保险合同的主要内容，而不会就保险条款的内容去征求投保人的意见，或根据投保人的意见临时增减保险条款的内容。

学说并不多见。

投保人和保险人是保险合同的双方当事人，应当履行作为合同当事人的义务，与信息揭示相关的双方义务对等体现为：投保人在保险合同缔约之前，需要履行告知义务；相应地，保险人在保险合同成立之前需要履行说明义务。在保险合同成立之后，保险人解除旧保险合同变更为新的保险合同时（如保险公司增加承保的重大疾病类型，扩充重大疾病保险的承保范围）同样需要履行一定程度的说明义务。

本书认为，如果说投保人的告知义务是一种"自我义务、间接义务"，或不具有强制性的"弱义务"，那么，保险人说明义务的性质应当与之相同，同样不属于具有强制性的义务。因为一般情况下，保险人的说明义务也是一种在保险合同成立之前，向保险合同相对方——投保人履行的保险产品信息的告知义务。

虽然我国《保险法》明文规定了保险人应当履行说明义务，使之具有浓厚的"法定义务"的色彩。但实质上保险人的说明义务是一种"间接义务"，该义务并非产生于保险合同双方当事人的约定，而是源自《保险法》的规定。该义务属于"法定义务"并非"约定义务"。尽管属于法定义务，但是保险人说明义务并不具有强制性，而是一种非强制性的"间接义务"。

第一，说明义务并非真正意义上的义务，并无具有法律约束力的强制性。说明义务不能强制履行，即使不履行也不必承担违约责任。在合同法中，合同成立后，当事人必须按照合同约定的条件履行合同义务，否则需要承担违约责任。

第二，我国《保险法》规定，对保险合同中免除保险人责任的条款，保险人在订立合同时应当在投保单、保险单或者其他保险凭证上作出足以引起投保人注意的提示，并对该条款的内容以书面或者口头形式向投保人作出明确说明；未作提示或者明确说明的，该条款不产生效力。可见，免责条款明确说明义务属于强制性法律规定。

第三，由于保险人履行说明义务时，一般是保险合同尚未成立之前。而保险合同一旦成立，一般无须再履行该项义务。这和投保人履行告知义务的问题是相同的，保险合同尚未成立，该说明义务的根据何在？投保人是否要求保险人履行说明义务的请求权？

投保人对保险人的说明义务并无相对应的请求权，保险人在实施说明行为时，投保人对说明行为有所请求，因为保险合同尚未成立，投保人对说明义务的请求权尚无法律依据，故无法行使。即便是保险人不履行说明义务，投保人也无法因保险人违反说明义务的行为向其请求损害赔偿。由此可见，保险人的说明义务本身并非是合同订立后产生的一种约定义务，而是一种法定义务。

综上所述，说明义务的性质体现了保险合同的特殊性，出于对投保人利益的保护，以法律强制性规定要求保险人在保险合同缔约之前，将保险合同条款以及免责条款向投保人进行说明。说明义务虽不具有一般合同法义务所具有的可强制实施性，不是合同成立后产生的约定义务，而是具有准义务特征的法定义务。

（二）说明义务的理论根据

说明义务的理论根据，目前比较流行的学说主要包括"最大诚信学说"和"双务公平学说"。

1. 最大诚信学说

最大诚信学说认为，我国《保险法》将保险人的说明义务明确加以规定，是保险活动诚实信用原则在保险合同订立过程中的体现。商业保险主要险种的基本条款经由金融监管部门批准或者备案，保险合同条款的内容为具有专业知识和业务经验的保险人所熟知。但对于一般的投保人来说，由于缺乏对专业知识的了解等因素，可能对保险合同条款内容有误解，造成保险合同的不当订立。据此，保险人在保险合同订立时负有向投保人说明保险合同条款的义务。

2. 双务公平学说

双务公平学说认为，订立保险合同，投保人和保险人是互负义务的，其目的是由双方当事人共同确保保险合同的公平合理。在订立保险合同时，任何一方都不得误导对方，向对方提供不真实的情况，或作出不真实说明。结合我国保险业的发展阶段，保险行业在我国处于高速发展期，大多数投保人和被保险人对保险并不熟悉，且缺乏保险知识，在要求投保人充分履行告知义务的同时，要求保险人对由其制定的保险条款作出准确、具体的说明，以帮助投保人了解保险合同条款的内容。

因此，保险人的说明义务和投保人的告知义务是一对"武器对等"的义务设置，均源自保险合同的双务性，在公平的基础上，保险合同当事人各自应当向对方提供真实的情况。

3. 本书主张

上述两种学说虽然从不同侧面探讨了保险人说明义务的理论根据，但是仅就保险合同本身是最大诚信合同而推导出保险人的说明义务主要是根据该原则而制定的，本书认为其理论根据不足。当然，从保险合同是双务合同的角度推导出其根据是"双务""公平"，也略显解释力薄弱。

保险行业以及保险经营均具有特殊性，构成说明义务的根据不是保险合同本身决定的，而是保险行业经营的保险产品的性质决定的。保险产品是一种技术性很强的产品，如果不进行详细的解释，消费者一般无法知晓产品的结构，也无法知道"买"与"卖"的过程中消费者花了钱，到底买回来的是什么？投保人付出金钱之后，能否一定在发生保险事故后获得约定的保障？从保险经营的外观观察，消费者付出的有形的钱财 A，而买回的是无形的保障，只能在发生保险事故后，才能转化为有形的钱财 A'。[1]

上述从 A～A' 的财产形态转化，在特定的情况下是不能实现的：保险人在一定的情况下，可以免除其给付保险金的责任。消费者在投保时，也具有一定的"风险"，这种风险就是如果发生的事故不在保险人承保的范围之内，保险人有权拒付保险金。那么，这种"拒付"或免责事项的存在，应当让消费者在决定是否投保或选择保险险种时知道该"拒付"或免责事项的内容。如果保险人履行了说明义务，投保人就可以根据自身的情况或保险标的的情况，选择是否投保，或选择自己所需要的险种（投保人的选择权仅限于商业保险，强制保险除外）。

保险行业的性质和保险产品的技术属性导致保险合同双方当事人无法基于对等信息进行交易，如果保险人不将该保险产品，尤其是保险人免除

---

[1] 我们可以更为形象地概括保险经营的这一特征：投保人花费现实的真金白银，买回来的是保险人的一纸承诺，在电子保单高度发达的今天，甚至连"一纸"都没有。

保险责任的情形，详细向投保人进行说明，信息的不对等将对作为投保方的消费者不公平。因此，根据保险合同的公平性要求，保险人自然有将保险产品向投保方进行明确说明的义务，并且必须将保险人具有免除保险责任的事项，明确向投保人进行说明。

《德国保险合同法》不仅规定了详尽的保险人说明义务①，并且规定了保险人对投保人的建议义务②，以保障投保人向保险消费者提供完整而全面的保险产品信息。对比观之，我国《保险法》有关说明义务的规定，实际上承载着双重功能：第一，将投保人购买的保险产品信息全面揭示给投保人；第二，在全面揭示投保产品信息的基础上，将保险产品选择的自由交由投保人自行决定。因为从我国《保险法》第 17 条规定判断，保险人说明和免责条款明确说明义务的界限十分明确：限于对保险产品（保险条款）内容，对投保人是否购买特定保险产品问题的说明，不能纳入我国保险法规定的说明义务范围。因而，借鉴《德国保险合同法》中的投保人建议义务规定，对于防止司法诉争、保护投保群体利益均大有裨益。

三 说明义务的履行

（一）说明义务的履行时间

一般情况下，保险人履行说明义务的时间应当在保险合同成立之前。保险合同一旦成立，则无须再履行该项义务。我国《保险法》第 17 条两个条款的表述以推知前述结论，第 17 条第 1 款规定："……保险人向投保人提供的投保单应当附格式条款，……"第 2 款规定："对保险合同中免除保险人责任的条款，保险人在订立合同时应当……明确说明……"对两款表述进行体系观察，加之保险合同条款的整体性，以及投保和提供保险合同条款的过程，可以推知：说明义务的履行应当在保险合同成立之前进行。

---

① 《德国保险合同法》第 7 条第 1 款。
② 《德国保险合同法》第 6 条第 1 款规定："如果投保人对相关保险产品产生疑惑，则保险人应当询问投保人的投保意愿和需求，并根据投保人将要支付的保险费针对某项特定保险产品做出建议并就上述建议详细说明理由，为其推荐合理的保险产品。"

但是，除此之外还有比较特殊的情况，即使保险合同已经成立，保险人仍需要履行说明义务，具体包括以下两种情况。

1. 特殊情况之一：保险合同转换

如果在保险合同成立之后，需要将旧保险合同转换为新的保险合同时，保险人需要说明旧保险合同和新保险合同涉及的保险责任的变化，尤其需要对转换后保险人承担的保险责任进行说明。如果转换后的保险合同中涉及保险人免责的情形，则需要对这些免责情形进行明确说明。比如，我国的保险公司推出的医疗保险产品通常采取"余年续签，患病排除"[①]的方式进行，一旦被保险人在保险期间内患了某种疾病，保险公司理赔后会将该种疾病排除在承保范围之外。在将已有的保险合同转换为新的保险合同时，保险公司应当对之前在承保范围内，此后被排除在承保范围以外的疾病进行明确说明。

2. 特殊情况之二：中途追加或变更保险合同内容

有一些保险合同是长期合同，难免在签订保险合同之后会有新的情况发生或需要对已经签订的保险合同承保的内容进行调整或补充。比如，保险公司在推出重疾险产品后，鉴于监管规定的变化，扩大之前重疾险的承保范围。此时，保险公司需要对扩大后的承保范围向投保人进行说明，以使投保人能够明确地知悉新的重疾险保障内容。

（二）说明义务的履行方法

保险人在履行说明义务时，应当采取何种方法？应当采用"书面方式"还是"口头方式"进行？是由保险人亲自说明，还是委托保险代理人说明？

1. 书面方式与口头方式

我国《保险法》第 17 条规定，对"免责条款"保险人必须向投保人"明确说明"，如果保险人在订立保险合同时对保险合同中有关于保险人责任免除条款未明确说明的，该条款不产生效力。可见，我国《保险法》仅就保险人在履行说明义务的程度上进行了规定，而没有对说明的方法加以

[①] 对这种医疗保险的评述见后文"笔者有话说"内容。

规定。故此，"书面方式"和"口头方式"都是符合法律规定的履行说明义务的方法。

但是为了避免日后发生纠纷时没有证据证明保险人已经履行了说明义务，一般保险公司都会在投保人进行投保时，在投保单上设有保险人进行说明的内容，在向投保人进行说明之后，要求投保人署名表示保险人已经进行了说明的文件。我国《保险法司法解释（二）》对保险人履行明确说明义务的方式作出了指引性质的规定，该解释第 11 条规定："保险合同订立时，保险人在投保单或者保险单等其他保险凭证上，对保险合同中免除保险人责任的条款，以足以引起投保人注意的文字、字体、符号或者其他明显标志作出提示的，人民法院应当认定其履行了保险法第十七条第二款规定的提示义务。保险人对保险合同中有关免除保险人责任条款的概念、内容及其法律后果以书面或者口头形式向投保人作出常人能够理解的解释说明的，人民法院应当认定保险人履行了保险法第十七条第二款规定的明确说明义务。"虽然如此，我国保险实践中仍然存在保险人不履行或者不当履行说明义务的情形，比如，保险人仅在交付给投保人的保险单中要求投保人逐字逐句写明："保险人已经就免责条款向我进行了明确说明"，但投保人根本没有见到保险条款，或者在签署该文字之后才能看到保险条款内容。在保险审判实践中，很多投保人自始至终都没有看到保险条款的实例也屡见不鲜。可见，进一步细化说明以及明确说明义务的履行方式大有必要。

《法国保险法》规定保险人履行说明义务应当采用书面方式，有关对保险人免责事项以及担保的内容进行明确说明的说明资料（说明书）应当附加在保险合同书之中，并交付给投保人。该法还规定，上述的说明资料在交付给投保人时，要求投保人承认该说明资料在保险合同缔约之前已经领受到，并要求署名和签署日期。同时，该信息应该记载在保险单的底部。

2. 亲自说明与代理说明

保险公司对风险厘定的依据是保险大数法则，保险合同承载的保险产品销售数量都是天文数字，保险经营者不可能亲自签署每一个保险合同，保险产品的销售基本上是通过保险公司的员工、个人保险代理人、保险代理公司以及保险经纪公司等渠道进行的。因此，保险人履行说明义务，都是经由销售过程中的具体营销人员予以实施的。

3. 被动式与自发式

保险人在履行说明义务时，是"自发的、积极的"还是"被动的"？所谓"自发的、积极的"就是保险人在履行该义务时，不需要外来的推动或请求，而是主动地履行该义务。"被动的"是指保险人在履行义务受到外来因素的影响，而被动地履行该义务。

由于保险人的说明义务属于"法定义务"，不需要投保人进行询问或要求保险人进行说明。因此，保险人履行说明义务不应当出于"被动"，而应当是"自发的、积极的"的行为。

（三）说明义务的履行主体

说明义务应当由谁来履行？依据我国《保险法》第17条规定，应当由保险人履行。在保险实践中，常常由中介机构代理保险公司进行保险销售，具有代理权限的保险代理公司以及保险经纪公司能否成为履行说明义务的适格主体？

1. 保险公司

保险公司是法律规定的履行说明义务的适格主体，这一点不容置疑。问题在于，保险人不可能与所有投保人实施签约行为，也无法亲自或直接向投保人履行说明义务，而必须由其工作人员或委托代理人履行该义务。我国的大多数保险公司没有实行员工制度，而是将销售保险产品的代理权限中的一部分委托给个人保险代理人。在此保险实践背景下，虽然说明义务的履行主体是保险公司，但是实际上具体履行说明义务的主体是具有代理权限的保险代理人。个人保险代理人是否具有说明义务的代理权限，下文详述。

2. 保险代理公司以及保险经纪公司

保险代理公司以及保险经纪公司在销售保险公司的保险产品时，和被代理的保险公司或与之交易的保险公司之间都负有代表保险公司履行说明义务的责任。

保险公司将保险产品的销售委托给保险代理公司进行，保险代理公司与保险公司之间是保险代理和被代理的关系。说明义务是保险销售的一个重要环节，说明义务也应当包含在委托业务之中。可见，保险代理公司是说明义务的履行主体。

保险经纪公司是运用保险知识和技术，根据投保人的需求，为投保人设计或寻找适合投保人的产品，在保险合同签订的过程中，代表投保方同保险公司进行具体交涉的主体。理论上，保险经纪公司是投保方的代理人，但是在保险实务中，保险经纪公司在代理投保人进行投保时所承担的功能与保险代理公司没有本质区别。当投保人将投保的事务委托给保险经纪人之后，保险经纪人根据投保人的需求为投保人寻找合适的保险产品，而后与保险公司进行交涉，为投保人办理投保手续。在办理投保手续时，原本应当由保险人履行的说明义务，由保险经纪人向投保人进行说明。

（四）说明的对象和内容

保险人履行说明义务的对象什么？如何确定说明义务的范围？什么样的内容属于必须说明的内容？这些是履行说明义务的关键问题。我国《保险法》第 17 条第 1 款明确规定，说明义务的对象是保险的"格式条款"；第 2 款规定，如果对"免除保险人责任的条款"不进行提示和明确说明，则该条款不产生效力。可见，我国《保险法》规定的说明义务侧重于"免责条款"。

如何判定免责条款的范围，是否仅以保险合同条款中约定在"免责条款"的章节的内容为限？从合同约定内容判断，隐含在其他条款之中，实际上免除保险人责任的条款是否属于《保险法》规定的"免除保险人责任的条款"？我国《保险法司法解释（二）》第 9 条对此作了进一步的司法认定标准性质的规定：保险人提供的格式合同文本中的责任免除条款、免赔额、免赔率、比例赔付或者给付等免除或者减轻保险人责任的条款，可以认定为《保险法》第 17 条第 2 款规定的"免除保险人责任的条款"。保险人因投保人、被保险人违反法定或者约定义务，享有解除合同权利的条款，不属于保险法第 17 条第 2 款规定的"免除保险人责任的条款"。《保险法司法解释（二）》第 10 条规定，保险人将法律、行政法规中的禁止性规定情形作为保险合同免责条款的免责事由，保险人对该条款作出提示后，投保人、被保险人或者受益人以保险人未履行明确说明义务为由主张该条款不生效的，人民法院不予支持。

四　违反说明义务的法律后果

1. 违反免责条款说明义务的法律后果

我国《保险法》第17条第2款规定了违反免责条款说明义务的法律后果："对保险合同中免除保险人责任的条款，保险人在订立合同时应当在投保单、保险单或者其他保险凭证上作出足以引起投保人注意的提示，并对该条款的内容以书面或者口头形式向投保人作出明确说明；未作提示或者明确说明的，该条款不产生效力。"可见，违反免责条款说明义务的法律后果是条款不产生效力。

2. 违反一般保险合同条款说明义务的法律后果

依据我国《保险法》第17条第1款规定："订立保险合同，采用保险人提供的格式条款的，保险人向投保人提供的投保单应当附格式条款，保险人应当向投保人说明合同的内容。"但是，我国《保险法》对保险人违反免责条款以外的一般保险合同条款说明义务并未规定明确的法律后果。

在一般投保的保险实务操作程序中，投保人在递交投保单时往往得不到完整的保险合同条款，得到的只是某险种的宣传资料或介绍资料，在投保人缴纳保险费一段时间以后，才能获得保险合同文本（采取网络、电话等方式订立保险合同的，其保险合同条款体现为网页、音频、视频等形式）。甚至有些保险公司销售保险产品，只交付写有保险产品名称以及保险金额等简要信息的保险单，并不提供完整的保险合同条款。在实践中，许多车险产品的销售均如此。一旦投保人以保险人未履行免责条款明确说明义务为由要求保险公司进行理赔，保险公司拒赔而发生纠纷进行诉讼时，保险公司败诉的可能性极大。

五　说明义务相关的司法争议

（一）隐性免责引起的争议

是不是所有涉及保险公司可以免责的事项，保险公司均应负有说明义务？其界限在哪里？虽然在保险条款中没有明文规定保险人免责，但是根据条款的规定在一定情况下保险人可以免责，也就是所谓的"隐形免责条款"，是否也属于保险人说明义务的范围？对隐形免责条款的判断，应当综合保险合同的类型等要素进行。下面举两个案例说明这一问题。

1. 案例一

某保险公司在主保险条款中约定："本公司对本合同应负的保险责任，自投保人缴付首期保险费且本公司同意承保之日二十四时开始。本公司应签发保险单作为承保的凭证。投保人在本公司签发保险单前先缴付相当于第一期保险费，且投保人及被保险人已签署投保书，履行如实告知义务并符合本公司承保要求时，若发生下列情形之一，本公司将负保险责任。"

保险人在附加保险条款中约定："本公司对本附加合同应付的保险责任，自投保人缴付首期保险费且本公司同意承保后开始，本公司应签发保险单作为承保的凭证。本附加合同自保险单生效日的二十四时起产生效力。"

从上述的主保险条款与附加保险条款的约定中，可以看到两个条款的表述存在差异。主保险条款表述为，如果在保险公司承保之前发生保险事故，保险公司将承担保险责任。而附加保险条款则表述为，如果在保险公司承保之前发生保险事故，保险公司将不承担保险责任，也就是说可以免除保险责任。

上述实例是保险人在制定保险条款时，没有将主合同的条款与附加合同的条款约定的内容进行统一，造成了两种条款对保险合同成立之前，即保险人承诺之前，保险人承担责任的差异。如果发生保险事故，一种约定保险人可以承担保险责任，而另一种是不承担保险责任，进而发生冲突。一旦保险人承诺前发生保险事故，将引起两种不同的结果，结果之一保险人可以免责，即"隐形性免责"。那么，既然附加保险合同的条款约定保险人是可以免责，该约定有必要向投保人进行明确说明。

2. 案例二

保险的险种是"重大疾病终生保险"，保险合同条款中列举了 10 种重大疾病保障的对象，脑中风也是其中的一种。该保险的条款约定：该保险真正的保障对象不是该种疾病发生时，或发生中的时间段的状态，而是该疾病得到治疗或没有得到治疗，在疾病发生后的 6 个月，在专家医生的诊断下，该疾病产生后遗症时，而且该后遗症并不包括轻微的症状，必须是十分严重的状态才能领取重大疾病保险金。

根据上述保险条款的约定，虽然在条款中没有直接表明保险公司在某种情况下可以免责，但是实际产生的结果是，当一定的情况发生之后，保险公司免责。如果发生的保险事故并没有达到约定的状态，或无后遗症，保险公司就可以免除给付保险金的责任。这一事例同样也是"隐形免责"问题。

（二）投保前后，保险人有无保险产品说明义务？

1. 案例一

原告 X 运输公司与被告 Y 保险公司签订"国内货物运输保险预约合同"。双方当事人对该保险合同作了以下的约定：保险业务范围为由 X 运输公司自有的集装箱运输车辆所承运的货物。上述保险合同签订后，X 运输公司按约定向 Y 保险公司支付保险费。

保险合同生效半年后，X 运输公司在未通知 Y 保险公司的情况下，没有使用公司自有的集装箱运输车辆，而使用普通的卡车运输客户交运的电视机。某日清晨，该车停放时，车上所载货物起火，货物尽数被烧毁。X 运输公司当即报了火警，也及时向 Y 保险公司通报了保险事故。

X 运输公司要求 Y 保险公司根据保险合同对该损失进行理赔、要求支付保险赔偿金。Y 保险公司称 X 运输公司没有按合同的约定使用自有的集装箱运输车运输，发生损失的财产不是保险标的，被告不应承担保险责任，并拒绝支付损害保险金。X 运输公司不服，遂诉至法院，要求 Y 保险公司支付保险赔偿金。这里涉及几个问题值得重视。

第一，保险条款问题。

保险合同是格式合同，保险合同的内容不是按照普通合同成立的那样，是由合同双方当事人共同协商后制定的，而是由保险公司单方面在保险合同签订之前，事先就拟定好的保险条款。当保险合同成立以后，要求保险合同双方当事人必须共同遵守保险条款。

当投保人在加入保险的时候，有许多人根本就不知道保险条款的存在，也有投保人虽然知道它的存在，也曾在加入保险以后从保险公司那里得到保险条款，但是从来没有认真地阅读，甚至不知道条款中写的是什么。也有的虽然阅读过，但是由于保险条款的语句以及词汇的组成是法律用语加上行业用语，其文字之艰深，往往使投保人望文兴叹。

第二，保险公司的说明义务仅限于免责条款。

从保险法的规定中可以看到，保险公司具有向投保人进行说明保险合同内容的义务，该说明义务的范围基本上框定在免责事项的部分。

第三，保险公司是否应当向投保人提供详细的"保险产品使用说明"？

保险产品本身就是一种十分复杂的商品，人们去买电子产品，如果没有详细的说明书，则会引起很多的误操作。使产品频繁发生故障，无法正常运行。如前文所述，作为保险产品的说明书应当纳入保险条款的组成部分。

因此，保险公司是否应向投保人提供一份除了保险条款之外的详细类似购买电子产品说明书那样的"保险产品使用说明"或"投保后须知"。按说，投保人在投保之后，由于投保人并非是保险行业的专家，一般不可能知道有关投保之后，投保人或被保险人应当承担的一些义务，以及万一出险之后，应当如何处理，如何利用保险的各种方法以及注意事项。那么，作为销售产品的保险公司，自然有责任将如何使用该产品的信息，毫无保留地向投保人传递。如果无法做到像电子产品说明书那么详细，至少也应该让投保人知道一些很关键的应对方法。例如，发生保险事故后，保险标的出现新的风险时，以及保险标的发生物权转让时等，应当立即将上述情况或变动通知保险公司。

本案也存在这样的问题，Y 保险公司同 X 运输公司签订保险合同之后，是否向 X 运输公司提供除了保险条款之外的投保后的使用说明或须知呢？或在 X 运输公司投保时，十分明确告诉 X 运输公司，如果不按照约定使用"X 运输公司自有的集装箱运输车辆"来进行运输时，应当采取几种措施，首先，将新的情况，立即通知保险公司，听取保险公司的处理办法。保险公司或同意，出具同意批注；或提高保险费后，再出具同意批注；或拒绝承保。其次，才是使用变更后的车辆运载货物。如若投保人不履行上述的通知义务，违反约定变换车辆进行货物运输，则 Y 保险公司对发生保险事故不承担责任。

如果 Y 保险公司事先根本没有向 X 运输公司进行过任何说明，也没有告诉 X 运输公司如果保险标的新增风险时，应当履行通知义务迅速通知保险公司，听从保险公司的处理办法进行处理，在不知自己负有通知义务的情况下，发生了保险事故，遭到了财产损失，结果没有得到损害补偿的话，不符合保险经营的原理，也不符合保险法的法理。

故此，尽管本案是以 Y 保险公司胜诉而宣告结案，但是，本案所遗留的问题，并没有随结案而圆满地得到解决，留给我们的不仅仅是深思，而是希望保险公司提高保险服务的质量，以预防纠纷的发生，减少此类诉讼。

2. 案例二

X 司机（车主，原告）与 Y 保险公司（被告）签订了机动车保险合同，包含第三者责任险、车损险。其中第三者责任险保险费金额为 30 万元，车损险保险费金额为 30 万元。保险合同条款约定"在驾驶人酒后驾驶情形下造成被保险车辆的损失或对第三者的经济赔偿责任，保险人均不负责赔偿"，但投保人未在投保单上签字盖章。X 司机驾驶被保险车辆肇事，受害人死亡。交警部门出具的交通事故认定书认定 X 司机饮酒后驾驶机动车发生交通事故，应负事故全部责任。受害人损失为 59 万元，Y 保险公司在交强险中赔偿了 10 万元。因 X 司机投保了第三者责任险 30 万元，故要求 Y 保险公司赔偿 30 万元。Y 保险公司拒绝理赔，X 司机不服，认为 Y 保险公司没有履行说明义务，X 司机不知道该免责条款的存在，该条款无效，遂向法院起诉。

这是一起酒后驾驶肇事，司机反指控保险公司没有履行说明义务的案例。目前，在财产保险中，国内绝大多数保险公司印制的投保单均设置了"投保人声明"一栏，一般以黑体字印有"保险人已将对应的保险人条款内容和责任免除内容向投保人作了充分说明；投保人对保险条款内容和责任免除内容及保险人的说明已经了解"的字样。

该声明的内容应属于对保险人免责条款的说明，而投保单本身应是投保人向保险人发出的要约。保险公司将这两项不同性质的文件印制在一起，是利用自己的强势地位，制定不平等游戏规则的表现。即使投保人在投保单上签了字，也难以证明保险人对免责条款进行了明确说明。

就目前我国保险业界的现状而言，我们认为，除非投保人或被保险人提出反证，通常投保人在附有上述"投保人声明栏"的投保单上签字，可以认定保险人已就免责条款进行了明确说明。我国《保险法司法解释（二）》第11条规定："保险合同订立时，保险人在投保单或者保险单等其他保险凭证上，对保险合同中免除保险人责任的条款，以足以引起投保人注意的文字、字体、符号或者其他明显标志作出提示的，人民法院应当认定其履行了保险法第十七条第二款规定的提示义务。保险人对保险合同中有关免除保险人责任条款的概念、内容及其法律后果以书面或者口头形式向投保人作出常人能够理解的解释说明的，人民法院应当认定保险人履行了保险法第十七条第二款规定的明确说明义务。"第13条规定："保险人对其履行了明确说明义务负举证责任。投保人对保险人履行了符合本解释第十一条第二款要求的明确说明义务在相关文书上签字、盖章或者以其他形式予以确认的，应当认定保险人履行了该项义务。但另有证据证明保险人未履行明确说明义务的除外。"

德国、日本、韩国等大陆法系国家，一般都使用《保险人免责条款说明》，在签订保险合同时，逐条说明解释，然后请投保人在该说明上签字。因此，建议保险监督管理部门应当参考国外通行的做法，作出将《投保单》和《保险人免责条款说明》这两种不同性质的法律文件分别印制的规定，以减少法律适用上的分歧。

六 我国说明义务完善建议

按照我国《保险法》第17条规定，凡是在保险条款中规定保险公司可以免责的条款，保险人都有向投保人进行说明的义务。从比较法以及保险经营时间的角度观察，我国《保险法》有关说明义务规定的完善路径包括以下几个方面。

1. 有必要明确保险人责任免除条款的定义

如果将保险条款在"责任免除"的章节内所约定的责任免除条款定格为保险公司必须说明的部分，则保险实务中实际出现的"隐形免责条款"将无法包含和覆盖。彻底解决保险法律规定与保险实务中保险合同条款的对应问题，需要在立法中明确规定保险人免除条款的定义，司法裁判过程中即可以此定义为标准确定免责条款的范围。

2. 有必要增加"保险产品说明"的规定

保险是十分复杂的商品，有很多普通消费者对保险知识知之甚少，对实务操作的方法更是一窍不通。因此，像提醒投保人或被保险人以及人寿保险中的受益人，履行缴纳保险费义务、告知义务、各种通知义务的方法；行使人寿保险中指定受益人的权利的具体情形、变更保险合同内容的方法、转让保险合同或者转让保险标的时，履行义务或行使权利的方法等，都必须有一个比较明确的书面介绍，即保险的产品说明书。

中国银保监会于 2019 年 8 月 23 日颁发的《商业银行代理保险业务管理办法》第 33 条明确规定了银行销售保险产品需要向投保人提供完整的保险合同材料，包括投保提示书、投保单、保险单、保险条款、产品说明书、现金价值表等。以行业监管规则的形式在一定范围内确立了"保险产品说明书"的做法，无疑具有积极的效果。

3. 有必要增加"保险产品收支说明"的规定

我国《保险法》中并无向投保人公开保险产品详细信息的规定，作为比较特殊的金融商品，其内部结构十分复杂，不仅需要向投保人明确说明免责条款，更重要的是要让投保人知道在何种情况下能够获得保险人的保险金给付。当然，投保人在清楚知道这些能期待的保障之外，也应当知道该保险产品的计算方法，和自己所缴纳的保险费因经营和销售等行为需要被消耗掉多少成本，以及退保险费用、现金价值和费用扣除等情况，即保险产品收支说明。

4. 有必要在法律中规定撤保犹豫期制度

犹豫期，又称冷静期、撤保犹豫期，是指投保人在收到保险合同后，如不同意保险合同的内容，可以将合同退还给保险人并申请撤销。撤保犹豫期是保险经营，尤其是人寿保险中的特别规定。为了保护消费者的利益，在现代保险经营中，即使在保险合同成立之后也设置一定的时间，让投保人有进一步考虑的余地。因此，在保险行业中形成了"撤保犹豫期"的经营惯例，给予投保人一段时间作为"撤保犹豫期"。《德国保险合同法》规定为 14 天①，日本人寿保险行业规定为 8 天。在该期间，投保人可

---

① 《德国保险合同法》第 8 条规定："投保人可以在保险合同签订之日起的 14 日内解除合同。投保人无须说明理由即可以书面形式行使上述解除权，但是应当严格遵守上述时限。"

以自由地撤回自己的要约，犹豫期的目的是让消费者有一个充分考虑是否应当投保，即便是签订了保险合同之后也仍然给予一定的冷静期。

在我国，撤保犹豫期已经在人寿保险行业普遍实行，但是法律并无明文规定。保险人在履行说明义务之时对撤保犹豫期是否也需要说明，没有法律规定。仅在保险监管层面出台了一些相关规定。我国确立法定的撤保犹豫期制度，还需要解决以下三个方面的问题。

（1）撤保犹豫期的法律后果。如果投保人的经济状况发生变化，或在投保时没有充分考虑自己或家庭的经济状况匆忙投保，则可以利用撤保犹豫期给予的特殊规定，在撤保犹豫期内向保险公司提出撤保，恢复到没有投保的状态。撤保时，投保人所缴纳保险费全数无息退回，保险合同作为没有发生效力的合同处理。保险公司为此而付出的人工费、交通费、事务处理费，均由保险公司承担。

（2）撤保犹豫期内保险费的处理。如果投保人在保险合同签订后的撤保犹豫期内可以撤销投保的话，也会产生一个问题，在很多情况下，保险人自保险合同成立之后即开始承担保险责任，那么在承担保险责任的期间，万一被保险人发生保险事故，保险人要承担保险责任。根据保险合同的双务性原理，保险人既然已经开始承担责任，投保人理应支付这段时间承担责任的对应费用，也就是说，如果当投保人决定在犹豫期内撤保，则保险人应当在扣除实际承担保险的日数所需要的保险费，将剩余的返还给投保人。《德国保险合同法》第9条规定，投保人在犹豫期内撤销合同的："保险人必须扣除从保险合同生效到合同被解除这段时间的保险费，并将剩余保险费退还投保人。"我国《保险法》在规定撤保犹豫期制度的时候，也应当保护保险人在撤保犹豫期内的保险费利益。

（3）犹豫期的期间设置。我国的撤保犹豫期的具体期间，设置为15天为宜，从我国已有的监管规则推断，15天较为符合我国保险经营和监管的实践需求。中国保监会2013年9月2日发布的《关于规范人身保险业务经营有关问题的通知》（保监发〔2011〕36号）第四条对"犹豫期"作出规定，"犹豫期是从投保人收到保险单并书面签收起10日内的一段时期"。中国银保监会于2019年8月23日颁发的《商业银行代理保险业务管理办法》第36条规定，商业银行代理销售的保险产品期间超过一年的，应当在保险合同中约定 15 日的犹豫期。中国银保监会 2019 年 10 月 31 日颁发的《健康保险管理办法》第 15 条规定："长期健康保险产品应当设置合同犹豫期，并在保险条款中列明投保人在犹豫期内的权利。长期健康保险产品的犹豫期不得少于 15 天。"

笔者有话说：从"余年续签、患病排除"到 "长期保障、患病不排除"

——一份匪夷所思的《续保核保通知单》引发的思考

李女士于 2017 年 12 月 6 日以其女儿易某为被保险人向某保险公司购买了医疗保险。2019 年 1 月 24 日，易某被查出患有卵巢囊肿，其接受医生的建议住院切除。出院后李女士向保险公司提出了索赔，保险公司在赔付了保险金后向李女士下发了《健康险续保核保通知单》。通知单是简单的一张纸，上面包括几个部分的抬头（保单号码、投保人姓名、保单终止日、被保险人姓名、服务部名称及编号）、称谓、审核意见、被保险人、险种名称、核保原因、核保决定、客户意见、签名、温馨提示。在称谓和被保险人以及客户意见栏之间用黑色横线分割。占据通知单最中心位置的是核保决定，写明："特别约定：在保险合同有效期间内，对被保险人因异常子宫出血引起的治疗；因胃炎及其并发的上消化道出血（等病症）引起的治疗；因卵巢囊肿引起的治疗，本公司不承担保险金给付责任。"笔者反复阅读这份通知单，又向保险公司实践人士请教，才最终搞清楚了通知单的真正意图：将通知单中"特别约定"的内容作为与投保人签订的一年为期、到期续保的医疗保险合同的除外责任，以包含该除外责任的新医疗保险合同为准与投保人续保。如果投保人同意新的、承保范围缩小了的医疗保险，保险公司则与投保人续保。整个过程引发以下诸多思考。

一 通知单匪夷所思、真意难明

（1）从通知单的文字和外观判断，投保人最直观的理解是：保险公司拒付保险金。投保人对通知单这类标准化文本的阅读和信息接受习惯往往是只关注最中心位置的内容，其他部分自动忽略，成为背景信息。所以根据最中心位置的特别约定的结论，"本公司不承担保险金给付责任。"判断：保险公司对提及的病因不给付保险金。经询问李女士，得知保险公司已经给付了保险金，才将这种可能性排除。

（2）将通知单的名称和"特别约定"的内容进行衔接，保险公司可能的意思是：因发生了特别约定中的保险事故，不再与投保人续保。查遍投保人手中的医疗保险合同，没有找到通知单所说的特别约定。

（3）继续推测，又看了一遍通知单，发现最底下落款后有一行小字温馨提示，写明："请将核保通知单在缴费宽限期内（自合同期满次日起60天）通过保险代理人、收费人员返回本公司。若逾期返回，我公司将不再收取本险种的续保保险费，本险种的保险责任于保单缴费宽限期结束时终止。"笔者把通知单名称，被保险人已经发生的疾病，通知单特别约定的内容，以及最底下续保缴费的小字联系起来，又反复查看了医疗保险合同的承保范围和除外责任，才终于明白保险公司的真实意图：是要把特别约定中的内容作为免责范围，成为续保的医疗保险合同的组成部分。

二　通知单内容存在潜在的法律风险

（1）通知单表述含糊，不仅导致通知单本身成为一份天书，消费者根本看不懂，而且存在潜在的法律风险。依据笔者连蒙带猜的揣测以及向保险公司实务人员的咨询，该通知单中的特别约定属于续签的医疗保险合同的除外责任条款。依据我国《保险法》第17条规定，保险公司有对该约定进行明确说明的义务。这样的通知单形式和内容，连真实意思都令人费解，将来如果真发生司法诉讼，保险公司想要说服法官，证明自己履行了明确说明义务，难度可想而知。

（2）温馨提示指示含混，法律效果模糊不清。结合温馨提示的内容，其真实意思在于，指示投保人在上一份医疗保险合同终止期届满60天内决定是否同意续保，并缴纳保险费。如果投保人不缴纳保险费，投保人将丧失与保险公司续保的权利。这份《续保核保通知单》在法律属性上其实是保险公司向投保人发出续保要约，一旦投保人同意续保，并缴纳续保保险费，保险公司则继续承保。温馨提示中的"缴费宽限期"是前一份医疗保险合同效力延长期，还是新医疗保险合同的缴费宽限期？如果是前一份医疗保险合同的效力延长期，则在效力延长期内，被保险人出险，保险公司依然要承担保险责任。保险公司现在这种表达方式，不仅难以起到明确指示投保人缴费的目的，还面临法律风险：投保人在缴费宽限期内未缴纳续保险费用，出险后向保险公司理赔，保险公司根据温馨提示中的表述只能向其支付保险金。

三 通知单的改进之法

探查保险公司字面以及经营目的的争议，建议将《健康险续保核保通知单》修改如下：经过我公司核保部门审核，核保意见如下：我公司同意与您续保。但是，鉴于您在上一个投保年度内发生过疾病治疗的理赔，我公司向被保险人支付了保险金，因此，对下述范围疾病引起的治疗费用，将在续约的保险合同中被列为除外责任，本公司不再承担这些疾病的理赔责任。我公司将和您特别约定，如果您对该特别约定没有异议，接受将特别约定的内容纳入原保险合同的除外责任，请您在60天之内将续保保险费交至××，从您续交保险费之时，我们将竭诚为您提供新的保险保障。

四 "余年续签、患病排除"有违投保人利益保护

投保人在健康时投保医疗险的目的就是防止患病的风险，"余年续签、患病排除"与投保人的目的相违背，也不符合人体健康状况的自然规律。保险公司完全可以根据保险大数法则设计长期且不对被保险人已患病做除外约定的医疗保险合同。

"长期保障、患病不排除"（不将已患疾病列入免责范围，排除至续约保险合同的承保范围之外）的医疗保险符合投保人的投保期待和用户体验；也符合保险大数法则和风险发生概率的评估，保险公司通过精算足以提供保险费率厘定的技术手段的支撑。相反，患病除外，被保险人所获保障减少，在这一前提下，续保的保险费保持不变更有违等价有偿原理；一年期医疗保险，有违被保险人健康状况的自然规律。

笔者建议实施国际保险行业，尤其是借鉴保险业比较发达国家的通常做法，采取长期医疗保险模式。年年续约，年年排除，可保范围年年缩小的现行医疗保险模式弊端明显，有违被保险人对医疗保险的期待。截至目

前，我国已经有保险公司推出了更符合国际保险行业惯例的长期医疗保险产品。

第九节　保险利益

一　保险利益的理论基础

"保险利益"（insurable interest）一词译自英语，也被称为"可保利益"或"被保险利益"。① 欧美多称为"可保利益"，我国台湾地区则称为"可保利益"或"保险利益"。

保险行业中存在一个法谚"无利益则无保险"。在漫长的保险发展历史上，人们通过各种方式来完善保险事业，保险利益就是人类立法对保险行业进行不断矫正和完善的一项制度。保险合同是一种射幸性合同，保险人是否承担给付保险金的责任，取决于保险事故发生的偶然性。但如果不加制约，无限制地认可保险合同射幸性的效力，极可能产生保险合同的射幸性被不当利用：或利用发生保险事故不劳而获，或利用保险事故发生的概率而成为赌博行为。保险制度产生以来的数百年间，为了防止保险合同被不法的赌博行为所滥用，同时也为了防止以不劳而获为目的的投保行为的出现，在积累大量经验的基础上，保险行业中产生应对措施。该项措施已经成为当前保险合同发生效力的一项重要的条件或基本准则，这项措施就是要求保险合同的订立必须满足"保险利益"的要求。

1. 保险利益的源起

如前文所述，保险是建立在大数法则之上的行业，保险的经营基础就是将所有投保人交纳的保险费集中起来，为所有投保人（被保险人）提供机会相等的保障。尤其在财产保险中，其经营原则是"损害填补"，即保险只补偿被保险人在保险事故中遭受的损失，被保险人不能因发生保险事故而获得超过其损失范围的利益。因为，如果被保险人群中有人故意滥用

---

① 我国保险理论界和实务界，包括立法都将保险事故发生之后被保险人遭到损害的那部分利益，称为"保险利益"。事实上，当该保险标的成为保险合同中被保险的对象时，财产保险中的被保险人对保险标的具有"可保利益"，围绕保险标的而产生的利益，应当成为保险合同中的"被保险利益"，即该项利益被保险合同所保障。

损害填补原则，谋取超出实际损失金额的不当得利，则会损害到所有投保群体的利益，有违保险经营的大数法则。在财产保险领域，利益和损害是一个硬币的两面，损害填补原则就是建立在被保险人对保险标的拥有的"保险利益"基础之上的。财产保险合同是否有效，和保险标的在保险事故发生后给被保险人带来的经济上的损害有直接关系。将保险标的与被保险人之间的利益关系的有无作为保险合同成立的要件，可以从法律的角度维护保险公司经营的正常开展，进而保护广大投保群体的利益。

保险利益能够将保险与赌博区别开来的机理在于：保险标的因保险事故的发生与被保险人的经济利益有直接利害关系，可以认定被保险人对保险标的具有"保险利益"。保险事故发生后，被保险人可以依据保险合同的约定获得保险金，同时，被保险人获得的保险金与保险事故造成的损害两相抵充，则被保险人无法因保险事故的发生获得不当得利，以此将保险与赌博区别开来。

虽然各国对保险利益的规定在文字表述上各有不同，但均将其作为保险合同生效的一个重要条件来加以规定，没有保险利益的保险合同无效。如《瑞士保险合同法》第 48 条、《法国保险合同法》第 32 条、《意大利民法》第 1904 条、《亚美尼亚共和国保险合同法》第 984 条等。

2. 保险利益的基本法律属性

"保险利益"作为保险合同的有效要件，应当具备何种法律属性和特征？"保险利益"和被保险人之间存在着一种利害关系，而这种利害关系在财产保险中体现为一种经济上的利害关系。一般我们以"可以用金钱来衡量的利益"来表述这种利害关系。保险事故发生之后，保险人支付的保险金是根据保险合同的约定履行补偿被保险人在事故中发生的、可以用金钱来衡量的实际损失。在财产保险中，如果不具备"可以用金钱来衡量的利益"的利害关系，则无法认定为具有"保险利益"。

在人身保险中，保险利益则为连接投保人和被保险人之间的身份上的利害关系，如投保人对被保险人具有精神上、感情上、经济上的利害关系，其中也包括但不限于投保人和被保险人之间存在金钱上的利害关系。因为人身保险利益无法或者多数无法用金钱直接加以衡量，人身保险常常采取定额保险的形式，从而将保险利益的有无以及保险利益的多寡区分开来。而在财产保险中，保险利益的有无和保险利益的多寡均以被保险人和保险标的之间的金钱利害关系作为衡量标准。

二 财产保险利益概说

在财产保险中"无利益则无保险"。财产保险的损害补偿原则要求投保人对保险标的具有经济上的利益，保险提供的保障是对预计可能发生的损失给予保障，损害发生后按照实际发生的损失给予补偿。而对不可能发生的损失约定给予补偿的财产合同，并无被保险人遭受损失的基础，保险合同不能成立。

1. 财产保险利益必须是一种经济利益

财产保险利益是"一种应该能用金钱来衡量的利益"，也就是说，必须是一种经济性利益，非经济性利益不能称为财产保险利益。保险人通过给付保险金来补偿的只能是经济性损害，其他的非经济性损害并不能通过人的力量恢复原状。例如，在责任保险中，被保险人对受害人造成的赔偿责任限于对其进行金钱补偿。在人死之后，使人死而复生是真正的恢复原状，但那不是人类所能达到的。既然保险是人类创造出来的一种制度，就不可能超出人类能力的范围。也就是说，人类所能做到的仅限于用金钱来补偿的事项。在人死之后，人类所能做的事只能是负担对遗属的生活保障费和死者的丧葬费等。

经济利益的存在必须能够在社会通常观念下被客观地评价和判断。只要能够客观地评价和判定，在签订保险合同时并不要求存在，将来发生的利益也可以成为保险利益。例如，将来的收获物、运输途中的货物在到达地的价值增加额或者通过运输应该获得的运费等就属于这种情况。但是，如果仅仅是当事人的主观想象或臆测而欠缺客观性的话，就不能成为保险利益。例如，仅仅存在感情上的损害，就不能认定为财产上的保险利益。但是，只要是经济性利益即可，并不以权利的保证为必要。例如，物的所有权人即使不具备对抗第三人的要件，也能够当然地具有保险利益：即使并未取得形式意义的所有权，作为实质所有权人的保险利益也能够被肯定。例如，在所有权保留的分期付款买卖中，买主享有实质的所有权但不享有形式上的所有权，买主对所购买之物也具有财产保险利益。

此外，财产保险利益不限于所有权范畴，所有权人利益以外也存在保险利益。例如，抵押权人对于抵押物具有抵押权人利益，房屋出租人对于出租的房屋具有出租人（责任）的利益等。

2. 财产保险利益必须是合法利益

财产保险利益必须是合法利益。在合同的目的违反公序良俗的情况下，合同本身是无效的。虽然保险合同的目的是风险负担给付，但是如果承担风险的形式违反了社会的公序良俗，或者保险利益本身违反公序良俗的话，合同也应该归于无效。因此，对于走私物品和禁止流通物的利益或者对于赌博输赢的利益订立的保险合同，不论当事人的善意与恶意，一律无效。

3. 财产保险利益的实现必须确定和现实

财产保险利益虽然不以现存利益为必要，将来的利益也可以，但利益的实现必须是确定的和现实的。例如，由于运输货物的到达，货主应该获得的期待利益即可以构成保险利益。

当然，财产保险利益的归属主体必须是现实存在的。如果不确定对何种被保险人给予何种损害补偿的话，保险的目的就会不确定，保险合同也会因此而无效。由于保险利益是一种利益，而不是保险事故导致损害的财产本身，所以必须确定是何种利益，单单确定标的物是不够的。但是，对于正处于所有权属之争的房屋、所有权人经常发生变化的仓库寄存物等，由于保险利益客观存在，仅保险利益附着的主体暂时不能确定，因而在上述情形下，也可以为不特定的他人签订保险合同。

根据保险利益的不同，财产保险一般分为两种。一种是对既存的利益受到损失的风险进行的保险，亦被称为"积极保险"。还有一种是责任保险、费用保险等所谓的"消极保险"。在消极保险中，不以特定利益的存在为前提。当合同所约定的责任或约定的给付费用负担实际发生时，所产生的被保险人的损失由保险人承担。

三　人身保险利益概说

人身保险合同的保险利益是人与人之间基于精神、感情、血缘以及金钱等综合联系的利害关系。在纯粹的伦理世界里，精神和情感利益与经济利益常常被割裂甚至对立起来。但不容置疑的是，经济学与伦理学确实存在基于人类行为目的的联系。"虽然从表面上看经济学的研究仅仅与人们对财富的追求有直接关系，但在更深层次上，经济学的研究还与人们对财富以外的其他目标的追求有关，包括对更基本目标的评价和递进。经济学最终必须与伦理学结合起来"。[①] 人身保险中的保险利益就是将伦理学层面的精神、情感、血缘与经济学层面的人与人之间的金钱利害关系结合起来的制度。从这个意义上，人身保险合同的保险利益可以看作是被保险人无限的生命价值，被保险合同保障的那部分有限的、以保险金为衡量标准的价值。

四 保险利益的功能

在近现代保险合同法中，保险利益具有十分重要的功能。对保险利益的功能探查，可以追溯到保险业的起源阶段。在中世纪，被称为保险起源的海上借贷，并无保险利益的要求，人们可以以任何人的船舶和货物投保，并无法律明文禁止。随着欧洲的航海业日益发达，出现了陆地上的财产保险雏形。与此同时，海上保险合同法在各大都市逐渐形成。当时，为了避免因海上风险而发生的财产损失，作为保险合同标的物的一般为船舶、货物等。鉴于当时的情况，保险合同的保险标的可以理解为财物。此后，随着航海业的迅速发展，保险标的从单纯的财物进行了扩展，逐渐发展到今天的被保险人对财物所拥有的利益。由此，现代保险中依然沿用的保险利益原则得以确立。由于该原则的确立，对保险与"赌博"之间的界限也显得十分明确。并在此基础上，对财物的所有人以外的有关方面的利益给予保护，保险利益原则从理论上得到了完善。1774 年《英国人寿保险法》开启了保险利益的制度先河[②]，1906 年《英国海上保险法》第 4 条也明确规定了保险利

[①] 〔印度〕阿马蒂亚·森：《伦理学与经济学》，王宇、王文玉译，商务印书馆，2018，第 9 页。

[②] 在保险利益立法之前，尽管投保人和被保险人之间没有任何关系，人寿保险合同在普通法上是可执行的。这样做的原因是，一般来说，下注是可以依法强制执行的，因此法院除了以人寿保险合同的形式强制执行下注之外别无选择。这些做法的增加显然令人不快，而且确实可能成为谋杀的诱因，导致人们对此问题的关注增加，并最终以 1774 年《英国人寿保险法》的形式确立了保险利益制度。参见 John Birds, Bird's Modern Insurance Law, Ninth Edition, Sweet & Maxwell, p. 152。

益的内容："用作赌博的海上保险合同无效……保险单按照无论有无保险利益或除保险单本身外，再无具有保险利益的证明，或保险人无救助利益等条件，或按其他类似条件签订的，被认为是赌博合同。"第 5 条规定了保险利益的定义："与航海有利害关系的每一个人具有保险利益。"可见，保险利益具有防范道德风险和防止赌博的功能。由此，我们可以进一步将保险与赌博区分开来：保险具有精算原理和经验法则的科学性，保险的主体和客体之间存在保险利益，而赌博具有上述两个特征。

五　保险利益的法律规定

我国《保险法》第 12 条、第 31 条、第 48 条的规定构成了保险利益法律规定的制度链条。其中第 12 条是有关保险利益的综合规定，第 31 条规定了人身保险利益的类型和判断标准，第 48 条规定了财产保险利益的存在时间和缺少保险利益的法律后果。三个法条的规定构成完整的保险利益制度，在司法解释和司法适用层面，应当将三个法条的规定进行并同观察。

1. 保险利益的概念及范围

依据我国《保险法》第 12 条第 6 款规定："保险利益是指投保人或者被保险人对保险标的具有的法律上承认的利益。"可见，我国法律规定的保险利益仅限于法律上承认的利益，并非单纯指经济利益或者技术利益。依据我国保险法对保险的分类，保险利益包括人身保险利益和财产保险利益。[①] 人身保险利益的范围因为有后续第 31 条直接规定的辅助，仅存在立法论上的优化可能，确定及司法适用并不存在太多困境。财产保险利益的范围在保险法中并无明文规定，只能借助于《保险法》第 12 条对保险利益概念界定加以确定。判断财产保险利益的有无及范围，关键是确定何为财产制度中法律所承认的利益。如果将法律所承认的利益解释为权利，那么财产保险利益的范围一般而言，包括三大种类：物权法律中规定的所有权、用益物权、担保物权等；债权法律中规定的合同权利等；其他财产法

---

① 有关人身保险利益和财产保险利益的差异，请参见沙银华、潘红艳《中国保险法视维之日本保险精要》，元照出版有限公司，2019，第 51~57 页。

律中规定的权利。

2. 人身保险利益的存在时间及范围

依据我国《保险法》第12条第1款规定，人身保险利益的存在时间为保险合同订立时。原因在于，人身保险利益是连接投保人和被保险人之间的利害关系，投保人和被保险人之间的社会关系是确定人身保险利益范围的基础。社会关系的基本样态和特征就是处于变化之中，尊重这种变化是人身保险利益制度存在的基础和前提，不能反之因为人身保险合同的存在而排斥或者阻碍社会关系的变化。基于此，人身保险利益的存在时间节点规定为保险合同订立时。

依据我国《保险法》第31条规定，人身保险利益范围的确定依据有以下三种。

第一，依据亲属关系确定。

除了对自身生命具有无限支配权利的本人以外，投保人对下列亲属具有保险利益：配偶、子女、父母；前项以外与投保人有抚养、赡养或者扶养关系的家庭其他成员、近亲属。置于对列举人员范围的确定，需要借助于亲属法的有关规定。

第二，依据劳动关系确定。

第三，依据被保险人同意确定。

3. 两大法系关于人身保险利益规定的区别

人身保险利益源自英美法系，以德国和日本为代表的大陆法系保险法中并无人身保险利益的直接规定。保险利益仅体现在财产保险（损害保险）中，《德国保险合同法》在补偿保险中第80条规定了保险利益的内容，"如果（补偿）保险合同生效时保险利益不存在或者当保险合同是为将来计划或其他利益订立……"；《日本保险法》第3条规定："损害保险合同仅以能够用金钱进行估算的利益为标的。"财产保险采用损害补偿原则，无损害则无保险，如果被保险人对保险标的利益损失没有直接关系，则不能根据第3条成为保险标的。

在人身保险中，德国和日本并无要求保险利益规定的存在，为了防止道德风险，两国均采取被保险人同意的规定。《德国保险合同法》第150条规定："投保人可以为自己或他人购买人寿保险。以他人的死亡为保险事故订立保险合同……须经他人书面同意保险合同才能生效。……"①

4. 缺乏保险利益的法律后果

依据我国《保险法》第 31 条和第 48 条规定，人身保险合同中，订立合同时，投保人对被保险人不具有保险利益的，合同无效；财产保险合同中，保险事故发生时，被保险人对保险标的不具有保险利益的，不得向保险人请求赔偿保险金。可见，我国保险法对缺乏保险利益的保险合同的效力，并未作相同规定，而是根据保险合同类型的区别，分别加以规定。人身保险合同不具有保险利益的，合同无效，其立法机理在于：作为人身保险合同标的的被保险人的生命、身体和健康遭受侵害以后难以甚至不可以逆转，出于防范道德风险的需要，投保人为他人投保，必须以具有保险利益作为合同生效的先决条件。

在财产保险合同中，有鉴于财产保险标的在不同的权利主体之间流动的特点，订立保险合同时并不要求存在保险利益，只要在发生保险事故时被保险人和保险标的之间存在保险利益即可。财产交易的属性决定了投保人会以特定的交易财产投保，发生保险事故时，交易的不可预测性也不能保证作为被保险人的主体对保险标的必然具有保险利益。如果缺乏保险利益，保险人不给付保险金即可以防止道德风险的发生。有鉴于此，我国《保险法》并未规定发生保险事故时被保险人对保险标的不具有保险利益的财产保险合同无效，仅规定不得向保险人请求赔偿保险金。《德国保险合同法》也有类似规定，并且对保险费以及虚构保险利益等问题作出更为细致的处理。《德国保险合同法》第 80 条规定："如果（补偿）保险合同生效时保险利益不存在或者当保险合同是为将来计划或者其他利益订立，但上述利益并未实现的，投保人可以免除缴纳保险费的义务。但保险人有权请求投保人支付合理的业务费用。保险合同生效后保险利益消失的，保险人有权保有从保险合同生效之日起到保险利益消失之日止的保险费。如果投保人为了获取非法财产利益而以虚构的保险利益投保，保险合同无效；保险人有权保有从合同生效至其知道合同无效事由期间的保险费。"

---

① 我国《保险法》人身保险利益规定与德国、日本同意主义立法的比较及评述，参见沙银华、潘红艳《中国保险法视维之日本保险精要》，元照出版有限公司，2019，第 86~93 页。

第八章

保险合同的内容

第一节　保险合同内容概述

以合同法基本理论角度观察，合同的内容就是当事人的约定，探查合同内容，首先要探查当事人的具体约定，具体方式包括查看合同文本、询问证人等。[①] 依据一般合同法的基本理论，保险合同的内容是有关保险合同双方当事人以及关系人各项权利义务的约定。

保险合同的内容要解决一个最基本的设问：从何处获得保险合同的内容？以此为基准，保险合同的内容包括两个问题视域：从外部性观察，保险合同的内容和范围决定了诸如保险合同是否成立、保险合同当事人权利义务开始的时间、保险合同司法争议诉讼时效开始的时间、保险合同等待期开始的时间等一系列问题。从内部性观察，保险合同的内容直接关涉双方权利义务的界定及履行，关涉保险合同条款的解释以及争议的解决依据等问题。在绝大多数保险合同均以格式合同为表现形式的保险经营背景下，保险合同的内容与保险法律规定常常交织甚至重合，许多保险法的规定直接成为保险合同内容的组成部分。在称谓和组成上，保险合同常常和保险合同条款（保险实践中称为保险条款）混同，但实际上保险合同具有诺成性特点，且并不以书面形式为限，保险合同内容的范围较之保险条款的范围更广泛。暂保单（暂保承诺）、电话录音、保险代理人的宣传单或

[①] 参见韩世远《合同法总论》（第四版），法律出版社，2018，第338页。

者宣传资料等在特定情形下都会成为保险合同内容的组成部分。

保险合同，是投保人向保险人交纳保险费，保险人在保险事故发生时向特定权利人给付保险金的合同。各国保险法均以专门立法，而非依据合同法，对保险合同进行专门调整，我国对保险合同的法律调整也如此。保险合同的内容，各国保险法也以法律直接规定。我国《保险法》第 18 条规定："保险合同应当包括下列事项：（一）保险人的名称和住所；（二）投保人、被保险人的姓名或者名称、住所，以及人身保险的受益人的姓名或者名称、住所；（三）保险标的；（四）保险责任和责任免除；（五）保险期间和保险责任开始时间；（六）保险金额；（七）保险费以及支付办法；（八）保险金赔偿或者给付办法；（九）违约责任和争议处理；（十）订立合同的年、月、日。"

第二节　保险事故

一　保险事故的基本内涵

保险事故内涵的探查，是为了解决一个基本设问：什么要素构成了保险？保险事故，是受到保险合同保障的风险。回归至保险制度本身，保险是一种风险管理[①]的方式，风险是涵盖于林林总总的保险产品之中的内核概念[②]，保险原理表明，"无风险，无保险"。《德国保险合同法》第 2 条规定："如果保险人在作出承保承诺时已经知晓保险事故不可能发生，则其无权向投保人收取保险费；如果投保人向保险人作出投保申请时知晓保险事故已经发生，则保险人可以拒绝向其支付保险金。"是对"无风险，无保险"法律制度层面的确认。

二　保险和风险的关联关系

认识风险的基本特质是认识保险经营以及保险事故的前提和基础，

[①]　风险管理是以风险控制、风险转嫁等方式对风险进行管理，保险即为风险控制的方式，是借由风险预测和风险转嫁，发生风险后由保险人填补损失。

[②]　Robert E. Keeton, *Insurance Law*, West Publishing Co., 1988, p.8.

风险是催生保险制度的最初动因，人们对风险的防范意识和努力是根植于保险制度内核的原初动力。风险的种类包罗万象，从天灾到人祸，暴雨、泥石流、地震、污染造成人身财产损失，产品造成消费者人身财产损失，机动车肇事造成人身财产损失等。我们以机动车肇事为例分析风险和保险的关系，假设一个行人处于被一辆高速行驶的汽车撞伤的风险之中。身体伤害会导致痛苦、暂时或永久的残疾以及发生医疗费用。如果行人购买了意外伤害保险或者健康保险，部分医疗费用损失就可以转移给保险人。如果行人受雇于某家公司，其误工费用有可能由公司购买的职工伤残保险承担；如果受伤行人已婚，伤者配偶也会发生一系列风险，诸如依据配偶之间的扶养义务而支付医疗费用等；肇事司机则处于承担法律责任的风险之中。上述一系列风险一旦涉诉，基于侵权法等法律诉讼的不确定性通过各个主体购买或者被保障的保险进一步转嫁给保险人。可见，一旦发生保险合同承保的保险事故，保险人需要承担的补偿结果是借由保险合同以及调整保险合同的法律规定而确定的。

三 保险事故的基本属性

借由保险转嫁的风险，是因不可预料或不可抗力的事故而可能产生损害的风险。据此，保险事故具有三个基本属性：偶然性、不确定性、非故意性。

1. 偶然性

保险事故（风险）的偶然性，是指被保险人对事故发生的原因和结果是无法预知的。

2. 不确定性

保险事故（风险）的不确定性，是指事故是否发生或者何时发生不确定。一般在财产保险中，事故是否发生不确定；而在人身保险中，人的死亡是确定的，但死亡发生的时间不确定。

3. 非故意性

保险事故（风险）的非故意性，是指事故的发生非基于人的主观故意。据此，"故意行为不保"，成为保险制度运行必须遵守的铁律。

第三节　保险标的

一　保险标的基本含义

保险标的，也称保险事故发生的客体，是保险合同承保的，作为保险费率厘定基础的人身以及财产。我国《保险法》第 2 条和第 12 条界定了保险事故发生的客体，其中第 2 条规定："本法所称保险，是指投保人根据合同约定，向保险人支付保险费，保险人对于合同约定的可能发生的事故因其发生所造成的财产损失承担赔偿保险金责任，或者当被保险人死亡、伤残、疾病或者达到合同约定的年龄、期限等条件时承担给付保险金责任的商业保险行为。"本条虽然是对保险的界定以及保险法适用范围的界定，但从其规定中可以推知保险事故发生的客体："可能发生的事故造成的财产损失"，以及"被保险人死亡、伤残、疾病或者达到合同约定的年龄、期限"。与第 12 条第 3 款、第 4 款规定并同观察："人身保险是以人的寿命和身体为保险标的的保险。财产保险是以财产及其有关利益为保险标的的保险。"可见，在我国保险法律框架下的保险标的（保险事故发生的客体）是指，财产及其相关利益以及人的寿命和身体。

二　保险标的和保险标的物的区别

正确认知保险标的的含义，应当将保险标的和保险标的物加以区分。保险标的是保险合同的客体和必备要素，是保险运营的核心要素。和保险风险转嫁的基本功能相互衔接，保险标的实际上与特定风险对应。保险是围绕风险运营的制度：依据风险的发生概率确定保险费率，在特定风险（保险事故）发生后，依据因果关系判断该事故是否属于保险的承保范围，最终决定保险人是否给付保险金。可见，"风险是保险运营的核心和决定性要素"。[①] 故此，本书认为，保险标的和保险标的物为不同的概念，保险标的专指不同的风险，保险标的物指蕴含不同风险的财产或者人身利益。从这个意义上，对保险标的更准确的定义应是保险标的物，而非保险标

---

① 潘红艳：《医疗保险法律适用问题研究》，《法学杂志》2018 年第 2 期，第 95 页。

的。保险立法层面，两个概念区隔的意义在于合理区分保险的分类标准与保险的承保对象，保险的分类应当以保险标的为标准进行，即"根据所移转的风险属性加以区分"。① 保险的承保对象和保险标的物可以作相同内涵的解读。这样，我们可以对我国有关保险法分类的误区进行更清晰的观察。②

笔者有话说：对我国保险法分类的思考

我国《保险法》将保险（专指非海上保险的分类）划分为财产保险和人身保险，人身保险中又细分为：人寿保险、人身意外伤害保险和健康保险。财产保险中人身理赔遵循损害赔偿的原则进行，而人身保险中保险金的给付遵循"人身无价"的理念进行。这种对比关系颇具意趣：同样的人身赔偿，在不同险种中依据的理念并不相同。其结果是：同样是人身受到损害，给付给财产保险中受害人的保险金和给付给人身保险中被保险人（或者受益人）的保险金在数量上差异可能巨大。前述对比关系中析离出两个概念：财产保险中的"人力资本"（人的劳动力价格），以及人身保险中的"人的生命价值"。

一　财产保险中的"人力资本的价值"

人力资本的价值决定或者直接作为各国确定人身损害赔偿的标准，对其作量化评估是十分复杂的事情，通常由人的"大部分消费投资"构成，"评估人力资本的方式是基于其产出，而不是基于其成本"。③

对于劳动者而言，人力资本的价值可以表述为劳动工资，后者通常受五个因素的影响：①业务的难易、污洁、尊卑的差异；②业务学习的难易、学费的多寡；③业务安定性；④劳动者须负担的责任大小的差异；⑤职业资格取得的可能性大小。④

---

① Robert E. Keeton, *Insurance Law*, West Publishing Co., 1988, p.18.
② 有关我国保险法的分类及与各国立法保险分类的比较，参见沙银华、潘红艳《中国保险法视维之日本保险精要》，元照出版有限公司，2019，第63~64页。
③ 〔美〕肯尼思·布莱克、哈罗德·斯基博：《人寿与健康保险》（第十三版），孙祁祥、郑伟等译，孙祁祥校，经济科学出版社，2003，第17页。
④ 参见〔英〕亚当·斯密《国民财富的性质和原因的研究》（上卷），郭大力、王亚楠译，商务印书馆，2005，第92~97页。

二　人身保险中的"人的价值"

人的价值属于人力资本理论的一个方面，在人身保险的赔付指标体系之下，我们应当尽量避免将人的生命价值与道德伦理相混淆。"财产市场已经发展得很完善了，因此，相对很容易确定各种产品和商品的价格，特别当它们是同质产品时更是如此。然而人类的生命是独特的。有些人群和文化似乎很难处理人的生命价值。他们可能坚持认为，将人的生命赋予经济价值是不道德的。同时，对人类生命定价也是很困难的，因为社会不能宽恕人的买卖行为。然而，社会的确允许买卖人的服务。人类生命价值是通过人的服务价值来衡量的，因此，对人的生命（服务）定价不是非道德的。社会认为非道德的行为是对另一个人拥有所有权"。[①]

三　对"人的价值"观念的更新

对人身保险层面的人的价值的观念应当作出区别于道德伦理层面的重新认知。"人身无价"的理论只能推演出在人身保险中可以提供不受具体金额限制的保险保障的结论，并非在人身保险中不可以将人身定价。前者是人身保险的界限问题，后者是人身保险的现实性问题。伦理世界中的理想主义在商业世界的现实主义面前从来都无须制度的支撑，法律制度的生命力来源于清晰的制度边界和在此基础上的可实施性。人身保险遵从人身无价的理论并不能否定现实中投保人以自身支付保险费的能力以及对保险的需求为基础对自己的人身定价，既然投保人有权选择不同的保险金额为自己的人身投保，保险人为何没有权选择不同的保险金额上限作为人身保险的定损基础？[②]

第四节　保险合同的有效期间

一　保险合同的有效期间的含义

保险合同的有效期间，又称保险合同的效力期间，是指保险合同具有

---

① 〔美〕肯尼思·布莱克、哈罗德·斯基博：《人寿与健康保险》（第十三版），孙祁祥、郑伟等译，孙祁祥校，经济科学出版社，2003，第18页。
② 潘红艳：《医疗保险法律适用问题研究》，《法学杂志》2018年第2期，第64页。

法律约束力的区间，是从保险合同成立生效时开始，到保险合同效力结束时止的一段时间。一般而言，保险合同成立生效的时间和保险责任开始的时间是一致的，也存在保险责任开始的时间与保险合同成立生效的时间不同的情形。比如人身保险合同中常常约定在保险合同签订后的一段时间（180 天）后，保险人开始承担责任；机动车责任保险以及损失保险合同中常常约定在保险合同签订后的零时起保险人开始承担保险责任。保险责任开始时间一般有以下四种情况。

第一，保险人表示接受投保人要约，并作出承保决定时；

第二，追溯到投保人发出要约并交纳相当于首期保险费时；

第三，保单签发日期；

第四，按照保险合同中约定的时间开始。

二　保险合同有效期间的特殊规定

（一）溯及保险

溯及保险是保险责任开始的日期追溯至保险合同订立之前的某一个时间点开始的保险。《德国保险合同法》第 2 条规定了这一制度："保险合同的承保效力可以追溯至保险合同订立之前而发生。"日本和我国台湾地区保险法律中也有类似规定。

我国《保险法》没有关于溯及保险的规定，但在我国《最高人民法院关于适用〈中华人民共和国保险法〉若干问题的解释（二）》第 4 条规定了追溯保险的特殊适用情形："保险人接受了投保人提交的投保单并收取了保险费，尚未作出是否承保的意思表示，发生保险事故，被保险人或者受益人请求保险人按照保险合同承担赔偿或者给付保险金责任，符合承保条件的，人民法院应予支持；不符合承保条件的，保险人不承担保险责任，但应当退还已经收取的保险费。保险人主张不符合承保条件的，应承担举证责任。"我国台湾地区"保险法实施细则"第 27 条也规定："保险人于同意承保前，得预收相当于第一期保险费的金额，保险人之保险责任以保险人同意承保时，溯及预收相当于第一期保险费金额时开始。"

由于人身保险的投保人是在提出投保申请（要约）的同时预缴首期保

险费，除了"快餐式"简易保险（很多银行保险产品就属于这一类）之外，投保与承保之间必定存在时间差，保险人接收到投保申请（要约）和预交首期保险费后，并不一定接受该要约并承保。一旦在投保人发出要约保险人还未承诺时发生了保险事故，这就会出现我们研究的问题：保险人所承担的保险责任，能否追溯到投保人发出投保申请（要约）和预交首期保险费时。投保人希望保险合同能够在预交保险费时就成立，而保险人必须通过核保来控制风险。如采用"追溯保险"的方式，既能够使得保险合同的"真空期"中投保人和受益人的利益得到保护，也能够避免很多类似的保险纠纷的发生。据此，本书认为：采用追溯保险的方式既可以为符合承保条件的被保险人提供保障，又能够让保险人控制逆选择等风险；既符合保险业的国际惯例，也有利于我国保险业的发展。

（二）人身保险合同效力的中止和复效

我国《保险法》第 36 条和第 37 条规定了人身保险合同效力中止和复效的制度，其中第 36 条规定："合同约定分期支付保险费，投保人支付首期保险费后，除合同另有约定外，投保人自保险人催告之日起超过三十日未支付当期保险费，或者超过约定期限六十日未支付当期保险费的，合同效力中止，或者由保险人按照合同约定的条件减少保险金额。被保险人在前款规定期限内发生保险事故的，保险人应当按照合同约定给付保险金，但可以扣减欠交的保险费。"第 37 条规定："合同效力依照本法第三十六条规定中止的，经保险人与投保人协商并达成协议，在投保人补交保险费后，合同效力恢复。但是，自合同效力中止之日起满二年双方未达成协议的，保险人有权解除合同。保险人依照前款规定解除合同的，应当按照合同约定退还保险单的现金价值。"

人身保险合同效力中止和复效是对保险合同有效期间法律直接规定的限制，也是法律基于人身保险合同的长期性对投保人加以保护的制度。人身保险合同的效力中止以及复效制度将保险合同的有效期间区隔为三个时段：正常有效期、法定宽限期、效力中止期。

1. 法定宽限期

依据"投保人自保险人催告之日起超过三十日未支付当期保险费，或者超过约定期限六十日未支付当期保险费"的规定，法定宽限期是投保人在保险人催告之日起 30 日，或者超过约定期限 60 日这段时间。在这一宽限期内，即使投保人没有支付当期保险费，发生保险事故，保险人依然需要承担保险责任。

2. 效力中止期

依据"自合同效力中止之日起满二年"的规定，效力中止期是经过法定宽限期之后二年内，投保人申请复效之前的时间区间。在效力中止期内，保险合同的效力中止，即使发生保险事故，保险人也不承担保险责任，但投保人有权申请复效，恢复保险合同的效力。

有关中止和复效制度的进一步详细解读，参见第四编人身保险合同的相关内容。

第五节　保险费和保险金

一　保险费

保险费是投保人依据保险合同的约定和法律的规定向保险人支付的，作为保险人承担保险责任对价的金钱。我国《保险法》保险合同的法律规定中，包含保险费的法律条文包括：第 2 条、第 10 条、第 12 条、第 14 条、第 16 条、第 18 条、第 27 条、第 29 条、第 32 条、第 35 条、第 36 条、第 37 条、第 38 条、第 43 条、第 45 条、第 49 条、第 51 条、第 52 条、第 53 条、第 58 条。上述规定的一个共同特点是以保险合同的等价有偿，或对价平衡为基础，当出现一定法律上的事由，包括保险合同成立、保险合同被解除等，对保险费作的利益调整。

我国保险合同法对保险费的调整并未直接涉及保险费率厘定的方法，在适用保险法的司法解释中，出现了规范保险费率厘定方法的内容，《最高人民法院关于适用〈中华人民共和国保险法〉若干问题的解释（三）》第 18 条规定："保险人给付费用补偿型的医疗费用保险金时，主张扣减被保险人从公费医疗或者社会医疗保险取得的赔偿金额的，应当证明该保险产品在厘定医疗费用保险费率时已经将公费医疗或者社会医疗保险部分相应扣除，并按照扣减后的标准收取保险费。"

对法律规范的体系和整体观察，折射出我国保险合同法调整保险费的方法和特点：将保险费的确定交由保险市场及保险合同当事人自由决定，法律仅在特定争议出现时才借助对保险费率厘定方法的探查，确定保险合同当事人及其利害关系人之间的利益分配方法。在保险费的法律规定中，以下几点需要特别注意。

1. 保险费交付与否对保险合同效力的影响

保险合同是一方交纳保险费，另一方承诺于保险事故发生时给付保险金的协议。保险合同具有诺成性，只要双方达成有关保险费交纳的意思表示一致，保险合同即可成立。至于投保人是否实际交付保险费，并非保险合同成立生效的法定条件。

2. 人寿保险的保险费

我国《保险法》第 35 条和第 38 条对人寿保险的保险费作了特别的规定，其中，第 35 条规定："投保人可以按照合同约定向保险人一次支付全部保险费或者分期支付保险费。"第 38 条规定："保险人对人寿保险的保险费，不得用诉讼方式要求投保人支付。"人寿保险的保险费支付方式包括趸交和分期付款两种，一般财产保险的保险费一次性交纳的比较常见，但人身保险（尤其是人寿保险）具有长期性特点，虑及投保人的支付能力以及合同的长期性，常常以分期交纳为保险费的支付方式。由于人寿保险具有储蓄性，不得以诉讼方式要求投保人支付保险费，否则无异于强制投保人储蓄。

此处需要考虑的问题是：人寿保险的首期保险费是否也不得以诉讼方式请求支付？该问题的回答涉及对人寿保险首期保险费的法律性质的认定，如果将首期保险费认定为一般的合同债务，则可以以诉讼方式请求给付；如果将首期保险费认定为与后续保险费具有相同法律属性的自然债务，则不可以以诉讼方式请求给付。

本书认为，人寿保险的首期保险费和财产保险的保险费法律性质相同，均属于基于合同的订立产生的债权债务，均应当允许以诉讼方式请求，这样才能保证人寿保险合同的法律效力。对于后续的保险费，则应当基于人寿保险的储蓄性，禁止以诉讼方式请求。故此，我国《保险法》第 38 条应当增加一句话："保险人对人寿保险的保险费，不得用诉讼方式要求投保人支付。投保人依据人寿保险合同应当交付的首期保险费除外。"

3. 保险费与现金价值

一般认为，现金价值是保险费累积在人身保险合同中的价值，我国《保险法》与现金价值有关的法律规定包括：第 32 条、第 37 条、第 43 条、第 45 条、第 47 条。除了第 43 条投保人故意造成被保险人死亡、伤残或者疾病以外，现金价值的归属主体均规定为投保人。这与投保人交付保险费义务主体的地位保持一致，也符合投保群体对现金价值形成的、与一般交易相同的认知期待。

二　保险金

保险金是依据保险合同约定和法律规定，保险事故发生时，保险人向被保险人或投保人以及被保险人指定的受益人或法律规定的特定主体实施的金钱给付。

我国《保险法》关于保险合同法的条文中近半数规定了保险金的内容，足见保险金的重要性。保险金之所以重要，可以从三个方面进行观察：第一，从保险合同的目的观察，获取保险金是投保人订立保险合同的最直接目的；第二，从保险合同的效力观察，保险合同的生效、中止、复效、终止，均围绕保险金是否应当支付为核心展开；第三，从保险合同的司法争议观察，诸多司法纠纷的根源均出于对保险金给付与否以及给付数额产生分歧。

对保险合同法中有关保险金的法律条文进行体系和整体分析，保险金的特殊属性主要有以下两个方面。[①]

1. 保险金与保险金额的内涵关联性

虽然保险金和保险金额是两个独立的概念，前者是保险人承担保险责任需要给付的金钱数额，后者是保险人承担保险责任给付的最高金钱数额。但从二者的关联关系出发，保险金与保险金额的关系揭示了保险法中的损害填补原则的要求。保险金额实质上可以分解为两种：一是法律允许的、保险人承担保险责任给付的最高金钱数额，即法定保险金额，损害填

---

① 保险金特殊性的论述，是与一般合同债权理论作比对进行的。

补原则最直接体现在"法定保险金额"这一概念之中，将损害填补公式化就是：保险金额小于等于保险价值。保险金额含义的另一个层次是保险合同中约定的保险人承担保险责任给付的最高金钱数额，即约定保险金额。约定保险金额不能超过法定保险金额的限制，保险人最终给付的保险金不超过约定保险金额的范围，由此，损害填补就可以诠释为：保险金小于等于约定保险金额，约定保险金额小于等于法定保险金额。

2. 保险金给付的来源

我国《保险法》对保险合同的调整是以单个的保险人与投保人之间的保险合同作为立法基础进行的，从表面的保险合同关系上观察，保险金的支付主体是保险人，受领主体是具体的被保险人等权利人。但是，从保险原理探究，保险金源自投保群体的保险费汇集，源自保险基金。因此，保险金的给付和一般合同债权债务关系中的给付行为有所不同，给付主体和领受主体之间并非利益对立关系，保险人和保险金领受人之间是利益协同关系。保险金领受个体与保险金真正的支付群体是被包含与包含关系，领受个体也在投保群体之中。

笔者有话说之一：现金价值权利归属与伦理关系的厘清

人身保险合同中的现金价值是凝结在保险合同中，源自投保人保险费交纳的累积，在保险合同解除时应返还的价值。虽然基于不同类型保险产品的差别，现金价值的数额差别很大，但是从法律调整的角度，现金价值的归属以及对现金价值附着的合同权利与其他合同并无不同。

一 现金价值具有而且仅具有金钱属性

人身保险的结构因为关涉被保险人的生命价值而衍生社会关系的多样态属性：投保人与被保险人的人身关联、投保人与受益人的人身关联、被保险人与受益人的人身关联等。人身保险合同中所蕴含的现金价值也因为前述人身关联而被附加了诸如伦理的要素。但是，从本质上观察，现金价值与其他货币相同，归根结底属于金钱属性的财产。只不过其产生过程受到如下因素的影响而呈现表层的伦理属性。第一，投保人在投保人身保险合同时的不同目的，凝结成为对人身保险合同利益的不同安排。在投保人身保险合同的时候，基于投保人的不同投保目的——为自己提供退休年金、为自己抚养之人提供生活费用、为遗属补足因为生命的终止而造成的丧失的生命价值等，投保人会作不同的被保险人、受益人等的安排。第二，保险金归属主体和现金价值归属主体常常容易被相提并论。保险金请求权归属呈现多主体性——归属于被保险人、归属于受益人、归属于被保险人的继承人。和保险金请求权同属于保险合同利益的组成部分，现价价值的归属主体是否和保险金请求权一样具有不同的可能性？

现金价值与投保人对投保目的的实现、保险金请求权的归属不同，其本质属性是金钱性质的，无法与伦理属性产生牵连。投保人投保的目的不在于在人身保险合同存续期间终止合同效力、解除合同取得现金价值，而在于最终获得保险金。只是基于特定事由的出现而需要解除或者终止人身保险合同时，才需要确定现金价值的归属主体。确定现金价值权利归属的前提是明晰现金价值的属性，顺应该属性加以法律调整是符合法律制度设置的逻辑顺序。基于对财产的一般性认知，财产是属于那些创造财富之人的，现金价值也如此，无论投保人在投保人身保险时基于何种目的、投保人交纳保险费基于何种理由，保险费累积而成的现金价值的金钱属性没有发生变化。除非有投保人的其他意思表示或者基于特殊法律调整的必要（当投保人故意造成保险事故时，基于对投保人的法律否定评价的需要，剥夺投保人对现金价值的权利），现金价值应当复归为投保人所有。

二　现金价值复归为投保人所有的深层原因

将现金价值与伦理关系混杂而论，与对个人、个人的生命价值、个人对自身财富的支配地位之间的关联性认识模糊有关。即使投保人愿意将个人的生命价值兑换成人身保险合同中的保险金额，使得自己的亲人享有保险金请求权，进而在自己死亡、伤残、疾病时获得人身保险合同的保障，也不代表投保人因此丧失了对自身创造财富的支配地位。换言之，投保人基于伦理考量而投保人身保险，并不泯灭其对自身生命价值的尊重。即使基于法律的调整，投保人也仍然是创造财富并且支配其创造财富的主体。对其他主体的以财富为基础的照拂，属于投保人基于自身考量之后的第二顺位考量要素。

三 对现金价值非伦理考量的法律调整

从法律制度的评价以及法律调整走向的角度，涉及现金价值法律调整的情形包括：

第一，当投保人解除保险合同时，现金价值作为凝结在人身保险合同中的金钱属性价值，恢复为与投保人交纳保险费相同的金钱形式，归属于投保人所有。对于此，我国《保险法》已经确立了相关的法律制度。

第二，当投保人无法清偿到期债务时，关涉对现金价值的强制执行问题。此时需要平衡的关系实质是投保人对债权人应当承担的责任以及投保人对人身保险合同关系人应当承担的责任。投保人对债权人的法律责任关涉交易安全、关涉投保人交易行为的财产担保。投保人对人身保险合同关系人的法律责任实质上是对未来死亡等丧失生命价值风险的责任。从现实性、外部性两个角度，保全投保人对债权人的债务履行应当优先于投保人对人身保险合同关系人的法律责任。

第三，如果个人破产制度确立，投保人破产的，现金价值应当作为可执行的财产纳入破产财产范围内加以执行。

笔者有话说之二：投保人可否约定将现金价值归属于被保险人？

第一，在执行程序中，法院代替投保人强制解除保险合同，执行保险单的现金价值，裁判思路一般如下。

（1）保险单的现金价值系基于投保人交纳的保险费而形成，是投保人依法享有的财产权益。根据保险法的相关规定，投保人享有单方解除合同的权利，合同解除后保险公司必须向投保人支付保险单的现金价值，即投保人可以通过解除保险合同提取保险单的现金价值。

（2）保险单的现金价值在法律性质上不具有人身依附性和专属性，也不是被执行人及其所扶养家属所必需的生活物品和生活费用，不属于法律规定的不得执行的财产，即保险单的现金价值属于投保人可以依法被强制执行的责任财产。

（3）《最高人民法院关于限制被执行人高消费及有关消费的若干规定》第3条第8项之规定，被执行人为自然人的，不得支付高额保险费购买保险理财产品。被执行人拒不履行生效法律文书确定的义务，在其可以单方面行使保险合同解除的前提下，怠于行使保险合同解除权，致使债权人的债权得不到清偿，给债权人的合法权益造成了损害。

（4）人民法院的强制执行行为在性质上属于替代被执行人对其所享有的财产权益进行强制处置，强制被执行人履行债务。因此，被执行人拒不履行生效法律文书确定的义务，且怠于行使保险合同解除权时，法院有权代替投保人行使解除权，强制解除保险合同，执行保险单的现金价值，强制被执行人履行债务，保障债权人的合法权益。①

第二，有法官作了这样的设问：合同解除的后果是"保险人按照合同约定退还保单现金价值"，如果合同约定，合同解除，现金价值不属于投保人，属于被保险人，怎么办？

对此问题的回答分为两个层次。

（1）解约本身与被保险人无利益关系，现金价值是退还给投保人的。投保人将现金价值赠与被保险人或者其他主体属于私下约定行为，在格式保险合同中不能体现，格式合同是事先制定的标准统一模板，这种私下约定行为，与保险公司无关，解约时，保险公司只能让投保人签字认领，其他人概不可以。私下约定不在保险合同范围内，也不是合同当事人之间的约定，是合同参与者之间的约定，不能体现在保险合同中。

（2）只有在保险合同非格式的前提下，投保人另行约定现金价值归属于其他主体，才会落入问题的另一个层面：性质为投保人对自己权利的处分。这种处分是以保险合同解除权的行使为前提的，处分的性质属于现金价值通过保险合同的约定的赠与行为。

第三，对设问及回答过程的思考。

案件的事实与法律规定以及基本原理之间处于"有来有往"的互动过程之中，基本原理能够解决的问题包括：

---

① https://www.toutiao.com/，最后访问日期：2019年6月4日。

（1）问题的逻辑层次，基于保险争议的特点，解决问题的路径是先保险实践、后保险原理的，剔除保险实践的考量，问题的设问过程常常会偏离科学的轨道。

（2）对现金价值属性的判断：基于我国《保险法》有关现金价值的六个法条的规定，体系、全面地观察现行法律规定是将现金价值的权利归属于投保人。从现金价值形成的保险原理探查其属性，也应当属于投保人所有。原因在于，无论保险合同形式如何变化，现金价值源自保险费的交纳是不变的事实，权利有来有往，投保人是交纳保险费的主体，现金价值归属于投保人所有。

（3）对投保人处分现金价值约定的判断：解决了权利的归属与属性，投保人对现金价值的处分约定性质也就明确了，属于赠与行为。

以上是基本原理可以回答的问题，其他的属于案件的事实问题，基于不同的案件事实反馈和折射的法律问题千变万化，衍生的基本问题又不相同。"有来有往"就是在案件事实与准据法，在准据法与对准据法的学理解释之间反复进行的设问、回答，寻求问题答案的过程。

参考文献

1. 韩世远：《合同法总论》（第四版），法律出版社，2018。
2. 沙银华、潘红艳：《中国保险法视维之日本保险精要》，元照出版有限公司，2019。
3. 潘红艳：《医疗保险法律适用问题研究》，《法学杂志》2018 年第 2 期。
4. 〔美〕肯尼思·布莱克、哈罗德·斯基博：《人寿与健康保险》（第十三版），孙祁祥、郑伟等译，孙祁祥校，经济科学出版社，2003。
5. 〔英〕亚当·斯密：《国民财富的性质和原因的研究》（上卷），郭大力、王亚楠译，商务印书馆，2005。
6. Robert E. Keeton, *Insurance Law*, West Publishing Co., 1988.

第九章

保险合同的效果

第一节　概述

保险合同的效果，是指保险合同产生的法律效果，是保险合同签订以后，对保险人、合同当事人以及利害关系人产生的法律效果。包括保险人和投保人的权利，被保险人和保险金受益人的权利，保险人的义务以及投保人、被保险人和保险金受益人的义务等内容。各相关主体的权利会分解在其他各章中论及，本章介绍保险人的义务以及投保人、被保险人和保险金受益人的义务。与合同法一般理论比较，关于保险合同的效果，需注意以下两点。

一　保险合同是法定和约定并存的为第三人利益合同

在合同法的基本理论中，以合同内容是否实质性涉及第三人为标准，将合同分为束己合同和涉他合同。如果以保险合同为基准对涉他合同加以细分，那么涉他合同还应当被区分为法定的涉他合同和约定的涉他合同。① 约定的涉他合同与合同法基本理论中的涉他合同含义相同，是"合同的内容实质涉及第三人，……当事人为第三人设定了合同权利"。②

---

① 一般合同法基本理论中常常以保险合同举例，将其作为为第三人利益合同的典型，但是并未细致探查保险合同为第三人利益的属性特征。有关一般合同法理论中对涉他合同以及为第三人利益合同的论述参见韩世远《合同法总论》（第四版），法律出版社，2018，第97页。

② 韩世远：《合同法总论》（第四版），法律出版社，2018，第97页。

而保险合同为第三人利益包括法定和约定两种情形。第一，法定为第三人利益合同，被保险人即为该第三人。依据我国《保险法》第 12 条第 5 款的规定："被保险人是……享有保险金请求权的人。"被保险人享有的保险金请求权为法定权利，当投保人和被保险人不一致时，保险合同是法定的为第三人利益合同。第二，约定的为第三人利益合同，受益人为该第三人。依据我国《保险法》第 39 条第 1 款规定："人身保险的受益人由被保险人或者投保人指定。"可见，受益人是载明人身保险合同中的享有保险金请求权的人，受益人享有保险金请求权与被保险人不同，不是源自法律的直接规定，而是源自被保险人和投保人的指定，且以约定条款的形式体现在保险合同之中。

二　保险合同的义务群

以保险合同当事人及其利害关系人的主体角度探查，保险合同订立以后，形成了以保险合同目的实现为导向的义务群。第一，主给付义务①，投保人交纳保险费义务和保险人的保险金给付义务等；第二，附随义务②，保险人交付保险单义务等；第三，不真正义务③，包括保险金请求权主体为了获取保险金而必须履行的义务，包括风险变化通知义务、保险事故发生通知义务，以及被保险人减灾防损义务等。

第二节　保险人的义务

一　交付保险单义务

保险单是保险合同权利义务关系的载体，也是订立保险合同的证明文件，以及权利人向保险人请求给付保险金的必要文件。保险经营层面，与

---

① 主给付义务是指，合同关系所固有的、必备，并且用以决定合同关系类型的基本义务。参见韩世远《合同法总论》（第四版），法律出版社，2018，第 340 页。

② 附随义务是，除了直接面向给付结果的给付义务外，对债务人应承担的其他义务。参见韩世远《合同法总论》（第四版），法律出版社，2018，第 342 页。

③ 不真正义务是，给付义务和附随义务以外的义务。参见韩世远《合同法总论》（第四版），法律出版社，2018，第 349 页。

一般产品交易不同的是，保险产品与保险单的描述常常同一。风险的抽象性，决定了只有借助于文字性的描述才能将风险特定化；风险厘定的技术性，决定了必须借助于图表和计算公式等形式才能确定保险费的收取方式、现金价值的数额等保险合同必要要素。法律制度层面，保险人交付保险单的义务尤为重要。

我国《保险法》第 13 条规定，订立保险合同保险人应当及时向投保人签发保险单或者其他保险凭证。但对何为及时以及具体的交付程序、费用负担等并无规定。《德国保险合同法》第 3 条规定了交付保险单义务的内容，第 4 条、第 5 条规定了保险单的其他相关内容；《日本保险法》第 6 条规定了损害保险合同缔结时的保险单交付义务，第 40 条规定了生命保险合同缔结时保险单的交付义务，第 69 条规定了伤害疾病定额保险合同缔结时的保险单交付义务。

（一）交付保险单义务的法律性质

我国《保险法》第 13 条中没有规定如果保险人不交付保险单应当承担何种法律后果，在第 17 条第 1 款保险人说明义务规定中，作为保险人履行说明义务的必要前提，实际上重申了交付保险单的义务，"订立保险合同，采用保险人提供的格式条款的，保险人向投保人提供的投保单应当附格式条款，……"但也没有规定不提供格式条款应当承担何种法律后果。回答违反交付保险单应当承担何种法律后果，需要探究交付保险单义务的法律性质。

本书认为，交付保险单义务属于一种从给付义务。从给付义务是指，本身不具有独立的意义，仅具有辅助主给付义务的功能，存在的目的不在于决定合同关系的类型，而在于确保债权人的利益能够获得最大限度的满足。[①] 我国《民法典》合同编第 599 条规定，在买卖合同中，出卖人应当按照约定或交易习惯向买受人交付提取标的物单证以外的有关单证和资料。依据学界通说，从给付义务与主给付义务一样，可以以诉讼方式请求履行。[②]

---

① 参见王泽鉴《债法原理》（第一册），中国政法大学出版社，2001，第 37 页。
② 参见韩世远《合同法总论》（第四版），法律出版社，2018，第 340 页。

（二）对我国交付保险单义务法律规定的完善建议

我国交付保险单义务应当遵循从给付义务的性质界定，增加保险人不交付保险单的，投保人有权诉请其交付的规定。同时，对交付保险单义务做进一步的细化，如依据《德国保险合同法》第3条规定："（1）应投保人要求，保险人应向其提供书面印制的保险单。（2）如果保险单不是由保险人在国内的分支结构签发的，则应当标明保险人及其分支机构的地址。（3）如果保险单遗失或毁损，则投保人有权要求保险人签发新保险单。如果保险单被宣告无效，保险人在保险单被宣告无效后有再签发新保险单的义务。（4）投保人可以随时请求保险人向其提供保险合同相关声明的复本。如果投保人索要复本是为了在一定期限内向保险人提起诉讼，保险人之前并未向投保人提供上述复本，保险人自收到请求时起至投保人收到复本时止，诉讼时效暂停计算。（5）按照第3款规定签发新保险单以及按照第4款规定提供复本所需要的费用应当由投保人负担。"

（三）增加保险金请求权人向保险人交付保险单义务的规定

我国《保险法》只规定了发生保险事故后的通知义务，没有规定保险金请求权人向保险人交付保险单的义务。合同法基本原理表明，如果要实现主给付请求权，应当首先向债务人提示债权的存在。保险金请求权人欲取得保险金，应当首先向保险人出示保险单。故此，我国《保险法》应当增加保险金请求权人向保险人交付保险单义务的规定。《德国保险合同法》第2款对此作了规定："如果保险合同中约定，保险人承担保险责任是以投保人交还保险单为前提条件，投保人应当向保险人交付保险单。如果投保人无法交还保险单，需要经公证程序证明保险单的存在。保险单被宣告无效的除外。"

二 给付保险金义务

作为投保人交纳保险费义务的对价，保险人负有在保险事故发生后给付保险金的义务。所需注意的是，保险人是向保险合同以及保险法规定的权利人给付保险金，而不必然向交纳保险费的投保人给付保险金。依据保险法的规定，被保险人、受益人、被保险人的继承人在不同情形下拥有请求保险金的权利。保险人只有向前述权利人给付保险金才属于适当履行了保险合同的义务，否则存在被真实权利人追索的风险。

依据我国《保险法》的规定，保险人应当向以下主体履行给付保险金义务：

（1）被保险人，依据《保险法》第 12 条第 5 款规定，被保险人享有保险金请求权。

（2）受益人，依据《保险法》第 39 条规定，经过被保险人或者投保人指定的受益人享有保险金请求权。

（3）被保险人的继承人，依据《保险法》第 42 条规定，没有指定受益人或者受益人指定不明无法确定的；受益人先于被保险人死亡，没有其他受益人的；受益人依法丧失受益权或者放弃受益权，没有其他受益人的，被保险人的继承人享有保险金请求权。

发生下列法定情形，保险人不承担给付保险金的责任。

（1）依据《保险法》第 43 条规定，投保人故意造成被保险人死亡、伤残或者疾病的，保险人不承担给付保险金责任。

（2）依据《保险法》第 44 条第 1 款规定："以被保险人死亡为给付保险金条件的合同，自合同成立或者合同效力恢复之日起二年内，被保险人自杀的，保险人不承担给付保险金的责任，但被保险人自杀时为无民事行为能力人的除外。"

（3）依据《保险法》第 45 条规定，因被保险人故意犯罪或者抗拒依法采取的刑事强制措施导致其伤残或者死亡的，保险人不承担给付保险金的责任。

此外，基于保险合同中止、保险合同被解除、保险合同被撤销以及保险合同无效等情形，保险人无须履行给付保险金义务。

三　返还及退还保险费义务

当发生特定情形时，保险人无须履行给付保险金，但是需要依据等价有偿的交易原则返还保险费。这些情形包括两大类：第一类是因为据以确定保险费率的保险金额及损失率（死亡率）发生变化，保险费增减调整；

另一类是基于违反法定义务发生保险合同效力变动时的保险费返还或者退还。

第一类，保险金额及损失率（死亡率）发生变化，保险费增减调整，包括以下几种情况。

（1）申报被保险人年龄不真实时的保险费退还。依据《保险法》第32条第3款规定："投保人申报的被保险人年龄不真实，致使投保人支付的保险费多于应付保险费的，保险人应当将多收的保险费退还投保人。"

（2）保险标的转让时的保险费退还。依据《保险法》第49条第2款规定："因保险标的转让导致危险程度显著增加的，……保险人解除合同的，应当将已收取的保险费，按照合同约定扣除自保险责任开始之日起至合同解除之日止应收的部分后，退还投保人。"

（3）保险标的危险程度变化时的保险费退还。依据《保险法》第52条第1款规定："在合同有效期内，保险标的危险程度显著增加的，……保险人解除合同的，应当将已收取的保险费，按照合同约定扣除自保险责任开始之日起至合同解除之日止应收的部分后，退还投保人。"

（4）保险标的变化时的保险费退还。依据《保险法》第53条规定，据以确定保险费率的有关前款发生变化，保险标的危险程度明显减少的；保险标的的价值明显减少的，除合同另有约定外，保险人应当降低保险费，并按日计算退还相应的保险费。

（5）保险标的发生部分损失时的保险费退还。依据《保险法》第58条第2款规定，保险标的发生部分损失，合同解除的，保险人应当将保险标的未受损失部分的保险费，按照合同约定扣除自保险责任开始之日起至合同解除之日止应收的部分后，退还投保人。

第二类，保险费由于违反法定义务发生保险合同效力变动时的保险费返还或者退还，包括以下几种情况。

（1）投保人重大过失未如实告知时的保险费返还。依据《保险法》第16条第5款规定："投保人因重大过失未履行如实告知义务，对保险事故的发生有严重影响的，保险人对于合同解除前发生的保险事故，不承担赔偿或者给付保险金的责任，但应当退还保险费。"

（2）投保人解除保险合同时的保险费退还。依据《保险法》第54条规定："保险责任开始前，投保人要求解除合同的，应当按照合同约定向保险人支付手续费，保险人应当退还保险费。保险责任开始后，投保人要求解除合同的，保险人应当将已收取的保险费，按照合同约定扣除自保险责任开始之日起至合同解除之日止应收的部分后，退还投保人。"

（3）超额保险时的保险费退还。依据《保险法》第 55 条第 3 款规定，保险金额超过保险价值的，超过部分无效，保险人应当退还相应的保险费。

（4）重复保险时的保险费返还。依据《保险法》第 56 条第 3 款规定："重复保险的投保人可以就保险金额总和超过保险价值的部分，请求各保险人按比例返还保险费。"

第三节　投保人、被保险人以及保险金受益人的义务

与合同法一般理论中的义务主体顺承，保险合同法中，保险合同的投保人、被保险人以及保险金受益人，构成了保险合同的义务承担主体。围绕保险合同的主给付义务的履行，各个主体的义务既有联系，也存在区别。

一　支付保险费义务

投保人是保险合同的当事人，承担保险合同的主给付义务。依据我国《保险法》第 10 条第 2 款规定："投保人是指与保险人订立保险合同，并按照合同约定负有支付保险费义务的人。"鉴于保险合同的长期性，投保人支付保险费可以采取趸交的方式，也可以采取分期支付保险费的方式。

投保人是否履行以及是否适当履行支付保险费的义务，对保险合同的效力产生直接影响。

（一）投保人履行交付保险费义务的方式

投保人交付保险费的方式有下列几种。

（1）以物或者个别安排方式交付；

（2）以红利抵缴保险费；

（3）以现金价值垫付保险费，人寿保险的现金价值可以垫付保险费；

（4）以信用卡交付；

（5）银行转账交付；

（6）微信以及支付宝扣款交付。

各国保险法多规定了投保人支付首期保险费以后保险人有通知投保人支付各期保险费的义务，我国《保险法》并未作出单独规定，依据保险交易惯例，保险人应当负担交付保险费的通知义务。

（二）交付保险费的地点

依据合同法履行义务地点的一般理论，保险费的交付地点应当依据约定或者交易习惯确定，没有约定也不能依据交易习惯确定的，依据《民法典》合同编第 511 条第（三）项规定："履行地点不明确，给付货币的，在接受货币一方所在地履行；……"如果没有约定和交易习惯，保险费的交付地点应当在保险人所在地。

我国《保险法》对此未作出规定，《德国保险合同法》作了特别规定，依据《德国保险合同法》第 36 条规定："保险费支付地应为投保人住所地，但投保人必须自己承担将保险费支付保险人的风险和费用。如果投保人为其职业活动投保，并且其营业地点并非其住所地，则应以其营业地点为保险费支付地。"

（三）保险费迟延交付的法律后果

我国《保险法》没有以一般规定的形式规定保险费迟延交付的法律后果，我们可以分为三种情况进行探究。

1. 可归责于投保人的事由而导致保险费交付迟延

对于可归责于投保人的事由，比如投保人伤残、失业等，发生保险费交付迟延的，财产保险和人身保险产生不同的法律后果。在财产保险中，发生保险费交付迟延的情形，投保人没有按时履行主给付义务，保险人应当有权解除保险合同。

在人身保险中，发生《保险法》第 36 条规定的宽限期、保险合同效力中止，以及第 37 条规定的保险合同效力恢复的法律后果。

2. 可归责于保险人的事由而导致的保险费交付迟延

可归责于保险人的事由，比如未履行交纳保险费的通知义务、拒绝受领保险费等，保险合同继续有效，发生保险事故的，保险人应当承担给付保险金的责任。

3. 不可归责于双方的事由导致的保险费交付迟延

如果发生战争等不可抗力事故，无论财产保险还是人身保险，保险合同的效力应当停止或者中止。第一次世界大战后的《凡尔赛条约》中明确规定和平恢复后交战各国保险合同的效力恢复，战争期间保险合同效力停止。

《德国保险合同法》第 37 条和第 38 条分别规定了迟延支付首期保险费和迟延支付后续保险费的法律后果，第 37 条规定："投保人未及时支付保险费或者首期保险费，保险人有权解除保险合同，除非投保人对未支付保险费的事实没有过失。在保险事故发生时，如果投保人并未支付全部保险费或者首期保险费，则除非投保人对未支付上述保险费的行为无任何责任，否则保险人可以拒绝承担保险责任。只有在保险人已用单独书面通知形式或在保险单中以显著条款告知投保人不支付保险费的法律后果后，保险人才能免于承担保险责任。"第 38 条规定："如果投保人未及时交纳第 2 期及以后的保险费，保险人可以书面方式通知投保人应在两周以上的给付期限内交纳剩余保险费，上述通知费用由投保人负担。……保险人可以在要求投保人支付保险费的书面文件中，向投保人明确说明保险期限届满后投保人仍未支付保险费本金及利息的，保险合同终止。如果投保人在保险合同终止后或在上述给付期限届满后 1 个月内支付了保险费本金及利息，保险事故未发生的，保险合同效力继续。"

（四）第三人代付保险费

在保险实践中，由第三人代付的情形大量存在。比如，丈夫以儿子为被保险人购买保险，签订保险合同时其妻子是投保人，保险费一直由其丈夫支付。后来夫妻二人离婚，丈夫一直交纳保险费。在此种情形下，即使没有变更投保人，也不应当影响保险合同的效力。除了投保人作为保险合同的当事人，负有交付保险费义务以外，保险合同常常因为被保险人、受益人以及被保险人的继承人等的利益而存在。故此，应当允许由第三人代付保险费，以维持保险合同的效力。我国《保险法》对保险费由第三人代付的情形未加以规定，《德国保险合同法》第 34 条第 1 款作了明确规定："保险人应得的到期保险费，……被保险人、第三受益人以及抵押权人可以代为履行，保险人不得依据德国《民法典》的规定加以拒绝。"

（五）保险费部分交付的法律后果

保险费部分交付分为两种具体的情况。

（1）依据保险合同的约定采取分期交纳保险费方式支付保险费的，部分交付符合合同约定，此时遵循"交纳一部分相当于交纳全部"的规则，权利人并非享有部分保险金请求权，保险事故发生，保险人应当支付全部保险金。

（2）本应支付全部保险费，但投保人仅支付了一部分，尚欠部分保险费没有支付，如果发生保险事故如何处理？这一问题可以分解为两个层次：

第一，欠交部分保险费的保险合同效力如何？

我国最高人民法院于 2019 年 11 月发布《全国法院民商事审判工作会议纪要》（法〔2019〕254 号），其中第 97 条规定："当事人在财产保险合同中约定以投保人支付保险费作为合同生效条件，但对该生效条件是否为全额支付保险费约定不明，已经支付了部分保险费的投保人主张保险合同已经生效的，人民法院予以支持。"但是对于保险合同是部分生效还是全部生效并未加以明确规定。

第二，欠交部分保险费的保险金如何支付？

保险费是保险合同承保的一系列危险的对价，保险费的厘定是将保险合同承保的危险作为一个整体进行的。投保人交纳了一部分保险费，保险人应该按照已经交纳保险费与应交纳保险费的比例给付保险金。

故此，本书的结论是：投保人仅支付了一部分保险费而没有依据约定支付全部保险费的，保险合同应当部分生效而非全部生效。发生保险事故，保险人应当按照比例支付保险金，而非支付保险金的全部。这样的结论符合保险合同等价有偿基本属性的要求，也可以敦促投保人按照约定及时、全额缴纳保险费。

二 危险显著增加的通知义务

我国《保险法》第 52 条规定了被保险人负有危险程度显著增加的通知义务，关于此项义务，所需注意的有以下几点。

（一）危险显著增加通知义务的立法理由

保险是转嫁危险的制度，危险的基本属性中包含着变化的要素，危险的显著增加会导致保险人和投保人之间已经建立的保险费和保险金的平衡关系被打破，此时对保险合同作出调整符合等价有偿的要求，也符合风险控制的基本要求。

（二）危险显著增加的通知义务主体是被保险人

依据我国《保险法》第 52 条第 1 款规定，在合同有效期内，保险标的的危险程度显著增加的，被保险人应当按照合同约定及时通知保险人。被保险人是对保险标的最为了解的主体，对保险标的的危险状况变化最为知悉。由其向保险人履行危险增加的通知义务，符合危险变化的特征。在投保人与被保险人不为同一主体的情况下，赋以被保险人此种义务尤为必要。

（三）危险显著增加通知义务适用的范围

我国《保险法》危险显著增加通知义务规定在财产保险合同一节中，在人身保险合同中并没有规定该项义务。可见，在我国危险显著增加通知义务的适用范围是在财产保险合同中。但是从人身保险合同承保的风险属性判断，也同样存在危险显著增加的情况，比如在意外伤害保险中，被保险人的职业由低危职业变成高危职业，发生意外伤害风险的概率显著增加。可见，在人身保险中同样有危险显著增加通知义务存在的必要。

（四）危险显著增加的法律后果

危险显著增加的法律后果包括以下两个方面。

第一，如果被保险人履行了危险显著增加的通知义务，依据我国《保险法》第 52 条第 1 款的规定，保险人可以按照合同约定增加保险费或者解除合同。保险人解除合同的，应当将已收取的保险费，按照合同约定扣除自保险责任开始之日起至合同解除之日止应收的部分后，退还投保人。

第二，如果被保险人未履行通知义务，则依据《保险法》第52条第2款的规定，因保险标的的危险程度显著增加而发生的保险事故，保险人不承担赔偿保险金的责任。

（五）衡量危险程度显著增加的要素

我国《最高人民法院关于适用〈中华人民共和国保险法〉若干问题的解释（四）》第4条规定了人民法院认定"危险程度显著增加"应当考量的因素，包括：（1）保险标的用途的改变；（2）保险标的使用范围的改变；（3）保险标的所处环境的变化；（4）保险标的因改装等原因引起的变化；（5）保险标的使用人或者管理人的改变；（6）危险程度增加持续的时间；（7）其他可能导致危险程度显著增加的因素。

（六）危险显著增加通知义务的法律性质

《德国保险合同法》第23条、第24条、第25条、第26条规定了危险增加的通知义务及违反该义务的法律后果，与我国《保险法》规定主要存在以下两点不同。

第一，《德国保险合同法》基于危险程度增加的产生原因而作不同规定，对于基于投保人或其允许的第三人实施的行为导致的危险增加，《德国保险合同法》第23条作了特别规定，"在与保险人订立合同后，未经保险人许可的，投保人不能实施增加承保风险的行为或允许第三人实施增加承保风险的行为。如果投保人未经保险人许可自己或允许第三人实施了增加承保风险行为的，应当立即通知保险人承保风险增加的事实。在投保人与保险人订立合同后，如果由于非基于投保人的原因导致承保风险增加，投保人必须在其知晓上述事实后立即通知保险人。"

第二，投保人违反危险增加的通知义务，保险人有权终止保险合同。依据《德国保险合同法》第24条规定，"如果投保人违反第23条第1款规定的通知义务，保险人有权不经事先通知而终止合同。如果投保人违反义务是基于一般过失，保险人应当在通知投保人1个月后终止合同。出现

第 23 条第 3 款规定的承保风险增加的事实后，保险人可以事先通知投保人并在 1 个月后终止保险合同。如果保险人在发现承保风险增加的事实后并未在 1 个月内终止合同或者保险标的已经恢复到危险增加前的状态的，保险合同终止权消灭。"

我国《保险法》和《德国保险合同法》对危险增加通知义务法律后果规定的差别，可以从对危险增加通知义务法律性质的认定角度加以探查，界定危险增加通知义务归属何种义务，有助于对违反该义务的法律后果作出确实的规定。

本书认为，危险是保险合同的承保对象，危险的转嫁和承担是保险合同的目的所在。危险的显著增加直接影响保险人承保的风险范围，直接撼动保险合同订立的基础，保险合同据以订立的情势发生变化。危险增加通知义务是与保险合同的主给付义务紧密联系的义务，是情势变更前提下当事人"再交涉义务"[1] 的具体体现，因而，违反该义务应当赋予保险人解除或者终止保险合同的权利。

三　保险事故发生后的通知和信息提供义务

我国《保险法》第 21 条规定了保险事故发生的通知义务和信息提供义务，《德国保险合同法》第 30 条，《日本保险法》第 14 条、第 50 条、第 79 条规定了保险事故发生的通知义务。《德国保险合同法》第 31 条规定了保险事故发生后的信息提供义务。依据我国《保险法》第 21 条规定："投保人、被保险人或者受益人知道保险事故发生后，应当及时通知保险人。故意或者因重大过失未及时通知，致使保险事故的性质、原因、损失程度等难以确定的，保险人对无法确定的部分，不承担赔偿或者给付保险金的责任，但保险人通过其他途径已经及时知道或者应当及时知道保险事故发生的除外。"

---

[1] "再交涉义务"概念的源头尚有待考证，但其已经出现在 PICC 和 PECL 中，PECL 第 6：111 条第 2 款前端规定："如果由于情势的变更使合同履行变得格外困难，当事人应当进行磋商以改订合同或者解除合同。"参见韩世远《合同法总论》（第四版），法律出版社，2018，第 507 页。

（一）保险事故发生后的通知义务主体

我国《保险法》将保险事故发生后的通知义务主体规定为投保人、被保险人或者受益人；《德国保险合同法》规定为投保人和第三权利人（a party is entitled to the right to the insurer's benefit）（《德国保险合同法》第 30 条）；《日本保险法》根据不同险种对通知义务主体作了不同规定，损害保险规定为投保人和被保险人（《日本保险法》第 14 条），生命保险规定为投保人或者保险金受益人（《日本保险法》第 50 条），伤害疾病定额保险规定为投保人、被保险人或者保险金受益人（《日本保险法》第 79 条）。

（二）违反通知义务的法律后果

我国《保险法》将违反保险事故发生后的通知义务的法律后果规定为：保险人对无法确定保险事故性质、原因、损失程度的部分，不承担赔偿或者给付保险金责任。《德国保险合同法》并没有规定违反通知义务的法律后果，其第 30 条第 2 款仅规定，"未履行保险事故的通知义务，保险人可以免除给付义务的约定，在保险人已经通过其他方式知悉保险事故发生的情况下，保险人不得主张"。

（三）信息提供义务

与违反通知义务的法律后果相互联系，我国《保险法》同时赋以投保人、被保险人或者受益人保险事故发生后向保险人提供其所能提供的与确认保险事故的性质、原因、损失程度等有关的证明和资料的义务。《德国保险合同法》第 31 条也规定了类似的信息提供义务，保险事故发生后，保险人有权要求投保人或者受益人"提供确定保险事故发生或者保险人责任范围的全部必需资料，以及提供一般情况下可以合理期待获得的相关资料"。《日本保险法》并没有单独规定信息提供义务，但是在通知义务中作了隐含的规定，第 14 条、第 50 条、第 79 条均将通知义务前加了符合保险事故主旨的定语（"该主旨"），将通知义务的履行方式作了限定，也并同规定了必要的信息提供义务。

（四）通知义务和信息同义务的履行时间

中国、德国、日本对保险事故发生后通知义务的履行时间都作了明确的规定，均规定义务主体知晓保险事故发生后，应当立即通知保险人。

（五）保险事故发生通知义务及信息提供义务的法律性质

我国《保险法》和《德国保险合同法》《日本保险法》对违反保险事故发生通知义务以及信息提供义务法律后果的规定并不相同，《德国保险合同法》和《日本保险法》并没有直接规定违反保险事故发生后通知义务的法律后果，也没有规定保险事故发生后的资料提供义务。

从保险事故通知义务以及信息提供义务法律性质角度探查，从合同义务属性判断，该两种义务应当属于不真正义务，违反该种义务的，不得诉请强制执行，也不承担损害赔偿的责任。不真正义务的存在，仅是为了得以顺利获取合同的主给付。在保险事故发生后，权利人向保险人通告保险事故发生的事实，以及向保险人提供其可能提供的信息，才能顺利取得保险金。

（六）对我国保险法保险事故通知义务及信息提供义务法律规定的矫正

我国《保险法》将保险事故通知义务和信息提供义务，以及违反两项义务的法律后果并同规定，增加了投保人、被保险人以及受益人的负担，在实质上将查明保险事故的性质、原因、损失程度等的义务不当地加诸投保人、被保险人和受益人身上，超越了法律规定不真正义务应有的界限。

本书认为，通知义务和信息提供义务的混同规定，以及这种混同规定所导致的投保人、被保险人以及受益人承担"保险事故性质、原因、损失程度等难以确定的"法律后果，是引发我国保险理赔诸多争议的根源所在，也是我国《保险法》以第23条、第24条、第25条三个法条细节规定保险理赔过程和程序的原因所在。回归至不真正义务的法律调整方式，我国《保险法》应当作以下调整。第一，将保险事故通知义务以及信息提供义务单独规定，消除将两项义务并同规定而导致的将"查明保险事故性质、原因、损失程度"义务负担转给投保人等主体的隐患；第二，将查明保险事故性质、原因、损失程度的义务归属于保险人，删除"致使保险事故的性质、原因、损失程度等难以确定的，保险人对无法确定的部分，不承担赔偿或者给付保险金的责任"这一法律后果的规定。进而，将违反通知义务以及信息义务的后果交由保险合同约定，法律对保险合同的约定条款加以规制即可，这样才符合法律规定不真正义务应有的界限。

笔者有话说：中日保险法危险增加法律规定的比较

一　我国《保险法》对危险增加的法律规定

我国《保险法》在财产保险合同一节中规定了危险增加的内容，第52条规定："在合同有效期内，保险标的的危险程度显著增加的，被保险人应当按照合同约定及时通知保险人，保险人可以按照合同约定增加保险费或者解除合同。保险人解除合同的，应当将已收取的保险费，按照合同约定扣除自保险责任开始之日起至合同解除之日止应收的部分后，退还投保人。被保险人未履行前款规定的通知义务的，因保险标的的危险程度显著增加而发生的保险事故，保险人不承担赔偿保险金的责任。"

二　我国《保险法》对危险增加的法律调整的特点

（一）仅在财产保险合同中规定了危险增加的调整内容

在人身保险合同中同样存在危险增加的情形，我国《保险法》没有加以规定。但间接地体现对人身保险合同危险增加内容的法律规定是存在的，对被保险人年龄以及人身保险合同中止和复效的规定中均涵盖危险增加的内容。

（二）仅对危险显著增加的情形进行调整

我国《保险法》的规定在危险增加之前加上了"显著"二字，并在司法解释中对何为危险显著增加加以确定标准的规定。对危险的"非显著"增加和危险的"显著"增加的标准、对危险的"非显著"增加均未作法律规定。

（三）将危险的显著增加独立进行调整

我国《保险法》对危险增加的调整是独立进行的，未与投保人如实告知义务进行制度的融合，将何为"危险的显著增加"交由法院自由裁量。

（四）对危险增加调整采取保险人解除权和法律直接规定保险人不承担给付保险金两种方法

三 《日本保险法》危险增加的法律规定

《日本保险法》在第二章损害保险、第三章生命保险和第四章伤害疾病定额保险中分别规定了危险增加的内容，包括第 29 条（损害保险危险增加的内容）、第 56 条（生命保险危险增加的内容）、第 85 条（伤害疾病定额保险危险增加的内容）。

第 29 条规定："在损害保险合同订立后发生危险增加（指告知事项相关的危险增加，而损害保险合同规定的保险费低于以该危险为计算基础计算出的保险费状态）的情况下，即使在保险费就该危险增加做出了相应变更并使该损害保险合同得以继续时，保险人在符合下列任一要件的情况下仍然可以解除该损害保险合同：一、该损害保险合同中规定了关于该危险增加有关的告知事项的内容发生变更时，投保人或者被保险人应立即将相关主旨通知保险人的；二、投保人或者被保险人因故意或者重大过失，而没有履行前项规定的立即通知义务的。"

第 56 条规定："在生命保险合同订立后发生危险增加（是指与告知事项有关的危险增加，导致生命保险合同中规定的保险费低于以该危险为计算基础计算得出的保险费的状态）的情况下，即使如果将保险费变更为与该危险增加相符的金额而使该生命保险合同可以继续时，保险人在符合下列任何一种情形的情况下，仍然可以解除该生命保险合同：一、该生命保险合同规定了关于与危险增加有关的告知事项，当其内容发生变更时投保人或者被保险人应立即把该事项通知保险人的情形；二、投保人或者被保险人由于故意或者重大过失没有立即进行前项规定的通知的情形。"

第 85 条规定："伤害疾病定额保险合同订立后危险增加（指告知事项有关的危险增加，而伤害疾病定额保险规定的保险费不足以满足以该危险为计算基础计算出的保险费状态的）的，即使在如果对保险费进行与该危险增加相应的变更使该伤害疾病定额保险合同可以继续时，保险人仍然可以在符合下列任一要件的情况下解除该伤害疾病定额保险合同：一、伤害疾病定额保险合同规定了关于与该危险增加有关的告知事项的内容发生变更时投保人或者被保险人应当立即通知保险人的；二、因为投保人或者被保险人的故意或者重大过失而没有立即进行前项规定的通知的。"

四 对我国《保险法》危险增加法律调整的思考

（一）危险基本属性视角的思考

危险属性本身包含着变化，以危险为基础的保险合同本身包含着危险的变化特征。一般程度的危险增加是保险合同当然的承保对象，只有当危险显著增加时，法律才存在调整的必要。我国《保险法》以危险"显著"增加为调整对象，体现了对危险基本属性的顺承，也体现了保险合同与保险标的的功能发挥的顺位：保险标的功能的发挥顺位优先于保险合同对保险标的的保险保障，保险法对危险增加的调整是以充分发挥（不阻碍）保险标的功能为前提的。对"非显著"的危险增加，法律不加以规定和干涉，仅对"显著"的危险增加进行调整，符合危险的基本属性。

（二）危险增加法律属性视角的思考

危险增加在任何一种保险中均存在，仅表现形式不同。我国《保险法》仅规定财产保险合同的危险增加，而忽略了人身保险合同危险增加的调整，与危险增加的基本属性并不相符。

（三）危险增加在保险合同体系衡量视角的思考

危险增加虽然属于个案和单个险种具体衡量的事项，但在保险合同层面，危险和危险确定的义务相互联系，危险增加的调整也应当和危险确定的投保人如实告知义务相互联系。我国《保险法》将危险增加单独进行调整，割裂与保险合同设置的告知事项体系化的连接，将危险显著增加交由法官的自由裁量，增加了个案的裁判难度，也增加了对法官的司法工作的专业要求。

第四节 保险金请求权的时效

消费者"加入保险"或也可以称为"投保"，或称为"购买保险"，其主要目的就是付出金钱购买"保障"这种商品。而这种保障平时不体现，只有到了发生保险事故的时候，才会体现。例如，以人的寿命为承保风险的死亡保险或生存保险，或以人们的健康为保障对象的保险，只有当被保险人发生保险合同中规定的保险事故，如死亡、生存期满、身患疾病的时候，投保人（非人寿保险是被保险人或者受益人，死亡保险一般为受益人，养老保险、年金保险一般为投保人兼被保险人）才会向保险公司请求给付保险金。在实际生活中，保险金受益人很可能并不知晓保险事故已经发生，而给付保险金的请求权在发生保险事故的那一刻已经产生，由于各种原因而无法行使请求权时，这种请求权在多长时间内有效，这个问题和广大消费者的关系十分密切。

我国《保险法》第26条规定了保险金请求权的时效制度："人寿保险以外的其他保险的被保险人或者受益人，向保险人请求赔偿或者给付保险金的诉讼时效期间为二年，自其知道或者应当知道保险事故发生之日起计算。人寿保险的被保险人或者受益人向保险人请求给付保险金的诉讼时效期间为五年，自其知道或者应当知道保险事故发生之日起计算。"我国现行保险法将保险金请求权规定为诉讼时效，这与1995年的立法存在不同。我国1995年《保险法》第26条规定："人寿保险以外的其他保险的被保险人或者受益人，对保险人请求赔偿或者给付保险金的权利，自其知道保险事故发生之日起二年不行使而消灭。人寿保险的被保险人或者受益人对保险人请求给付保险金的权利，自其知道保险事故发生之日起五年不行使而消灭。"这里的二年和五年不是诉讼时效而是消灭时效。

从比较法视角，《日本保险法》与我国1995年《保险法》对消灭时效的规定基本相同。《日本保险法》第 95 条规定:"请求给付保险金的权利、请求返还保险费的权利及请求……退还保险费公积金的权利,三年不行使的,因时效而消灭。请求保险费的权利,一年不行使的,因时效而消灭。"将保险金请求权规定为诉讼时效和消灭时效两种立法选择,哪个更具有先进性,以及更符合保险金请求权的特点呢?

本书认为,从消灭时效的功能与保险金请求权的特点结合进行观察,保险金请求权应当采取消灭时效而非诉讼时效制度。[①]

一 消灭时效与诉讼时效制度的功能及差异

(一) 消灭时效的功能

学界对消灭时效[②]的功能探查,实际包含消灭实体权利,即请求权的消灭时效的功能,也包含消灭程序权利,即诉讼权[③]的消灭时效的功能。基于连接的权利不同,二者指向不同范畴的社会关系,体现和反映不同程度的利益保护。既然存在上述差异,消灭时效和诉讼时效的功能也不可能完全等同。请求权消灭时效属于实体权利的消灭时效,其功能根植于对个体实体权利以及宏观实体权利体系的法律平衡。诉讼权消灭时效[④]属于程序权利的消灭时效,其功能根植于对于公权力运行过程中,包含的"此"个体权利维护之力与"彼"个体权利维护之力的法律均衡。[⑤]

在消灭时效制度中,时间流转对债务人的影响表现在几个方面。第

---

① 本节以下内容的论述,参见潘红艳《论责任保险金请求权时效制度——以责任保险为制度背景》,《当代法学》2019 年第 2 期,第 74~81 页。

② 消灭时效是指权利人不行使权利的事实状态持续经过一定期间后,导致其权利消灭的制度。参见张新宝《〈中华人民共和国民法总则〉释义》,中国人民大学出版社,2018,第 664 页。

③ 诉权"既是实体性权利又是程序性权利;既是抽象权利又是当事人享有的具体权利;既是客观性权利又是主观性权利;是诉讼外部加以利用的权能。"参见江伟《市场经济与民事诉讼法学的使命》,《现代法学》1996 年第 3 期,第 5 页。

④ 对于消灭时效到底消灭的是何种权利有分歧,有起诉权消灭说、实体权消灭说、胜诉权消灭说等。参见张新宝《〈中华人民共和国民法总则编〉释义》,中国人民大学出版社,2018,第 664 页。

⑤ 整个司法机制发挥所谓"平衡器"的功能,"不仅在实质上必须公正,而且在外观上的公正也是需要的。这就是纯粹的程序正义发挥作用的地方。"参见〔日〕谷口安平《程序的正义与诉讼》,王亚新、刘荣军译,中国政法大学出版社,2002,第 16 页。

一，如果债权人长期怠于行使自己的权利，无法期待债务人仍旧信赖债权人会主张其债权。尤其在现代社会，财富和权利状态变动很快，债务人必须不断就新的情况调整自己的财富和行为。在债权人怠于行使其权利的情况下，无法长时间要求债务人保持随时履行的状态。第二，在现代法制社会，解决争议依赖法庭诉讼，而法庭诉讼又依赖证据认定。很难期待债务人在长期时间内事无巨细地保留一切有关争议的文件和其他证明材料。如果没有消灭时效制度，将对债务人严重不利，而且有可能引发债权人的恶意诉讼。第三，从社会整个运转角度，财富和权利处在流转的链条之中，如果没有消灭时效制度，第三人可能随时面临一种危险，即作为其他人的债务人的第三人交易相对人，可能因几十年前的债务突然破产，由此引发大面积经济生活中断和恶化。此外，消灭时效还可令债权人及时主张自己的权利而满足交易迅捷所需。法庭也相应减少不必要的审判负担。①

简言之，消灭时效敦促债权人及时行使权利、避免证据灭失、防止债务人财产状况的不稳定危及整体交易安全、满足交易迅捷的需求、减轻审判负担。

（二）诉讼时效的功能

诉讼时效制度走向在于：通过消灭个体权利实现诉讼权利，消灭个体利益诉诸司法机关的权利，从而实现个体权利与公权力运行过程中的公平与效率的博弈和平衡。诉讼时效制度的运行包括两个向度（见图1）。

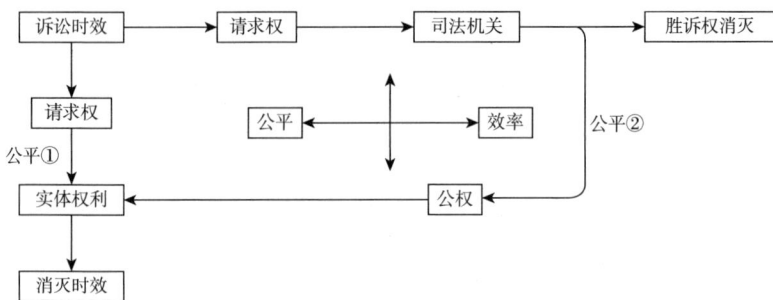

图 1 诉讼时效制度的运行

---

① 参见朱岩《消灭时效制度中的基本问题》，《中外法学》2005 年第 2 期，第 157 页。

向度一，诉讼时效制度与个体权利、个体利益连接。这一向度融贯"公平"价值（此处所谓"公平"，图 1 中标注为公平①，是对实体权利层面的公平的体现①），最终达至消灭实体权利的"消灭时效"制度。

向度二，诉讼时效制度与司法机关、公权力的运行连接。这一向度融贯公平（此处所谓"公平"，图 1 中标注为公平②，是对程序权利层面的公平的体现）和效率两种价值。公平和效率的兼顾，根植于以公权力维护个体权利的功能发挥。

（三）消灭时效与诉讼时效的功能差异

前述两个向度的交织，体现出诉讼时效与消灭时效的功能差异：消灭时效是以实体权利的消灭，将个体权利经由时间的怠惰推定为放弃该权利，实现对宏观权力体系的秩序性维护。诉讼时效是以程序权利的消灭，将个体权利经由时间的怠惰置于公权力运行的公平和效率评价之下，以维护实体权利程序运行机制。

二　保险金请求权适用消灭时效制度的原因

（一）消灭时效制度符合保险金请求权的实质

保险合同关系是具有公益属性，显性的、个体的保险合同关系，其背后实质是投保群体和保险人的"大合同"关系。如果适用诉讼时效制度，极端的情况下可能产生以下结果：保险人可以有选择地向某些请求权已经过诉讼时效，但是与保险人有其他利益连接的被保险人给付保险金。而这种给付行为是受到法律保护的，保险人不能要求返还。表面上这种行为仅仅涉及保险人自身利益，但是保险人仅是"金融中介"，其经营行为关涉投保群体利益。背后真正承担保险金给付义务的是投保群体，投保群体利益仅能通过法律的强制性规定加以保护。

---

① 同样的"公平"价值，在不同层面的体系中的内涵，基于目的性的差异，对法律功能发挥的作用机制并不相同。"价值在一套体系中的不同层面运作，并且有些是目的性的。"参见〔英〕道恩·奥利弗《共同价值与公私划分》，时磊译，中国人民大学出版社，2017，第 60 页。

消灭时效可以避免以上保险人以履行"自然债务"为托词，行利益输送之实的行为发生。一旦消灭时效经过，保险金请求权灭失。保险人也不得再向其履行给付保险金的义务，进而避免对投保群体利益的侵害。

（二）消灭时效有利于敦促保险金请求权人及时行使权利

作为保险金请求权债务人的保险人，其经营资产的稳定不仅仅涉及保险人自身的经营利润，也涉及投保群体对保险公司履约能力的合理预期，还和投保群体利益的保护直接关联。保险产品的本质就是投保人支付保险费、购买保险公司在未来发生危险时给付保险金的"承诺"。保险人的偿付能力是保险经营乃至整个保险制度的支撑。

（三）消灭时效有利于保险合同目的的实现，符合投保人的根本利益

投保人购买保险产品，以转嫁风险为主要目的，附属目的当然包含危险发生时及时获得保险金的赔付。

（四）消灭时效符合投保人的心理需求

从投保心理角度分析，选择保险制度作为危险转嫁的投保人，没有消极地等待或者对危险的发生听天由命，而是积极地以现实保险费的支出，应对未来可能发生的危险。在这种心理的支配下，投保人当然希望发生危险之后能够第一时间获赔保险金。

故此，在保险合同关系中，应当适用请求权消灭时效制度而不应当适用诉讼时效制度。

参考文献

1. 韩世远：《合同法总论》（第四版），法律出版社，2018。
2. 王泽鉴：《债法原理》（第一册），中国政法大学出版社，2001。
3. 张新宝：《〈中华人民共和国民法总则编〉释义》，中国人民大学出版社，2018。
4. 潘红艳：《论责任保险金请求权时效制度——以责任保险为制度背景》，《当代

法学》2019 年第 2 期。

5. 江伟：《市场经济与民事诉讼法学的使命》，《现代法学》1996 年第 3 期。

6. 朱岩：《消灭时效制度中的基本问题》，《中外法学》2005 年第 2 期。

7. 〔英〕道恩·奥利弗：《共同价值与公私划分》，时磊译，中国人民大学出版社，2017。

8. 〔日〕谷口安平：《程序的正义与诉讼》，王亚新、刘荣军译，中国政法大学出版社，2002。

第十章
保险合同的终止

第一节　保险合同的终止

一　保险合同的终止概述

保险合同的终止，是指保险合同的权利义务终止。依据一般合同法的理论，引发合同效力终止的原因包括两种：基于债权目的消灭而终止；基于法定其他原因而终止。债权目的消灭而终止的情形包括因合同目的达到而消灭，具体分为清偿、代物清偿、提存；以及因目的不达而消灭：不可归责于债务人的履行不能。基于法定其他原因而终止包括抵销、更改、免除和混同等。[①] 我国《保险法》并没有直接使用保险合同终止的概念，而是使用保险合同解除的概念。

保险合同解除和保险合同终止存在以下三个方面的区别。第一，保险合同解除应当具有法定或者约定的原因，合同法规定的解除包括法定解除和约定解除两种，合同终止无须陈明原因。第二，保险合同解除是使合同自始归于消灭，合同终止是自终止时开始至合同期限届满之日起归于消灭。第三，保险合同解除后，双方当事人应恢复原状；保险合同终止后，发生收取终止前保险费、退回终止时起至合同期限届满之时止保险费的法律后果。

---

① 韩世远：《合同法总论》（第四版），法律出版社，2018，第 642 页。

二　保险合同终止的情形

属于保险合同终止的情形包括以下几种。

（一）　保险标的转让，危险程度显著增加的

依据我国《保险法》第 49 条第 3 款规定，因保险标的转让导致危险程度显著增加的，保险人自收到被保险人或者受让人通知之日起三十日内，可以按照合同约定增加保险费或者解除合同。此处规定保险人解除保险合同的，其法律效果即为保险合同的终止。保险人自解除合同之时不再承担保险责任，并且需要将未承保期间的保险费退还给投保人。

（二）　合同有效期内，保险标的危险程度显著增加的

依据我国《保险法》第 52 条第 1 款规定："在合同有效期内，保险标的危险程度显著增加的，被保险人应当按照合同约定及时通知保险人，保险人可以按照合同约定增加保险费或者解除合同。保险人解除合同的，应当将已收取的保险费，按照合同约定扣除自保险责任开始之日起至合同解除之日止应收的部分后，退还投保人。"

（三）　保险标的发生部分损失，保险人进行赔偿的

依据我国《保险法》第 58 条规定："保险标的发生部分损失的，自保险人赔偿之日起三十日内，投保人可以解除合同；除合同另有约定外，保险人也可以解除合同，但应当提前十五日通知投保人。合同解除的，保险人应当将保险标的未受损失部分的保险费，按照合同约定扣除自保险责任开始之日起至合同解除之日止应收部分后，退还投保人。"

此外，保险事故发生，保险人履行赔偿保险金责任的（责任保险除外）；在合同有效期内，保险标的灭失，继续投保没有意义等情形下，保险合同终止。

第二节　保险人不承担责任

一　保险人不承担责任的规定

保险法中存在保险人不承担责任的规定，无须保险人解除合同，而由法律直接规定保险人不承担责任。

（一）投保人不履行如实告知义务的

依据我国《保险法》第16条第4款、第5款规定："投保人故意不履行如实告知义务的，保险人对合同解除前发生的保险事故，不承担赔偿或者给付保险金的责任，并不退还保险费。投保人因重大过失未履行如实告知义务，对保险事故的发生有严重影响的，保险人对于合同解除前发生的保险事故，不承担赔偿或者给付保险金的责任，但应当退还保险费。"

（二）保险事故发生后，投保人、被保险人或者受益人以伪造、变造的有关证明、资料或者其他证据编造虚假事故原因或者夸大损失程度的

依据我国《保险法》第27条第3款规定："保险事故发生后，投保人、被保险人或者受益人以伪造、变造的有关证明、资料或者其他证据编造虚假的事故原因或者夸大损失程度的，保险人对其虚报的部分不承担赔偿或者给付保险金的责任。"

（三）投保人故意造成被保险人死亡、伤残或者疾病的

依据我国《保险法》第43条第1款规定："投保人故意造成被保险人死亡、伤残或者疾病的，保险人不承担给付保险金的责任。"

（四）被保险人自杀的

依据我国《保险法》第44条第1款规定："以被保险人死亡为给付保险金条件的合同，自合同成立或者合同效力恢复起二年内，被保险人自杀的，保险

人不承担给付保险金的责任，但被保险人自杀时为无民事行为能力人的除外。"

（五）因被保险人故意犯罪或者抗拒依法采取的刑事强制措施导致其伤残或者死亡的

依据我国《保险法》第45条规定，"因被保险人故意犯罪或者抗拒依法采取的刑事强制措施导致其伤残或者死亡的，保险人不承担给付保险金的责任"。

（六）保险标的转让，被保险人、受让人未履行通知义务的

依据我国《保险法》第49条第4款规定，保险标的转让的，被保险人或者受让人未履行通知义务的，因转让导致保险标的危险程度显著增加而发生的保险事故，保险人不承担赔偿保险金的责任。

（七）被保险人未履行通知义务，因保险标的的危险程度显著增加的

依据我国《保险法》第52条第2款规定，被保险人未履行通知义务，因保险标的的危险程度显著增加而发生的保险事故，保险人不承担赔偿保险金的责任。

（八）保险事故发生后，保险人未赔偿保险金之前，被保险人放弃对第三者请求赔偿的权利的

依据我国《保险法》第61条第1款规定："保险事故发生后，保险人未赔偿保险金之前，被保险人放弃对第三者请求赔偿的权利的，保险人不承担赔偿保险金的责任。"

二　保险人不承担责任的理论依据

综观前述我国保险法直接作出保险人不承担赔偿保险金责任的法律规定，折射出保险法对保险合同关系调整的独特性。一方面，鉴于保险合同作为合同的一个类型，保险合同法的调整方法与合同法的调整方法具有同质属性。另一方面，保险合同法对保险关系的调整体现出对保险原理的遵从。合同法中，契约自由是统领其法律规范的核心原则。一般而言，合同法的规定首先尊重当事

人的契约自由（意思自治）——合同有约定的从约定，法律规则作为合同约定的补足性规定——合同没有约定的依据法律规定。对比视之，直接规定保险人不承担赔偿保险金责任的保险立法，不同于前文所述的做法，没有当事人意思的介入，而是由法律直接对一定条件下的后果予以规定。

分别对前文所述法律规定加以分析，保险法作出此类规定的理论支撑在于以下四个方面。

（一）保险原理的要求

从保险承保的风险特点，显著增加部分不应当纳入已经签订的保险合同之中，否则破坏保险合同的等价有偿。保险标的转让法律关系之中，危险程度显著增加的，同理。

（二）诚实信用原则的要求

保险合同承保风险具有抽象性，双方当事人必须根据对方提供的信息订立保险合同，这种合同订立的基础决定了保险合同必须具备诚实信用的属性。投保人不提供真实投保信息、故意造成保险事故，均违背了诚实信用原则的要求。

（三）公法禁止性规定的要求

犯罪行为不保，是基于公法的要求而作的保险法规定。虽然从保险原理角度，犯罪行为导致的保险事故，同样具有保险精算的基础，但是如果保险承保了此类风险，则等同于为犯罪行为支付保险金。

（四）损害填补原则的要求

保险关系，尤其是财产保险关系，是建立在一般财产关系基础之上的社会关系。财产保险的赔付，必须符合财产法禁止不当得利的基本要求，保险公司给付的保险金不能超过实际损失。

参考文献

韩世远：《合同法总论》（第四版），法律出版社，2018。

第四编

人身保险合同

第一节　人身保险的内涵及分类

一　人身保险的内涵

人身保险是当被保险人死亡、伤残、疾病或者达到合同约定的年龄、期限等条件时由保险人给付保险金的保险，简言之，人身保险是以人的生命或身体为标的的保险。在保险实务中，人身保险产品种类繁多，如意外险、重疾险、医疗险、寿险等。随着我国保险市场的繁荣，投资连结型人身保险、分红型人身保险、万能险等新型人身保险不断涌现。

二　人身保险的分类

第一，依据人身保险的保障范围，人身保险包括三种基本类型：人寿保险、意外伤害保险和健康保险。

1. 人寿保险

人寿保险是指，投保人和保险人约定，被保险人在保险期间内死亡或者除非在保险期限届满时仍生存的，由保险公司给付保险金的保险。人寿保险又包括死亡保险、生存保险、生死混合保险。

2. 意外伤害保险

意外伤害保险是指，投保人和保险人约定，在被保险人因意外伤害伤残、死亡时，由保险人给付保险金的保险。

3. 健康保险

健康保险是指，投保人和保险人约定，当被保险人在保险期限内发生疾病、分娩或者由此引起残废、死亡时，由保险人给付保险金的保险。

第二，依据人身保险的实施方式，人身保险包括强制人身保险、半强制人身保险和任意人身保险。

1. 强制人身保险

强制人身保险，是根据我国立法的强制性规定必须投保的人身保险，如应急救援人员人身意外伤害保险。依据《中华人民共和国突发事件应对法》（以下简称《突发事件应对法》）第27条的规定："国务院有关部门、县级以上地方各级人民政府及其有关部门、有关单位应当为专业应急救援人员购买人身意外伤害保险，配备必要的防护装备和器材，减少应急救援人员的人身风险。"

2. 半强制人身保险

半强制人身保险，是根据社会保险法规定应当投保的人身保险。依据《中华人民共和国社会保险法》第2条的规定："国家建立基本养老保险、基本医疗保险、工伤保险、失业保险、生育保险等社会保险制度，保障公民在年老、疾病、工伤、失业、生育等情况下依法从国家和社会获得物质帮助的权利。"基本养老保险、基本医疗保险、工伤保险、失业保险、生育保险等属于半强制的人身保险。

其中，工伤保险由《工伤保险条例》予以调整。我国《工伤保险条例》第2条规定，中华人民共和国境内的企业、事业单位、社会团体、民办非企业单位、基金会、律师事务所、会计师事务所等组织和有雇工的个体工商户应当依照本条例规定参加工伤保险，为本单位全部职工或者雇工缴纳工伤保险费。中华人民共和国境内的企业、事业单位、社会团体、民办非企业单位、基金会、律师事务所、会计师事务所等组织的职工和个体工商户的雇工，均有依照本条例的规定享受工伤保险待遇的权利。

3. 任意人身保险

任意人身保险，是无法律的强制性规定，依据当事人的自由意愿投保的人身保险。任意人身保险由《中华人民共和国保险法》（以下简称《保险法》）加以调整。

笔者有话说：推行应急救援人员强制人身意外伤害保险的建议

一　推行应急救援人员强制人身意外伤害保险的法律依据

我们经历的新冠肺炎疫情紧急公共卫生事件受到《突发事件应对法》的调整，依据该法第 3 条的规定："本法所称突发事件，是指突然发生，造成或者可能造成严重社会危害，需要采取应急处置措施予以应对的自然灾害、事故灾难、公共卫生事件和社会安全事件。"

《突发事件应对法》第 27 条规定："国务院有关部门、县级以上地方各级人民政府及其有关部门、有关单位应当为专业应急救援人员购买人身意外伤害保险，配备必要的防护装备和器材，减少应急救援人员的人身风险。"从法律属性上，应急救援人员人身意外伤害保险应当属于强制保险。

二　紧急救援人员的范围

我国《突发事件应对法》并没有直接规定紧急救援人员的范围，以紧急救援的参与程度以及紧急救援的目的可以推知，在新冠肺炎疫情公共卫生事件中，所有参与疑似新冠肺炎患者排查、已患新冠肺炎患者治疗的医护人员，以及处于隔离区域的所有医护人员和其他工作人员均应属于紧急救援人员。

三　紧急救援人员人身意外伤害保险费用的支付主体

依据《突发事件应对法》第 27 条的规定，紧急救援人员人身意外伤害保险的保险费应当从国家财政中支付，具体缴纳部门是"国务院有关部门、县级以上地方各级人民政府及其有关部门、有关单位"，我们认为，缴纳保险费的部门应当更具体地落实到参与紧急救援人员的所在单位，即医护人员所在医院、其他人员所属单位；然后由该医院或者单位向所在地区政府的医疗管理部门（卫生局等）报销，医疗管理部门再从同级财政处获得该部分保险费支出。以此保障人身意外伤害保险费用的落实和支付的效率。

四　紧急救援人员人身意外伤害保险的承保主体及承保责任

紧急救援人员所在地的各大保险公司均应成为该人身保险的承保主体，若有保险公司拒绝承保，银行保险监督管理部门应给予处罚。

我国暂时没有具体贯彻《突发事件应对法》第27条规定的紧急救援人员人身意外伤害保险的条例和规章，建议由国务院授权银保监会、民政部等部门制定具体的实施条例。

第二节　人身保险利益

我国《保险法》对保险利益的规定显现出三层结构特点：保险利益规定在第二章第一节一般规定第12条中；人身保险利益规定在第二章第二节人身保险合同第31条中；财产保险利益规定在第二章第三节第48条中。有关人身保险利益，以下问题需要进一步探查。

一　认定人身保险利益的方式

通过前文有关保险利益的论述我们知道，无论是人身保险合同还是财产保险合同均应当符合保险利益的规定。保险利益可以将保险同赌博区分开来，也具有防范道德风险的功能。故此有法谚称"无保险利益，则无保险"。如果投保人（被保险人）对保险标的没有保险利益，则保险合同不成立。由于两大法系对人身保险利益认识不一，具体采用的认定方法也不同，我国在保险立法时如何借鉴两大法系的立法经验上分歧较大，也使借鉴的结果成为一种杂糅式立法。

（一）我国《保险法》认定人身保险利益的方式

我国对人身保险利益的认定采取双重标准并存的立法模式：列举式和同意式。我国《保险法》第31条是认定人身保险利益的规定，"投保人对下列人员具有保险利益：（一）本人；（二）配偶、子女、父母；（三）前项以外与投保人有抚养、赡养或者扶养关系的家庭其他成员、近亲属；
（四）与投保人有劳动关系的劳动者。除前款规定外，被保险人同意投保
人为其订立合同的，视为投保人对被保险人具有保险利益。订立合同时，
投保人对被保险人不具有保险利益的，合同无效。"

（1）我国《保险法》第31条规定可以分解为两部分，一部分为列举
式认定人身保险利益的方式，列举的范围包括：（一）本人；（二）配偶、
子女、父母；（三）前项以外与投保人有抚养、赡养或者扶养关系的家庭
其他成员、近亲属；（四）与投保人有劳动关系的劳动者。另一部分为同
意式认定人身保险利益的方式：除前款规定外，被保险人同意投保人为其
订立合同的，视为投保人对被保险人具有保险利益。

（2）除了我国《保险法》第31条的规定，依据第34条规定，对于以
死亡为给付保险金条件的人身保险（死亡保险），合同生效还需要具备被
保险人同意的条件。在死亡保险中，出现了列举和同意的双重叠加：即使
是符合第31条列举的、具有保险利益的情形，投保死亡保险的，仍须经过
被保险人同意并认可保险金额。

这样，如何在理论上解读和解释我国《保险法》的上述规定就成为难
题：《保险法》基于何种理由规定经过被保险人同意，投保人即可对被保
险人拥有保险利益？如果这种同意源自被保险人对自身生命和健康的专属
权利，那么《保险法》基于何种理由规定列举范围内投保人对被保险人具
有保险利益？以被保险人的生命和健康利益属于被保险人专属权利为前
提，投保人对被保险人的生命和健康具有保险利益是否同这一前提相违
背？立法将列举认定保险利益置于同意认定保险利益之前，是否同被保险
人对自身生命和健康的专属权利相违背？[①]

（二）两大法系认定人身保险利益方式的差异

为了防止道德风险的发生，各国保险法都在财产保险中规定，投保人
或被保险人应当对保险标的具有保险利益，否则保险合同无效。如《德国
保险合同法》第80条第1款规定，在保险开始时，保险利益不存在的，投

[①]　对这些问题的思考进路参见潘红艳《被保险人法律地位研究》，《当代法学》2011年第1期。

保人无缴纳保险费的义务；如果保险合同是为将来的事业或将来利益投保而订立，在该利益产生之前，投保人同样无缴纳保险费的义务。但是，保险人可以向投保人要求支付与此相关的保险营业费用，同条第 3 款中规定，投保人以获得不法财产的利益为目的，将不存在的利益来投保并订立保险合同，该保险合同无效。

但是，各国立法对人身保险合同保险利益的规定却迥然不同。英美法系国家以"损害填补的保险原则"为基础，将财产保险利益的规定推广到人身保险中，主张人身保险中的投保人对被保险人应当具有保险利益，否则保险合同无效。

德国、法国以及日本等国为代表的大陆法系国家，以"人身无价"为人身保险的存在基础，不采用利益主义。在死亡保险中，合同有效与否不以投保人对被保险人是否具有保险利益为衡量标准，而是采用被保险人"同意主义"的方法确定合同效力。

如何评价我国人身保险利益的立法，我们将观察的视野拓展开去，答案自明。

二　德国和日本认定人身保险利益的规定

（一）《德国保险合同法》对人身保险利益的规定

《德国保险合同法》第 150 条第 1 款规定，投保人可以以他人的生命为保险标的加入生命保险。第 150 条第 2 款规定，以他人的死亡为保险事故投保，双方达成协议的保险金额超过普通的丧葬费用时，该保险合同必须得到被保险人的书面同意方能生效。但是，企业年金等高龄保障的团体生命保险，不在此限。第 150 条第 3 款规定，父母为未成年子女投保，根据保险合同约定，保险人对未满 7 岁的子女死亡时也负有给付死亡保险金的义务，保险金额超过一般丧葬费用的，需要征得子女本人的同意。第 150 条第 4 款规定，一般丧葬费以监管机构规定的最高保险金额为限。从《德国保险合同法》的规定中，可以看到德国对为他人生命投保采取的是"同意主义"。并不要求投保人对被保险人必须具有保险利益，被保险人的同意才是死亡保险合同生效的要件。同时值得注意的是，对带有福利性质的年金计划等团体保险无须采取"同意主义"的做法。

同时，第150条的规定有一点值得我们深切关注，即《德国保险合同法》在强调同意主义时，将其推行得十分彻底。为了防止道德风险，父母为未成年子女投保，当死亡保险金超过一般的丧葬费用时，需要征得该子女的同意。从法律条文上可见，在必要时甚至要去征求 7 岁儿童的同意，这种规定不太符合东方文化背景下我国的社会和生活习惯。

（二）《日本保险法》对人身保险合同生效的规定

《日本保险法》第 38 条规定，以生命保险合同中的当事人以外的人为被保险人的死亡保险，如果没有该被保险人的同意，该保险合同无效。第 44 条规定，在死亡保险合同中变更受益人，如果没有被保险人的同意，该保险合同无效。

从上述两条的规定中可以判定两层意思：第一，以他人生命为保险标的的死亡保险合同中，该生命保险合同的有效要件是被保险人的同意。也就是说日本在生命保险中，采用的是"同意主义"，不采用其他的方法。第二，如果被保险人不同意，或没有取得被保险人的同意，则合同无效，没有其他的方法（例如亲属主义、保险利益主义）可以替代。

三　利益主义、同意主义及亲属主义立法模式

综观各国规定可见，关于人身保险合同有效的规定大体上可以划分为利益主义、同意主义及亲属主义三种立法模式。

（一）利益主义

英美法系国家采取的是利益主义原则①，即投保人以他人的生命或身体为保险标的订立保险合同，是以投保人和被保险人相互间是否存在金钱上的利害关系或者其他利害关系为判断依据，有利害关系则有保险利益。

---

① 有关利益主义的情况，可以参阅英国《海上保险法》（*the Marine Insurance Act of* 1906）的相关规定。

利益主义把投保人与被保险人之间是否存在利害关系作为确定是否具有保险利益的唯一依据，而不要求必须经过被保险人的同意，这是一种极其危险的形式主义理论。依据这种理论，不管双方之间存在血缘、爱情关系还是存在金钱利益关系，总之凡被认为具有保险利益者，都可以以对方为被保险人投保，而无须征得对方的同意。然而人与人之间的关系是十分复杂的，即使双方具有血缘、爱情等关系，也有可能发生图财害命的道德危险。形式性地将复杂的社会关系抽象为认定保险利益有无的标准，会助长这种弊害的发生。因而，以利益主义作为认定保险利益的方法常常成为滋生实践中诸多道德危险的土壤。

（二）同意主义

前文论述可知，大陆法系国家多采取的是同意主义立法，即投保人以他人的生命或身体为保险标的订立保险合同，不论投保人和被保险人之间有无利害关系，均以投保人是否已经取得被保险人的同意为合同生效依据。投保人征得被保险人同意订立保险合同的，对被保险人有保险利益。

为防止死亡保险合同违反社会公德，在签订保险合同时，要求必须取得被保险人的同意。如果被保险人同意，则可以推断该保险合同没有违背社会的公德。至于取得被保险人同意的时间，存在两种做法。

第一，保险合同成立之前或成立时必须取得被保险人同意；

第二，并不限于一定要在合同成立之前或成立时必须取得被保险人同意，即使在保险合同成立以后取得，也不影响保险合同的效力。

从被保险人同意行为的授权属性以及设置同意制度的道德风险防范功能出发，对取得被保险人同意的时间不应当作严格限制，被保险人同意是在合同成立之前、成立之时或者成立之后，均不影响保险合同的效力，只要在保险事故发生之前取得被保险人同意即可。

（三）亲属主义

第三种立法模式是亲属主义，投保人以亲属的生命或者身体为保险标的订立保险合同，不需要亲属同意，人身保险合同即为有效。我国《保险法》第31条中"与投保人有抚养、赡养或者扶养关系的家庭其他成员、近亲属"的规定即采取的亲属主义的立法模式。这种要求人身保险合同必须存在保险利益的立法显然与英美法系的保险利益主义如出一辙。

四　我国保险立法模式评析

我国《保险法》对人身保险利益的认定以及人身保险合同生效要件采用了叠加式的立法模式，对保险利益的有无采取多种认定方法，对以"被保险人死亡为给付保险金条件的保险"要求须经被保险人同意才能有效。在保险利益的认定上，我国采取三种方式：第一，既规定了"利益主义"，法律要求投保人必须对保险标的具有保险利益；第二，也规定了"亲属主义"，法律要求投保人与被保险人有一定范围亲属关系的，投保人对被保险人具有保险利益；第三，还规定了"商贸主义"，投保人对与其有劳动关系的劳动者具有保险利益。

对于以死亡为给付保险金条件的保险，我国《保险法》第34条同时又这样规定："以死亡为给付保险金条件的合同，未经被保险人书面同意并认可保险金额的，合同无效。"从而使我国立法成为一种杂糅式立法。

立法的杂糅导致法律适用的困难：司法实践和保险经营实践中到底应该如何判断保险利益的有无：机械地以"利益主义"、"亲属主义"和"商贸主义"判断，还是深入社会关系实质进行个案单独判断？前述列举立法与"同意主义"如何协调？尤其对于以死亡为给付保险金条件的人身保险，我国《保险法》所采用的是多重要件，即作为实质性要件投保人必须对被保险人具有保险利益，同时还包含了亲属主义和商贸主义的要件在内，而作为形式性要件则应在订立合同时征得被保险人的书面同意。

本书认为，在保险实务中，"同意主义"在以下几个方面明显优于"亲属主义"和"利益主义"（至于"商贸主义"其实是为了投保的便宜，不应当纳入保险利益的有无规定之中，应交由保险经营实践具体处理）。

首先，采取"亲属主义"违背被保险人生命和健康权归属的基本理论前提，同意主义立法对投保人之资格不作限制，只要征得被保险人同意，任何人都可以投保，因此能充分满足人们对他人之生命保险的需求。

其次，"利益主义"所主张的保险利益这个概念非常含糊，判断标准也不够明确，因为立法无法罗列和穷尽所有的具有保险利益的投保人与保险标的；而我国《保险法》第31条中罗列的投保人对本人、配偶、子女、父母家庭成员或近亲属以及同意投保的被保险人具有保险利益毫无实质性意义。因为，这种列举无法解释同样属于"亲属"范围的其他亲属为何不纳入具有保险利益的范畴中，进而导致对亲属判断标准不明。相反，"同意主义"是以被保险人是否同意投保为基准，判断标准十分明确。

最后，"同意主义"更有利于保险利益规则功能的发挥，规定被保险人有权决定是否同意投保人以自己的寿命或身体投保，而通过被保险人本人的判断可以更有效地达到防止赌博危险及道德危险的功能。

鉴于以上的分析，本书认为我国《保险法》对于保险利益认定以及以死亡为给付保险金条件的合同效力的规定，应当废弃"利益主义""亲属主义"，采取"同意主义"的立法方法。

笔者有话说：人身保险利益社会性

一　人身保险利益规定与私法自治的不调和

近代社会，人成为历史舞台上的主角，从封建的等级社会中解放出来的人们，担负着作为法律主体的职责，被赋予了法律上的人格。契约自由得以成立，必须建立在权利主体和物的对应基础之上。自我决定上升为法律上的私法自治。

人身保险合同以被保险人的生命、健康、身体为保险标的，被保险人对附属于自身的综合利益具有私法自治层面的支配权。人身保险利益连接投保人和被保险人之间的关系，投保人对被保险人以人身保险利益为连接的支配关系和被保险人对自身的生命、身体和健康的自主决定出现了不调和。

二　人身保险利益的实质

作为投保人和被保险人对应的保险利益关系支撑的是辐射到诸如配

偶、父母、子女、劳动关系、债权债务关系、合伙人关系等一系列具体的、现实的社会关系。如果将这些社会关系进行利益角度的裁取，则投保人和被保险人之间的保险利益关系转化为以投保人和被保险人之间的社会性为连接的关系利益。关系利益内涵广泛，既包括亲属之间的基于亲情和血缘形成的综合利益，也包括雇主和雇员基于劳动关系形成的资本运行利益，还包括合伙人之间基于合伙经营形成的人身财产综合利益，如图1所示。

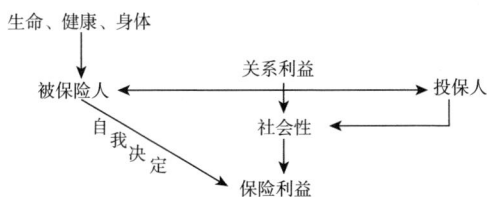

图1　关系利益的内涵

三　被保险人自我决定与投保人关系利益的协调

在人身保险利益的制度设置和评判中，要兼顾人身保险利益具有的双重属性：第一重，被保险人的私法自治属性，即被保险人对其生命、健康、身体拥有的自我决定权。第二重，投保人与被保险人之间关系的社会性，即投保人对被保险人的生命、健康、身体拥有的关系利益。两重属性并不是并重的关系，而是本源权利和衍生权利的关系，被保险人的自我决定是权利的本源，投保人对被保险人具有的关系利益是源自被保险人本源权利的衍生权利。

人身保险利益要对关系利益加以确认的前提是尊重和保护被保险人的本源权利，这种人身保险利益双重属性的立体架构决定对于人身保险利益的制度设置，应当以被保险人的自我决定为基础，以关系利益的法律价值评判和确认为体现。复归至人身保险利益的立法，对被保险人自我决定与投保人关系利益进行调和的方式就是：以被保险人同意作为规定人身保险利益的基础规则，以法律直接规定投保人对被保险人拥有保险利益作为补充规则。

第三节　人身保险合同的特殊问题

一　投保建议书及其法律性质

（一）投保建议书

保险经营实践中常常发生与投保建议书有关的争议，比如，具有投保意向的消费者（在保险合同成立之前，可称为"准投保人"）被保险代理人的加入保险的劝诱所打动，同意在约定的日期向保险人提交投保申请书，即"投保单"。在约定的时间，准投保人填写投保单之后，并通过同一保险代理人将该投保单，递交给了保险公司。保险公司在接到该投保单之后，派同一保险代理人向准投保人提交了一份盖有该公司总经理印章的"投保建议书"。该保险公司在投保建议书中提出了一些新的建议。准投保人根据该投保建议书的建议，缴纳了保险费。保险公司在收到保险费之后，随即安排准投保人（与保险合同成立后的被保险人为同一人）去做体检。体检结束后尚未等到体检报告出来，就发生保险事故，准投保人（被保险人）死亡。双方发生纷争后，诉诸法庭。有关该案中的其他的法律问题，在此不作分析，仅就投保建议书的法律性质以及在保险实务中的作用，进行探讨。

（二）投保建议书的法律性质

投保建议书是保险公司根据准投保人的具体情况，对准投保人如何投保更加符合实际情况而提出保险公司方面的提议的书面文件。在保险公司的条款中，未将投保建议书作为合同的组成部分。比如，中国人寿的"康宁定期保险"合同由保险单及所附条款、声明、批注、批单，以及与本合同有关的投保单、复效申请书、健康声明书和其他书面协议共同构成；新华人寿的"长寿安康保险"合同由保险单、本保险条款、声明、批注、批单以及和本合同有关的投保单、健康告知书、变更申请书、复效申请书及其他约定书共同构成；泰康人寿的保险合同由保险单及所附条款、声明、批注，以及和本合同有关的投保单、批单、健康声明书和其他约定书共同构成。

根据众多保险公司的习惯做法以及我国《保险法》的规定[①]，一般情况下，投保建议书不会成为保险合同的组成部分。

（三）投保建议书的内容

投保建议书是根据每一个不同的准投保人制作的，出自专家对投保的建议，那么，投保建议书中包括哪些内容？值得注意。例如，保险公司会根据准投保人对保障的具体需求，包括被保险人的情况在内，作出一些很具体的建议。也会根据准投保人理财方面的需求，提出一些保险理财方面的建议。一般情况下，保险公司会作出几套方案供准投保人选择。如果没有新的建议，则不会向准投保人提供投保建议书。一旦涉及保障的范围是否需要重新调整，保险费支付方式是否更加符合准投保人的实际经济负担能力等问题，才会向其提供投保建议书。总之，保险公司会对准投保人加入该保险中的年限、保障范围，以及根据准投保人的经济收入、对保险费的负担、保险金额等给出一些建议，而这些建议的内容，就构成了投保建议书的内容。

（四）投保建议书的作用

保险营销过程共分三步：第一步，保险营销员开始对消费者进行加入保险的劝诱（法律上称为"要约邀请"）；第二步，消费者回应了保险营销员的劝诱，表示有投保意向，并在保险营销员的指导下填写"投保单"，通过保险营销员递交给保险公司（法律上称为"要约"）；第三步，保险公司在审查投保单后，同意承保（法律上称为"承诺"），保险合同成立。

上述是订立保险合同的一般过程，这中间还有许多细节。例如，需要被保险人进行体检，需要投保人提供财务证明等。一般情况下，投保建议书是在消费者有投保意向，但对保险的具体细节还存在疑问：该保障哪些风险？保险费到底多少，如何缴纳？和保险公司约定发生保险事故给付多少保险金合适？与已经投的其他保险有没有冲突？如何安排家庭的理财？

---

① 我国《保险法》第 18 条列举了保险合同的内容，将保险人的名称和住所等十项内容列明保险合同应当包括的事项，其中并不包括投保建议书。

这些都是准投保人最关心的问题，保险行业专业性很强，需要借助保险专家的智慧，才能设计好并做好保障正常生活的安排，避免生活中发生的风险。

一般情况下，保险公司向准投保人出具投保建议书的目的，就是让准投保人在投保的时候获得保险专家的指导，尽可能避免发生重复保险，最有效地使用资金。出具投保建议书的时间，一般是在保险营销员进行了有效的"要约邀请"之后，在准投保人尚未填写投保单之前，或递交投保单之前。投保建议书以保险合同法的专业语言进行表述，准投保人根据保险公司为其量身定做的投保建议书，填写投保单，并通过保险营销员向保险公司递交该投保单，也就是向保险公司发出了要求与保险公司签订保险合同的"要约"。保险公司根据"要约"的内容，进行内部审核，作出承保或拒绝承保的决定。

（五）接收到"要约"后，出具投保建议书的法律效果

根据合同法的原理以及保险合同法的基本理论，要约方和承诺方不是固定的。消费者可以成为投保要约方，向保险公司发出要约请求，和保险公司签订保险合同，加入保险。保险公司根据准投保人的请求签订保险合同的要约，可以在内部审核之后同意承保，也可以不承保。同意承保的话，则向准投保人发出承诺。同时，保险公司在审核时，也可以向要约人提出新的条件，也就是向准投保人发出新的要约（反要约）。如果准投保人接受这个条件，就构成了合同法中的"承诺"。准投保人接受该反要约，即为实施了承诺，保险合同成立。

如果投保建议书是在准投保人递交了投保单之后，也就是向保险公司发出"要约"之后，保险公司觉得不妥当，然后向准投保人发出投保建议书，提出保险公司新的订约条件。在投保建议书中，保险公司可以提出几种投保的方案，供准投保人选择，最后由准投保人决定采用哪种方式。那么，保险公司在准投保人已经递交了投保单的情况下，再出具投保建议书的，此时投保建议书的性质发生改变，成为保险公司修改准投保人提出的要约的文件，投保建议书的法律性质是向准投保人提出新的要约（反要约）。

二　人身保险合同保险费的缴纳

（一）保险费先付的法律效力

人身保险合同不同于一般买卖合同，人身保险合同的双方当事人不可能坐在一张桌子前，同时并且一起来签署合同。因为，保险公司的法人代表不可能分别和所有的寿险合同的投保人，在同一桌子上签订合同，而是由保险公司委托的保险代理人向投保人发出保险合同要约邀请，由投保人向保险公司提交"投保单"，作为向保险公司发出签订保险合同的要约。然后由保险公司专门部门和人员负责审查投保单的内容、投保人以及被保险人的状况，以便决定是否承保，如果同意承保，保险公司会对投保人的投保要约作出承诺，人身保险合同至此成立。

保险合同不同于普通的买卖合同。普通买卖合同是等合同成立之后，便开始履行付款交货等各自承担的义务。而保险合同则不然，基于保险行业的特殊性，投保人履行交费的义务被人为地提前了。一般提前到保险合同成立之前，投保人提出投保申请之时交费，此即"保险费提前缴纳的方式"，这也是当代保险经营的典型现象。

提前收取首期保险费主要的原因包括三个方面：第一，由于在现代保险经营中，募集投保人进行投保，需要在前期投入大量的费用。获得投保人投保之后，如果发生众多投保人不缴纳保险费而使得已经签订的保险合同无法正常履行的情况，将给保险公司的经营带来很大的损失。第二，在募集的初期，保险公司要投入很大费用，因此，希望通过提前收取的方式，来缓解保险公司的资金流通问题。第三，这种收费方式的功能，类似于普通买卖合同中的"定金"（预付款）。投保人向保险公司交付"定金"的行为的目的，是使投保人坚定其投保意愿，防止投保人反悔。

从收费行为的性质上看，这确实是一种保险费提前收取的方式。人身保险行业为了规避法律上的风险，尤其是保险合同法上的各种问题，避免消费者为此讨说法，各家保险公司都在如何使用收费名称上下了一番功夫。一般不会直接将这笔费用称为"保险费"，而是采用投保人将"相当于首期保险费的金额"预先存放在保险公司的表述方法，一旦保险合同成立，立即将其转为正式的保险费。在开具收款证明文书时，不会使用"收费""收款"的字样，也不采用"收据""凭证"等比较敏感的字眼，而是出具"保管证"。具体的操作方法为，有投保意向的消费者向保险公司发出要约，也就是填写投保单后，把"相当于首期保险费的金额"存放在保险公司。保险公司出具"相当于首期保险费金额的保管证"。国内外的保险公司做法基本相同，欧美和日本的保险公司几乎都采取的是这种做法。

保险行业的用词混乱和概念不清，引发诸多保险纠纷，例如，在某诉争案件的上诉状中，上诉人主张："上诉人并未收到投保人缴纳的保险费。根据保险行业惯例，投保人只是将一定的资金预存于上诉人处，待上诉人同意承保并根据投保人的财务和健康状况，来核定实际保险费后，将此项资金用于交纳（转为）保险费，以减少以后的手续。所以，上诉人出具的是'临时收款凭证'，该临时凭证本身就表明某人只是预交费，而不是实际支付保险费……可见，某人预存款项的行为，根本不等同于实际缴纳保险费。"问题的实质在于预存和预交的性质不同，"临时收款凭证"是一个存在歧义的概念，包括两层意思，一是"临时收款的凭证"；二是"临时的收款凭证"。如果是前者，说明收款是临时的；后者则说明凭证是临时的。到底什么意思，表述确实不清。

"临时收款凭证"所收缴的费用是"预存款"还是"预交款"？"预存"和"预交"本来就不是一个概念，差异很大。"预存"是指，将客户的资金预先寄存在保险公司；而"预交"则是将以后应该交付的费用预先或提前交付。在前述的保险费提前交纳的阐述中，我们可以知道，保险公司对外宣传或公布的一般是"预存"的方式，而不会使用"预交"的说法。

但是上诉状却将两者混为一谈。先是声称"上诉人并未收到某某投保人缴纳的保险费"，接着又说"投保人只是将一定的资金预存于上诉人处"，如果是预存的话，则不会用"收款凭证"的字样，而应该用"临时保管现金的凭证"。后又主张"该临时凭证本身就表明某人只是预交费"时，又承认"只是预交费"，否定是"预存"。既然承认收取的是"预交费"，那么应该是将以后应该收取的费用预先或提前收取了。因此，可以判断，"上诉人并未收到某某投保人缴纳的保险费"并不完全符合事实，根据上诉状提供的信息分析，确切地说，上诉人（保险公司）已经收到了某某投保人预先或提前缴纳的保险费。从上述的分析中，我们不难看出，上诉人在陈述自己主张的诉状中，基本概念混乱，自相矛盾。由此可见，我们有必要对保险法的基本法理以及保险经营学的基本原理进行梳理，以探查解决法律适用以及诉争案件纠纷的路径。

（二）探查保险费先付法律效果应当考量的因素

"保险费先付"和"承保前死亡"是紧密相关的两个问题，保险费先付之后在保险人和投保人之间产生一系列事实后果，这些后果是我们探查保险费先付以及承保前死亡法律效力的实践指向诸多因素的利益均衡考量。在未获得保险人承诺之前先付保险费，如果依据一般判定保险合同成立时间的方法，在保险人承诺时保险合同成立，加以判断，则会导致以下后果。

第一，保险人汇集了投保人预交的保险费却不承担责任，导致保险人获得保险费累积生息部分的不当得利。

第二，投保人预交保险费以后，一般不会就同一危险再向其他保险人购买同类保险，投保人交费以后会产生对危险转嫁的常识性期待。一旦在保险人承诺之前出险，保险人不承担责任，会使投保人的常识性期待落空。

第三，保险人收取了投保人预交的保险费以后，就获得了投保人向其投保的机会，如果保险人在正式作出承诺之前无须承担任何责任，会诱发保险人故意拖长承诺时间，进而侵害投保人的期限利益。

第四，收取预交的保险费以后，保险人需要进行核保，以确保投保人的投保申请符合保险人的承保条件，因而需要必要的作出承诺的时间。虽然是预交费，但交费行为产生的法律效果毕竟不同于保险人承诺之后的保险合同效力，由保险人承担从预交费开始至承诺时为止的全部责任也有失偏颇。我们同承保前死亡问题一起探查解决路径。

（三）承保前死亡

保险公司尚未承保的情况下，发生被保险人死亡的案件（这在保险法上被称为"承诺前死亡"），一度引起保险学界和业界的深切关注①。我国《保险法》对从缴纳保险费到保险公司承保（承诺前）这一段时间内投保人可能发生的意外风险责任应当由谁承担，并无规定。鉴于司法实践的推动②，司法解释中增加了对这一问题的规定。2013年，《最高人民法院关于适用〈中华人民共和国保险法〉若干问题的解释（二）》第4条对此类争议的裁判作了明文规定，"保险人接受了投保人提交的投保单并收取了保险费，尚未作出是否承保的意思表示，发生保险事故，被保险人或者受益人请求保险人按照保险合同承担赔偿或者给付保险金责任，符合承保条件的，人民法院应予支持；不符合承保条件的，保险人不承担保险责任，但应当退还已经收取的保险费。保险人主张不符合承保条件的，应承担举证责任"。

从比较法视角，在国外立法中保险费先付、承保前死亡是通过追溯保险的法律制度加以解决的。

三 追溯保险

（一）保险合同成立前的追溯保险

1. 追溯保险的构造

保险合同的成立与普通合同的成立差别很大。依据我国《保险法》第13条的规定，投保人提出保险要求，经保险人同意承保，保险合同成立。第14条又规定，"保险合同成立后，投保人按照约定交付保险费，保险人按照约定的时间开始承担保险责任"。据此，保险合同成立应当先于保险费缴纳。但是，现代人身保险的实务中，一般实行"保险费提

---

① 有关的新闻报道参见"刚买百万保险凌晨遇害200万附险该不该赔？"（《南方都市报》2002年7月28日）；"承诺前死亡被保险人遭遇保障真空"（《中国保险报》2002年9月11日）。

② 我国发生过一起涉及300万元死亡保险金的"承诺前死亡"诉讼案件。当投保人递交了投保单，缴纳了首期保险费之后，体检完毕，在等待保险公司承保之前，被保险人发生了保险条款中所规定的保险事故。保险公司在处理该案中，根据主合同条款的规定，向受益人支付了100万元死亡保险金，而又根据附加合同条款的规定，拒绝向受益人支付200万元死亡保险金。这引起了受益人的不满，将保险公司推上被告席。参见沙银华《被保险人承保前死亡 保险公司拒赔》，《法律与生活》2003年第17期。

前缴纳"，因为"后付式"保险存在着各种营业风险。所以，在人身保险的展业过程中，一般采用在保险人承保之前收取首期保险费或暂时收取相当于首期保险费的钱款，等保险合同成立之后，再将此钱款作为正式的首期保险费，进而出现保险法律规定与保险实践情形不能完全对应的问题。

不仅在人身保险中存在承诺前发生保险事故的情况，财产保险中也有这种现象。保险发展的几百年历史中，对保险合同正式成立之前，即保险公司承诺之前发生保险事故，都有一定的规律可循。在国际保险行业中，很多保险产品中均包含追溯保险的约定。所谓追溯保险，就是保险公司对保险合同成立之前发生的保险事故，也承担保险责任。

2. 《德国保险合同法》规定的追溯保险

《德国保险合同法》第 2 条第 1 款规定："保险合同的效力可以约定溯及至合同订立的时间前开始。"第 2 条第 2 款同时规定了两种除外情况。第一，"订约时，保险人知道危险不会发生或者已经发生的，保险人不得收取保险费"。第二，"订约时，投保人知道危险已经发生的，保险人不承担给付保险金义务"。

3. 《日本保险法》规定的追溯保险

《日本保险法》第 4 条（损害保险）和第 39 条（生命保险）几乎以同样的文字，各自规定了追溯保险的定义。追溯保险是，在保险合同（损害保险合同或死亡保险合同）成立之前发生的保险事故（损害保险合同规定的事故或生命保险合同规定的死亡事故），保险人承担给付保险金义务。日本保险法在上述法条中，规定了两种保险合同无效的情况。

第一，保险合同正式成立之前的情况。在作为保险合同（损害保险合同或死亡保险合同）成立之前发生保险事故（损害保险合同规定的事故或生命保险合同规定的死亡事故）为给付条件的保险合同中，当投保人或被保险人提出投保申请或承诺时，投保人或受益人已经知道发生了保险事故的，该保险合同无效。

第二，尚未正式投保之前的情况。在作为正式申请投保之前发生保险事故为给付条件的保险合同中，当投保人或被保险人提出投保申请时，保险人知道保险事故不会发生的，该保险合同无效。

一方面，《日本保险法》已经追随《德国保险合同法》，认可"追溯保险"的合法化；另一方面，为了保护消费者和保险经营方的利益，法律分别规定了两种保险合同无效的情况。

（二）追溯保险的实务操作及分类

保险合同具有双务性特征，投保人应当履行自己缴纳保险费的义务，保险人应当履行保险合同所规定的给付保险金义务。据此，保险责任应该从投保人履行了缴纳保险费的义务之后开始。在收取充当首期保险费的金额时，保险合同尚未成立，符合保险合同成立要件的保险人的"承诺"尚未作出，在收取充当首期保险费的金额开始至保险人承保之前，这段时间被称为"承诺前"。

1. 我国保险行业对追溯保险的实务操作

对"承诺前"这段时间中，投保人可能发生的风险责任的归属，我国保险行业的处置方法各有不同。各家保险公司的做法基本可以分为以下三种情况：第一，"不承担责任方式"，没有在保险条款中对"承诺前死亡"现象给予约定或设置解决办法，采取不承担保险责任的方式。第二，"折中方式"，某保险公司对"承诺前死亡"采用支付限额保险金的做法。限额保险金额为保单计划书所载的保险金额或50000元人民币，以少者为准。第三，"全额给付方式"，也就是全额给付保险金。

其中"折中方式"和"全额给付方式"是一部分已经在我国开业的外资保险公司所采取的方法，并在保险条款上明确记载，与国际惯例是吻合的，同时也符合现代保险业经营模式的要求。例如，在日本人寿保险公司的实际业务中，保险责任一般是从收到充当首期保险费的金额（一般是在保险合同成立之前）时开始的。日本的人寿保险公司一般都在保险的条款中约定，保险公司开始承担保险责任是在向投保人收取了充当首期保险费金额，也就是在投保人填写了投保单并将投保单交给保险营销员，将充当首期保险费金额交给保险营销员以后的次日凌晨开始，保险公司开始承担保险责任。日本的保险法理论上将这种现象称为"保险责任的追溯效果"。意为，虽然保险合同尚未成立，保险公司就开始承担保险责任，按保险合同法的理论是无法解释的，但是，可以通过将履行保险责任的开始时期提前，也就是追溯到保险合同成立之前开始，当然前提条件是排除恶意利用这种制度的行为。

2. 追溯保险的分类

按照追溯保险依据和来源的不同，可以将追溯保险分为约定追溯保险和法定追溯保险两种类型。约定追溯保险是当事人在订立保险合同时，特别约定保险人对于保险合同成立前所发生的危险事故也承担保险责任；法定追溯保险是根据法律的规定，保险人对于保险合同成立前所发生的危险事故承担保险责任。

（三）我国借鉴追溯保险制度的必要性

由于追溯保险是保险责任开始的日期追溯到保险合同成立前的某一个时间点开始的保险，将其纳入保险立法之中符合大陆法系国家的立法趋势，符合保险经营的国际惯例，符合我国保险实务的要求。

保险实务中，保险责任开始时间一般有以下四种情况：第一，保险人表示接受投保人申请（要约），并作出承保决定（承诺）时；第二，追溯到投保人发出要约并缴纳相当于首期保险费的金额时；第三，保单签发日期；第四，按照保险合同中约定的日期开始。

在人身保险的实务中，虽然我国《保险法》规定，保险责任开始的时间为上述的第一种和第四种，却常常以第三种（保单签发日期）或第四种（保单中规定的日期）为开始的依据。人身保险的投保人是在提出投保申请（要约）的同时预交首期保险费，除了"快餐式"简易保险（很多银行保险产品就属于这一类）之外，投保与承保之间必定存在时间差，保险人接收到投保申请（要约）和预交首期保险费后，并不一定接受该要约并承保。一旦在投保人发出要约保险人还未承诺时，发生了保险事故，将面临保险人所承担的保险责任能否追溯到投保人发出投保申请（要约）和预交首期保险费时的问题。

投保人希望保险合同能够在预交保险费时就成立，而保险人必须通过核保来控制风险。如采用"追溯保险"的方式，既能够使得保险合同的"真空期"中投保人和受益人的利益得到保护，也能够避免很多类似的保险纠纷的发生。

大陆法系很多国家在立法中明确规定，一旦保险人接受申请投保的要约表示承保时，保险合同的效力就追溯到投保人提出投保申请（要约）并且预交首期保险费的时间点。

本书认为，采用追溯保险的方式既可以为符合承保条件的被保险人提供保障，又能够兼顾保险人控制逆选择等风险的需求，因而有利于我国保险业的发展。

第四节　人身保险合同的关系人

一　被保险人

我国《保险法》第12条第5款规定："被保险人是指其财产或者人身受保险合同保障，享有保险金请求权的人。"我国《保险法》对于人身保险被保险人的规定形成了一个规则体系，这一规则体系包括以保险金请求权为核心的被保险人权利的规定，以及以被保险人同意为核心的规定。

（一）保险金请求权为核心的被保险人权利的规定

第一，保险金请求权归属于被保险人（《保险法》第12条）；第二，人身保险的受益人的指定和变更权最终归属于被保险人（《保险法》第39条、第41条）；第三，被保险人死亡，如果没有适格受益人，保险金纳入被保险人的遗产处理（《保险法》第42条）。

从保险合同最核心利益——保险金请求权视角，我国《保险法》的上述规定可以看出，我国《保险法》将保险合同利益赋予了被保险人。与之相对应的是，在投保人和被保险人不为同一人的情况下，作为保险合同当事人的投保人承担缴纳保险费的义务（《保险法》第13条、第14条），却不享有保险合同利益。

（二）以被保险人同意为核心的规定

第一，被保险人对投保人是否具有保险利益的同意（《保险法》第31条）；第二，被保险人对死亡保险合同投保及转让质押的同意（《保险法》

第 34 条）；第三，被保险人对投保人指定和变更受益人的同意（《保险法》第 39 条、第 41 条）。

综观这些规定，我国人身保险的法律制度中体现出"被保险人中心主义"的特点。

（三）死亡保险道德风险的防范

在人身保险实务中，生命保险中的定期保险、终身保险，以及养老保险，一般都包括以被保险人死亡作为给付保险金条件的承保内容，我们称为死亡保险。在以他人为被保险人的保险中，被保险人是他人，是以他人死亡为条件而产生保险公司给付保险金的保险，十分容易引发道德风险。为了骗取保险金而杀人的事件时有发生，因此，保险行业对以他人的死亡为条件的保险采取十分严格的管理，法律也十分明确规定了种种措施，以防发生道德风险。集中体现为死亡保险合同订立以及转让和质押的同意。

以他人的死亡为条件的保险，在签订保险合同时，也就是投保人在投保的时候，必须得到被保险人的同意，该保险合同方能生效。我国《保险法》规定，订立以死亡为给付保险金条件的人身保险合同须经过被保险人同意，该保险合同的转让和质押也要经过被保险人同意，详细法条规定如下：依据我国《保险法》第 34 条第 1 款和第 2 款："以死亡为给付保险金条件的合同，未经被保险人同意并认可保险金额的，合同无效。按照以死亡为给付保险金条件的合同所签发的保险单，未经被保险人书面同意，不得转让或者质押。"

（四）指定和变更保险金受益人的权利

我国《保险法》第 39 条和第 41 条规定了被保险人或者投保人享有指定和变更受益人的权利，投保人指定和变更受益人须经过被保险人同意。第 39 条规定："人身保险的受益人由被保险人或者投保人指定。投保人指定受益人时须经被保险人同意……被保险人为无民事行为能力人或者限制民事行为能力人的，可以由其监护人指定受益人。"第 41 条规定："被保险人或者投保人可以变更受益人并书面通知保险人……"法律条文上的被保险人顺序在先，投保人顺序在后，投保人指定或变更受益人须得到被保险人同意。而受益人是在保险事故发生时有权行使保险金请求权的人。[①] 可见，不仅被保险人本身被界定为享有保险金请求权的主体，被保险人指定和变更受益人的权利实质也是对保险金请求权的处分，即"被保险人以生前意思决定保险金享有主体的权利，与被保险人对其遗产的处分类似"[②]。

综观我国《保险法》对人身保险被保险人的规定，将被保险人的权利锁定为请求保险金的权利，剔除权利的法律制度支撑，回归到权利的源泉——利益，将保险合同权利和保险合同利益作并同观察。与一般合同当事人权利作比对，人身保险合同中，被保险人成为保险合同利益的享有者，被保险人的同意成为影响和决定保险合同效力的核心要素，即被保险人享有合同利益，同时决定合同效力。

（五）父母以未成年子女为被保险人购买死亡保险的法律限制

我国《保险法》第33条规定："投保人不得为无民事行为能力人投保以死亡为给付保险金条件的人身保险，保险人也不得承保。父母为其未成年子女投保的人身保险，不受前款规定限制。但是，因被保险人死亡给付的保险金总和不得超过国务院保险监督管理机构规定的限额。"第34条第3款规定，父母为其未成年子女投保人身保险，包含以死亡为给付保险金条件的承保范围，无须经过该被保险人的同意。正确理解前述规定，需要考量以下几个方面的内容。

1. 道德危险防范的需求

禁止为无民事行为能力人投保死亡保险，是出于道德危险防范的需要。在投保人以他人为被保险人购买人身保险时，我国《保险法》中设置一系列防范道德风险的制度：保险利益、被保险人同意、被保险人指定变更受益人的权利等。在死亡保险中，需要加强对无民事行为能力人的保护，完全禁止符合对无民事行为能力人的民事主体保护的法律制度的初衷。又鉴于父母与未成年子女之间的特殊亲密关系，以及父母为未成年子女购买人身保险的现实需求，我国《保险法》对父母为未成年子女投保死

[①] 潘红艳：《论〈保险法〉对投保群体利益的保护》，《法制与社会发展》2019年第4期，第206页。

[②] 潘红艳：《被保险人法律地位研究》，《当代法学》2011年第1期，第98页。

亡保险作了例外规定，但同时规定保险金额总和不得超出保险监督管理机构的限额。

2. 对未成年子女的概念理解

我国《保险法》第 33 条和第 34 条表述中对未成年子女的理解应当与第 33 条中"无民事行为能力人"的概念保持一致，未成年子女的标准是以《民法》中对无民事行为能力人的年龄界定为标准的。是否对"未成年子女"作与"无民事行为能力人"范围相同的修正，是否将同属于无民事行为能力人的患精神病的子女纳入父母以子女为被保险人购买死亡保险的调整范畴，则应当综合考量道德危险防范必要、法律解释的统一，以及保险经营等因素，进行立法层面的调整。为保证法律概念使用的统一，以及避免法律适用的歧义，本书建议将我国《保险法》第 33 条和第 34 条中"父母为其未成年子女投保的人身保险"，统一修改为"父母为其无民事行为能力子女投保的人身保险"。

3. 对父母概念的理解

保险法中并未对父母的概念加以界定，应当结合具体的情形，借由《民法典》婚姻家庭编中有关收养等亲属法的规定加以确定。比如，如果父母和子女是出于收养而形成的亲子关系，则应当适用我国《民法典》第五编婚姻家庭编第五章收养第 1111 条的规定："自收养关系成立之日起，养父母与养子女间的权利义务关系，适用本法关于父母子女关系的规定；养子女与养父母的近亲属间的权利义务关系，适用本法关于子女与父母的近亲属关系的规定。养子女与生父母及其他近亲属间的权利义务关系，因收养关系的成立而消除。"将养父母，而非生父母确定为保险法中规定的父母，以保持各个部门法法律适用的统一，避免法律解释层面的冲突。

二　受益人

(一) 受益人的概念和类型

1. 受益人的概念

我国《保险法》第 18 条界定了受益人的概念，"受益人是指人身保险合同中由被保险人或者投保人指定的享有保险金请求权的人"。在人身保险合同一节中第 39 条、第 40 条、第 41 条、第 42 条、第 43 条、第 46 条规定了受益人的内容。根据第 39 条的规定，我们可以间接地给出受益人的概念。第 39 条第 1 款规定："人身保险的受益人由被保险人或者投保人指定。"综上，我国保险法中的受益人是指，人身保险合同中由被保险人或者投保人指定的，享有保险金请求权的人。

鉴于保险合同法的私法属性，并不排除财产保险中受益人的存在，保险实践中常常在财产保险中出现受益人栏，我国保险监督管理机构对财产保险中受益人进行规制也是基于这一考量。比如，我国保监会 2006 年发布的《关于进一步加强贷款房屋保险管理的通知》中倡导保险公司增加对提前还贷者转换受益人的服务。①

2. 受益人的类型

在人身保险合同中，根据被保险人和受益人的不同，人身保险合同可以分为几种类型。第一类：自己的寿命和身体，为自己的保险。投保人为自己投保，以自己为被保险人，也以自己为受益人。第二类：他人的寿命和身体，为自己的保险。投保人为自己而投保，以他人为被保险人，以自己为受益人。第三类：自己的寿命和身体，为他人的保险。投保人为他人而投保，以自己为被保险人，以他人为受益人。第四类：他人的寿命和身体，为他人的保险。投保人为他人而投保，以他人为被保险人，以他人为受益人。第五类：第三者的寿命和身体，为他人的保险。投保人为他人而投保，以第三者为被保险人，以他人为受益人。

第一类、第二类保险被称为"为自己的保险"，而第三、第四、第五类保险被称为"为他人的保险"。另外，根据投保人和被保险人的不同，还可以将人身保险分为"以自己人身的保险"合同和"以他人人身的保险"合同。

由于除了以自己的生命，为自己的保险之外，以"以他人人身的保险"以及"为他人的保险"均或多或少存在道德风险（moral hazard）。因

---

① 对财产保险受益人的评析，参阅潘红艳《房屋抵押贷款综合保险法律问题研究》，载贾林青、李祝用主编《海商法保险法评论》（第六卷），知识产权出版社，2014，第 210~211 页相关内容。

此,《保险法》一般对指定和变更受益人有比较严格的规定。

(二) 受益人的指定和限制

受益人的指定和变更权归属于被保险人和投保人,前文在被保险人中已有论述。一般情况下,法律对将何人指定为受益人不加限制,而是交由被保险人和投保人决定,同时通过保险利益制度、受益人丧失受益权的规定以及投保人指定受益人时须经被保险人同意的规定对在受益人指定和变更过程中存在的潜在道德风险进行防范。需要注意的是,第 39 条第 2 款规定的情况:"投保人为与其有劳动关系的劳动者投保人身保险,不得指定被保险人及其近亲属以外的人为受益人。"《保险法》第 31 条中规定,投保人对与其有劳动关系的劳动者具有保险利益。在企业经营背景下,投保人和劳动者之间的关系属性更多地体现出经营为核心的关系特质,与第 31 条列举的其他基于血缘和亲属关系属性不同。这样,劳动关系中无法实现以亲属关系本身所蕴含的亲情、感情联系实现道德风险防范的功能。投保人可能利用劳动隶属关系侵害被保险人的权利,故此,在受益人指定范围内加以法律限制,防止投保人指定被保险人及其近亲属以外的人为受益人。

从目前我国《保险法》的立法阶段出发,第 39 条对受益人指定范围的这一限制应当理解为强制性规定。并且,为了实现道德风险防范的制度功能,应当增加以转让保险合同利益的形式转让保险利益行为无效的规定。实践中,会出现投保人为劳动者投保人身保险,虽然指定了劳动者的近亲属为受益人,但是劳动者死亡出险后,投保人向指定的受益人进行赔偿,同时利用该受益人的无知以及急于解决问题获得赔偿的心理,从指定的受益人处获得转让领取保险金的权利的文件,然后向保险公司请求给付保险金。这种现象的实质就是以转让保险合同利益的形式转让保险利益的行为,法律应当加以禁止。

(三) 受益人变更及判定标准

依据《保险法》第 41 条规定:"被保险人或者投保人可以变更受益人并书面通知保险人。保险人收到变更受益人的书面通知后,应当在保险单或者其他保险凭证上批注或者附贴批单。投保人变更受益人时须经被保险人同意。"

从变更受益人权利的性质出发，这一规定更多地具有规范保险经营的指示性效果，原因在于：变更受益人的权利属于形成权，权利主体是被保险人和投保人，不属于投保人和保险人协商一致的内容，变更受益人的行为无须征得保险人同意。但是，从保险金受领权享有主体的角度，被保险人和投保人变更受益人以后应当将变更后的受益人以某种方式通知保险人，以便保险人知悉。

从尊重被保险人和投保人意思自治以及权利处分的因素考量，变更受益人的通知只要先于保险事故发生之时即可，甚至是否到达保险人处都可以在所不问。只要能够确定被保险人和投保人具有明确的变更受益人的意思表示，并且这种意思表示已经通过特定的方式通知保险人，就可以认定受益人变更行为的效力。至于保险人收到书面通知，是否在保险单或者其他保险凭证上批注或者附贴批单，仅为形式要件，不能以此否定被保险人和投保人变更受益人的行为，也不影响变更后的受益人享有保险金请求权。

但是，被保险人和投保人只是向特定主体表达了变更受益人的意愿，被保险人和投保人可以发出通知却并没有真正将这种意愿通知保险人的，不能判定是对受益人的变更。

（四）保险金受益人的权利和义务

1. 保险金受益人取得权利的根据

我国《保险法》规定，保险金请求权属于被保险人。被保险人或者投保人将受益权指定给第三者，也就是将第三者指定为保险金受益人之后，保险人就免除了向被保险人给付保险金的义务。据此，从法律理论的构成来看，保险金受益人取得受益权的理论根据是由于被保险人将理应由自己所享有的权利，通过指定保险金受益人的方式将该权利转让给了受益人。经过指定之后，受益人获得的保险金请求权则源自保险法的直接规定。保险金受益人的权利不是基于继受取得，而是基于保险合同的约定以及保险法的直接规定，作为固有权利而取得。如果采用抽象指定方法，投保人将保险金受益人指定为"继承人"时，继承人是复数的，则按照继承遗产的应得比例进行分配。

2. 受益人的权利内容

通过保险合同所指定的保险金受益人，所取得的权利是保险金请求权。而其他的权利，如合同解除权、保险费返还或减少请求权、保险证券（保单）交付请求权等，仍属于投保人。另外，现金价值请求权、保单分红请求权也应当属于投保人。但是，如果在保险条款中加以约定，这两项权利由保险金受益人来取得的话，并不违反保险经营原理和保险合同法理。

3. 受益人的义务

我国《保险法》第18条规定"投保人、被保险人可以为受益人"，但是，保险金受益人不必然是投保人，所以没有承担保险合同义务的必要。当投保人宣告破产时，保险人可以请求保险金受益人缴纳保险费。保险金受益人可以选择继续向保险人缴纳保险费、继续维持保险合同的效力，也可以拒绝缴纳保险费、放弃保险合同所赋予的保险金请求权利益。

此外，保险金受益人还负有将被保险人死亡的消息通知保险人的义务。

三　保险金继承人

有些人身保险合同，尤其是寿险合同，长期保险合同占多数，有10年期、20年期，甚至有30年期乃至被保险人终生有效的人身保险合同。因此，难免会在合同有效期间内发生意外的事件。在死亡保险合同中，受益人先于被保险人之前死亡，在保险事故发生后，其保险金受益权该如何处理？受益人在保险事故发生之前死亡，在保险事故发生之后，应当受益的是受益人的继承人，还是被保险人的继承人，抑或是将保险金请求权归属于投保人？

我国《保险法》第42条规定了保险金作为遗产的情形："被保险人死亡后，有下列情形之一的，保险金作为被保险人的遗产，由保险人依照《中华人民共和国继承法》的规定履行给付保险金的义务：（一）没有指定受益人，或者受益人指定不明无法确定的；（二）受益人先于被保险人死亡，没有其他受益人的；（三）受益人依法丧失受益权或者放弃受益权，没有其他受益人的。受益人与被保险人在同一事件中死亡，且不能确定死亡先后顺序的，推定受益人死亡在先。"可见，受益人在保险事故发生之前死亡的，我国《保险法》将保险金请求权主体规定为被保险人的继承人。

1. 《德国保险合同法》对受益人无法行使保险金请求权的规定

投保人投保的目的，是自己支付保险费，受益人能获得利益。德国的立法完全是站在投保人的立场对此种情况给予处理的。

《德国保险合同法》第 160 条第 3 款对受益人无法获取保险金请求权的情况规定为"当被指定为受益人的第三者无法行使保险金请求权时，对保险人的保险金请求权归属于投保人"。

从该条规定可以看到，《德国保险合同法》对投保人指定第三者为受益人后，但受益人无法行使（例如，先于被保险人死亡等）或放弃行使保险金请求权时，该保险金请求权则归属于投保人（the policyholder）。其依据在于，保险合同的当事人是投保人，投保人是缴纳保险费义务的承担者，一般该受益权是投保人以自己的投保行为，履行缴纳保险费义务的代价而换取保险金请求权。投保人为他人投保时，自己并不希望成为保险金的受益人，而是希望将受益权指定给其他亲人，或和他有特殊关系的人，也就是指定第三者为受益人。一旦发生诸如受益人先于被保险人死亡的情况，投保人投保目的无法实现，《德国保险合同法》将受益权回归给投保人而非被保险人，符合投保人订立保险合同的初衷。

2. 受益人先于被保险人死亡，应由何人取得保险金请求权

根据我国《保险法》的规定，当受益人先于被保险人死亡后，在无其他受益人的情况下，由被保险人的继承人享有保险金请求权。如此，被保险人的继承人将获得保险合同利益，并从法律上得到了保护，但是，投保人在投保时希望通过投保来保障受益人能获得保险金的愿望则无法实现。

根据我国《保险法》的规定，受益人是由被保险人或投保人来指定的，如果受益人先于被保险人死亡，被保险人可以重新指定自己的继承人作为受益人，可见，无论从受益人的指定权享有主体的规定，还是从我国《保险法》第 42 条的规定，受益人先于被保险人死亡的，均可以得出由被保险人的继承人取得保险金请求权的结论。

但是如此规定，有违于投保人的意愿，如果投保人对受益人先于被保险人死亡后，不愿意把受益权由被保险人的继承人来继承，对由被保险人的继承人享有受益权表示异议，在法律明文规定"由被保险人的继承人来获得受益"的情况下，投保人的意思将无法对抗被保险人的继承人。那么，投保人唯有解除保险合同，获得解约时的现金价值，才能避免上述情形出现。我们以"投保人为什么投保"设问，将前述基本思路绘制成图（见图2），以期与"谁出资，谁受益"的一般交易形态保持一致。

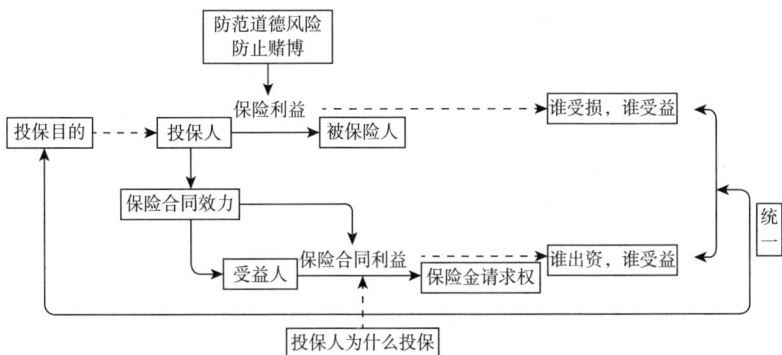

图 2　投保人投保的基本思路

可见，不论是从保险法理论还是从生活中的实际情况来看，我国《保险法》的做法均应当作出调整。《德国保险合同法》经历了长期实践之后，作出了相应的修改，值得我们认真研究和思考。

笔者有话说之一：向雇主转让人身保险保险金请求权的司法认定

一　向雇主转让保险金请求权的实践

司法实践中存在如下现象：单位作为投保人，职工作为被保险人的人身保险中，出险后作为被保险人的职工将保险金请求权转让给投保的单位，由单位向保险公司请求保险金。保险金请求权属于财产权的范畴，依据私法的一般原理可以由权利人任意处分。即被保险人有权将保险金请求权转让给任何其他主体。但是，在保险法视域中，这种转让行为是有必要加以禁止的。问题的本质是以转让保险合同利益的形式转让了保险利益，违背保险法有关保险利益的制度内核。

例如，林某某与谢某某合作建房，这一过程中雇用王某，王某从房屋顶摔下死亡。林某某向死者王某家属支付70万元意外保险金。现获知王某有2份意外险，保额分别为广州某保险公司承保60万元、惠州某保险公司承保50万元，且家属已将2份保单的保险金请求权全部转让给谢某某。雇主谢某某向保险公司请求支付意外险保险金60万元。王某家属（仅获赔70万元）将2份意外险保险金请求权（60万元+50万元）全部转让给谢某某是否有效？实务中经常有受害人家属将这种人身性质的意外险保险金请求权转让给雇主，由雇主来索赔保险理赔款，道德风险甚巨。

保险公司应该赔偿给受害人家属，但受害人家属不懂这方面的索赔，认为是工伤就仅向雇主索赔。雇主为员工投保了意外险，却利用该险种转嫁了雇主应承担的工伤责任，而且还因此获利。在前述案例中，司法实务需要注意三个问题：第一，劳动关系认定不是形式标准，是实质标准；第二，侵权法赔偿责任和保险法赔偿是并存的，不是填补的，受害人家属可以获得多重赔偿；第三，即使认定不了劳动关系，也应当以尊重保险法立法主旨为前提。

二 我国保险法相关规定的解析

依据我国《保险法》第31条规定，投保人对与投保人有劳动关系的劳动者具有保险利益，据此单位可以作为投保人为其职工购买人身保险。但是为了防止道德风险，《保险法》第39条规定，"投保人为与其有劳动关系的劳动者投保人身保险，不得指定被保险人及其近亲属以外的人为受益人"。两个法条综合，形成了单位为其职工购买人身保险以及对该人身保险进行理赔时，道德风险防范的制度链条。这一制度链条，将保险金请求权主体限定在被保险人、被保险人近亲属范围以内。投保人为其有劳动关系的劳动者购买人身保险时，道德风险防范发挥功能的制度保障是：通过保险合同关系以及受益人指定范围的法律限定，将作为投保人的单位排除在享有保险金请求权主体范围之外。

三 向雇主转让保险金请求权行为的实质及限制

被保险人或者受益人将保险金请求权转让给投保人的行为实质，是以转让保险合同权利的形式变更了保险金受益人。其结果相当于投保人以他人为被保险人，指定了投保人自己为受益人。依据我国《保险法》第39条和第41条规定，投保人指定和变更受益人时须经被保险人同意。被保险人将保险金请求权转让给投保人的行为只具有表面合法性，但违反了《保险法》有关受益人指定和变更权利的规定。被保险人与投保人存在劳动关系的情况下，被保险人会囿于对保险基本原理的无知、对投保人基于雇佣关系的避忌、避免索赔麻烦等原因，而将保险金请求权转让给投保单位。

故此，有必要对将保险金请求权转让给雇主的具体情形进行探知，确保被保险人具有将投保人作为受益人的真实意思表示。在投保人和被保险人属于劳动关系时，则禁止被保险人向投保人转让保险金请求权，或认定转让行为无效。我国《最高人民法院关于适用〈中华人民共和国保险法〉若干问题的解释（三）》第13条规定："保险事故发生后，受益人将与本次保险事故相对应的全部或者部分保险金请求权转让给第三人，当事人主张该转让行为有效的，人民法院应予支持，但根据合同性质、当事人约定或者法律规定不得转让的除外。"雇主为雇员购买人身保险，出险后雇员将人身保险请求权转让给雇主的行为即应当属于根据合同性质不得转让的情形。

从本质上观察，雇主为雇员购买人身保险，该保险的受益人将保险金请求权转让给雇主的行为实质是，以转让保险合同利益的形式转让了保险利益。因而，以此问题为基础，我国《保险法》第12条有关保险利益的规定中应当增加以下内容：以转让保险合同利益的形式转让保险利益的，其转让行为无效。

笔者有话说之二："妻子"小红是否为寿险保单的受益人

小明买了一份人寿保险，受益人写的是"妻子小红"，受益人指定既包含身份关系，又包含具体姓名。一年后，小红和小明离婚，小明与小黄再婚。寿险保单的受益人没有进行修改。五年后，小明不幸去世，小黄以自己是小明的妻子为由主张保险金请求权，小红以自己是保单上记载的受益人为由主张保险金请求权，该份寿险赔付的保险金应该给谁？司法认定时有人提出这样的观点："妻子小红"可以作两种解释：第一，指定妻子为受益人，谁是妻子谁就是受益人，小黄是妻子，所以小黄有权请求保险金。第二，指定小红为受益人，妻子仅为小红的修饰语。这样的认知方法使得受益人的指定变得扑朔迷离。

受益人的司法认定，应当遵循一定的顺序和原则，在类型指定和姓名指定并存时，应当将其作为一个整体，不能分割。此案中，投保人和被保险人的意思没有改变。只要没有变更受益人，保险公司支付的保险金必须支付给保险单上指定的受益人。

故此，如果身份证上明确指证是"小红"，小红就是此份死亡保险金的受益人。尽管受益人栏里写的是"妻子：小红"，后来投保人和该受益人离婚，小红不再是投保人的妻子，但是，在保险合同法理上，受益人栏不可作歧义推断，应当以指定受益人当时的情况判断，如果不加以变更，就应该是小红。此案，根据投保人兼被保险人指定受益人时，其意图就是给小红受益的，不存在歧义。离婚后小红不是妻子，投保人兼被保险人并未向保险公司作变更、重新指定受益人的申请时，投保人兼被保险人依然认可小红作为受益人，其受益人的地位没有改变。

第五节　人身保险合同常用条款

人身保险合同条款是消费者购买人身保险产品的核心内容，也是解决争议的重要依据。一般而言，人身保险合同的常用条款包括以下方面。

一　犹豫期条款

各家保险公司约定的人身保险合同的犹豫期长短并不相同，多数约定为 10 天或者 15 天。我国《保险法》并未规定犹豫期制度，依据我国银保监会的规范性文件《健康保险管理办法》第 15 条规定："长期健康保险产品应当设置合同犹豫期，并在保险条款中列明投保人在犹豫期内的权利。长期健康保险产品的犹豫期不得少于 10 天。"犹豫期就是投保人订立保险合同的犹豫期间，在犹豫期内，投保人享有随时退保的权利，保险人不会因为投保人的退保而收取额外的费用。犹豫期条款的设置，是为了保护投保人对保险合同条款的知情权，以平衡保险人和投保人基于保险合同的格式条款属性而产生的信息失衡。

二　年龄误告条款

人身保险合同中的年龄误告条款，一般均和我国《保险法》有关年龄申报不实的法律规定保持了统一。依据我国《保险法》第 32 条规定："投保人申报的被保险人年龄不真实，并且真实年龄不符合合同约定的年龄限制的，保险人可以解除合同，并按照合同约定退还保险单的现金价值……投保人申报的被保险人年龄不真实，致使投保人支付的保险费少于应付保险费的，保险人有权更正并要求投保人补交保险费，或者在给付保险金时按照实付保险费与应付保险费的比例支付。投保人申报的被保险人年龄不真实，致使投保人支付的保险费多于应付保险费的，保险人应当将多收的保险费退还投保人。"

三　自杀条款

人身保险合同中的自杀条款一般也与我国《保险法》的规定保持统一，依据我国《保险法》第 44 条规定："以被保险人死亡为给付保险金条件的合同，自合同成立或者合同效力恢复之日起二年内，被保险人自杀的，保险人不承担给付保险金的责任，但被保险人自杀时为无民事行为能力人的除外。保险人依照前款规定不承担给付保险金责任的，应当按照合同约定退还保险单的现金价值。"

此外，人身保险合同还包括宽限期条款、中止和复效条款、现金价值条款、保单贷款条款、自动垫付保险费条款、受益人条款等。

笔者有话说：对保险条款法律风险评估问题的思考

保险产品的质量和保险条款紧密相关，贯彻消费者保护、整肃保险市场竞争秩序、促进保险行业健康发展，均须以优质的保险条款为基础。从保险经营的国际国内竞争视角，保险条款的创新和推广常常成为引领保险产品核心竞争力的重要问题。从保险产品和保险条款之间的贴合关系角度，"保险即条款"的说法应当不为过。可见，无论是在保险法律适用、保险争议处理视域，还是在保险经营视域，对保险条款进行法律风险评估同样至关重要。

一　保险条款法律风险评估的功能导向

从消费者保护角度出发，保险条款法律风险评估的功能在于确保投保群体加入保险后，万一发生保险事故，能够从保险合同约定本身获得保险人是否赔付的准确依据。保险产品形式和内容上合规，条款没有不利于消费者的规定，是从监管角度来保护消费者权益的。对保险产品进行法律风险评估，就是为了防止发生保险事故处理的纠纷，避免不明确的条款约定导致纷争和引发诉讼。

二　保险条款的功能

保险条款在不同层面具有不同功能，各个层面的保险条款功能又以条款为中心产生交叠和交叉。对保险条款进行全方位的法律风险评估，需要做到三点：首先，要保证条款本身的内容合法合规；其次，要保证保险条款符合保险原理的要求；最后，对保险条款进行法律风险的评估也要将外部环境的影响纳入考量的要素之中。

保险经营层面，保险条款是保险公司的核心技术，条款严格合规合理，是保险公司市场竞争的需要。保险公司要保持长久发展，必须推出具有竞争力的保险产品。

立法层面，保险条款是法律调整的对象，条款是否具有法律效力需要经过法律层面的利益均衡。法律对保险关系的调整可以分解为两个层次：第一，确定保险制度运营过程中固定成为交易惯例的规则，将这些交易惯例进行拣选，使之成为保险法律的组成部分；第二，探查保险关系中符合保险原理的利益需求，确定法律调整保险关系应然的价值，在此基础上确立具体保险法律制度体系。

司法层面，法院是否和能否依据保险条款的约定进行判决，受制于法律的规定、具体的定约情节以及保险条款约定的内容。保险条款常常因为产品宣传、销售过程而被异化。司法裁判不能仅仅依据保险条款进行，也需要考虑其他相关因素。

三 实例：车险条款对"高保低赔"问题的矫正

以往"高保低赔"背景下，一辆使用了 10 年后价值仅 5 万元的旧车，在投保商业车险时须按 10 万元的新车价缴纳保险费，出险却只按旧车价理赔。在央视刚提出该问题时，有很多人提出各种建议。后来统一为示范条款的约定：保险金额按投保时被保险机动车的实际价值确定，即投保时被保险机动车的实际价值由投保人与保险人根据投保时的新车购置价减去折旧金额后的价格协商确定或其他市场公允价值协商确定。(《中国保险行业协会机动车损失保险示范条款（全面型）》第 7 条）示范条款的做法与保险业较为发达的日本做法基本相同：日本有约定保险金额的做法，双方根据各自的依据和希望值，谈定一个价格，出险后根据实际受损率给予理赔。上述做法以定值保险的方式实现了对车险投保和理赔过程中"高保低赔"痼疾的矫正。

参考文献

1. 潘红艳：《被保险人法律地位研究》，《当代法学》2011 年第 1 期。

2. 沙银华：《被保险人承保前死亡 保险公司拒赔》，《法律与生活》2003 年第 17 期。

3. 潘红艳：《论〈保险法〉对投保群体利益的保护》，《法制与社会发展》2019 年第 4 期。

4. 潘红艳：《房屋抵押贷款综合保险法律问题研究》，载贾林青、李祝用主编《海商法保险法评论》（第六卷），知识产权出版社，2014。

第十二章

人寿保险

第一节　人寿保险概述

一　人寿保险的含义和分类

人寿保险是以被保险人的生存或者死亡为承保风险的人身保险。人寿保险产品有各种形态，根据这些产品条款而成立的人寿保险合同的内容和性质也有很大的不同。因此，了解人寿保险的基本形态对深入理解人寿保险合同有着重要的意义。

人寿保险产品一般依据其保障内容进行分类，包括三大类：第一，以被保险人的死亡为条件，支付死亡保险金为保障内容的死亡保险；第二，以被保险人生存为条件，支付保险金为保障内容的生存保险；第三，将上述两种保险混合在一起，以被保险人生存和死亡为条件，支付生存或死亡保险金为保障内容的生死混合保险。

人寿保险基本上是以上述三种基本形式构成的，保险市场上公开销售的各种人寿保险产品都是以这三种基本形式为基础，进行延伸、组合或附加各种特别的约定而成。

二　死亡保险

死亡保险是为被保险人的遗属提供经济保障为目的的保险，在保险合同的有效期间被保险人死亡的，保险人向指定的受益人或者被保险人的继承人支付死亡保险金。死亡保险包括三种类型：终身保险、定期保险、定期的终身保险。

三　生存保险

生存保险是在保险合同的期限届满时，被保险人仍生存，保险人向被保险人支付保险金的保险。纯生存保险只对被保险人在保险合同期满的情况下，给付生存保险金。如果被保险人在保险期间内死亡的，保险人无支付保险金的义务，并不返还投保人在保险合同成立后到被保险人死亡期间所缴纳的保险费。因此，现实保险市场上几乎找不到这种纯生存保险产品，取而代之的是生死混合保险。

四　生死混合保险

生死混合保险是指在保险期间内，无论被保险人死亡，还是保险合同期满，都可以得到保险人给付的保险金。生死混合保险是将死亡保险同生存保险组合在一起，被保险人在保险合同有效期间死亡的，保险人向保险金受益人给付死亡保险金；被保险人在保险合同期满时仍生存的，保险人向保险金受益人给付生存保险金。生死混合保险一般包括两全保险和定期给付两全保险两种类型。

此外，依据投保人是以个人作为被保险人投保，还是以某一团体的组成成员为被保险人投保，人寿保险分为个人保险和团体保险两种类型。

第二节　个人保险和团体保险

人寿保险产品将销售对象分为个人和团体，称为个人保险和团体保险。个人保险是以个人作为被保险人的人寿保险，团体保险是以特定团体的组成人员作为被保险人的人寿保险。个人保险和团体保险在产品结构上大同小异，而在保险合同条款上则存在一定区别，尤其是附加条款和特别约定，个人保险与团体保险有着比较大的差异。

一　个人保险

个人保险中一般含有主合同部分和附加合同或特别约定（以下简称

"特约"）部分。依据常见的个人保险的主合同内容，分述如下。

（一）终身保险

终身保险以被保险人的终身为保险期间，合同成立之后，被保险人死亡时，保险人向保险合同中指定的受益人给付死亡保险金。由于终身保险是长期保险，因此在保险费交付的方法上，一般采用以下三种方式。

（1）期限交付型，该交付方法是在一定的期限之内交付保险费。

（2）一生交付型，该交付期间与保险期限一样，从保险合同成立之后到被保险人死亡为止的期限之内，连续交付保险费。

（3）趸交型，该交付方法是在保险合同成立时，一次性交付保险费。

投保人选择何种保险费交付的方式，通常是根据投保人的经济状况以及收入情况而自主决定的。对于以劳动为主要收入的投保人而言，一般人们愿意选择期限交付型，原因在于，投保人60岁退休之后，收入将大幅下降，故此一般会在退休之前将保险费交清，期限交付型是最合适的方法。

随着投保年份的累计，终身保险会显现储蓄性，如图1所示。

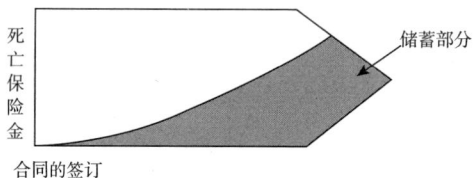

图1 终身保险示意

（二）定期保险

1. 定期保险的含义

定期保险是当被保险人在一定的保险期间内死亡，保险人向保险合同中指定的受益人或者被保险人的继承人给付死亡保险金的保险。

2. 定期保险与终身保险的区别

定期保险与终身保险的区别在于：终身保险是被保险人终身处在保障之中，到被保险人死亡为止，保险人应当承担的给付保险金责任一直存在。而定期保险则是保险人同投保人之间约定的保险期限内，发生被保险人死亡事故的，保险人承担给付死亡保险金的保险责任；保险合同期限届满，保险人则不再承担保险责任。

选择定期保险的投保人，一般可以以比较低廉的保险费获取比较高的死亡保障。投保定期保险的原因常常与家庭的经济收入水平直接相关，如果仅仅出于保障家庭的经济主要来源者不发生意外，选择定期保险是比较适合的。但是，由于该保险中的储蓄功能相对单薄，保险合同期限届满之后，并无满期保险金可以领取，对希望保险具有一定的储蓄功能的投保人而言，并不适合。

另外，定期保险在最初投保时，设定了一定的年限，以10年定期保险为例，保险合同的有效期间只能是10年。当10年期限届满之时，投保人要么选择续约，要么选择不续约。如果投保人不续约，保险合同效力终止。保险人不再承担保险责任。如果投保人选择续约，则只能根据前保险合同约定，续约10年。但是，当续约时，由于被保险人的年龄发生变化，比最初投保时增加了10岁，根据"寿险行业经验生命表"的数据，测算风险率时，其生存率和死亡率都发生变化，保险费率一般会高于前保险合同，费率提高之后，自然保险费也就增加了。

3. 定期保险的分类

定期保险可以细分为以下种类。

（1）附加生存保险金的定期保险。在定期的保险有效期间，被保险人生存的，保险人给付生存保险金的定期保险，称为"附加生存保险金的定期保险"。这种保险在定期死亡保险的基础上，和一定生存给付组合在一起，主要可以为消费者准备资金、储蓄等目的提供服务。该组合产品比较受到女性消费者的青睐。

（2）递增性定期保险。投保人可以同保险人约定，要求保险中的保险金额每年递增，这种保险被称为"递增性定期保险"。该保险主要是面向中小企业的经营者，其功能是发挥定期递增保险金的作用，对经营者的事业发展提供必要的资金来源。

4. 定期保险的储蓄性

定期保险具有一定的储蓄性，如图2所示。

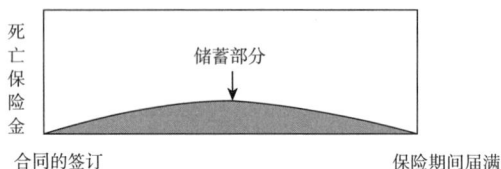

图 2　定期保险示意

（三）附加定期终身保险

附加定期终身保险本身是终身保险的一种，是在终身保险的主保险合同上附加了定期保险的功能。该种保险是保险人向投保方提供终身保险的同时，附加了定期保险的内容。附加的定期保险的作用是在一定的保险合同期间内，即保险人同投保人预定的期限内，如果发生被保险人死亡的保险事故，保险人向保险金的受益人给付更多的死亡保险金。在附加定期终身保险中，投保人以缴纳较少的保险费来换取较大的保障。

附加在终身保险上的定期保险，其期限一般为 10 年。保险合同期限届满之后，可以续保。附加定期终身保险集几项保险功能于一身，不仅具有终身保险的功能，还有一定的储蓄功能，同时，在某一段特定时期内，其保障功能增强。该种保险更能满足投保人是家庭经济支柱的需求。子女未成年，配偶无正式职业（例如专职家庭主妇），投保人自己是家庭经济收入的主要来源，万一其发生不测，则配偶子女失去家庭经济来源，家庭生活将难以为继。因此，在此类家庭中，以较少的保险费支出、购买较多的死亡保障，对家庭的经济安定而言无疑是十分重要的。如果投保人对增大保障的需求降低，在定期保障满期之后，可以不再续保附加的定期保障部分，继续缴纳终身保险部分的保险费，以获得终身保险的保障。

附加定期终身保险具有一定的储蓄性，如图 3 所示。

（四）两全保险

两全保险，是将死亡保险与生存保险组合在一起，在同一个保险期间

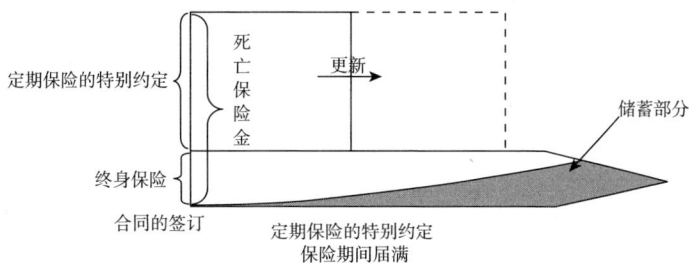

图 3 附加定期终身保险示意

内，同时保障被保险人的生存和死亡的保险。

两全保险比较重要的功能是根据储蓄金额的变化同时满足生存和死亡两种风险转嫁的需求。根据缴纳保险费的递增，其储蓄部分将年年增加，到满期时，储蓄部分金额与事先预定的满期保险金相同，储蓄金额也是生存保险金。同时，死亡保险金则根据储蓄部分的增加而相应减少，这种死亡保险金的递减和生存储蓄部分的递增加以组合的方式，始终保持这两部分的和等同于约定的保险金（生死保险金同额）下进行，从而保证了投保人保险合同有效期限内，无论生存或者死亡，获得的保障是相同的。保险金及储蓄部分金额的变化如图 4 所示。

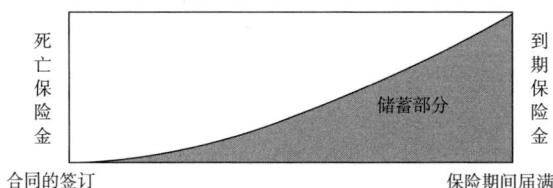

图 4 两全保险示意

即便是在保险期间家庭经济突然发生变化需要解约，也可利用解约而返还的现金价值，应对投保人的紧急资金需求。根据投保人的经济情况，两全保险的保险费可以采取趸交（一次性缴纳的行业用语）的方式。一旦投保人选择趸交保险费，一些保险公司会根据趸交保险费的情况设计适合相应的承保内容，国外称为"趸交两全保险"。

（五）附加定期的两全保险

定期两全保险是在两全保险的基础上，附加定期保险的特约内容。以保险金满期时为期限，附加了定期死亡保险的内容，使得保障程度比较低的两全保险，增加了一份保障程度较高的死亡保险，而该附加的部分一般与两全保险保持同样的保险期限。

附加定期两全保险储蓄部分如图5所示。

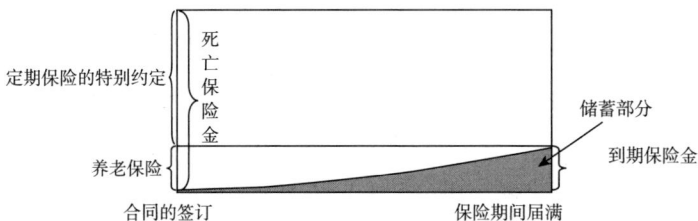

图5 定期两全保险示意

附加定期两全保险一般适合需要重点保护家庭主要经济来源者的家庭投保需求，例如子女尚且年幼的多子女家庭，还有老年人需要赡养的家庭。万一家庭主要经济来源者发生意外，家庭主要经济来源被切断，将严重影响家庭的生计。因此，该保险对高额保险金有需求的家庭或个人，设定了附加保险条款：在一定期限之内，如果发生意外，将给予经济上比较丰厚的保障。即便发生家庭主要经济来源者死亡等意外情况，该保险也可以提供额度较高的保险金，以避免家庭因主要经济来源者死亡后而导致的经济困难。

（六）少儿保险

少儿保险是以抚养义务者（家长）为投保人，以少儿（孩子）为被保险人的保险。我国少儿保险分为少儿生存保险和少儿死亡保险两种。我国的少儿保险产品一般是采用两全保险产品形式的比较多，也有附加投保人在保险期间内死亡，可以免除缴纳保险费内容的。

少儿生存保险的保险金受益人一般均为被保险人（少儿）。当少儿成长到一定的年龄，需要学资时，保险公司会根据保险合同的约定，向被保险人提供资助学习的资金；当该被保险人进入谈婚论嫁的年龄之时，一般还会从保险公司那里得到一笔婚嫁资金。有的产品不仅提供上述少儿到婚嫁为止的保障，还提供被保险人一生健康等的保障，甚至当被保险人达到退休年龄之时，还开始提供养老年金。

少儿死亡保险是少儿（被保险人）发生意外身故等不幸后，死亡保险金将支付给该保险合同中指定的保险金受益人的保险。为防止少儿死亡保险中的道德风险，我国保险监管机构将总保险金额限定为 10 万元，北京、上海、深圳、广州几个城市限定为 20 万元。

上述两种保险产品既有共同点，也有各自的特征，其共同点是，两种少儿保险都把保障重点放在少儿身上，利用生存保险的优势，为少儿成长提供必要的资金保障。在少儿死亡保险中，则保障少儿死亡后受益人获得保险金。可见，两种保险产品保障的范围和侧重点是不同的。

（七）储蓄保险

所谓储蓄保险，就是将生存保险和意外伤害保险组合的保险。储蓄保险的主要特征是，当被保险人生存到保险合同期满时，保险公司向被保险人给付生存保险金；同时，在保险合同有效期间，如果被保险人发生意外事故死亡，保险公司向被保险人给付意外伤害死亡保险金，一般情况下，保险公司给付受益人的保险金，与投保人所缴纳保险费金额相同。类似于投保人在保险公司以保险费形式的储蓄，所以称为储蓄保险。

由于该种保险有较强的储蓄功能，通常采取短期合同的方式投保，其中有 3 年、5 年、10 年等几种期限的产品。为投保人希望在保险期间内筹集各种资金，例如婚嫁资金、投资经营资金、养老资金等提供保险金保障。同时，储蓄保险还承保意外伤害死亡的风险。

（八）个人年金保险

个人年金保险，实质就是生存保险和死亡保险的两全保险的一种变形形态。个人年金保险的主要特征是，在生存保险中，当被保险人在保险合同满期时仍生存，保险公司向被保险人给付的不是满期保险金，而是以年金方式向被保险人给付保险金。也就是说，当被保险人生存到规定的年龄之后，即可开始领取年金。当被保险人在领取年金之前死亡的，保险公司将给付死亡保险金。个人年金保险是为满足养老需求、提供养老资金而设计的保险产品。

二　团体保险

（一）团体保险的特征

团体保险是以多数的被保险人组成一个被保险团体的保险。投保人为被保险团体的代表人，作为签订保险合同的一方当事人。而被保险人必须是团体中的一员，隶属于该团体。

团体保险分为两种：一种是团体负担保险费的保险，另一种是个人自己负担保险费的保险。团体负担保险费的团体保险特征是，保险费是由投保人（团体）交付，投保时不需要体检。依据我国《保险法》第31条第4款规定，投保人对与投保人有劳动关系的劳动者具有保险利益。依据我国《保险法》第39条第2款规定，投保人为与其有劳动关系的劳动者投保人身保险，不得指定被保险人及其近亲属以外的人为受益人。故此，我国的团体保险的保险金受益人是被保险人或其近亲属，不能是投保人自己。

日本团体保险的受益人是投保人的团体，在投保之后，万一其中的一员发生死亡等保险事故的，领受死亡保险金的是团体。[①] 而团体在领受到死亡保险金之后，会将其中的一部分作为对成员（一般是职工）家属的抚恤金，或吊唁费用支付给遗族。

团体负担保险费的团体保险的保险金受益人是团体，而当发生保险事故以后，有些保险金受益人在领受到保险金之后，没有将这笔保险金的大部分支付给遗族，而真正支付给遗族的各种福利费只占保险金的很小一部分。为了缓解团体和个人之间的矛盾，一些生命保险公司推出了个人自己负担保险费的团体保险。该保险同团体负担保险费的保险有三个区别。第一，这种保险的保险金受益人由被保险人自己决定，可以指定自己的家属或他人；第二，该保险可以将自己的家属，例如配偶、子女也列入保险的对象之中成为被保险人；第三，个人所缴纳的保险费，可以减轻纳税人的

---

① 沙银华、潘红艳：《中国保险法视维之日本保险精要》，元照出版有限公司，2019，第218页。

一部分的所得税和住民税的负担。具体的做法是，一般将扣除所缴纳的保险费之后的收入作为计算上述两项税金的基础金额。

另外，个人负担保险费的团体保险和团体负担保险费的团体保险还有一个不同，就是加入团体保险的自由程度。个人负担保险费的团体保险的加入是自由的，而团体负担保险费的保险是以公司全体职工为一个整体，加入者必须达到全体工作人员一定的比例，少于一定的比例，就不能投保。

（二）团体保险的种类

团体保险的种类比较多，主要有综合福利团体定期保险、企业年金团体保险、保障不能工作保险、团体医疗保障保险、团体信用生命保险等。这里介绍一下团体信用生命保险。

日本贷款购房者均投保团体信用生命保险保障贷款清偿，团体信用生命保险是团体保险中一个比较特殊的保险，这种保险被称为"递减定期生命保险"。[①] 一般的团体保险是以被保险人在职的工作单位为加入保险的单位的，而团体信用生命保险的加入团体并不是被保险人在职的工作单位，而是金融机构。消费者在购买住宅的时候，一般需要一定的资金。而自筹资金达不到房款所需要的数额时，有必要向金融机构贷款。但是，金融机构不会无条件地将款项贷给购房者。这就需要购房者一方面将购置的房产抵押给金融机构，万一出现无法偿还贷款的情况，可以变卖房产偿还贷款；另一方面，强制要求贷款人加入团体信用生命保险，用以保证购房者在万一发生保险事故的情况下，得以由保险公司来偿还剩余的借款。因此，加入这种保险的被保险人不是同一个企业的职工，而是向同一银行或其他金融机构借贷购房款项的所有贷款者。

在团体信用生命保险中，被保险人是购房者，而保险金受益人是银行或其他金融机构，保险期限与偿还贷款的期限是相同的。保险费一般由被保险人负担，具体是附加在贷款利息之中。例如，贷款的年利息为 2.4%

---

① 日本团体信用寿险解析参见沙银华、潘红艳《中国保险法视维之日本保险精要》，元照出版有限公司，2019，第 224~226 页。

的情况下，那么加上保险费，年利息即为 2.42%，保险金额就是借贷尚未归还的金额。承保风险是万一发生被保险人（向金融机构借贷购买房屋款项者）死亡或事故后遗留高度后遗症时，被保险人无力偿还贷款的，由保险公司清偿尚未归还的欠款。

（三）团体保险中的特殊法律问题

1. 团体保险中被保险人的同意

在团体保险中，争议比较多的就是被保险人的同意问题。一般的团体保险，投保人是团体（企业），虽然被保险人自己不用缴纳保险费，但是，这种以他人的生命投保的保险，被保险人的同意成为保险合同生效的必要条件。团体保险的特征决定了保险公司很难获得每一个被保险人的同意并确定保险金额，因此有必要以一定的方式规范实务操作。例如，实践中有保险公司采取群发短信确认的方式获得团体中所有组成人员的同意，或者要求投保团体以邮件等方式提供被保险人的确认信息。

2. 团体保险中的保险金受益人

一般情况下，团体保险中保险金受益人的指定，依据我国《保险法》有关受益人指定和变更的法律规定（详细内容参照本书受益人部分论述）。此外，团体保险中指定保险金受益人的权利如何行使，能不能用遗嘱的方式来变更或重新指定保险金受益人？或在没有指定保险金受益人的情况下，用遗嘱的方式来指定保险金受益人？我国《保险法》并没有详细规定，依据受益人指定和变更方式的原理，本书认为，被保险人有权以遗嘱方式指定或者变更受益人，在行使保险金请求权时，只要变更后的受益人能够向保险公司提供合法有效的遗嘱，保险公司应当向其履行给付保险金的义务，原受益人的权利因为被保险人遗嘱而消灭。投保人对受益人的指定和变更权利受到被保险人同意与否的限制，通过遗嘱方式实施指定和变更受益人同样需要经过被保险人同意认可以后才能发生法律效力。

虽然指定了被保险人或者其近亲属为受益人，但是投保团体变相取得保险金请求权的，比如获得被保险人近亲属的授权，应当认定为无效。

3. 团体信用生命保险中的告知义务

在一般的团体保险中，由于投保人是企业或单位，是以该企业或单位成员为一个整体作为被保险人加入保险的，因此，一般免除体检和告知义务。但是，团体信用生命保险则不相同，投保人是向特定金融机构贷款的全体贷款人组成的团体，被保险人是每个贷款人，金融机构作为团体信用生命保险的投保代理人，也是团体信用生命保险的保险金受益人。在这种比较特殊的团体保险中，被保险人有向保险人（保险公司）如实告知自己健康状况的义务。适用的法律和一般人身保险告知义务的规定相同。

三 个人保险和团体保险的区别

（一）被保险人

个人保险是以个人为被保险人的，而团体保险则是以一个团体的全体成员作为被保险人的。团体保险的风险评估、核保是将对加入团体保险的团体作为一个整体进行的。如果某一团体中的所有加入者的健康状况、工作性质等的风险程度低于承保标准，那么该团体的投保申请可以得到保险公司的承诺。如果某一团体从事的行业是风险较高的行业，比如投保团体是专门从事开采、挖掘、高空、有害、有毒气体生产的公司，那么保险公司会要求其缴纳比较高的保险费或拒绝其投保申请。

（二）投保率和保险金限额

由于团体保险每年的保险费收入和保险金支出是以该团体作为一个核算单位进行的，每年核算之后将所剩余的利益[①]作为红利，分给投保团体。如果某一投保团体保险事故发生率高于其他投保团体，该团体可以得到的分配数额将会减少，甚至为零。

因此，在团体加入保险的时候，一般会设定投保率的要件。也就是要求投保人的企业或单位加入保险的人数达到一定的比例。如果团体内加入保险的职工人数达不到规定的比例时，则无法投保。

---

① 该剩余利益来源于三个方面，就是实际死亡率低于预定死亡率所得到的利益，称为"死差益"，实际利率高于预定利率所得到的利益，称为"利差益"和实际费用率低于预定费率所得到的利益，称为"费差益"。三者合在一起被称为"剩余金"。

团体保险中会约定给付保险金的最低和最高数额作为保险金限额。因为人的生命是无法用金钱来计算的，因此事先约定最低和最高保险金数额，是常见的做法。

（三）团体保险费一般低于个人保险费

团体保险是以团体为单位投保的，因此在办理投保的具体事务中可以节省募集投保人所需支出的费用，以及核保①费用。在计算保险费时，这部分节省下来的费用使得团体保险费的费率低于个人保险费的费率，这就是团体保险费要比个人保险费低的原因。

第三节 人寿保险典型案例

一 案件事实和争议焦点

2008 年 5 月 24 日，投保人薛某以自己为被保险人投保某保险公司终身寿险，保险金额为 12 万元，附加终身重大疾病保险，保险金额为 8 万元，受益人为其妻子王某。保险合同于 2008 年 5 月 28 日生效。保险公司未对薛某健康状况进行询问，薛某也未将其自身疾病的事项告知保险公司。在保险公司提供的体检医院的报告中，薛某的健康状况被保险公司评定为合格。2008 年 12 月 4 日，薛某病故。2009 年 6 月 23 日，保险公司以薛某未履行如实告知义务为由，要求解除合同，拒付保险金。

本案的争议焦点在于，体检报告的法律效果如何认定。投保人寿保险时，大部分的险种要求对被保险人进行体检。如果体检医生在对被保险人进行体检的过程中，没有发现被保险人的身体已经属于不适合投保状态，出具体检合格的报告，从而使被保险人的体检结果符合保险公司的承保要求。发生保险事故后，保险公司是否应当承担保险责任？保险公司因投保人违反告知义务而解除保险合同的主张能不能得到法院的支持？

---

① 核保：保险人对投保人和被保险人的身体状况、职业、经济能力和投保动机等因素进行危险程度评估的核保过程。

二 案件判决要旨

审理法院最终支持了薛某的保险金请求权，驳回了保险公司的上诉。在法院的终审判决中指出："体检报告是保险公司为了防止投保人不履行如实告知义务和存在潜在疾病而采取的措施，体检医院也是保险公司指定的，体检报告如有不实之处，责任应由保险公司承担。"

三 案件评析

在人寿保险实践中，保险人在准投保人投保之前，存在对被保险人进行体检的核保需求，以根据被保险人的健康状况决定是否同意承保及确定保险费率。被保险人的体检程序仅为保险公司核保的方式，体检在行为性质上属于医学检查的一种。有鉴于体检过程的专业性，保险公司常常委托配备专门体检设备的医疗机构，由医生实施。但是，保险公司委托医疗机构对被保险人体检的行为不能免除被保险人的如实告知义务，因为体检报告毕竟具有医学局限性，难以全面揭示被保险人的健康情况。

我国《最高人民法院关于适用〈中华人民共和国保险法〉若干问题的解释（三）》对前述判决作出了矫正性质的解释，该解释规定：投保人、被保险人或者受益人主张，投保人的如实告知义务因保险人指定机构对被保险人进行体检而免除的，人民法院不予支持。被保险人在体检过程中故意以不正当方式影响体检结果，足以影响保险人决定是否同意承保或者提高保险费率，保险人主张根据《保险法》第16条第2款解除保险合同的，人民法院应予支持；被保险人或受益人要求保险人对合同解除前发生的保险事故承担给付保险金责任的，适用《保险法》第16条第4款的规定。

附：人寿保险合同条款

寿险 i 健康两全保险条款

在本条款中，"您"指投保人，"我们""本公司"均指保险有限公司。

1 您与我们的合同

1.1 合同构成 寿险 i 健康两全保险合同（以下简称"本合同"）由保险条款、保险单、所附的投保单及相关文件、有关的声明、批注单及其他约定书构成。

若上述构成本合同的文件正本需留本公司存档，则其复印件或电子影印件的效力与正本相同。若复印件或电子影印件的内容与正本不同，则以正本为准。

1.2 合同成立与生效 您提出保险申请，我们同意承保，本合同成立。

本合同成立、我们收取首期保险费并签发保险单为本合同的生效条件，合同生效日期在保险单上载明。保单年度、保险费约定缴纳日、**保单生效对应日**（见7.1）均以该日期计算。

2 您获得的保障

2.1 基本保险金额 本合同的基本保险金额由您在投保时与我们约定并在保险单或批注单上载明。若该金额发生变更，则以变更后的金额为基本保险金额。

2.2 未成年人身故保险金限制 为未成年子女投保的人身保险，因被保险人身故给付的保险金总和不得超过国务院保险监督管理机构规定的限额，身故给付的保险金额总和约定也不得超过前述限额。

2.3 保险期间 本合同的保险期间为30年和至被保险人80周岁（见7.2）的保单年生效对应日零时止两种。保险期间由您在投保时与我们约定并在保险单上载明。

除合同另有约定外，自本合同生效日起，我们开始承担保险责任。

2.4 保险责任 在本合同有效期内，我们承担如下保险责任。

满期保险金 被保险人在保险期间届满时生存，我们按您已交的本合同和人寿保险附加i健康防癌疾病保险合同（以下简称"附加合同"）的保险费之和（不计利息）的110%给付满期保险金，本合同终止。

身故或全残保险金 被保险人身故或**全残**（见7.3），我们按被保险人身故或全残时您已交的本合同和附加合同的保险费之和（不计利息）的110%给付身故或全残保险金，本合同终止。

本合同所列各种保险金的给付累计以1种和1次为限。

2.5 责任免除 因下列情形之一导致被保险人身故或全残的，我们不承担给付身故或全残保险金的责任。

（1）您对被保险人的故意杀害、故意伤害；

（2）被保险人故意犯罪或者抗拒依法采取的刑事强制措施；

（3）被保险人自本合同成立或者合同效力恢复之日起 2 年内自杀，但被保险人自杀时为无民事行为能力人的除外；

（4）被保险人主动吸食或注射**毒品**（见 7.4）；

（5）被保险人**酒后驾驶**（见 7.5）、**无合法有效驾驶证驾驶**（见 7.6），**或驾驶无有效行驶证**（见 7.7）的机动车；

（6）**战争**（见 7.8）、**军事冲突**（见 7.9）、**暴乱**（见 7.10）或武装叛乱；

（7）核爆炸、核辐射或核污染。

发生上述第（1）项情形导致被保险人身故或全残的，本合同终止，我们向投保人之外的其他权利人退还本合同的**现金价值**（见 7.11）。其他权利人按照被保险人、被保险人第一顺序法定继承人、被保险人第二顺序法定继承人的顺序确定。

发生上述其他情形导致被保险人身故或全残的，本合同终止，我们向您退还本合同的现金价值。

3　您的义务

3.1　明确说明与如实告知　订立本合同时，我们应向您说明本合同的内容。

对保险条款中免除我们责任的条款，我们在订立合同时应当在投保单、保险单或者其他保险凭证上作出足以引起您注意的提示，并对该条款的内容以书面或者口头形式向您作出明确说明，未作提示或者明确说明的，该条款不产生效力。

我们就您和被保险人的有关情况提出询问的，您应当如实告知。

若您故意或者因重大过失未履行前款规定的如实告知义务，足以影响我们决定是否同意承保或者提高保险费率的，我们有权解除本合同。若您故意不履行如实告知义务，对于本合同解除前发生的保险事故，我们不承担给付保险金的责任，并不退还保险费。若您因重大过失未履行如实告知义务，对保险事故的发生有严重影响的，对于本合同解除前发生的保险事故，我们不承担给付保险金的责任，但应当退还保险费。

3.2　保险费的缴纳　本合同的保险费可一次交清或分期缴纳。

分期缴纳的交费期间为 5 年和 10 年两种。分期缴纳的交费方式为年交、半年交或我们同意的其他方式。

交费期间和交费方式由您在投保时与我们约定并在保险单上载明。若您选择分期缴纳保险费，在缴纳首期保险费后，您应当按照本合同的约定按期足额向我们缴纳续期保险费。

4　您对本合同拥有的权利

4.1　犹豫期　您于签收本合同后 15 日内可要求撤销本合同。若您在此期间提出撤销本合同，需要填写书面申请书，并提供您的保险合同及有效身份证件。**自您书面申请撤销本合同之日起，本合同即被撤销，我们自本合同生效日起即不承担保险责任。**本合同撤销后 30 日内，我们无息退还您已交保险费。

4.2　合同内容变更　在本合同有效期内，经我们同意，您可以变更本合同的有关内容。变更本合同的，应当由我们在保险单上批注或者附贴批单，或者由您与我们订立书面的变更协议。

4.3　宽限期　分期缴纳保险费的，您缴纳首期保险费后，除本合同另有约定外，若您到期未缴纳保险费，自保险费约定缴纳日的次日零时起 60 日为宽限期。宽限期内发生的保险事故，我们仍会承担保险责任，但在给付保险金时会扣减您欠交的保险费。

若您宽限期结束之后仍未缴纳保险费，则本合同自宽限期满的次日零时起效力中止。

4.4　保单贷款　在本合同有效期内，经我们同意，您可以书面形式向我们申请贷款。最高贷款金额不得超过本合同当时的现金价值扣除各项欠款后余额的 80%，且每次贷款期限不得超过 6 个月。

若您到期未能足额偿还贷款本金及**利息**（见 7.12），则您所欠贷款本金及利息之和作为新的贷款本金计息。

当未还贷款本金及利息加上其他各项欠款之和达到本合同现金价值时，本合同效力中止。

4.5　合同效力的恢复　本合同效力中止后 2 年内，您可以申请恢复合同效力。经我们与您协商并达成协议，在您补交保险费、利息及其他各项欠款的次日零时起，合同效力恢复。

自本合同效力中止之日起满 2 年您和我们未达成协议的，我们有权解除合同。我们解除合同的，向您退还合同效力中止时本合同的现金价值。

4.6　您解除合同的手续及风险　若您在犹豫期后申请解除本合同，请填写解除合同申请书并向我们提供下列资料：

（1）保险合同；

（2）您的有效身份证件。

自我们收到解除合同申请书时起，本合同终止。我们自收到解除合同申请书之日起 30 日内向您退还本合同的现金价值。

您犹豫期后解除合同会遭受一定损失。

5　如何申请领取保险金

5.1　受益人　您或者被保险人可以指定一人或多人为身故保险金受益人。

身故保险金受益人为多人时，可以确定受益顺序和受益份额；若没有确定份额，各受益人按照相等份额享有受益权。

被保险人为无民事行为能力人或限制民事行为能力人的，可以由其监护人指定受益人。

您或者被保险人可以变更身故保险金受益人并书面通知我们。我们收到变更受益人的书面通知后，在保险单或其他保险凭证上批注或附贴批单。

您在指定和变更身故保险金受益人时，必须经过被保险人同意。

除本合同另有指定外，满期保险金和全残保险金受益人为被保险人本人。

被保险人身故后，有下列情形之一的，保险金作为被保险人的遗产，由我们依照《中华人民共和国继承法》的规定履行给付保险金的义务：

（1）没有指定受益人，或者受益人指定不明无法确定的；

（2）受益人先于被保险人身故，没有其他受益人的；

（3）受益人依法丧失受益权或者放弃受益权，没有其他受益人的。

受益人与被保险人在同一事件中身故，且不能确定身故顺序的，推定受益人身故在先。

受益人故意造成被保险人身故、伤残、疾病的，或者故意杀害被保险人未遂的，该受益人丧失受益权。

5.2　保险事故通知　您或受益人知道保险事故发生后，应当及时通知我们。

若您或受益人故意或者因重大过失未及时通知，致使保险事故的性质、原因、损失程度等难以确定的，我们对无法确定的部分，不承担给付保险金的责任，但我们通过其他途径已经及时知道或者应当及时知道保险事故发生或者虽未及时通知但不影响我们确定保险事故的性质、原因、损失程度的除外。

5.3　保险金申请　在申请保险金时，请按照下列方式办理：

满期保险金申请　在申请满期保险金时，申请人须填写保险金给付申请书，并提供下列证明和资料：

（1）保险合同；

（2）申请人的有效身份证件。

身故保险金申请　在申请身故保险金时，申请人须填写保险金给付申请书，并提供下列证明和资料：

（1）保险合同；

（2）申请人的有效身份证件；

（3）国家卫生行政部门认定的医疗机构、公安部门或其他相关机构出具的被保险人的死亡证明；

（4）所能提供的与确认保险事故的性质、原因等有关的其他证明和资料。

全残保险金申请　在申请全残保险金时，申请人须填写保险金给付申请书，并提供下列证明和资料：

（1）保险合同；

（2）申请人的有效身份证件；

（3）**我们认可的医院**（见7.13）出具的被保险人残疾程度鉴定书；

（4）所能提供的与确认保险事故的性质、原因等有关的其他证明和资料。

保险金作为被保险人遗产时，必须提供可证明合法继承权的相关权利文件。

以上证明和资料不完整的，我们将及时一次性通知申请人补充提供有关证明和资料。

5.4　保险金的给付　我们在收到保险金给付申请书及合同约定的证明和资料后，将及时作出核定；情形复杂的，在 30 日内作出核定。

对属于保险责任的，我们在与受益人达成给付保险金的协议后 10 日内，履行给付保险金义务。

我们未及时履行前款规定义务的，除支付保险金外，应当赔偿受益人因此受到的损失。

对不属于保险责任的，我们自作出核定之日起 3 日内向受益人发出拒绝给付保险金通知书并说明理由。

我们在收到保险金给付申请书及有关证明和资料之日起 60 日内，对给付保险金的数额不能确定的，根据已有证明和资料可以确定的数额先予支付；我们最终确定给付保险金的数额后，将支付相应的差额。

5.5　诉讼时效　受益人向我们请求给付保险金的诉讼时效期间为 5 年，自其知道或者应当知道保险事故发生之日起计算。

6　您需要关注的其他事项

6.1　本公司合同解除权的限制　本条款 3.1 明确说明与如实告知和 6.3 年龄错误规定的合同解除权在以下情形下不得行使，发生保险事故的，本公司承担给付保险金责任：

（1）本公司在合同订立时已经知道您未如实告知的情况的；

（2）自本公司知道有解除事由之日起，超过 30 日的；

（3）自本合同成立之日起超过 2 年的。

6.2　投保范围　投保人：凡具有完全民事行为能力且对被保险人具有保险利益的人可作为投保人向我们投保本保险。

被保险人：凡符合我们规定的身体健康者均可作为被保险人。

6.3　年龄错误　您在申请投保时，应将与有效身份证件相符的被保险人的出生日期在投保单上填明，若发生错误，按照下列方式办理：

（1）您申报的被保险人年龄不真实，并且其真实年龄不符合本合同约定投保年龄限制的，在保险事故发生之前，我们有权解除合同，并向您退还本合同的现金价值。

（2）您申报的被保险人年龄不真实，致使您实交保险费少于应交保险费的，我们有权更正并要求您补交保险费。若已经发生保险事故，在给付保险金时，按实交保险费和应交保险费的比例给付。

（3）您申报的被保险人年龄不真实，致使您实交保险费多于应交保险费的，我们会将多收的保险费退还给您。

6.4 未还款项 我们在给付各项保险金、退还现金价值或退还保险费时，将先行扣除您在本合同项下的各项欠款及其利息。

6.5 地址变更 为了保障您的合法权益，您的住所或通信地址变更时，请及时以书面形式通知我们。若您未以书面形式通知我们，我们按本合同载明的最后住所或通信地址发送的有关通知，均视为已送达给您。

6.6 失踪处理 在本合同有效期内，被保险人失踪且经人民法院宣告被保险人死亡后，我们依法院判决宣告死亡之日确定被保险人死亡日期，并按本条款2.4保险责任的有关规定给付身故保险金。

若被保险人在宣告死亡后生还，身故保险金受益人应于知道或应该知道被保险人生还后30日内将领取的身故保险金退还给我们。

6.7 争议处理 因履行本合同发生的争议，由当事人协商解决，协商不成的，依法向中国境内有管辖权的人民法院提起诉讼，适用中国法律。

7 您需要了解的重要术语

7.1 保单生效对应日 本合同生效日每年（或半年、季、月）的对应日为保单年（或半年、季、月）生效对应日。

7.2 周岁 以有效身份证件中记载的出生日期为基准计算。

7.3 全残 本合同所述"全残"是指下列情形之一：

（1）双目永久完全失明；

（2）两上肢腕关节以上或两下肢踝关节以上缺失；

（3）一上肢腕关节以上及一下肢踝关节以上缺失；

（4）一目永久完全失明及一上肢腕关节以上缺失；

（5）一目永久完全失明及一下肢踝关节以上缺失；

（6）四肢关节机能永久完全丧失；

（7）咀嚼、吞咽机能永久完全丧失；

（8）中枢神经系统机能或胸、腹部脏器机能极度障碍，终身不能从事任何工作，为维持生命必要的日常生活活动，全需他人扶助的。

失明：包括眼球缺失或摘除，或不能辨别明暗，或仅能辨别眼前手动者，最佳矫正视力低于国际标准视力表 0.02，或视野半径小于 5 度，并由我们认可的医院的有资格的眼科医师出具医疗诊断证明。

关节机能的丧失：系指关节永久完全僵硬，或麻痹，或关节不能随意识活动。

咀嚼、吞咽机能的丧失：系指由于牙齿以外的原因引起器质障碍或机能障碍，以至不能作咀嚼、吞咽运动，除流质食物外不能摄取或吞咽的状态。

为维持生命必要之日常生活活动，全需他人扶助：系指食物摄取、大小便始末、穿脱衣服、起居、步行、入浴等，皆不能自己为之，需要他人帮助。

所谓永久完全系指自意外伤害之日起或疾病确诊之日起经过 180 日的治疗，机能仍然完全丧失，但眼球摘除等明显无法复原的情况不在此限。

我们认可的医院作出全残鉴定结论的时间为被保险人全残发生时间。

7.4　毒品指《中华人民共和国刑法》规定的鸦片、海洛因、甲基苯丙胺（冰毒）、吗啡、大麻、可卡因以及国家规定管制的其他能够使人形成瘾癖的麻醉药品和精神药品，但不包括由医生开具并遵医嘱使用的用于治疗疾病但含有毒品成分的处方药品。

7.5　酒后驾驶指经检测或鉴定，发生事故时车辆驾驶人员每百毫升血液中的酒精含量达到或超过一定的标准，公安机关交通管理部门依据《道路交通安全法》的规定认定为饮酒后驾驶或醉酒后驾驶。

7.6　无合法有效驾驶证驾驶指下列情形之一：

（1）没有驾驶证驾驶；

（2）驾驶与驾驶证准驾车型不相符合的车辆；

（3）持审验不合格的驾驶证驾驶；

（4）持学习驾驶证学习驾车时，无教练员随车指导，或不按指定时间、路线学习驾车。

7.7　无有效行驶证指下列情形之一：

（1）机动车被依法注销登记的；

（2）未依法按时进行或通过机动车安全技术检验。

7.8　战争指国家与国家、民族与民族、政治集团与政治集团之间为了一定的政治、经济目的而进行的武装斗争，以政府宣布为准。

7.9　军事冲突指国家或民族之间在一定范围内的武装对抗，以政府宣布为准。

7.10 **暴乱**指破坏社会秩序的武装骚乱，以政府宣布为准。

7.11 **现金价值**指保证现金价值。保单年度末的保证现金价值是指保险单上"现金价值表"所列明的金额。保单年度内的保证现金价值，您可以向我们咨询。

7.12 **利息**指补（或垫）欠交保险费、保单贷款的利息，按补（或垫）欠交保险费、保单贷款的数额，经过日数和利率依复利方式计算。利率最高不超过"同期中国人民银行颁布的 1 年期贷款利率+2%"。

7.13 **我们认可的医院**指我们指定的医院。若我们没有指定，则指国家卫生部医院等级分类中的二级或二级以上的医院。**不包括康复医院或康复病房、精神病院、疗养院、护理院、戒酒或戒毒中心、精神心理治疗中心、急诊或门诊观察室、无相应医护人员或设备的二级或三级医院的联合医院或联合病房。**

参考文献

沙银华、潘红艳：《中国保险法视维之日本保险精要》，台湾元照出版有限公司，2019。

第十三章
意外伤害保险

第一节　意外伤害保险概述

一　意外伤害保险的含义及分类

意外伤害保险是以被保险人遭受意外伤害作为承保风险的人身保险，意外伤害保险是指，投保人和保险人约定，在被保险人因意外伤害伤残、死亡时，由保险人给付保险金的保险。在保险实务中，意外伤害保险产品种类繁多，如航空意外伤害保险、旅游意外伤害保险等。

二　意外伤害保险的构成要件

（一）探查意外伤害保险构成要件的必要性

判断某种危险是否属于意外伤害保险的范畴，需要确定意外伤害保险的构成要件。所谓要件，就是高度概括的条件，符合这些条件则属于意外伤害，不符合则不属于意外伤害。故此，探查意外伤害的构成要件对于解决意外伤害保险理赔纠纷十分必要。

（二）构成意外伤害保险的要件不同主张

意外伤害的要件主要有三要件说和四要件说两种主张，采纳不同主张，对是否构成意外伤害的判断截然不同。

三要件说认为，意外伤害的构成要件包括三个：偶然性、外来性和急剧性。还有的三要件说认为外来性、突发性和非本意性为构成意外伤害的三个要件。如，中国人民银行1998年公布的《航空旅客人身意外伤害保险条款》第10条规定："意外伤害是指遭受外来的、突发的、非本意的遭受身体伤害的客观事件"。

四要件说认为，除了前述三要件，构成意外伤害的还包括非疾病的要件。

（三）本书观点

本书认为，构成意外伤害的要件有三：偶然性、外来性和急剧性。

（1）偶然性，是指被保险人对事故发生的原因及结果无法预知。

（2）外来性，是指事故发生的原因不是来自被保险人体内，而是身体外部。

（3）急剧性，是指从事故到伤害结果发生的时间很短促。

三要件"是一个整体，具有不可分性，缺一不可"。[①] 至于非疾病性应当包括在外来性之中，而不宜单独成为一个要件，否则难以和投保群体对意外伤害的常识性理解保持同一，也易于因之而造成司法裁判的困扰和混乱。[②]

三　判断意外伤害要件的依据

判断意外伤害要件的依据包括：对意外伤害的常识性理解、意外伤害保险合同条款对意外伤害的解释、法律或者规范性文件中对意外伤害的规定、司法裁判过程中判决书中对意外伤害的认定等。

---

① 沙银华：《日本保险经典判例评释》，法律出版社，2011，第148页。

② 笔者考察了（2014）昆民四终字第548号、（2014）厦行终字第15号、（2016）内05民终1415号、（2017）辽03民终178号、（2018）粤53民终514号以及赴高原地区患高原病死亡请求意外伤害保险理赔的二十几个案件，上述案件的共同特征是被保险人因为身体疾病而死亡，引发身体疾病的原因是外部的、偶然的意外事件。司法裁判的基础是必须对何为意外伤害进行确定，对构成意外伤害的要件进行确定。如果将非疾病要件（诸多保险合同条款均将非疾病作为意外伤害的要件加以约定）作为衡量是否构成意外伤害的要件，则会陷入案件判决的混乱之中；将非疾病作为外部性的组成部分，则不会出现这种混乱，也和投保群体对意外事件的常识性理解一致。

上述依据具有不同的效力层次和理论价值：保险合同条款对意外伤害的解释以及条款承保范围对意外伤害的限定固然是获取意外伤害构成要件的最直接素材，但是在意外伤害保险理赔争议中受到保险法律制度适用、证据规则等的限制，并非必然和唯一的依据，或者说意外伤害保险合同条款限定的意外伤害并不能直接作为判定意外伤害构成要件的依据。对意外伤害的常识性理解、判决书中对意外伤害的认定以及法律或者规范性文件中对意外伤害的认定具有内在统一性，是判断意外伤害构成要件的重要和直接的依据。

第二节　意外伤害保险的典型判例

在意外伤害保险判例中，人身保险残疾程度与保险金给付比例表是否属于免责条款？我们选取了两则判决认定截然相反的案件。

一　王某与某财产保险公司财产保险合同纠纷案

本案中，法院判定《人身保险残疾程度与保险金给付比例表》属于免责条款。

（一）基本案情

本案案号：江苏省高级人民法院民事判决书（2017）苏民再413号。

某五金加工厂为其员工合计8人向某保险公司投保团体意外伤害保险，保险公司于2014年2月27日向加工厂签发保险单。保险单载明：被保险人分为2组，第1组被保险人人数1人，按照《团体意外伤害保险条款》，保障项目：意外身故、残疾给付，每人保险金额为50万元；保险期间自2014年2月28日零时起至2015年2月27日二十四时止。保险单签发时，第1组被保险人为王某云，2014年9月23日，加工厂向保险公司申请将被保险人王某云变更为王某，保险公司同意于2014年9月24日零时起对保单作出修改：在第1组被保险人中删除王某云，新增王某。《团体意外伤害保险条款》2.1.2残疾保险责任中载明："在保险期间内被保险人遭受意外伤害，并自该意外伤害发生之日起180日内因该意外伤害造成本保险合同所附《评定标准》所列残疾程度之一的，保险人按《评定标准》所对应伤残等级的给付比例乘以保险金额给付残疾保险金。"《评定标准》中载明："本标准对功能和残疾进行了分类和分级，将人身保险伤残程度划分为一至十级，最重为一级，最轻为十级。与人身保险伤残程度等级相对应的保险金给付比例分为十档，伤残程度第一级对应的保险金给付比例为100%，伤残程度第十级对应的保险金给付比例为10%，每级差10%。"2014年9月26日，王某在加工厂修理冲床时，左手被冲床压伤，经某市第三人民医院诊断为左中指末节毁损伤。2014年12月19日，某市人力资源和社会保障局认定王某受到的事故伤害为工伤。2015年2月7日，某市劳动能力鉴定委员会经鉴定确认王某工伤伤残等级为十级。后王某向保险公司提出理赔请求未果，遂诉至一审法院。

（二）一审判决

一审法院经审理后认为：投保人某加工厂为其员工向保险公司投保"团体意外伤害保险"，保险公司已签发了保险单，保险合同成立并生效。王某作为被保险人之一，享有相应的保险金请求权。王某在保险期间遭受意外伤害事故并致，其伤残情形虽然被评定为工伤伤残十级，但并不构成保险合同所附的《评定标准》所列伤残程度之一，保险公司据此不予理赔。

则本案的主要争议焦点是：保险公司仅对《评定标准》中所列明的伤残程度给付残疾保险金的条款在本案中是否具有法律效力。《最高人民法院关于适用〈中华人民共和国保险法〉若干问题的解释（二）》（以下简称《保险法司法解释（二）》）第9条第1款规定，"保险人提供的格式合同文本中的责任免除条款、免赔额、免赔率、比例赔付或者给付等免除或者减轻保险人责任的条款，可以认定为我国《保险法》第17条第2款规定的'免除保险人责任的条款'"。《评定标准》中所列的伤残程度并不能涵盖所有的伤残情形，保险合同中关于保险公司仅对《评定标准》列明的残疾程度进行赔偿的条款，缩小了其赔偿责任范围，实质上属于免除、减轻保险人责任的条款，应当认定为"免除保险人责任的条款"。依照法律规定，在保险合同订立时，保险人应当对保险合同中免除保险人责任的条款，履行提示义务和明确说明义务，未作提示或者明确说明的，该条款不产生效力。本案保险合同中关于保险人仅对《评定标准》列明的残疾程度进行赔偿的条款，并未记载于投保单和保险单上，也没有以足以引起投保人注意的文字、字体、符号或者其他明显标志进行标注，故应认定保险公司并未履行对该免责条款进行提示的义务。虽然投保人已在投保单的投保人声明一栏盖章，确认保险人就保险条款向其作了明确说明，但由于保险公司未履行提示义务，则前述免责条款依然不产生效力。故保险公司拒赔的理由不能成立，现王某工伤伤残等级为十级，王某要求保险公司按照保险合同约定的十级伤残给付比例 10% 给付残疾保险金 50000 元（500000 元×10%）的诉讼请求，事实清楚，于法有据，依法予以支持。关于保险公司怀疑王某发生事故的时间不在保险期间内的意见，仅是其单方猜测，并无任何证据证实，不予采信。综上，依照《中华人民共和国保险法》（以下简称《保险法》）第 17 条、第 23 条、《保险法司法解释（二）》第 9 条第 1 款、第 11 条、《中华人民共和国民事诉讼法》第 64 条之规定，一审判决：保险公司于本判决发生法律效力之日起十日内向王某支付保险赔偿款 50000 元。案件受理费减半收取 525 元，由被告保险公司负担。

（三）二审判决

保险公司不服一审判决，向江苏省某市中级人民法院提起上诉称，一审法院认定的事实和法律依据有误。一审庭审中，保险公司向一审法院提出，《评定标准》是合同双方当事人对保险责任、人身保险伤残如何进行赔偿约定的标准，不能理解为保险人免除其责任的条款。而一审法院将其认定为保险人责任免除条款，即使如此，保险公司认为其已尽了明确说明的义务，因为保险公司向一审法院提供了投保单，投保单投保人声明：保险人所提供的投保单已附投保险种所适用的条款，保险人已向本人详细介绍了条款，尤其是对其中免除保险人责任的条款，包括但不限于责任免除，向本人作了明确说明，本人已充分理解并接受上述内容，同意以此作为订立保险合同的依据，投保人声明处有投保人的盖章。根据该声明，保险公司关于责任免除条款已尽说明义务，并且投保人亲自声明，本人充分理解免除条款及其他各项条款，并接受免除条款及其他各项条款，同意以此作为订立合同的依据。根据合同诚信原则，投保人已声明接受免责条款及其他各条款的约束，故保险公司认为，一审法院仍认定免责条款对王某不产生效力有误，特向二审法院提起上诉，请求依法改判。王某在法定期限内未作书面答辩。二审对一审查明的事实依法予以确认。

二审法院认为，保险公司应当承担给付伤残保险金的保险责任。第一，本案所涉保险合同系采用保险公司提供的格式条款订立的保险合同。第二，根据涉案团体意外伤害保险条款 2.1.2 条的约定"在保险期间内被保险人遭受意外伤害，并自该意外伤害发生之日起 180 日内因该意外伤害造成本保险合同所附《评定标准》所列伤残程度之一的，保险人按《评定标准》所对应伤残等级的给付比例乘以保险金额给付残疾保险金……"。第三，《评定标准》第三条"标准的内容和结构"中，将人身保险伤残程度划分为一至十级，最重为第一级，最轻为第十级。且与人身保险伤残程度等级相对应的保险金给付比例也分为十档，伤残程度第一级对应的保险金给付比例为 100%，伤残程度第十级对应的保险金给付比例为 10%，每级相差 10%；另第四条"伤残的评定原则"中明确，评定伤残时，应根据人体的身体结构与功能损伤情况确定所涉及的伤残类别，在同类别伤残下，确定伤残等级，根据伤残等级对应的百分比，确定保险金给付比例。第四，本案中，王某在保险期间内发生意外伤害致左手中指末节毁损，对照《评定标准》7.3 条列明的伤残程度，王某所受之伤不构成伤残九级，但王某所受之伤是否构成伤残十级，该《评定标准》未明确列出；而王某所受之伤经工伤认定并被评定为工伤十级伤残。为此，王某认为自己在保险期间内遭受意外伤害已构成十级伤残，保险公司应当依照双方签订的保险合同约定，承担给付十级伤残保险金的保险责任；而保险公司则认为《评定标准》中未列明的意外伤害后果不属于双方签订的保险合同约定的保险责任，故保险公司不应承担相应的给付伤残保险金的保险责任。鉴于对上述格式条款，双方当事人已经形成并且按通常理解也确实存在两种及两种以上的解释，依据我国《保险法》第 30 条"采用保险人提供的格式条款订立的保险合同，保险人与投保人、被保险人或者受益人对合同条款有争议的，应当按照通常理解予以解释。对合同条款有两种以上解释的，人民法院或者仲裁机构应当作出有利于被保险人和受益人的解释"的规定，本案应认定：王某在保险期间内遭受意外伤害后果符合保险事故的赔偿责任范围。对此，保险公司应当承担相应的保险责任，对保险公司主张不属于保险责任的上诉理由不予采纳。

综上，保险公司的上诉理由不能成立。对其上诉请求，二审法院不予支持。一审判决并无不当，二审法院予以维持。依照《中华人民共和国民事诉讼法》第 170 条第 1 款第（一）项之规定，二审判决：驳回上诉，维持原判。一审案件受理费 525 元，二审案件受理费 1050 元，由保险公司负担。本案争议焦点为：第一，涉案《团体意外伤害保险条款》中 2.1.2 残疾保险责任部分有关保险人按《评定标准》赔付的条款是否属于免除保险人责任的条款。第二，王某在原一审、二审中提交的某市劳动能力鉴定委员会出具的有关确认王某工伤伤残等级为十级的鉴定结论通知书是否完成了其主张给付残疾保险金的举证责任。

（四）再审判决

江苏省高级人民法院再审认为，第一，关于案涉《团体意外伤害保险条款》中有关保险人按《评定标准》所对应伤残等级给付比例乘以保险金额给付残疾保险金的条款的性质问题。我国《保险法》第 11 条规定"订立保险合同，应当协商一致，遵循公平原则确定各方的权利和义务"。根据该条规定，保险合同的订立应兼顾投保人与保险人的利益，合理分配各方的权利义务。人身意外伤害保险合同中，关于被保险人因意外伤害造成不同程度的伤残，由保险人进行不同额度赔付的约定，即为保险合同公平原则的体现。保险的功能在于各个不同的投保人通过向保险人自愿支付保险费，在发生特定风险需要补偿时得到经济上的补偿，从而分散并消化风险。对免除保险人责任的条款的判定，应遵守保险合同的公平原则：对于个别投保人、被保险人及保险人权利义务归属的判定标准，也应适用于同类型保险的其他投保人、被保险人及保险人；认定和解释保险条款时，亦应考虑个别争议的处理对同类型保险的其他投保人、被保险人权益产生的影响，从而对各方权利义务予以权衡。《保险法司法解释（二）》第 9 条规定，"保险人提供的格式合同文本中的责任免除条款、免赔额、免赔率、比例赔付或者给付等免除或者减轻保险人责任的条款，可以认定为《保险法》第 17 条第 2 款规定的'免除保险人责任的条款'"。这里，免除保险人责任条款中的"比例赔付或者给付"应当是指保险公司不按实际损失的全额承担赔偿责任，而是按照实际损失乘以保险金额与保险价值的比例承担赔偿责任，属于在确定的损失范围内减免保险人责任的情形。本案中，双方签订的《团体意外伤害保险条款》2.1.2 残疾保险责任中载明："在保险期间内被保险人遭受意外伤害，并自该意外伤害发生之日起 180 日内因该意外伤害造成本保险合同所附《评定标准》所列残疾程度之一的，保险人按《评定标准》所对应伤残等级的给付比例乘以保险金额给付残疾保险金。"该约定将被保险人伤残程度的重与轻和保险人给付保险金的多与少相对应，是兼顾被保险人利益的同时合理分配各方权利义务的约定。《评定标准》为国务院保险监督管理机构将给付保险金的标准与被保险人的伤残程度相对应而设定并明令要求业内各保险公司在商业保险中采用的人身伤残保险金给付标准。案涉保险合同关于保险人按照《评定标准》给付保险金的约定，并未在保险公司承担保险责任的范围内减轻或排除其应当承担的风险与损失。故双方签订的《团体意外伤害保险条款》中有关残疾保险金责任的约定不属于《保险法司法解释（二）》第 9 条规定的"比例赔付或者给付"，进而不应当认定为免除保险人责任的条款。据此，原一审、二审判决将案涉保险合同的前述约定认定为"免除保险人责任的条款"，并认为未记载于投保单和保险单上，也没有以足以引起投保人注意的文字、字体、符号或者其他明显标志进行标注，从而认定保险公司未履行对前述条款进行提示的义务，并认定前述条款不产生法律效力。上述认定违反了我国《保险法》第 11 条规定的精神，亦不符合《保险法》第 17 条第 2 款、《保险法司法解释（二）》第 9 条规定的本意。因此，原一审、二审判决适用法律不当，本院予以纠正。第二，关于王某举证的有关确认王某工伤伤残等级为十级的鉴定结论通知书是否完成了其主张给付残疾保险金的举证问题。根据某市第三人民医院的诊断，王某只是中指末节毁损伤，并不符合案涉保险条款伤残评定标准 3.6 上肢结构损伤，手功能或关节功能障碍的约定。一审、二审中，王某对自己提出的诉讼请求所依据的事实提供某市劳动能力鉴定委员会出具的有关确认王某工伤伤残等级为十级鉴定结论通知书，但该鉴定结论通知书依据的是《劳动能力等级》标准，并非依据案涉保险条款所附《评定标准》，因两者的鉴定技术标准、适用范围不同，故王某按照《劳动能力等级》标准的结果向保险公司主张残疾保险金不符合双方保险合同约定，王某所举证证据不足以证明其主张，其应当承担举证不能的不利法律后果。

因此，一审、二审法院判决保险公司在本案中承担给付王某残疾保险金无事实和法律依据，本院予以纠正。综上，保险公司的再审请求具有事实和法律依据，本院予以支持。原一审、二审判决认定事实部分错误，适用法律不当，本院予以纠正。依照《中华人民共和国保险法》第11条、第17条第2款，《最高人民法院关于适用〈中华人民共和国保险法〉若干问题的解释（二）》第9条，《中华人民共和国民事诉讼法》第170条第1款第2项、第207条第1款之规定，判决如下：第一，撤销江苏省某市中级人民法院（2015）常商终字第634号民事判决及某市武进区人民法院（2015）武商初字第895号民事判决；第二，驳回王某的诉讼请求。一审案件受理费525元，二审案件受理费1050元，均由王某负担。本判决为终审判决。

二　胡某某与某人寿保险公司人身保险合同纠纷案

本案中，法院认定人身保险残疾程度与保险金给付比例表属于免责条款。裁判要旨：保险公司未在保险合同中载明《人身保险残疾程度与保险金给付比例表》，也未对该表确定的赔付范围、赔偿比例等事项尽到明确说明义务，该《人身保险残疾程度与保险金给付比例表》条款不产生效力。

（一）基本案情

本案案号：（2013）鄂江汉民二初字第00253号。

2011年3月28日，胡某某在某人寿保险公司购买了"吉利宝两全保险（分红型）"和"附加吉利宝意外伤害保险"各1份，保险期间自2011年3月28日零时起至2013年3月27日二十四时止，意外伤害保险基本金额为10万元。根据合同约定，被保险人自意外伤害事故发生之日起180日内以该次意外伤害为直接原因导致中国保险监督管理委员会《人身保险残疾程度与保险金给付比例表》中所列残疾项目之一的，按该项身体残疾对应的给付比例乘以该类意外伤害所对应的保险金额给付残疾保险金。胡某某签署的投保书和保险合同中并未附《人身保险残疾程度与保险金给付比例表》。2012年8月3日8时许，胡某某在一次交通事故中受伤，司法鉴定所根据《道路交通事故受伤人员伤残评定》标准作出鉴定，胡某某伤残程度属8级；胆囊切除为9级；脑挫裂伤，颅骨骨折，肋骨骨折和右肩骨骨折，右肩关节活动受限，其伤残程度均达到10级；综合赔偿系数为39%；鉴定意见：被鉴定人胡某某所受损伤其伤残程度属8级。胡某某向保险公司申请理赔。保险公司认为，根据保险合同约定，给付残疾保险金的条件是残疾情形符合中国保险监督管理委员会制定的《人身保险残疾程度与保险金给付比例表》中所列的残疾项目，而胡某某的伤残情形并不在保险合同的给付范畴内，因此拒绝支付保险金。胡某某诉至法院要求保险公司支付残疾保险金10万元。

（二）法院裁判

湖北省某市江汉区人民法院经审理认为，本案争议焦点为：被告未在合同中载明《人身保险残疾程度与保险金给付比例表》，也未对该表的赔付规定赔偿比例等事项尽到明确说明义务，该人身保险残疾程度与保险金给付比例条款是否生效？

首先，《人身保险残疾程度与保险金给付比例表》系格式合同的一部分，保险公司应当在保险合同中载明全文。我国《保险法》第17条第1款规定："订立保险合同，采用保险人提供的格式条款的，保险人向投保人提供的投保单应当附格式条款，保险人应当向投保人说明合同的内容。"本案中，《人身保险残疾程度与保险金给付比例表》系已经预先拟定并广泛适用于意外伤害保险合同的重要标准，原告、被告签订的保险合同只对适用《人身保险残疾程度与保险金给付比例表》进行了表述，在被告签署的投保单以及保险合同中均未附《人身保险残疾程度与保险金给付比例表》的书面条文。因此，保险公司违反了保险合同应当附上格式条款的相关规定。

其次，《人身保险残疾程度与保险金给付比例表》系免责条款，保险公司应当履行明确说明义务。根据《保险法司法解释（二）》第9条规定："保险人提供的格式合同文本中的责任免除条款、免赔额、免赔率、比例赔付或者给付等免除或者减轻保险人责任的条款，可以认定为《保险法》第17条第2款规定的'免除保险责任的条款'。"本案中，原告在被告处购买"吉利宝两全保险（分红型）"和"附加吉利宝意外伤害保险"，根据合同约定，支付残疾保险金的条件是被保险人自意外伤害事故直接导致属《人身保险残疾程度与保险金给付比例表》中所列残疾项目之一，也即如果被保险人的伤残情况在比例表列举的范围之内，则保险公司应当按照约定的比例进行赔付，如果超出比例表的范围则保险公司可以免除赔付义务。这部分条款虽然没有冠以"免责条款"的称谓，然而在实质上具有免除保险人责任的功能，仍然属于免责条款。对于免责条款，保险公司应当履行明确说明义务。至于明确说明的方式，根据《最高人民法院关于对〈保险法〉第17条规定的"明确说明"应如何理解的问题的答复》，"明确说明"是指保险人在与投保人签订保险合同之前或者签订保险合同之时，对于保险合同中所约定的免责条款，除了在保险单上提示投保人注意外，还应当对免责条款的概念、内容以及法律后果等，以书面或者口头形式向投保人或其代理人作出解释，以使投保人明了该条款的真实含义和法律后果。本案中，被告保险公司在与原告签署的投保书和保险合同中并未附《人身保险残疾程度与保险金给付比例表》，也未对原告说明赔偿的范围及比例、残疾赔偿的标准等内容，因此该条款不生效。

原告胡某某在被告保险公司处购买了"吉利宝两全保险（分红型）"和附加意外伤害保险，主险和附加险保单未违反法律、法规的强制性规定，应当认定为有效。购买该份保险时，被告并未将《人身保险残疾程度与保险金给付比例表》在合同中载明，也未对该表中有关赔付规定、赔偿比例等事项告知原告，故该条款约定的《人身保险残疾程度与保险金给付比例表》对本案原告不产生效力，被告应当支付残疾保险金。根据公平原则，在原告意外伤害残疾保险金额为10万元的前提下，将第十级残疾给付比例确定为10%，每递增一级残疾递增给付比例为10%，即第九级残疾给付比例为20%，依此类推。经对伤残项目的合并计算，意外伤害残疾保险金为：10万元×30%+10万元×10%+10万元×10%＝5万元。依照我国《保险法》第10条、第17条规定，法院判决被告保险公司支付原告胡某某意外伤害残疾保险金5万元。

案件宣判后，双方当事人均未上诉，判决已生效。

三　案件简评

各家保险公司的伤残等级给付比例条款的约定都不同，有的比例很低，有的甚至是十级伤残给付比例为0。而这部分的约定和保险费收取有多大关系、有无精算依据、比例高低和保险费多少的幅度、为什么每个保险公司的给付比例都不同等问题，仅是理论上的分析，诉讼中也没有证据提供，致使部分法官以此认为是免责条款。

本书认为，对此类案件不宜直接以免责条款作为判决的依据，应当考察两点：第一，保险合同承保范围和比例赔付是否排斥，以此判断是否存在夸大承保范围的情况；第二，比例赔付是否违背人身保险定额给付的基本属性，以此判断是否采取了财产保险损失程度判断保险金给付的方法。在此基础上探查具体适用的法律制度。

附：意外伤害保险合同条款

个人意外伤害保险（B款）条款

备案号：×号

总　则

第一条　本保险合同由保险条款、投保单、保险单、保险凭证以及批单等组成。凡涉及本保险合同的约定，均应采用书面形式。

第二条　本保险合同的被保险人应为六十五周岁以下、身体健康、能正常工作或正常生活的自然人。

第三条　本保险合同的投保人应为具有完全民事行为能力的被保险人本人、对被保险人有保险利益的其他人。

第四条　本保险合同的受益人包括：

（一）身故保险金受益人

订立本保险合同时，被保险人或投保人可指定一人或数人为身故保险金受益人。身故保险金受益人为数人时，应确定其受益顺序和受益份额；未确定受益份额的，各身故保险金受益人按照相等份额享有受益权。投保人指定受益人时须经被保险人同意。

被保险人死亡后，有下列情形之一的，保险金作为被保险人的遗产，由保险人依照《中华人民共和国继承法》的规定履行给付保险金的义务：

（1）没有指定受益人，或者受益人指定不明无法确定的；

（2）受益人先于被保险人死亡，没有其他受益人的；

（3）受益人依法丧失受益权或者放弃受益权，没有其他受益人的。

受益人与被保险人在同一事件中死亡，且不能确定死亡先后顺序的，推定受益人死亡在先。

被保险人或投保人可以变更身故保险金受益人，但需书面通知保险人，由保险人在本保险合同上批注。**对因身故保险金受益人变更发生的法律纠纷，保险人不承担任何责任。**

投保人指定或变更身故保险金受益人的，应经被保险人书面同意。被保险人为无民事行为能力人或限制民事行为能力人的，应由其监护人指定或变更身故保险金受益人。

（二）伤残、医疗、误工津贴、住院护理津贴保险金受益人

除另有约定外，本保险合同的伤残、医疗、误工津贴、住院护理津贴保险金的受益人为被保险人本人。

保险责任

第五条 在保险期间内，被保险人因遭受意外伤害事故导致身故、伤残、医疗费用支出或住院治疗的，保险人依照下列约定给付保险金。

（一）身故保险责任

在保险期间内，被保险人遭受意外伤害事故，并自事故发生之日起180日内因该事故身故的，保险人按意外伤害保险金额给付身故保险金，**对该被保险人的保险责任终止。**

被保险人因遭受意外伤害事故且自该事故发生日起下落不明，后经人民法院宣告死亡的，保险人按意外伤害保险金额给付身故保险金。**但若被保险人被宣告死亡后生还的，保险金受领人应于知道或应当知道被保险人生还后30日内退还保险人给付的身故保险金。**

被保险人身故前保险人已给付第（二）款约定的伤残保险金的，身故保险金应扣除已给付的保险金。

（二）伤残保险责任

在保险期间内，被保险人遭受意外伤害事故，并自该事故发生之日起180日内因该事故造成《人身保险伤残评定标准及代码》（标准编号为JR/T0083—2013，以下简称《伤残评定标准》）所列伤残之一的，**保险人按该表所列给付比例乘以意外伤害保险金额给付伤残保险金**。如第180日治疗仍未结束的，按当日的身体情况进行伤残鉴定，并据此给付伤残保险金。

（1）当同一保险事故造成两处或两处以上伤残时，应首先对各处伤残程度分别进行评定，如果几处伤残等级不同，以最重的伤残等级作为最终的评定结论；如果两处或两处以上伤残等级相同，伤残等级在原评定基础上最多晋升一级，最高晋升至第一级。同一部位和性质的伤残，不应采用《伤残评定标准》条文两条以上或者同一条文两次以上进行评定。

（2）被保险人如在本次意外伤害事故之前已有伤残，保险人按合并后的伤残程度在《伤残评定标准》中所对应的给付比例给付伤残保险金，但应扣除原有伤残程度在《伤残评定标准》所对应的伤残保险金。

在保险期间内，前述第（一）、（二）款下的保险金累计给付金额以保险单载明的意外伤害保险金额为限。

（三）医疗保险责任

在保险期间内，被保险人遭受意外伤害事故，并在符合本条款第二十七条释义的医院（以下简称"释义医院"）进行治疗，**保险人就被保险人自事故发生之日起180日内实际支出的按照当地社会医疗保险主管部门规定可报销的、必要的、合理的医疗费用超过人民币100元的部分给付医疗保险金。**

被保险人无论一次或多次遭受意外伤害事故，保险人均按上述规定分别给付医疗保险金，**但累计给付金额以被保险人的意外伤害医疗保险金额为限，累计给付金额达到意外伤害医疗保险金额时，对被保险人保险责任终止。**

被保险人如果已从其他途径获得补偿，则保险人只承担合理医疗费用剩余部分的保险责任。

（四）误工津贴保险金

在保险期间内，被保险人遭受意外伤害事故，并自事故发生之日起180日内因该事故在释义医院住院治疗，保险人就被保险人的合理住院天数，按照保险单载明的误工津贴日额给付"误工津贴保险金"。

被保险人因意外伤害事故一次住院治疗的，保险人给付误工津贴保险金天数以60天为限；被保险人因同一原因间歇性住院，前次出院与后次入院日期间隔未超过90天（含90天）的，视为一次住院治疗。

被保险人无论一次或多次遭受意外伤害事故进行住院治疗，保险人均按上述规定分别给付误工津贴保险金，但对被保险人累计给付天数以90天为限。

（五）住院护理津贴保险金

在保险期间内，被保险人遭受意外伤害事故，并自事故发生之日起180日内因该事故在释义医院住院治疗，经医师诊断被保险人必须实施特级或一级护理的，保险人就被保险人接受护理的合理天数，按照保险单载明的住院护理津贴日额给付"住院护理津贴保险金"。

被保险人因意外伤害事故一次住院治疗的，保险人给付住院护理津贴保险金天数以60天为限；被保险人因同一原因间歇性住院，前次出院与后次入院日期间隔未超过90天（含90天）的，视为一次住院治疗。

被保险人无论一次或多次遭受意外伤害事故进行住院治疗，保险人均按上述规定分别给付住院护理津贴保险金，但对被保险人累计给付天数以90天为限。

责任免除

第六条 因下列原因造成被保险人身故、伤残、医疗费用支出或住院治疗的，保险人不承担给付保险金责任：

（1）投保人的故意行为；

（2）被保险人自致伤害或自杀，但被保险人自杀时为无民事行为能力人的除外；

（3）因被保险人挑衅或故意行为而导致的打斗、被袭击或被谋杀；

（4）被保险人妊娠、流产、分娩、疾病、药物过敏、中暑、猝死；

（5）被保险人接受整容手术及其他内、外科手术；

（6）被保险人未遵医嘱，私自服用、涂用、注射药物；

（7）核爆炸、核辐射或核污染；

（8）恐怖袭击；

（9）被保险人犯罪或拒捕；

（10）被保险人从事高风险运动或参加职业或半职业体育运动。

第七条 被保险人在下列期间遭受伤害导致身故、伤残、医疗费用支出或住院治疗的，保险人也不承担给付保险金责任：

（1）战争、军事行动、暴动或武装叛乱期间；

（2）被保险人醉酒或受毒品、管制药物的影响期间；

（3）被保险人酒后驾车、无有效驾驶证驾驶或驾驶无有效行驶证的机动车期间。

第八条 下列费用，保险人不承担给付保险金责任：

（1）保险单签发地社会医疗保险或其他公费医疗管理部门规定的自费项目和药品费用；

（2）因椎间盘膨出和突出造成被保险人支出的医疗费用；

（3）营养费、康复费、辅助器具费、整容费、美容费、修复手术费、牙齿整形费、牙齿修复费、镶牙费、护理费、交通费、伙食费、误工费、丧葬费。

保险金额和保险费

第九条 保险金额是保险人承担给付保险金责任的最高限额。

本保险合同的保险金额分为意外伤害保险金额、意外伤害医疗保险金额、误工津贴保险金额、住院护理津贴保险金额，由投保人、保险人双方约定，并在保险单中载明。

投保人应该按照合同约定向保险人交纳保险费。

保险期间

第十条 本保险合同保险期间由保险人和投保人协商确定，以保险单载明的起讫时间为准。

保险人义务

第十一条　本保险合同成立后，保险人应当及时向投保人签发保险单或其他保险凭证。

第十二条　保险人按照第二十一条的约定，认为被保险人提供的有关索赔的证明和资料不完整的，应当及时一次性通知投保人、被保险人补充提供。

第十三条　保险人收到被保险人的给付保险金的请求后，应当及时作出是否属于保险责任的核定；情形复杂的，保险人将在确定是否属于保险责任的基本材料收集齐全后，尽快作出核定。

保险人应当将核定结果通知被保险人；对属于保险责任的，在与被保险人达成给付保险金的协议后十日内，履行赔偿保险金义务。保险合同对给付保险金的期限有约定的，保险人应当按照约定履行给付保险金的义务。保险人依照前款约定作出核定后，对不属于保险责任的，应当自作出核定之日起三日内向被保险人发出拒绝给付保险金通知书，并说明理由。

第十四条　保险人自收到给付保险金的请求和有关证明、资料之日起六十日内，对其给付的数额不能确定的，应当根据已有证明和资料可以确定的数额先予支付；保险人最终确定给付的数额后，应当支付相应的差额。

第十五条　投保人符合保险法规定的退还保险费相关要求的，保险人应当按照保险法相关规定退还未满期净保险费。

投保人、被保险人义务

第十六条　除另有约定外，投保人应当在保险合同成立时交清保险费。

第十七条　订立保险合同，保险人就被保险人的有关情况提出询问的，投保人应当如实告知。

投保人故意或者因重大过失未履行前款规定的义务，足以影响保险人决定是否同意承保或者提高保险费率的，保险人有权解除本保险合同。

前款规定的合同解除权，自保险人知道有解除事由之日起，超过三十日不行使而消灭。自合同成立之日起超过二年的，保险人不得解除合同；发生保险事故的，保险人应当承担给付保险金责任。

投保人故意不履行如实告知义务的，保险人对于合同解除前发生的保险事故，不承担给付保险金责任，并不退还保险费。

投保人因重大过失未履行如实告知义务，对保险事故的发生有严重影

响的，保险人对于合同解除前发生的保险事故，不承担给付保险金责任，但应当退还保险费。

保险人在合同订立时已经知道投保人未如实告知的情况的，保险人不得解除合同；发生保险事故的，保险人应当承担给付保险金责任。

第十八条 被保险人变更职业或工种时，投保人或被保险人应在10日内以书面形式通知保险人。

被保险人所变更的职业或工种依照保险人职业分类在拒保范围内的，保险人在接到通知后有权解除本保险合同，并按照接到通知的日期计算并退还原职业或工种所对应的未满期净保险费。被保险人未按本条约定通知保险人，若发生保险事故，保险人不承担给付保险金的责任。

被保险人所变更的职业或工种依照保险人职业分类危险程度增加但仍可承保或在拒保范围内但保险人认定可以继续承保的，保险人自接到通知之日起，按其差额增收保险费。被保险人未按本条约定通知保险人，若发生保险事故，保险人按其原交保险费与新职业或工种所对应的保险费的比例计算并给付保险金。

被保险人所变更的职业或工种依照保险人职业分类危险程度降低的，保险人自接到通知之日起，按其差额退还未满期净保险费。

第十九条 投保人住所或通信地址变更时，应及时以书面形式通知保险人。投保人未通知的，保险人按本保险合同所载的最后住所或通信地址发送的有关通知，均视为已发送给投保人。

第二十条 投保人、被保险人或者保险金受益人知道保险事故发生后，应当在48小时内及时通知保险人。故意或者因重大过失未及时通知，致使保险事故的性质、原因、损失程度等难以确定的，保险人对无法确定的部分，不承担给付保险金责任，但保险人通过其他途径已经及时知道或者应当及时知道保险事故发生的除外。

上述约定，不包括因不可抗力而导致的迟延。

保险金申请与给付

第二十一条 保险金申请人向保险人申请给付保险金时，应提交以下材料。保险金申请人因特殊原因不能提供以下材料的，应提供其他合法有效的材料。保险金申请人未能提供有关材料，导致保险人无法核实该申请的真实性的，保险人对无法核实部分不承担给付保险金的责任。

（一）身故保险金申请

（1）保险金给付申请书。

（2）保险单原件。

（3）保险金申请人的身份证明。

（4）公安部门或医疗机构出具的被保险人死亡证明书；若被保险人为宣告死亡，保险金申请人应提供人民法院出具的宣告死亡证明文件；若为境外出险，需提供事故发生地使领馆出具的包含死亡原因的书面证明材料。

（5）被保险人的户籍注销证明。

（6）保险金申请人所能提供的与确认保险事故的性质、原因、损失程度等有关的其他证明和资料。

（7）若保险金申请人委托他人申请的，还应提供授权委托书原件、委托人和受托人的身份证明等相关证明文件。

除提交上述材料外，保险金申请人申请身故保险金时，为确定事故原因，保险人有权要求由司法鉴定机构对事故原因进行鉴定，如进行尸体检验等。

（二）伤残保险金申请

（1）保险金给付申请书；

（2）保险单原件；

（3）被保险人身份证明；

（4）二级以上（含二级）或保险人认可的医疗机构或司法鉴定机构出具的伤残鉴定诊断书；

（5）保险金申请人所能提供的与确认保险事故的性质、原因、损失程度等有关的其他证明和资料；

（6）若保险金申请人委托他人申请的，还应提供授权委托书原件、委托人和受托人的身份证明等相关证明文件。

（三）医疗保险金申请

（1）保险金给付申请书；

（2）保险单原件；

（3）被保险人身份证明；

（4）释义医院出具的医疗证明和医疗费用原始凭证；

（5）保险金申请人所能提供的与确认保险事故的性质、原因、伤害程度等有关的其他证明和资料；

（6）若保险金申请人委托他人申请的，还应提供授权委托书原件、委托人和受托人的身份证明等相关证明文件。

（四）误工津贴保险金及住院护理津贴保险金申请

（1）保险金给付申请书；

（2）保险单原件；

（3）被保险人身份证明；

（4）释义医院出具的病历和住院证明；

（5）保险金申请人所能提供的与确认保险事故的性质、原因、伤害程度等有关的其他证明和资料；

（6）若保险金申请人委托他人申请的，还应提供授权委托书原件、委托人和受托人的身份证明等相关证明文件。

第二十二条　保险金申请人向保险人请求给付保险金的诉讼时效期间为二年，自其知道或者应当知道保险事故发生之日起计算。

争议处理和法律适用

第二十三条　因履行本保险合同发生的争议，由当事人协商解决。协商不成的，提交保险单载明的仲裁机构仲裁；保险单未载明仲裁机构或者争议发生后未达成仲裁协议的，依法向人民法院起诉。

第二十四条　与本保险合同有关的以及履行本保险合同产生的一切争议处理适用中华人民共和国法律（不包括港澳台地区法律）。

其他事项

第二十五条　投保人和保险人可以协商变更合同内容。

变更保险合同的，应当由保险人在保险单或者其他保险凭证上批注或附贴批单，或者投保人和保险人订立变更的书面协议。

第二十六条　在本保险合同成立后，投保人可以书面形式通知保险人解除合同，但保险人已根据本保险合同约定给付保险金的除外。

投保人解除本保险合同时，应提供下列证明文件和资料：

（1）保险合同解除申请书；

（2）保险单原件；

（3）保险费交付凭证；

（4）投保人身份证明。

投保人要求解除本保险合同，自保险人接到保险合同解除申请书之时起，本保险合同的效力终止。保险人收到上述证明文件和资料之日起 30 日内退还保险单的未满期净保险费。

释　义

第二十七条

【周岁】以法定身份证明文件中记载的出生日期为基础计算的实足年龄。

【保险人】指与投保人签订本保险合同的中国平安财产保险股份有限公司。

【意外伤害】指以外来的、突发的、非本意的和非疾病的客观事件为直接且单独的原因致使身体受到的伤害。

【医院】指保险人与投保人约定的定点医院，未约定定点医院的，则指经中华人民共和国卫生部门评审确定的二级或二级以上的公立医院，但不包括主要作为诊所、康复、护理、休养、静养、戒酒、戒毒等或类似的医疗机构。该医院必须具有符合国家有关医院管理规则设置标准的医疗设备，且全天二十四小时有合格医师及护士驻院提供医疗及护理服务。

【人身保险伤残评定标准及代码】《人身保险伤残评定标准及代码》（JR/T 0083—2013）是由中国保险监督管理委员会发布（保监发〔2014〕6 号）并经国家标准化委员会备案的中华人民共和国金融行业标准。

【住院】指被保险人入住医院之正式病房进行治疗，并正式办理入出院手续，不包括家庭病床或其他非正式病房、挂床住院或入住门诊观察室。

【醉酒】指血液中的酒精含量大于或者等于 80mg/100mL。

【酒后驾车】指车辆驾驶人员在其血液中的酒精含量大于或者等于 20mg/100mL 时的驾驶行为。

【无有效驾驶证】被保险人存在下列情形之一者：

（1）无驾驶证，驾驶证被依法扣留、暂扣、吊销、注销；

（2）驾驶的机动车与驾驶证载明的准驾车型不符；

（3）实习期内驾驶公共汽车、营运客车或者执行任务的警车、载有危险物品的机动车或牵引挂车的机动车；

（4）使用各种专用机械车、特种车的人员无国家有关部门核发的有效操作证、许可证书或其他必备证书，驾驶出租机动车或营业性机动车无交通运输管理部门核发的许可证书或其他必备证书。

【无有效行驶证】指下列情形之一：

（1）机动车行驶证、号牌被注销的；

（2）未按规定检验或检验不合格。

【辅助器具费】指购买、安装或修理假肢、矫形器、假眼、假牙和配置轮椅等辅助器具的费用。

【未满期净保险费】未满期净保险费＝保险费×［1-（保险单已经过天数/保险期间天数）］×（1-35%）。经过天数不足一天的按一天计算。

【不可抗力】指不能预见、不能避免并不能克服的客观情况。

【保险金申请人】指受益人或被保险人的继承人或依法享有保险金请求权的其他自然人。

【高风险运动】指比一般常规性的运动风险等级更高、更容易发生人身伤害的运动，在进行此类运动前需有充分的心理准备和行动上的准备，必须具备一般人不具备的相关知识和技能或者必须在接受专业人士提供的培训或训练之后方能掌握。被保险人进行此类运动时须具备相关防护措施或设施，以避免发生损失或减轻损失，包括但不限于潜水，滑水，滑雪，滑冰，驾驶或乘坐滑翔翼、滑翔伞，跳伞，攀岩运动，探险活动，武术比赛，摔跤比赛，柔道，空手道，跆拳道，马术，拳击，特技表演，驾驶卡丁车，赛马，赛车，各种车辆表演，蹦极。

参考文献

沙银华：《日本保险经典判例评释》，法律出版社，2011。

第十四章

健康保险

第一节　健康保险概述

一　健康保险的内涵和分类

（一）健康保险的内涵

健康保险是指，由保险公司对被保险人因健康原因或者医疗行为发生的损失给付保险金的保险，主要包括医疗保险、疾病保险、失能收入损失保险、护理保险以及医疗意外伤害保险等。

（二）健康保险的分类

1. 医疗保险

医疗保险是指，按照保险合同约定为被保险人的医疗、康复等提供保障的保险。

2. 疾病保险

疾病保险是指，发生保险合同约定的疾病时，为被保险人提供保障的保险。

3. 失能收入损失保险

失能收入损失保险是指，以保险合同约定的疾病或者意外伤害导致工作能力丧失为给付保险金条件，为被保险人在一定时期内收入减少或者中断提供保障的保险。

4. 护理保险

护理保险是指，按照保险合同约定为被保险人日常生活能力障碍引发护理需要提供保障的保险。

5. 医疗意外伤害保险

医疗意外伤害保险是指，按照保险合同约定发生不能归责于医疗机构、医护人员责任的医疗损害，为被保险人提供保障的保险。

二 健康保险的法律调整

我国健康保险的法律调整分为两个层次：第一，以《保险法》中人身保险合同的规定为核心的准据法调整；第二，以银保监会发布的《健康保险管理办法》[①] 为核心的行政规章调整。德国和日本保险法律与我国保险法的分类基础不同，与我国健康保险内涵和外延最为相近的法律调整规范体现在以下规定中。

《德国保险合同法》第二编特种保险中的第六章规定的职业伤残保险，是指为被保险人患病，遭受身体伤害或失去与其年龄相当的劳动能力，并且不能像遭受职业伤害前一样完成全部或部分职业工作提供保障的保险（《德国保险合同法》第 172 条第 2 款）。

《日本保险法》伤害疾病保险规定在第二章第五节伤害疾病损害保险的特别规定，以及第四章伤害疾病定额保险的规定。伤害疾病损害保险，是指损害保险合同中约定保险人对人的伤害疾病所产生的损失进行补偿的保险（《日本保险法》第 2 条第 7 款）。伤害疾病定额保险，是指根据被保险人伤害或者疾病，由保险人给付定额保险金的保险（《日本保险法》第 2 条第 4 款第 3 项）。

笔者有话说：健康保险中的保证续保条款

健康保险关涉被保险人的终身健康，人类健康状况的自然规律决定健

---

① 本办法于 2019 年 10 月 31 日公布，自 2019 年 12 月 1 日起实施。

康保险应当包括长期健康保险和短期健康保险。长期健康保险，是指保险期间超过一年或者保险期间虽不超过一年但含有保证续保条款的健康保险。诸多保险公司推出的长期健康保险产品包含保证续保的条款，判断一款产品究竟是不是长期健康保险，合同中有没有"保证续保条款"很重要。何为"保证续保条款"？我国银保监会 2019 年 10 月底发布的《健康保险管理办法》中对于"保证续保条款"作出以下描述："在前一保险期间届满前，投保人提出续保申请，保险公司必须按照原条款和约定费率继续承保的合同约定。"结合保险实践，判断"保证续保"应当注意以下三点：

第一，上一年的保障结束了，投保人要续保，保险公司必须予以续保。

第二，在续保的时候，保险公司必须按照之前的"原条款"进行续保。由于被保险人之前进行过理赔而在续保后的条款中附加责任免除事项，或者是由于产品升级而变更了原先的保险条款，都不符合"保证续保"的内涵。

第三，在续保的时候，保险公司必须按照之前的"约定费率"进行续保。由于被保险人之前进行过理赔而在续保时被保险公司单方面大幅加费，或者是由于产品升级使用了新的费率表，都不符合"保证续保"的内涵。

第二节　健康保险典型案例

一　基本案情

本案案号：（2014）东中法民二终字第 1288 号；（2015）粤高法民二申字第 1155 号。

2013 年 9 月 27 日，周某向某人寿保险公司投保了主险种为人寿两全保险（附加险为人寿附加多重给付重大疾病保险），其中重大疾病保险条款约定，被保险人首次发生经专科医生明确诊断患合同所定义的重大疾病包括严重类风湿性关节炎，保险人按照保险金额 100% 给付"首次重大疾病保险金"，主险和附加险的保险合同条款中关于"如实告知"的约定均使用了黑体加粗字体。周某在投保申请确认书、合同资料客户签收函、保险合同签收回执的投保人处签名确认。周某于 2014 年 1 月 2 日至 2014 年 1 月 24 日在医院住院治疗，于 2014 年 3 月 4 日向某人寿保险公司申请理赔。

某人寿保险公司于 2014 年 3 月 18 日向周某发出《拒赔通知书》，表示其于 2014 年 3 月 6 日收到周某的重大疾病申请，但认为周某所患疾病没有达到合同对严重类风湿性关节炎的定义，拒绝其理赔申请。同日，该人寿保险公司向周某发出《保险合同内容变更通知书》，表示由于周某在投保时未将投保前已患有风湿性关节炎病史事实进行如实告知，主险和附加险的保险费需要增加。如周某接受本次变更，请在 14 天内签署并书面回复，如超过 14 天而未收到任何书面回复，视为拒绝接受此变更，并将自始终止保险合同。周某收到上述通知但不同意签收，且不接受提高保险费。2014 年 3 月 20 日，某人寿保险公司派员工专门到周某处详细说明保险合同的调整计划，周某明确表示不接受变更加费，并遭到周某的扣留；2014 年 4 月 2 日某人寿保险公向周某发出《合同解除通知书》，对于合同解除前发生的保险事故，不承担赔偿或者给付保险金的责任，并退还保险费。周某于 2014 年 4 月 3 日至 2014 年 4 月 21 日期间在医院住院治疗。

二 法院判决

（一）二审法院判决

周某与某保险公司东莞营销部之间成立保险合同关系，原审法院依法予以确认。周某提供 2014 年 1 月 2 日至 2014 年 1 月 24 日东莞市某医院诊断证明书及出院记录拟证明周某被诊断为类风湿性关节炎。但是周某没有提供证据证明其疾病程度符合保险合同重大疾病中关于类风湿性关节炎（Ⅲ）的约定，故对于某保险公司东莞营销部主张周某该次疾病没有达到合同对严重类风湿性关节炎的定义，拒绝理赔，原审法院依法予以采信。

根据 2014 年 1 月 2 日东莞市某医院入院记录的既往史及各类化验报告单显示的内容，其在投保前已经在医院诊断患"类风湿性心脏病"，而某保险公司东莞营销部据此向周某发出《保险合同内容变更通知书》，要求调整保险费，理由充分。某保险公司东莞营销部主张其于 2014 年 3 月 20 日派员工专门到周某处详细说明保险合同的调整计划，提供了报警回执等证据予以证明，结合 2014 年 3 月 14 日周某填写的补充文件（变更申请），原审法院依法予以采信。周某在一审庭审时亦表示其不同意某保险公司东莞营销部提高保险费。根据《保险合同内容变更通知书》约定"请在 14 天内签署并书面回复某保险东莞营销部，如超过 14 天而未收到任何书面回复，视为拒绝接受此变更，并将自始终止保单号 4×××9 的保险合同"，周某明确表示其不同意提高保险费，且某保险公司东莞营销部已经于 2014 年 4 月 2 日向周某发出《合同解除通知书》，虽然周某拒绝签收，但是周某在一审庭审时也表示某保险公司东莞营销部在向其发出《合同解除通知书》前已经告知周某让其退保，故原审法院认为周某最迟在 2014 年 4 月 2 日已经知晓某保险公司东莞营销部要解除案涉保险合同，根据《中华人民共和国合同法》第 96 条第 1 款关于"当事人一方依照本法第九十三条第二款、第九十四条的规定主张解除合同的，应当通知对方。合同自通知到达对方时解除。对方有异议的，可以请求人民法院或者仲裁机构确认解除合同的效力"的规定，案涉保险合同于 2014 年 4 月 2 日已经解除。某保险公司东莞营销部已经退还周某保险费 28680 元，并提供了《说明函》、银行交易网页等予以证明，原审法院依法予以采信。故某保险公司东莞营销部主张对周某在 2014 年 4 月 3 日至 2014 年 4 月 21 日期间在东莞某医院住院治疗无须承担保险责任，原审法院依法予以支持。

退一步讲，周某为成年人，根据 2014 年 1 月 2 日东莞市×××医院入院记录的既往史及各类化验报告单显示的内容，周某作为被保险人，其在投保前已经在医院诊断患"类风湿性心脏病"；但周某签名确认的投保单所附之告知事项明确对"目前或过去是否患有疾病并因此进行治疗"的问题回答"否"。周某的行为违反了如实告知义务，某保险公司东莞营销部依法可不承担给付保险金的责任。保险合同中关于如实告知义务的约定使用了单章、使用了加粗字体，结合周某已经购买过多次保险，故应有一定的经验，而履行如实告知义务系投保人履行保险合同的基本义务，某保险公司东莞营销部主张其已经履行了说明义务，原审法院依法予以采信。因此，周某请求某保险公司东莞营销部给付保险金的诉讼请求，原审法院不予支持。

综上所述，原审法院依照《中华人民共和国保险法》第 16 条，《中华人民共和国民事诉讼法》第64条、第142条的规定，判决驳回周某的全部诉讼请求。案件诉讼费2900元，由周某承担。

（二）再审判决

再审法院认为：本案系人身保险合同纠纷。本案争议的焦点在于周某有无履行如实告知义务及涉案保险合同是否已解除。本案中，周某确认在投保前因为不舒服去医院看过病且有诊断记录，而周某在涉案的人身保险投保单的告知事项及健康资料中，在回答"你是否曾经患有或现患有某些上述未提及的疾病症状（不包括一般伤风或感冒），你是否于过去2年内住院或被建议住院，是否于过去6个月内在门诊、急诊接受诊疗或服用处方药物"等问题时，周某均作了"否"的选择，且涉案保险合同条款及投保提示书中关于"如实告知"的约定均使用了黑体加粗字体。故此，二审法院认为周某在签订合同时未履行如实告知义务，根据《中华人民共和国保险法》第16条第2款、第4款、第5款的规定，认定某保险公司东莞营销部有权解除案涉保险合同并无不妥。由于某保险公司东莞营销部已经向周某发出解除通知书，且周某也已经知晓某保险公司东莞营销部提出解除合同。据此，二审法院认为涉案保险合同已解除，某保险公司东莞营销部无须承担向周某支付保险金的责任亦无不妥。

综上，周某的再审申请不符合《中华人民共和国民事诉讼法》第200条规定的再审情形。依照《中华人民共和国民事诉讼法》第204条第1款的规定，裁定驳回周某的再审申请。

三 案件简评

本案历经一审（2014）东一法南民二初字第445号判决、二审维持（2014）东中法民二终字第1288号判决、再审维持（2015）粤高法民二申字第1155号判决。周某主张其疾病已经达到严重类风湿性关节炎的定义，按照合同约定向人民法院起诉某人寿保险公司赔偿保险金。某人寿保险公司答辩称周某在投保时没有履行如实告知义务，影响某人寿保险公司作出承保决定，某人寿保险公司已依法行使了合同解除权，双方之间的保险合同已经解除。某人寿保险公司对于合同解除前以及合同解除后所发生的事故均不承担保险责任。理由如下。

（1）周某在投保时故意隐瞒了其在 2013 年 9 月 17 日已经确诊患有类风湿性关节炎的疾病史且对于某人寿保险公司明确询问的多项健康状况均没有如实回答。

（2）周某未如实告知的事项足以影响某人寿保险公司作出承保决定，根据周某投保前的病历资料及某人寿保险公司的投保规则，对于周某已经患有类风湿性关节炎的情况，某人寿保险公司承保的费率将要提高，若周某投保时如实告知相关病史并提供病历资料，某人寿保险公司则不会按案涉合同的条件承保，同时结合周某投保前患有其他疾病及隐瞒投保史等情况，某人寿保险公司会作出拒保的决定，根据《中华人民共和国保险法》第 16 条第 2 款的规定，某人寿保险公司有权解除保险合同。

（3）某人寿保险公司已经依法有效地解除了保险合同，2014 年 3 月 18 日某人寿保险公司通知周某拒绝该次理赔及变更保险合同，2014 年 3 月 20 日某人寿保险公司的工作人员对周某进行上门服务时，周某向某人寿保险公司的工作人员表示不接受某人寿保险公司的决定并强行扣留了该工作人员的公文包及限制其人身自由。2014 年 3 月 27 日周某再次到某人寿保险公司的办公场所进行吵闹争辩，某人寿保险公司经过再次调查发现，周某在投保前还有其他既往病史没有告知，且曾经在多家保险公司投保理赔并被拒赔的事实。综上，某人寿保险公司于 2014 年 4 月 2 日作出了解除保险合同的决定，并向周某邮寄了合同解除通知书，且酌情退还了周某所交的保险费 28680 元。本案保险合同已经被依法解除，合同解除前和合同解除后发生的事故，人寿保险公司均不承担保险责任。

周某所患的疾病不符合保险合同约定的重大疾病保险金支付的条件，无论是 2014 年 1 月的病情还是 2014 年 4 月的病情均不符合合同约定的保险金支付条件。

法院主要观点认为：周某在投保单上书写了"本人已阅读保险条款，产品说明书和投保提示书，了解本产品的特点和保单利益的不确定性"等字样。案涉多重给付重大疾病保险合同条款及投保提示书中关于"如实告知"的约定均使用了黑体加粗字体。由此可以认定周某在签订合同时未履行如实告知义务，根据《中华人民共和国保险法》第 16 条第 2 款、第 4 款、第 5

款的规定，某人寿保险公司有权解除案涉保险合同，某人寿保险公司已经向周某发出解除通知书，周某也已经知晓某人寿保险公司提出解除合同。据此，某人寿保险公司主张案涉保险合同已解除合法有据，某人寿保险公司无须承担向周某支付保险金的责任。诚实信用是一个基本原则，如实回答保险人提出的与案涉保险相关问题是一个公民应当履行的基本诚信义务。

本案保险公司一方的代理律师认为：在纠纷发生初期，专业律师指导保险公司的法务人员及时对公司操作中的不规范行为采取补救措施很重要。如本案中及时向周某邮寄《拒赔通知书》《保险合同内容变更通知书》《合同解除通知书》，并均保存有证据。

附：健康险保险合同条款

重大疾病保险条款

注册号：××

总　则

第一条　本保险合同由保险条款、投保单、保险单、保险凭证以及批单等组成。凡涉及本保险合同的约定，均应采用书面形式。

第二条　本保险合同的被保险人应为身体健康、能正常工作或正常生活的自然人。

第三条　本保险合同的投保人应为具有完全民事行为能力的被保险人本人、对被保险人有保险利益的其他人。

第四条　除另有约定外，本保险合同的受益人为被保险人本人。

保险责任

第五条　保险期间内，本保险合同可承保下列一项或多项保险责任，由投保人在投保时选择，并在保险单中载明：

（一）重大疾病保险金责任

自保险期间开始且保险单载明的**等待期**满之日起（续保从续保生效日起），至保险期间终止之日止，被保险人经符合本保险合同释义约定的医院（以下简称"释义医院"）初次确诊罹患本保险合同释义规定的重大疾病（以下简称"重大疾病"）的，保险人按重大疾病保险金额给付重大疾病保险金，**对该被保险人的该项保险责任终止。**

被保险人因意外伤害导致其患重大疾病的，无等待期。

（二）特定部位原位癌保险金责任

自保险期间开始且保险单载明的**等待期**满之日起（续保从续保生效日起），至保险期间终止之日止，被保险人经释义医院初次确诊罹患本保险合同释义约定的特定部位原位癌（以下简称"特定部位原位癌"）的，保险人按特定部位原位癌保险金额给付特定部位原位癌保险金，**对该被保险人的该项保险责任终止。**

（三）特定部位恶性肿瘤保险金责任

自保险期间开始且保险单载明的**等待期**满之日起（续保从续保生效日起），至保险期间终止之日止，被保险人经释义医院初次确诊罹患本保险合同释义约定的特定部位恶性肿瘤（以下简称"特定部位恶性肿瘤"），保险人按特定部位恶性肿瘤保险金额给付特定部位恶性肿瘤保险金，**对该被保险人的该项保险责任终止。**

保险期间开始前或自保险期间开始且保险单载明的等待期满之日内（续保除外），被保险人经任何医疗机构确诊罹患重大疾病、特定部位原位癌或特定部位恶性肿瘤的，保险人不承担给付保险金责任，并向投保人无息返还已缴纳的保险费，对该被保险人保险责任终止。

责任免除

第六条　因下列原因之一导致被保险人罹患疾病的，保险人不承担保险责任：

（1）投保人或被保险人的故意行为；

（2）被保险人犯罪或拒捕；

（3）被保险人服用、吸食或注射毒品；

（4）被保险人酒后驾车、无有效驾驶证驾驶或驾驶无有效行驶证的机动车；

（5）被保险人患艾滋病或感染艾滋病病毒；

（6）核爆炸、核辐射或核污染；

（7）遗传性疾病、先天性畸形、变形或染色体异常。

保险金额

第七条 本保险合同的重大疾病保险金额、特定部位原位癌保险金额、特定部位恶性肿瘤保险金额由投保人、保险人双方约定，并在保险单中载明。

保险期间

第八条 本保险合同保险期间由投保人、保险人双方约定，并在保险单中载明，且最长不得超过一年。

保险人义务

第九条 本保险合同成立后，保险人应当及时向投保人签发保险单或其他保险凭证。

第十条 保险人按照第十八条的约定，认为被保险人提供的有关索赔的证明和资料不完整的，应当及时一次性通知投保人、被保险人补充提供。

第十一条 保险人收到被保险人的给付保险金的请求后，应当及时作出是否属于保险责任的核定；情形复杂的，保险人将在确定是否属于保险责任的基本材料收集齐全后，尽快作出核定。

保险人应当将核定结果通知被保险人；对属于保险责任的，在与被保险人达成给付保险金的协议后十日内，履行给付保险金义务。保险合同对给付保险金的期限有约定的，保险人应当按照约定履行给付保险金的义务。保险人依照前款约定作出核定后，对不属于保险责任的，应当自作出核定之日起三日内向被保险人发出拒绝给付保险金通知书，并说明理由。

第十二条 保险人自收到给付保险金的请求和有关证明、资料之日起六十日内，对其给付的数额不能确定的，应当根据已有证明和资料可以确定的数额先予支付；保险人最终确定给付的数额后，应当支付相应的差额。

第十三条 投保人符合保险法规定的退还保险费相关要求的，保险人应当按照保险法相关规定退还未满期净保险费。

投保人、被保险人义务

第十四条 除另有约定外，投保人应当在保险合同成立时缴清保险费。

第十五条 订立保险合同，保险人就被保险人的有关情况提出询问的，投保人应当如实告知。投保人故意或者因重大过失未履行前款规定的义务，足以影响保险人决定是否同意承保或者提高保险费率的，保险人有权解除本保险合同。

前款规定的合同解除权，自保险人知道有解除事由之日起，超过三十日不行使而消灭。自合同成立之日起超过二年的，保险人不得解除合同；发生保险事故的，保险人应当承担给付保险金责任。投保人故意不履行如实告知义务的，保险人对于合同解除前发生的保险事故，不承担给付保险金责任，并不退还保险费。

投保人因重大过失未履行如实告知义务，对保险事故的发生有严重影响的，保险人对于合同解除前发生的保险事故，不承担给付保险金责任，但应当退还保险费。

保险人在合同订立时已经知道投保人未如实告知的情况的，保险人不得解除合同；发生保险事故的，保险人应当承担给付保险金责任。

第十六条　投保人住所或通信地址变更时，应及时以书面形式通知保险人。投保人未通知的，保险人按本保险合同所载的最后住所或通信地址发送的有关通知，均视为已发送给投保人。

第十七条　投保人、被保险人或者保险金受益人知道保险事故发生后，应当及时通知保险人。**否则，投保人或被保险人应承担由于通知迟延致使保险人增加的勘查、检验等项费用。故意或者因重大过失未及时通知，致使保险事故的性质、原因、损失程度等难以确定的，保险人对无法确定的部分，不承担给付保险金责任，**但保险人通过其他途径已经及时知道或者应当及时知道保险事故发生的除外。

上述约定，不包括因不可抗力而导致的迟延。

保险金申请与给付

第十八条　保险金申请人向保险人申请给付保险金时，应提交以下材料。保险金申请人因特殊原因不能提供以下材料的，应提供其他合法有效的材料。**保险金申请人未能提供有关材料，导致保险人无法核实该申请的真实性的，保险人对无法核实部分不承担给付保险金的责任。**

（1）保险金给付申请书。

（2）保单号。

（3）被保险人身份证明。

（4）释义医院出具的附有病理显微镜检查、血液检验及其他科学方法检验报告的疾病诊断证明书；若申请特定部位原位癌保险金或特定部位恶性肿瘤保险金，诊断需以固定组织标本的病理组织学检查结果为依据，任何组织涂片和穿刺活检结果均不能作为诊断依据。

（5）保险金申请人所能提供的与确认保险事故的性质、原因、损失程度等有关的其他证明和资料。

（6）若被保险人死亡的，应当提供专业机构出具的尸检证明；**不能提供尸检证明而导致死亡原因无法查明的，保险人不承担给付保险金的责任。**

（7）若保险金申请人委托他人申请的，还应提供授权委托书原件、委托人和受托人的身份证明等相关证明文件。

第十九条　保险金申请人向保险人请求给付保险金的诉讼时效期间为二年，自其知道或者应当知道保险事故发生之日起计算。

争议处理和法律适用

第二十条　因履行本保险合同发生的争议，由当事人协商解决。协商不成的，提交保险单载明的仲裁机构仲裁；保险单未载明仲裁机构或者争议发生后未达成仲裁协议的，依法向中华人民共和国（不包括港澳台地区）人民法院起诉。

第二十一条　与本保险合同有关的以及履行本保险合同产生的一切争议处理适用中华人民共和国法律（不包括港澳台地区法律）。

其他事项

第二十二条　有关被保险人的年龄确定与错误处理，按下列约定：

（1）被保险人的年龄以周岁计算。

（2）投保人在申请投保时，应将被保险人的真实年龄在投保单上填明，如果发生错误应按照下列规定办理：

①投保人申报的被保险人年龄不真实，并且其真实年龄不符合本保险合同约定年龄限制的，保险人可以解除本保险合同或取消该被保险人资格，并在扣除手续费后向投保人退还保险单或该被保险人的未满期净保险费；

②投保人申报的被保险人年龄不真实，致使投保人支付的保险费少于应付保险费的，保险人有权更正并要求投保人补交保险费，或者在给付保险金时按照实付保险费与应付保险费的比例支付；

③投保人申报的被保险人年龄不真实，致使投保人支付的保险费多于应付保险费的，保险人应当将多收的保险费退还投保人。

第二十三条　投保人和保险人可以协商变更合同内容。

变更保险合同的，应当由保险人在保险单或者其他保险凭证上批注或附贴批单，或者投保人和保险人订立变更的书面协议。

第二十四条　在本保险合同成立后，投保人可以书面形式通知保险人解除合同，但保险人已根据本保险合同约定给付保险金的除外。

投保人解除本保险合同时，应提供下列证明文件和资料：

（1）保险合同解除申请书；

（2）保险单；

（3）保险费交付凭证；

（4）投保人身份证明。

投保人要求解除本保险合同，自保险人接到保险合同解除申请书之时起，本保险合同的效力终止。保险人收到上述证明文件和资料之日起三十日内退还保险单的未满期净保险费。

释　义

第二十五条

【医院】指保险人与投保人约定的定点医院，未约定定点医院的，则指经中华人民共和国卫生部门评审确定的二级或二级以上的公立医院，但不包括主要作为诊所、康复、护理、休养、静养、戒酒、戒毒等或类似的医疗机构。该医院必须具有符合国家有关医院管理规则设置标准的医疗设备，且全天二十四小时有合格医师及护士驻院提供医疗及护理服务。

【意外伤害】指以外来的、突发的、非本意的和非疾病的客观事件为直接且单独的原因致使身体受到的伤害。

【重大疾病】指被保险人发生符合以下疾病定义所述条件的疾病，应当由专科医生明确诊断。

（一）恶性肿瘤

指恶性细胞不受控制的进行性增长和扩散，浸润和破坏周围正常组织，可以经血管、淋巴管和体腔扩散转移到身体其他部位的疾病。经病理学检查结果明确诊断，临床诊断属于世界卫生组织《疾病和有关健康问题的国际统计分类》（ICD-10）的恶性肿瘤范畴。**下列疾病不在保障范围内：**

（1）原位癌；

（2）相当于 Binet 分期方案 A 期程度的慢性淋巴细胞白血病；

（3）相当于 Ann Arbor 分期方案 I 期程度的何杰金氏病；

（4）皮肤癌（不包括恶性黑色素瘤及已发生转移的皮肤癌）；

（5）TNM 分期为 T1N0M0 期或更轻分期的前列腺癌（注）；

（6）感染艾滋病病毒或患艾滋病期间所患恶性肿瘤。

（二）急性心肌梗塞

指因冠状动脉阻塞导致的相应区域供血不足造成部分心肌坏死。须满足下列至少三项条件：

（1）典型临床表现，例如急性胸痛等；

（2）新近的心电图改变提示急性心肌梗塞；

（3）心肌酶或肌钙蛋白有诊断意义的升高，或呈符合急性心肌梗塞的动态性变化；

（4）发病 90 天后，经检查证实左心室功能降低，如左心室射血分数低于 50%。

（三）脑中风后遗症

指因脑血管的突发病变引起脑血管出血、栓塞或梗塞，并导致神经系统永久性的功能障碍。神经系统永久性的功能障碍，指疾病确诊 180 天后，仍遗留下列一种或一种以上障碍：

（1）一肢或一肢以上肢体机能完全丧失；

（2）语言能力或咀嚼吞咽能力完全丧失；

（3）自主生活能力完全丧失，无法独立完成六项基本日常生活活动中的三项或三项以上。

（四）重大器官移植术或造血干细胞移植术

重大器官移植术，指因相应器官功能衰竭，已经实施了肾脏、肝脏、心脏或肺脏的异体移植手术。造血干细胞移植术，指因造血功能损害或造血系统恶性肿瘤，已经实施了造血干细胞（包括骨髓造血干细胞、外周血造血干细胞和脐血造血干细胞）的异体移植手术。

（五）冠状动脉搭桥术（或称冠状动脉旁路移植术）

指为治疗严重的冠心病，实际实施了开胸进行的冠状动脉血管旁路移植的手术。冠状动脉支架植入术、心导管球囊扩张术、激光射频技术及其他非开胸的介入手术、腔镜手术不在保障范围内。

（六）终末期肾病（或称慢性肾功能衰竭、尿毒症期）

指双肾功能慢性不可逆性衰竭，达到尿毒症期，经诊断后已经进行了至少90天的规律性透析治疗或实施了肾脏移植手术。

（七）多个肢体缺失

指因疾病或意外伤害导致两个或两个以上肢体自腕关节或踝关节近端（靠近躯干端）以上完全性断离。

（八）急性或亚急性重症肝炎

指因肝炎病毒感染引起肝脏组织弥漫性坏死，导致急性肝功能衰竭，且经血清学或病毒学检查证实，并须满足下列全部条件：

（1）重度黄疸或黄疸迅速加重；

（2）肝性脑病；

（3）B超或其他影像学检查显示肝脏体积急速萎缩；

（4）肝功能指标进行性恶化。

（九）良性脑肿瘤

指脑的良性肿瘤，已经引起颅内压增高，临床表现为视神经乳头水肿、精神症状、癫痫及运动感觉障碍等，并危及生命。须由头颅断层扫描（CT）、核磁共振检查（MRI）或正电子发射断层扫描（PET）等影像学检查证实，并须满足下列至少一项条件：实际实施了开颅进行的脑肿瘤完全切除或部分切除的手术；实际实施了对脑肿瘤进行的放射治疗。脑垂体瘤、脑囊肿、脑血管性疾病不在保障范围内。

（十）慢性肝功能衰竭失代偿期

指因慢性肝脏疾病导致肝功能衰竭。须满足下列全部条件：
（1）持续性黄疸；
（2）腹水；
（3）肝性脑病；
（4）充血性脾肿大伴脾功能亢进或食管胃底静脉曲张。
因酗酒或药物滥用导致的肝功能衰竭不在保障范围内。

（十一）脑炎后遗症或脑膜炎后遗症

指因患脑炎或脑膜炎导致的神经系统永久性的功能障碍。神经系统永久性的功能障碍，指疾病确诊180天后，仍遗留下列一种或一种以上障碍：
（1）一肢或一肢以上肢体机能完全丧失；
（2）语言能力或咀嚼吞咽能力完全丧失；
（3）自主生活能力完全丧失，无法独立完成六项基本日常生活活动中的三项或三项以上。

（十二）深度昏迷

指因疾病或意外伤害导致意识丧失，对外界刺激和体内需求均无反应，昏迷程度按照格拉斯哥昏迷分级（Glasgow coma scale）结果为5分或5分以下，且已经持续使用呼吸机及其他生命维持系统96小时以上。因酗酒或药物滥用导致的深度昏迷不在保障范围内。

（十三）双耳失聪

指因疾病或意外伤害导致双耳听力永久不可逆性丧失，在 500 赫兹、1000 赫兹和 2000 赫兹语音频率下，平均听阈大于 90 分贝，且经纯音听力测试、声导抗检测或听觉诱发电位检测等证实。

（十四）双目失明（保障自 12 周岁的保单周年日始）

指因疾病或意外伤害导致双眼视力永久不可逆性丧失，双眼中较好眼须满足下列至少一项条件：

（1）眼球缺失或摘除；

（2）矫正视力低于 0.02（采用国际标准视力表，如果使用其他视力表应进行换算）；

（3）视野半径小于 5 度。

（十五）瘫痪

指因疾病或意外伤害导致两肢或两肢以上肢体机能永久完全丧失。肢体机能永久完全丧失，指疾病确诊 180 天后或意外伤害发生 180 天后，每肢三大关节中的两大关节仍然完全僵硬，或不能随意识活动。

（十六）心脏瓣膜手术

指为治疗心脏瓣膜疾病，实际实施了开胸进行的心脏瓣膜置换或修复的手术。

（十七）严重阿尔茨海默病（保障至 60 周岁的保单周年日止）

指因大脑进行性、不可逆性改变导致智能严重衰退或丧失，临床表现为明显的认知能力障碍、行为异常和社交能力减退，其日常生活必须持续受到他人监护。须由头颅断层扫描（CT）、核磁共振检查（MRI）或正电子发射断层扫描（PET）等影像学检查证实，且自主生活能力完全丧失，无法独立完成六项基本日常生活活动中的三项或三项以上。神经官能症和精神疾病不在保障范围内。

（十八）严重脑损伤

指因头部遭受机械性外力，引起脑重要部位损伤，导致神经系统永久性的功能障碍。须由头颅断层扫描（CT）、核磁共振检查（MRI）或正电子发射断层扫描（PET）等影像学检查证实。神经系统永久性的功能障碍，指脑损伤 180 天后，仍遗留下列一种或一种以上障碍：

（1）一肢或一肢以上肢体机能完全丧失；

（2）语言能力或咀嚼吞咽能力完全丧失；

（3）自主生活能力完全丧失，无法独立完成六项基本日常生活活动中的三项或三项以上。

（十九）严重帕金森病（保障至 60 周岁的保单周年日止）

是一种中枢神经系统的退行性疾病，临床表现为震颤麻痹、共济失调等。须满足下列全部条件：

（1）药物治疗无法控制病情；

（2）自主生活能力完全丧失，无法独立完成六项基本日常生活活动中的三项或三项以上。

继发性帕金森综合征不在保障范围内。

（二十）严重Ⅲ度烧伤

指烧伤程度为Ⅲ度，且Ⅲ度烧伤的面积达到全身体表面积的 20% 或 20% 以上。体表面积根据《中国新九分法》计算。

（二十一）严重原发性肺动脉高压

指不明原因的肺动脉压力持续性增高，进行性发展而导致的慢性疾病，已经造成永久不可逆性的体力活动能力受限，达到美国纽约心脏病学会心功能状态分级 IV 级，且静息状态下肺动脉平均压超过 30mmHg。

（二十二）严重运动神经元病

是一组中枢神经系统运动神经元的进行性变性疾病，包括进行性脊肌萎缩症、进行性延髓麻痹症、原发性侧索硬化症、肌萎缩性侧索硬化症。须满足自主生活能力完全丧失，无法独立完成六项基本日常生活活动中的三项或三项以上的条件。

（二十三）语言能力丧失

指因疾病或意外伤害导致完全丧失语言能力，经过积极治疗至少 12 个月（声带完全切除不受此时间限制），仍无法通过现有医疗手段恢复。精神心理因素所致的语言能力丧失不在保障范围内。

（二十四）重型再生障碍性贫血

指因骨髓造血功能慢性持续性衰竭导致的贫血、中性粒细胞减少及血小板减少。须满足下列全部条件：

（1）骨髓穿刺检查或骨髓活检结果支持诊断；

（2）外周血象须具备以下三项条件：

①中性粒细胞绝对值≤0.5×10^9/L；

②网织红细胞<1%；

③血小板绝对值≤20×10^9/L。

（二十五）主动脉手术

指为治疗主动脉疾病，实际实施了开胸或开腹进行的切除、置换、修补病损主动脉血管的手术。主动脉指胸主动脉和腹主动脉，不包括胸主动脉和腹主动脉的分支血管。

动脉内血管成形术不在保障范围内。

以下重大疾病是本公司在中国保险行业协会与中国医师协会制定了规范定义的疾病之外增加的疾病。

（二十六）严重的多发性硬化

指因中枢神经系统脱髓鞘而导致的不可逆的身体部位的功能障碍，

须由神经科专科医生提供明确诊断，并有 CT 或核磁共振检查结果诊断报告。不可逆的身体部位功能障碍指诊断为功能障碍后须已经持续 180 日以上。

由神经科专科医生提供的明确诊断必须同时包含下列内容：

（1）明确出现因视神经、脑干和脊髓损伤而导致的临床表现；

（2）神经系统散在的多部位病变；

（3）有明确的上述症状及神经损伤反复恶化、减轻的病史记录。

（二十七）严重的 I 型糖尿病

严重的 I 型糖尿病为由于胰岛素分泌绝对不足引起的慢性血糖升高，且已经持续性地依赖外源性胰岛素维持 180 日以上。须经血胰岛素测定、血 C 肽测定或尿 C 肽测定，结果异常，并由内分泌科专科医生明确诊断。并须在本附加险合同有效期内，满足下述至少一个条件：

（1）已出现增殖性视网膜病变；

（2）须植入心脏起搏器治疗心脏病；

（3）因坏疽须切除至少一个脚趾。

（二十八）侵蚀性葡萄胎（或称恶性葡萄胎）

该类疾病是指异常增生的绒毛组织浸润性生长浸入子宫肌层或转移至其他器官或组织的葡萄胎，并已经进行化疗或手术治疗。

（二十九）系统性红斑狼疮并发重度的肾功能损害（该类疾病保障仅限于女性）

该类疾病是指一种自身免疫性结缔组织病，于体内有大量致病性自身抗体和免疫复合物，造成组织损伤。系统性红斑狼疮的诊断必须经专科医生明确诊断，并须同时满足下列条件：

（1）临床表现至少具备下列条件中的 4 个：

①蝶形红斑或盘形红斑；

②光敏感；

③口鼻腔黏膜溃疡；

④非畸形性关节炎或多关节痛；

⑤胸膜炎或心包炎；

⑥神经系统损伤（癫痫或精神症状）；

⑦血象异常（白细胞小于 4000/μL 或血小板小于 100000/μL 或溶血性贫血）。

（2）检测结果至少具备下列条件中的 2 个：

①抗 dsDNA 抗体阳性；

②抗 Sm 抗体阳性；

③抗核抗体阳性；

④皮肤狼疮带试验（非病损部位）或肾活检阳性；

⑤C3 低于正常值。狼疮肾炎致使肾功能减弱，内生肌酐清除率低于每分钟 30mL。

（三十）严重的原发性心肌病

指不明原因引起的一类心肌病变，包括原发性扩张型心肌病、原发性肥厚型心肌病及原发性限制型心肌病三种，病变必须已造成事实上心室功能障碍而出现明显的心功能衰竭（指按照美国纽约心脏协会功能分类标准心功能达四级），且有相关住院医疗记录显示四级心功能衰竭状态持续至少 180 日。

美国纽约心脏协会功能分类标准心功能四级是指有医院的医疗记录显示病人不能进行任何活动，休息时仍有心悸、呼吸困难等心力衰竭表现。

【六项基本日常生活活动】：

（1）穿衣：自己能够穿衣及脱衣；

（2）移动：自己从一个房间到另一个房间；

（3）行动：自己上下床或上下轮椅；

（4）如厕：自己控制进行大小便；

（5）进食：自己从已准备好的碗或碟中取食物放入口中；

（6）洗澡：自己进行淋浴或盆浴。

【肢体机能完全丧失】指肢体的三大关节中的两大关节僵硬，或不能随意识活动。肢体是指包括肩关节的整个上肢或包括髋关节的整个下肢。

【语言能力或咀嚼吞咽能力完全丧失】语言能力完全丧失，指无法发出四种语音（包括口唇音、齿舌音、口盖音和喉头音）中的任何三种，或声带全部切除，或因大脑语言中枢受伤害而患失语症。咀嚼吞咽能力完全丧失，指因牙齿以外的原因导致器质障碍或机能障碍，以致不能作咀嚼吞咽运动，除流质食物外不能摄取或吞咽的状态。

【永久不可逆】指自疾病确诊或意外伤害发生之日起，经过积极治疗180天后，仍无法通过现有医疗手段恢复。

【特定部位原位癌】指恶性细胞原位无浸润的恶性肿瘤（原位无浸润即指恶性肿瘤细胞未穿透基底膜进入基底膜以下组织），仅包括男性特定部位原位癌和女性特定部位原位癌。其中：

男性特定部位原位癌是指原发于男性生殖器官的原位癌，男性生殖器官指前列腺、阴茎、睾丸、附睾和输精管。

女性特定部位原位癌是指原发于妇女乳腺和女性生殖器官的原位癌，女性生殖器官指子宫、子宫颈、输卵管、卵巢、阴道和女性外阴。

该类疾病的发生日期以明确诊断该类疾病的病检标本提取日为准。原位癌的诊断必须由专科医生确诊，诊断须以固定组织标本的病理组织学检查结果为依据，任何组织涂片和穿刺活检结果均不能作为诊断依据。

【特定部位恶性肿瘤】仅包括男性特定部位恶性肿瘤和女性特定部位恶性肿瘤（**不包括特定部位原位癌**）。其中：男性特定部位恶性肿瘤是指原发于男性生殖器官的恶性肿瘤，男性生殖器官指前列腺、阴茎、睾丸、附睾和输精管。

女性特定部位恶性肿瘤是指原发于妇女乳腺和女性生殖器官的恶性肿瘤，女性生殖器官指子宫、子宫颈、输卵管、卵巢、阴道和女性外阴。

该类疾病的发生日期以明确诊断该类疾病的病检标本提取日为准。恶性肿瘤的诊断必须由专科医生确诊，诊断须以固定组织标本的病理组织学检查结果为依据，任何组织涂片和穿刺活检结果均不能作为诊断依据。

【毒品】指《中华人民共和国刑法》规定的鸦片、海洛因、甲基苯丙胺（冰毒）、吗啡、大麻、可卡因以及国家规定管制的其他能够使人形成瘾癖的麻醉药品和精神药品，但不包括由医生开具并遵医嘱使用的用于治疗疾病但含有毒品成分的处方药品。

【专科医生】专科医生应当同时满足以下四项资格条件：

（1）具有有效的中华人民共和国《医师资格证书》；

（2）具有有效的中华人民共和国《医师执业证书》，并按期到相关部门登记注册；

（3）具有有效的中华人民共和国主治医师或主治医师以上职称的《医师职称证书》；

（4）在二级或二级以上医院的相应科室从事临床工作三年以上。

【患艾滋病或感染艾滋病病毒】艾滋病病毒指人类免疫缺陷病毒，英文缩写为 HIV。艾滋病指人类免疫缺陷病毒引起的获得性免疫缺陷综合征，英文缩写为 AIDS。在人体血液或其他样本中检测到艾滋病病毒或其抗体呈阳性，没有出现临床症状或体征的，为感染艾滋病病毒；如果同时出现了明显临床症状或体征的，为患艾滋病。

【遗传性疾病】指生殖细胞或受精卵的遗传物质（染色体和基因）发生突变或畸变所引起的疾病，通常具有由亲代传至后代的垂直传递的特征。

【先天性畸形、变形或染色体异常】指被保险人出生时就具有的畸形、变形或染色体异常。先天性畸形、变形和染色体异常依照世界卫生组织《疾病和有关健康问题的国际统计分类》（ICD-10）确定。

【酒后驾车】指车辆驾驶人员在其血液中的酒精含量大于或者等于 20mg/100mL 时的驾驶行为。

【无有效驾驶证】被保险人存在下列情形之一者：

（1）无驾驶证，驾驶证被依法扣留、暂扣、吊销、注销；

（2）驾驶的机动车与驾驶证载明的准驾车型不符；

（3）实习期内驾驶公共汽车、营运客车或者执行任务的警车、载有危险物品的机动车或牵引挂车的机动车；

（4）使用各种专用机械车、特种车的人员无国家有关部门核发的有效操作证、许可证书或其他必备证书，驾驶出租机动车或营业性机动车无交通运输管理部门核发的许可证书或其他必备证书。

【无有效行驶证】指下列情形之一：

（1）机动车行驶证、号牌被注销的；

（2）未按规定检验或检验不合格。

【周岁】以法定身份证明文件中记载的出生日期为基础计算的实足年龄。

【未满期净保险费】未满期净保险费＝保险费×｛1－［保险单已经过天数／（保险期间天数－30）］｝×（1－15%）。经过天数不足一天的按一天计算。

【不可抗力】指不能预见、不能避免并不能克服的客观情况。

第五编

财产保险合同

第一节　财产保险合同概说

一　财产保险合同的内涵

财产保险合同，是指以财产及其有关利益为保险标的^①的保险（《保险法》第 12 条第 4 款）。我国《保险法》对财产保险合同的调整体现在如下法律规定中：第一章总则第 2 条有关调整范围的规定，其中"保险人对于合同约定的可能发生的事故因其发生所造成的财产损失承担赔偿保险金责任"即为财产保险合同的规定；第二章第一节一般规定以及第二章第三节财产保险合同的规定。

二　财产保险的产品类型

（一）企业财产保险和家庭财产保险

1. 企业财产保险

企业财产保险，是以机构或者团体所有、占有或负有保管义务的，位于特定地点的财产及其相关利益为保险标的物的财产保险。企业财产保险中常常包括营业中断附加险，是以被保险企业因为停产、停业或经营受影响而面临预期利润损失及必要费用支出为承保风险的财产保险。

2. 家庭财产保险

家庭财产保险，是以被保险人所有、占有或负有保管义务的，位于特定地点的财产及其相关利益为保险标的物的财产保险。

（二）运输工具保险和货物运输保险

1. 运输工具保险

运输工具保险，是以运输工具及其造成的赔偿责任为承保风险的财产

---

① 学界对于保险标的与保险标的物概念的使用一直存在争议，笔者认为：保险标的和保险标的物是两个不同的概念，保险标的是保险合同权利义务指向的对象，是危险的保险法律概念转化；保险标的物确切地指向特定的被承保的物，财产保险中保险标的是保险合同承保的风险，保险标的物是特定的财产。下文在概念使用上体现了这一区别。

保险，包括机动车保险、船舶保险、飞机保险、航空保险等。机动车保险是以机动车本身及其造成的赔偿责任为承保风险的保险，包括机动车损失保险、机动车第三者责任保险等。船舶保险是以船舶、船舶属具和水上装置及其碰撞造成的赔偿责任为承保风险的保险，对船舶保险的法律关系规定在《海商法》的海商保险中。飞机保险是以飞机机身及造成的对机上人员、空中或地面第三方人员的赔偿责任为保险标的保险。航空保险是以飞机机身、航空运输和航空产品及其造成的赔偿责任为承保风险的保险。

2. 货物运输保险

货物运输保险，是以运输中的货物为保险标的物的保险，包括海上货物运输保险、陆上货物运输保险、水路货物运输保险、航空货物运输保险以及联运保险。海上货物运输保险是以通过海上及与其运程相关的运输方式运输的货物为保险标的物的保险。陆上货物运输保险是以通过汽车、火车等陆上运输工具运输的货物为保险标的物的保险。水路货物运输保险是以在国内江河湖泊和沿海经水路运输的货物为保险标的物的保险。航空货物运输保险是以通过航空运输方式运输的货物为保险标的物的保险。联运保险是以通过两种或两种以上运输方式运输的货物为保险标的物的保险。

（三）工程保险

工程保险，是以工程项目中的财产及其赔偿责任为承保风险的保险，包括建筑工程保险、安装工程保险。建筑工程保险是以在建工程的主体在整个工程建设期内发生的，与工程相关的物质损失、费用损失和赔偿责任为承保风险的保险。安装工程保险是以各种机器设备在安装、调试期间内，发生的与机器设备相关的物质损失、费用损失和赔偿责任为承保风险的保险。

（四）特殊风险保险

特殊风险保险，是为航空、航天、核电站和陆上及海洋石油开发等特殊行业提供风险保障的保险，包括航天保险、核保险、石油保险。航天保险是指卫星、航天飞机和运载火箭等航天产品在发射前的制造、运输、安装过程，发射时和发射后的轨道运行、使用寿命提供保险保障的保险。核保险是以核电站主体及配套设施在建设、运输和运行过程中有关财产、责任和利益为承保风险的保险。石油保险是指石油开采过程中的相关财产、利益和责任等提供保险保障的保险。

（五）责任保险

责任保险，是以被保险人对第三人应依法承担的责任为承保风险的保险，包括公众责任保险、雇主责任保险、产品责任保险、职业责任保险、个人责任保险、环境污染责任保险、机动车第三者责任强制保险等。

（1）公众责任保险是以被保险人在约定的地点范围内进行生产、经营或相关活动时，对因发生意外事故造成第三者人身伤亡或财产损失的赔偿责任为承保风险的保险。

（2）雇主责任保险是以被保险人对其所雇用的员工在受雇期间从事相关工作时因意外事故或患职业病导致伤残、死亡的赔偿责任为承保风险的保险。

（3）产品责任保险是以被保险人所生产、出售、加工、经销和弃置产品或商品，或被保险人完成的工作，在承保区域内造成事故，导致使用、消费该产品或商品的人或其他人的人身伤害、疾病、死亡或财产损失的赔偿责任为承保风险的保险。

（4）职业责任保险是以医生、律师等各种专业技术人员在从事职业技术工作时因疏忽或过失导致的对他人的赔偿责任为承保风险的保险。

（5）个人责任保险是以个人及其家庭成员因过失造成第三人人身伤害或财产损失应承担的赔偿责任为保险标的的保险。

（6）环境污染责任保险是以被保险人因其污染环境致使第三人遭受损害，应当承担的赔偿或者治理责任为承保风险的保险。《中华人民共和国环境保护法》倡导企业投保环境责任保险，我国已经在特定领域实施强制环境责任保险，2013年，保监会会同环境保护部发布《关于开展环境污染强制责任保险试点工作的指导意见》，对涉重金属企业等高环境污染企业实施环境污染强制责任保险。

（7）机动车第三者责任强制保险是以被保险人发生道路交通事故造成本车人员、被保险人以外的受害人的人身伤亡、财产损失为承保风险的强制保险。根据《道路交通安全法》的规定，我国颁布并实施《机动车第三者责任强制保险条例》。

（六）信用保险和保证保险

1. 信用保险

信用保险是以债权人因债务人不能偿付或拒绝偿付债务而遭受经济损失为承保风险的保险，包括商业信用保险、出口信用保险、买方信贷保险、卖方信贷保险、海外投资保险、国内贸易信用保险。

商业信用保险是以商业活动中债权人因债务人未如期偿还借贷或赊欠的款项而遭受的经济损失为承保风险的保险。出口信用保险是以国际贸易活动中国内出口商在经营出口业务过程中因进口商方面的商业原因或进口国方面的政治原因而遭受经济损失为承保风险的保险。买方信贷保险是以买方信贷融资方式下，放款银行因进口方或进口方银行不还款而遭受经济损失为承保风险的保险。卖方信贷保险是以卖方信贷融资方式下，出口方因政治风险或商业风险而遭受经济损失为承保风险的保险。海外投资保险是以海外投资面临的可能造成的经济损失为承保风险的保险。国内贸易信用保险是以国内买卖双方在交易过程中由于买方原因造成卖方无法收回货款而遭受经济损失为承保风险的保险。

2. 保证保险

保证保险是以一方（权利人）因第三方（被保证人）未履行义务或不诚实行为而遭受的经济损失为承保风险的保险，包括确实保证保险、诚实保证保险、工程履约保证保险、贷款保证保险、产品质量保证保险。

确实保证保险是以权利人因被保证人未履行约定义务而遭受的经济损失为承保风险的保险。诚实保证保险是以特定人员的不诚实或欺诈行为致使被保证人遭受的经济损失为承保风险的保险。工程履约保证保险是以权利人（工程项目业主）因被保证人（承包商）未按工程合同约定完成工程项目建设而遭受的经济损失为承保风险的保险。贷款保证保险是以借款方（被保证人）不能按贷款合同约定的期限偿还所欠款项导致的贷款方（权利人）经济损失为承保风险的保险。产品质量保证保险是以被保险人生产或销售的产品未能达到其承诺的质量而须对产品进行修复、修改、更换等处理发生的费用为承保风险的保险。

（七）农业保险

农业保险是以农业生产过程中遭受特定自然灾害、事故或者疫病造成的经济损失为承保风险的保险。农业保险可以分为政策性农业保险和商业性农业保险，政策性农业保险是政府给付财政补贴保险费等政策扶持的农业保险，商业性农业保险是依照商业模式运营的农业保险，包括粮食作物保险、经济作物保险、制种作物保险、牲畜和家禽保险、养殖保险以及涉农保险等产品类型。粮食作物保险是以水稻、玉米等粮食作物为保险标的物的保险，部分粮食作物保险采取政府补贴保险费的方式经营。经济作物保险是以生长期的经济作物作为保险标的物的保险。制种作物保险是以繁育种植资源作为生产目的的作物为保险标的物的保险。牲畜和家禽保险是以牲畜或家禽为保险标的物的保险。养殖保险是以养殖水产品为保险标的物的保险。涉农保险是除农业保险以外，其他为农业、农村、农民提供危险转嫁保障的保险。

此外，农业保险还包括农机保险、渔船保险、蔬菜园艺保险、水果及果树保险、温室大棚作物保险等类型。

我国立法对农业保险的调整根据政策性农业保险和商业性农业保险的不同分别加以规定，商业性农业保险由《保险法》调整，政策性农业保险由《农业保险条例》调整，当然无论何种形态的农业保险，其所依据的保险原理和保险基本法理都是一致的。

三　损害填补原则

许多保险法著作将损害填补作为保险法的基本原则加以介绍，本书认为，损害填补原则是适用于所有财产补偿的法律制度导向，其理论根基在于财产法领域的禁止不当得利。保险法中对财产保险合同的制度性规定是这一财产补偿原则的沿承和体现。在我国保险法中，损害填补原则还承担着区分人身保险合同和财产保险合同的功能，是否适用损害填补原则的相关法律制度成为区分人身保险和财产保险的标准。我国保险合同法中，体现损害填补原则的制度体系包括超额保险制度、重复保险制度、保险代位求偿权制度等。

第二节　重复保险、超额保险和保险代位求偿权

一　重复保险

重复保险有广义和狭义两种含义，广义的重复保险是指，投保人对同一保险标的、同一保险利益、同一保险事故，在重复保险的保险期间内，分别与两个或两个以上保险人订立保险合同的保险。狭义的重复保险是在广义的重复保险前提下，重复保险的保险金额总和超过保险价值的保险。我国现行《保险法》对重复保险的规定，采取了狭义重复保险的界定方式。依据我国《保险法》第56条规定："重复保险的投保人应当将重复保险的有关情况通知各保险人。重复保险的各保险人赔偿保险金的总和不得超过保险价值。除合同另有约定外，各保险人按照其保险金额与保险金额总和的比例承担赔偿保险金的责任。重复保险的投保人可以就保险金额总和超过保险价值的部分，请求各保险人按比例返还保险费。重复保险是指投保人对同一保险标的、同一保险利益、同一保险事故分别与两个以上保险人订立保险合同，且保险金额总和超过保险价值的保险。"

产生重复保险的原因很多，有些重复保险是由于投保人对各个保险合同的承保范围之间存在的交叉没有明确知悉，有些重复保险是基于投保人谋求重复理赔的动机。

（一）重复保险的通知义务

投保人对重复保险负有通知义务，通知应当由投保人主动进行，可以采取口头形式，也可以采取书面形式。我国《保险法》并未规定通知义务的履行方式，也未规定违反通知义务的法律后果。依据《德国保险合同法》第58条的规定，重复保险的通知应标明与其订立保险的保险人，并告知保险金额。

（二）恶意重复保险

德国、日本、韩国以及我国台湾地区等国家和地区的立法规定了恶意

重复保险制度，我国《保险法》中无此规定。"投保人以谋求超额重复保险金为订立保险合同的出发点，违背了保险分散危险、弥补损失的制度本质，如果立法上不加以区分，与善意的重复保险适用相同的规则，二者产生相同的法律后果，仍然规定投保人可以获得保险价值范围内的保险补偿，无疑是对投保人谋求超额重复保险金的一种鼓励，极易造成道德危险，从而威胁保险功能的正常发挥。"[①] 以我国台湾地区保险法为例，台湾地区"保险法"第59条规定，要保人意图借由复保险的订立而获取财产的不法利益的，以该意图订立的保险合同无效。同时，在该法第37条中规定，要保人故意不履行通知，或者意图不当得利而重复投保的，合同无效。将投保人故意不履行通知义务作为衡量投保人是否具有恶意重复保险的标准，对投保人违反通知义务的法律后果加以规定，同时也兼顾了防范恶意重复保险道德风险的功能。

《德国保险合同法》第78条第3款同样规定："投保人订立重复保险的目的是为了获得非法财产利益，该保险合同无效；保险人有权保留自合同成立时起至知道保险合同无效情形时止的保险费。"

（三）重复保险的法律后果

重复保险的法律后果包括连带赔付、比例赔付和优先赔付三种立法模式，我国采取比例赔付的立法模式，规定重复保险的各保险人赔偿保险金的总和不得超过保险价值。除合同另有约定外，各保险人按照其保险金额与保险金额总和的比例承担赔偿保险金的责任。优先赔付的立法模式是按照保险合同订立的先后顺序进行赔付，发生保险事故后，投保人按照先后分别向重复保险的保险人请求保险金。连带赔付的立法模式是各个重复保险的保险人，均负有向投保人赔付保险金的义务，投保人可以选择向任何一个保险人请求全部赔偿金额。一般情况下，几种赔偿方式都可以满足投保人的保险金请求权，一旦发生某一个保险人破产的情形，连带赔付的立法模式就具有比较优势，比例赔付和优先赔付的模式之下，投保人都有可

---

① 潘红艳：《论重复保险——兼评我国〈保险法〉第41条之缺失》，《当代法学》2006年第3期，第72页。

能由于特定保险人不能履行保险金给付义务而无法完全受偿，连带赔付则可以避免这一结果。

《德国保险合同法》第 78 条第 1 款和第 2 款规定了重复保险连带赔付的规则："如果投保人对同一保险利益、同一保险事故与数个保险人订立保险合同并且保险金额超过保险价值或由于其他原因，每一独立保险人在无其他保险存在时赔偿保险金数额超过损失总额时，数个保险人应按照其应当赔付的保险金额对投保人承担连带责任，但投保人行使请求权的总额不得超过损失数额。保险人应按照各自保险合同确定的保险金额比例向投保人承担保险责任。如果各个保险人中有适用外国法并按照该法规定享有求偿权的，该保险人有权对其他保险人行使求偿权。"

二　超额保险

超额保险是保险金额超过保险价值的保险，我国保险法分别规定了超额保险和不足额保险。依据我国《保险法》第 55 条规定："投保人和保险人约定保险标的的保险价值并在合同中载明的，保险标的发生损失时，以约定的保险价值为赔偿计算标准。投保人和保险人未约定保险标的的保险价值的，保险标的发生损失时，以保险事故发生时保险标的的实际价值为赔偿计算标准。保险金额不得超过保险价值。超过保险价值的，超过部分无效，保险人应当退还相应的保险费。保险金额低于保险价值的，除合同另有约定外，保险人按照保险金额与保险价值的比例承担赔偿保险金的责任。"

1. 非故意超额保险的法律后果

产生超额保险的原因很多，既包括订立保险合同时投保人谋求超额保险金的情况，也包括投保人在投保时并未出现超额保险的情形。在保险合同订立之后，因保险标的物交易市场价格的骤然变化导致保险价值大幅下降，从而出现保险金额超出保险价值的情况，对于非基于投保人故意的超额保险，以财产保险满足损害填补的需要为立法基准，规定被保险人获得的赔偿不得超出保险价值即可。对投保人为谋求超出保险价值的保险金而购买的超额保险，应当以道德风险防范为立法基准，区别于投保人基于非故意而投保的超额保险加以规制。由此，我国对超额保险法律后果的规定其实是非故意超额保险的规定：超过部分无效。

《德国保险合同法》规定的非故意超额保险法律后果与我国并不相同，不是规定超过部分无效，而是将其处分权交由投保人和保险人。该法第 74 条第 1 款规定："如果保险金额显著超过保险价值，为了避免超额保险，投保人和保险人可以达成降低保险金额或者减少保险费的协议，上述协议立即生效。"《日本保险法》规定同《德国保险合同法》类似，均将超额保险的处分权交给保险合同当事人："在订立损害保险合同时，对于保险金额超过了保险标的物价值的，投保人以及被保险人是善意且没有重大过失的，投保人针对超过的部分可以取消该损害保险合同。但保险价值约定了一定价格的，不在此限。"

2. 故意超额保险的法律后果

《德国保险合同法》第 74 条第 2 款规定了故意超额保险的法律后果："投保人为获取非法利益订立超额保险合同的，该保险合同无效；保险人有权取得自合同成立时起至其知道保险合同无效事由时止的保险费。"与我国超额保险法律后果规定的超过部分无效不同，依据我国《保险法》，保险金额未超过保险价值的部分依然有效，出险以后保险人应在保险价值范围内赔偿被保险人的损失，仅保险金额超过保险价值的部分无效。《德国保险合同法》对故意订立超额保险合同的，规定该合同全部无效，包括保险金额超过保险价值的部分，以及保险金额未超过保险价值的部分。发生保险事故的，保险人不予给付保险金，并且有权取得从保险合同订立开始至保险人知道投保人为获取非法利益订立超额保险合同之时的保险费。未发生保险事故的，保险合同效力终止。

三 保险代位求偿权

保险代位求偿权是指，保险标的因第三人的责任发生保险事故而导致损失，保险人向被保险人支付保险赔偿后，依法取得对第三人的损害赔偿请求权。保险代位求偿权具有禁止不当得利、惩罚造成损害的第三人、平衡保护保险人和被保险人利益的多重功能。Randal V. Caxkanyian 这样评述保险代位求偿权：如果补偿人已经支付了补偿金，有关减少损失的收益落入被补偿人手中，衡平法的要求是，已经履行全部补偿义务的补偿人有权收回相应的款项，或权利可得的限度内，免除其自己补偿的义务。我国《保险法》第 60 条、第 61 条、第 62 条、第 63 条规定了保险代位求偿权制度。

（一）保险代位求偿权的依据

一般认为，保险代位求偿权的依据在于防止被保险人不当得利，惩戒造成损害的第三人，以及保护保险人利益。一旦出现第三人造成被保险人损害，被保险人又同时可以获得保险保障的情形，免除第三人的赔偿责任不利于惩戒该第三人，第三人向被保险人赔偿，同时保险人又向被保险人给付会导致被保险人多重获益，违背损害填补原则的要求。设置保险代位求偿权，由保险人向第三人请求赔付，可以解决上述问题。同时，从保险经营的长期性考量，保险人行使代位求偿权以后可以通过降低保险费的方式最终使投保群体获益。

（二）保险代位求偿权与债权代位权的区别

保险代位求偿权与债权代位权的区别，如表 1 所示。

表 1　保险代位求偿权与债权代位权的区别

	保险代位求偿权	债权代位权
目的功能	平衡利益关系 禁止不当得利	保全债权
法律效果	被保险人与第三人间消灭	债务人与次债务人间消灭
行使方式	自助行使	诉讼方式

（三）保险人行使代位求偿权的条件

（1）保险人须已经向被保险人支付了保险金；

（2）保险人的代位求偿权范围限于其支付的保险金范围；

（3）被保险人应当协助保险人行使代位求偿权，向保险人提供必要的文件和所知道的有关情况。

（四）禁止行使保险代位求偿权的情形

我国《保险法》第 62 条规定了禁止行使保险代位求偿权的情况："除被保险人的家庭成员或者其组成人员故意造成本法第六十条第一款规定的保险事故外，保险人不得对被保险人的家庭成员或者其组成人员行使代位请求赔偿的权利。"为了实现保险保障目的，防止因为保险代位求偿权的行使而导致被保险人成为最终被实际追索的对象，保险法律规定了禁止行使保险代位求偿权的情况。以此立法主旨为指向，对"被保险人的家庭成员或者其组成人员"的准确理解应该结合我国《民法典》总则编、婚姻家庭编以及公司法等部门法中对被保险人家庭成员或者组成人员的界定，同时尊重我国保险立法历史背景综合加以考量。从文义解释出发，"被保险人的家庭成员或者组成人员"，有两种解释：第一，被保险人的家庭成员或者被保险人的家庭组成人员；第二，被保险人的家庭成员或者被保险人组成人员，即使扩大解释超出家庭范围，雇主和雇员除了被保险人要承担雇主责任的情况，都不能纳入其中，否则不当扩大被保险人范围，也会导致被保险人多重获利。第二种解释从文义上没有办法排除，应该是立法失误，而不是立法原意。保险代位求偿权禁止的规定，实质是为了防止保险人将保险金给付给被保险人之后，再由被保险人实际承担保险事故造成的损失。因而，经济上的直接关联性是衡量和界定保险代位求偿权禁止人员范围的指针。

1. 被保险人的家庭成员的界定

家庭成员一般是指共同生活的具有亲属关系的成员，一般包括共居一家的父母、子女、兄弟姐妹、祖父母和外祖父母等。我国《民法典》总则编和婚姻家庭编中并未清晰界定何为家庭成员，从保险代位求偿权的立法主旨出发，本书认为，应当将家庭成员界定为与被保险人有直接经济联系的家庭成员，即与被保险人共处一家、经济连接紧密的近亲属。

2. 被保险人的组成人员的界定

如果被保险人是自然人的，被保险人的组成人员应当界定为和被保险人共居一家，经济上成为一个家庭共同体的人，比照具有亲属关系的家庭成员。我国保险法在最初立法的时候（1995 年）考虑家庭组成人员因素，那时候有些家庭保姆道义上被视为家庭组成人员，在家政服务不断专业化的今天，这种立法背景已经逐渐淡化，但是并不排除和被保险人不具有亲属关系却共处一家且经济上具有直接联系的组成人员存在。

被保险人是法人的，以前述立法背景为考察基点，结合比较法的观察结果：《德国保险合同法》仅规定了被保险人家庭成员非故意造成保险事故禁止保险人行使代位求偿权的情形，并未规定被保险人组成人员的情形。本书认为，被保险人是法人的，被保险人的组成人员应当被严格界定为被保险人的雇员，而且限于雇员非故意造成保险事故，其法律责任由被保险人承担的情形。虽然是被保险人的雇员造成保险事故，但是法律责任不由被保险人承担，无须被保险人支付赔偿金的，也不属于保险人代位求偿权禁止情形，保险人依然有权向该雇员求偿。

母子公司等关联公司等不能扩大解释为组成人员，公司具有独立人格，能独立承担责任，不属于被保险人组成人员的范围。我国《保险法》第 62 条中使用"人员"的概念，仅指自然人，并不包括公司形式的法人或者其他组织，被保险人的组成人员应限定为属于自然人的组成人员。

（五）投保人债权的优先保护

我国《保险法》保险代位求偿权的规定并未确立投保人债权优先保护的做法，在投保人向第三人的债权请求权与保险人向第三人代位求偿权并存的情况下，投保人和保险人处于平等的地位，如果第三人无法同时满足两种权利诉求，投保人的权利就会遭受损失。《德国保险合同法》第 86 条第 1 款规定："投保人对第三人有损害赔偿请求权的，在保险人赔偿损失后赔偿范围内，该请求权应让予保险人，但该权利让予不得有害于投保人的利益。"

第三节　财产保险标的的转让

我国《保险法》第 49 条规定了财产保险标的转让之后保险合同权利的处理，依据该条规定："保险标的转让的，保险标的的受让人承继被保险人的权利和义务。保险标的的转让，被保险人或者受让人应当及时通知保险人，但货物运输保险合同和另有约定的合同除外。因保险标的的转让导致危险程度显著增加的，保险人自收到前款规定的通知之日起三十日内，可以按照合同约定增加保险费或者解除合同。保险人解除合同的，应当将已收取的保险费，按照合同约定扣除自保险责任开始之日起至合同解除之日止应收的部分后，退还投保人。被保险人、受让人未履行本条第二款规定的通知义务的，因转让导致保险标的危险程度显著增加而发生的保险事故，保险人不承担赔偿保险金的责任。"

一　受让人承继被保险人保险合同权利义务的原因

对于保险标的物转让的，我国《保险法》直接规定受让人承继被保险人的权利义务。依据合同的一般理论，合同具有相对性，财产保险标的转让之后，保险人应当和受让人签订新的保险合同或者经过合同当事人的变更方可以产生保险合同权利义务承继的后果，但是财产保险合同的标的物一般是处于一定交易链条中的财产，流转性是其重要属性。保险又是承保财产风险的行业，应当遵从和维护财产的流转性。

此处"被保险人的权利义务"应当作受让人对保险合同概括承受的解释，即受让人享有保险合同中被保险人所享有的所有权利，同时需要履行被保险人应当负担的所有义务。我国《保险法》并没有细化规定保险费的交付义务如何承担，依据《德国保险合同法》第95条第2款的规定："在投保人将保险标的转让给受让人的过程中，对于应支付的保险费，投保人与受让人应承担连带责任。"

二　财产保险标的物转让的风险控制

对于属物财产保险合同而言，保险标的物流转于何人之手并不会导致危险程度的变化。对于属人财产保险合同以及属人兼具属物特征的财产保险合同而言，保险标的物的流转对危险程度会产生一定影响。为了均衡财产受让人和保险人之间的利益关系，保险法律设置了被保险人或者受让人的通知义务，保险人获知财产转让的事实以后，可以根据受让人的情况衡量是否会导致危险程度显著增加，以及是否适合继续承保，并且可以对保险费作出调整。如果被保险人或者受让人不履行该通知义务，因转让导致危险程度显著增加而发生的保险事故，保险人不承担赔偿保险金的责任。

与我国对财产保险标的物转让的风险控制方法类似，《德国保险合同法》也采取标的物转让后的通知义务的方式控制风险，平衡保险合同效力继续与否过程中的各方利益关系。依据《德国保险合同法》第 97 条规定："出让人或受让人应将保险标的物转让的事实立即通知保险人，不得无故拖延。如未通知，保险事故发生后，保险人应收到通知之日起一个月后，并且如果保险人获得通知会拒绝受让人承继投保人权益的，保险人有权拒绝给付保险金。前款第 2 句的规定，如果保险人于通知应被送达之期间内知道了保险标的物转让的事实，或当保险事故发生时保险人的终止权行使期限已经届满，保险人应当承担保险责任。"

我国《保险法》未对通知的具体方式作出限制性规定，解释上无论以书面方式还是以口头方式实施通知行为均具有法律效力。如果保险合同约定了通知应当采取特定方式，如书面方式进行，该约定应当具有约束力。

三 对"危险程度显著增加"的理解

《最高人民法院关于适用〈中华人民共和国保险法〉若干问题的解释（四）》第 4 条列举了衡量危险程度显著增加应当考虑的要素：保险标的用途的改变、保险标的使用范围的改变、保险标的所处环境的变化、保险标的因改装等原因引起的变化、保险标的使用人或者管理人的改变、危险程度增加持续的时间。

前述列举的要素共同特点是均为被保险人控制范围内的危险变化，且各个因素引发的危险变化均具有显著性。将这些要素发生变化作为判断"危险程度显著增加"的标准符合保险合同"分散危险，消化损失"的功能导向，符合作为保险定价基础的危险的特征，同时兼顾了保险合同的对价平衡经营规律。保险合同的功能在于承担被保险人转嫁的危险，危险的本质属性即为变化和不可预测。如果将保险合同订立后的任何情况变化均纳入保险法调整保险人和被保险人之间利益平衡的制度之中，无疑与危险的本质属性不符合。但对被保险人控制范围内、程度显著增加的危险不加以调整，则会造成对保险人的不公平。[1]

---

[1] 潘红艳：《最高人民法院关于适用〈中华人民共和国保险法〉若干问题的解释（四）》述评，《月旦民商法杂志》2019 年第 3 期，第 80 页。

第四节　财产保险合同中的减灾防损义务

我国《保险法》第 57 条规定了被保险人的减灾防损义务，依据该条规定：“保险事故发生时，被保险人应当尽力采取必要的措施，防止或者减少损失。保险事故发生后，被保险人为防止或者减少保险标的的损失所支付的必要的、合理的费用，由保险人承担；保险人所承担的费用数额在保险标的损失赔偿金额以外另行计算，最高不超过保险金额的数额。”在财产保险合同中，投保方承担防止及减少损失义务已经成为普遍的做法，许多国家的保险立法中都对该项义务作了规定。比如，《德国保险合同法》第 82 条第 1 款规定：“保险事故发生时，投保人应当尽可能避免或者减少损失。”①

一　减灾防损义务的立法宗旨

学界对减灾防损义务的立法宗旨主要有两种主张：社会财富说和道德伦理说。社会财富说认为，社会财富在一定时期表现为一定的价值总量，尽管保险标的有保险合同的保障，造成损失后可以由保险人依法或者依照合同予以补偿，但社会财富的总量仍然减少，即使是保险合同存在，也不能使已经减少的社会财富总量在数量上复归。减灾防损义务的规定，目的在于确保不发生由保险事故带来损失或者把这种损失减到最低，使社会财富总量不减少。② 道德伦理说认为，即使没有减灾防损义务，危险发生时，基于一般的道德伦理，善意的投保人或者被保险人不可能因保险的存在而袖手旁观，等待保险人处理，而是会积极减灾防损。③

社会财富说是以社会财富总量的视角对我国《保险法》第 57 条作出

---

① 其他国家及地区该项义务立法情况参见潘红艳、夏晴《保险法第 57 条立法解析及其完善》，《当代法学》2014 年第 2 期，第 67 页，注（2）。

② 董开军主编《中华人民共和国保险法释义》，中国计划出版社，1995，第 127~128 页；吴定富主编《中华人民共和国保险法释义》，中国财政经济出版社，2009，第142 页。

③ 周玉华：《保险合同法总论》，中国检察出版社，2000，第 267 页；周玉华：《保险合同与保险索赔理赔——最新保险合同法律适用与实例解说》，人民法院出版社，2001，第 292~293 页。

的解读，与其说是该法条的立法宗旨，不如说是义务人履行义务的结果。道德伦理说揭示出了义务主体履行义务的主观动机，与设置该义务的宗旨并不同一。结合保险的运营特点和被保险人发生危险时的主观心理状态，本书认为：我国《保险法》第 57 条的立法宗旨在于促进被保险人采取积极的财产紧急救援活动，以防止保险事故的蔓延，减少社会财富的损失，使被保险人采取必要的措施，努力防止和减少损失。[1]

二 减灾防损义务的主体

我国《保险法》第 57 条规定履行减灾防损义务的主体是被保险人，《德国保险合同法》则规定为投保人。一般情况下，财产保险合同中的投保人和被保险人为同一主体，但也存在二者为不同主体的情况。如何界定减灾防损的义务人，关涉该义务能否被适当履行，同时关涉保险合同当事人及关系人的法律地位。

（1）从被保险人和保险标的物的关联关系判断，保险标的物常常处于被保险人的掌控之中，被保险人与保险标的物常常是权属关系或者管理与被管理关系，由被保险人履行减灾防损义务更具有可操作性。

（2）从我国保险立法的连续性判断，投保人也应当成为减灾防损的义务主体。在我国现行《保险法》制定之前，减灾防损义务主体规定为投保方。（1983 年公布的《财产保险合同条例》第 15 条规定："在发生保险事故后，投保方有责任采取一切必要措施，避免扩大损失，并将事故发生的情况及时通知保险方。如果投保方没有采取措施，保险方对由此而扩大的损失，有权拒绝赔偿。"）投保方的概念在保险法律规定中已经消失不用，取而代之的是投保人和被保险人这两个指代更清晰科学的概念，但是从立法历史的角度，投保方概念的使用仍然具有一定的价值。在减灾防损义务主体的规定上，以投保方涵盖投保人和被保险人具有一定的合理性。

（3）从比较法的视角判断，各个国家和地区对于减灾防损义务主体存在争议。以日本为例，日本学术界围绕减灾防损义务人范围一直存在争

---

[1] 潘红艳、夏晴：《〈保险法〉第 57 条立法解析及其完善》，《当代法学》2014 年第 2 期，第 68 页。

论，日本保险法学界通说认为，在法解释层面，应当将投保人视为防止损失义务人。保险实务中，除被保险人之外，将投保人作为减灾防损义务人已经成为通例。理由在于，在很多实际的财产保险合同中，投保人更适合作为减灾防损义务人。例如，租借人以房屋所有权人为被保险人购买的火灾保险合同，物流公司和仓储公司以货主为被保险人、以输送物为标的购买的财产保险。房屋、货物处于作为投保人的租借人、物流公司、仓储公司的使用或者管理之下，投保人实施减灾防损更为直接。[①] 现行《日本保险法》第 13 条将减灾防损义务人界定为投保人和被保险人，依据该条规定："投保人及被保险人在知道发生了保险事故时，应努力防止因此造成的损害发生和扩大。"

三　减灾防损义务的履行

1. 减灾防损义务履行开始时间

我国《保险法》将"保险事故发生时"作为减灾防损义务履行开始的时间加以规定，这与多国保险立法保持了一致。《德国保险合同法》第 84 条、《日本保险法》第 13 条等均作了和我国立法相同或者类似的规定。

2. 减灾防损义务的内容

依据我国《保险法》第 57 条的规定，被保险人应当尽力采取必要措施减灾防损，但在该条中并没有对损失防止、减轻行为的程度、方法等具体内容的详尽规定。履行减灾防损义务的内容应当根据保险事故发生时的实际状况判断，并且标准不宜过高。投保人和被保险人毕竟不是防损和减损的专业人士，应当以一般人的标准加以衡量，不宜采取善良管理人的注意义务要求。[②]

3. 减灾防损义务的履行方法

保险事故发生时，减灾防损义务人应当积极救助保险标的物，保护蒙受损失的财产，整理及修复保险标的物，并采取必要的措施减少标的物的损失。例如，在火灾保险合同中，防止损失就是作为保险标的的房

---

① 〔日〕大森忠夫：《法律学全集 31 保险法》（补订版），有斐阁，1985，第 170~171 页。
② 刘建勋：《保险法典型判例与审判思路》，法律出版社，2012，第 297 页。

屋一部分着火，房子本身还没有遭受损失时，发现了该情况的义务人尽力灭火。

四 违反减灾防损义务的法律后果

我国《保险法》并未规定违反减灾防损义务的法律后果，本书认为，应当补足有关法律后果的规定，原因在于：第一，基于防止及减少损失义务的立法主旨，在保险事故发生后，与保险标的有着最紧密关系的投保人或被保险人采取的防止及减少损失行为最为有效。缺乏违反该义务法律后果的规定，立法主旨无所依托。第二，基于防止及减少损失义务的法律性质，防止及减少损失义务是投保人和被保险人的法定义务，无责任就无义务，没有法律后果的规定，义务的规定仅具有倡导性作用。第三，基于最大诚信原则的要求，防止及减少损失义务是最大诚信原则的集中体现之一，对于投保人和被保险人而言，最大诚信就是无论是否存在保险合同关系，保险标的面临风险时均采取相同的做法。减灾防损是最大诚信的应有之义，而最大诚信原则需要以义务人承担违反义务的不利法律后果贯彻实现。第四，基于道德风险的防范，保险事故发生之后，由于保险的存在，义务人可能放任保险标的损失结果的扩大而怠于施救，此为道德风险的集中体现。无法律后果的规定，可能导致保险事故发生时被保险人对防损义务的懈怠，而最终使该义务形同虚设，道德风险无从防范。[1]

具体规定，可以比照我国《海商法》的相关规定处理。如果因为义务人故意未履行减灾防损义务而导致损失扩大的，保险人应当取得拒绝给付该扩大部分保险金的权利。我国《海商法》第236条规定："一旦保险事故发生，被保险人应当立即通知保险人，并采取必要合理措施，防止或者减少损失……对于被保险人违反前款规定所造成的扩大的损失，保险人不负赔偿责任。"

五 减灾防损费用负担

依据我国《保险法》第57条第2款规定，"保险事故发生后，被保险

---

[1] 潘红艳、夏晴：《〈保险法〉第57条立法解析及其完善》，《当代法学》2014年第2期，第72页。

人为防止或者减少保险标的的损失所支付的必要的、合理的费用，由保险人承担；保险人所承担的费用数额在保险标的损失赔偿金额以外另行计算，最高不超过保险金额的数额"。

1. 保险人承担减灾防损费用的理由

第一，基于履行义务的结果，投保人和被保险人积极履行防止及减少损失义务是为了减少保险标的的损失，其结果使得保险人直接获益，被保险人间接获益，投保人和被保险人支出的费用应由保险人承担。第二，基于投保群体利益的维护，我国《保险法》对投保人或被保险人课以防损义务不仅是基于人的理性反应，也是出于保险合同上应履行义务的考虑，防止投保人或被保险人在事故发生时袖手旁观、导致损失扩大，最终给保险团体利益带来影响。与其他商品售卖不同，保险产品的售卖不仅仅涉及购买者一人的利益，基于危险分担的保险运作基本原理，单一投保主体背后是面对同一危险的投保群体。第三，基于最大诚信原则的贯彻，使保险人承担防止及减少损失的费用是为了鼓励投保人或被保险人在保险事故发生时发挥保险合同"最大诚信"精神，尽力防止损失或减少损失。第四，基于保险制度的发展，保险制度的存在是保险人得以继续经营的基础，保险人经营的利润源自保险金支出与保险费收入之间的差额，最终源自投保大众对保险制度的认同和投保意愿的不断强化。保险人承担防止及减少损失的费用有助于加强投保大众对保险制度的认同感，从而有利于保险制度的深入和发展。[①]

2. 必要且合理的费用范围及举证责任

我国《保险法》未规定必要且合理费用的范围和举证责任负担，《德国保险合同法》第83条规定，只要确为必要，即使没有产生效果，也由保险人承担。必要且合理的费用需要根据保险标的物面临危险的具体情景加以判断，比如工厂发生火灾，为了防止火势蔓延，被保险人拆除车间周围附属的建筑物所产生的费用即为必要且合理的费用。

举证责任应当由保险人负责证明支出的费用非必要或者不合理，被保

[①]　潘红艳、夏晴：《〈保险法〉第57条立法解析及其完善》，《当代法学》2014年第2期，第73页。

险人只需提供费用支出以及用途的证据即可。

3. 减灾防损费用的限制

我国《保险法》第57条规定了减灾防损费用的限制，"保险人所承担的费用数额在保险标的的损失赔偿金额以外另行计算，最高不超过保险金额的数额"。保险金额的限制难以体现和贯彻减灾防损义务的设置初衷，为诸多国家立法所不采用。《德国保险合同法》第83条规定了保险人的损失防止费用，保险人支出的防止和减少损失费用，以及其他的赔偿款的总数超出保险金额范围的部分，也要给付。《日本保险法》第23条第2款没有对防止及减少损失的费用设置上限，只要该费用是合理和必要的支出，保险人就应当支付。我国《保险法》也应当废除这一上限的规定，原因有三：第一，费用支出的上限不利于防止及减少损失义务的履行。防止及减少损失为投保人和被保险人的法定义务，这种义务既体现投保人及被保险人出险时的诚信及人性，也因义务的性质而具有强制性，投保人及被保险人必须尽力履行。施救的过程以及防损减损方法的选择属于即时判断范畴，这种判断既然源于人的本性选择，同样应当遵从本性选择的规律。以"尽力"为施救的内在动机，排斥诸如"费用限制"等的其他因素。很难想象行为人在行为过程中要"尽力"，又要同时考虑到行为结果的经济限额。第二，费用支出的上限违背保险人受益的结果。投保人及被保险人履行防止及减少损失义务的受益主体是保险人，该义务的设定是基于危险发生时状况的权衡。保险人既然享受利益，就应该支付相应的费用。第三，费用支出的上限易于侵害被保险人的权利。在最终厘算损失之前，防止及减少损失的费用既不在保险人的掌控之内，更不在被保险人及投保人的掌控之中。如果强加限制，无异于以结果衡量过程，侵害被保险人的权益。保险人获知防止及减少损失费用超出保险金额与保险人对防止及减少损失行为的预期存在时间差，不能单一地用"对保险人来说还不如期待投保人或被保险人放弃防止及减少损失行为"的标准来判断。[①]

---

① 潘红艳、夏晴：《〈保险法〉第57条立法解析及其完善》，《当代法学》2014年第2期，第74页。

此外,《德国保险合同法》还规定了减灾防损费用的预付制度,该法第83条规定:"投保人向保险人请求的,保险人必须预支减灾防损费用。"颇值得我国借鉴。

第五节　责任保险合同

责任保险是指以被保险人对第三人依法应负的赔偿责任为保险标的的保险,赔偿责任的产生可以基于侵权责任,也可以基于违约责任,保险实务中,承保基于侵权责任产生的责任保险的产品类型较多。我国《保险法》第65条、第66条规定了责任保险的内容。《最高人民法院关于适用〈中华人民共和国保险法〉若干问题的解释(四)》第14条至第20条规定了责任保险的法律适用问题。

一　责任保险产品类型

随着经济的发展,社会对责任保险的需求日益增加,责任保险的领域也日益扩大。在财产保险中,责任保险的地位也逐渐加重。例如,在经济发展的过程中,难免出现因产品质量问题,而给消费者带来损害的情况发生,因此,与产品质量有关的责任保险也就应运而生。这种保险,不仅仅对企业而言是一种自我防卫的措施,万一发生产品质量事故,不至于"全军覆没"。对作为第三者的消费者而言,万一遇到保险事故,也不至于无处追索赔偿。责任保险在保险实务中,分成两类不同的形式:一类是单独成为保险的产品;另一类是附加在主要保险合同中,以附加合同的方式出现在市场上。

1. 单独责任保险

目前,在财产保险市场上销售的产品中,主要有以下几种单独的产品。第一,汽车第三者责任保险,分为强制保险和任意保险;第二,医生赔偿责任保险;第三,建筑师赔偿责任保险;第四,会计师赔偿责任保险;第五,律师赔偿责任保险;第六,产品质量责任保险。

2. 附加责任保险

附加责任保险是以附加保险的形式出现的责任保险,通常是作为一种附加在主保险合同中的附加保险或特别约定出现的,附加在财产保险中的主要险种上。例如，火灾保险中附加电梯特别约定责任保险。

附加保险的方式，一般包括以下产品内容：第一，承保行业责任保险；第二，设施的所有者或管理者的责任保险；第三，电梯事故责任保险；第四，食物中毒，传染病利益担保特约条款；第五，旅馆、剧场等共同设施责任保险等。

二　责任保险法律问题

（一）责任保险代位求偿权

我国《保险法》未明确规定责任保险是否适用以及如何适用保险代位求偿权的问题，保险代位求偿权和责任保险制度都规定在财产保险合同一节中，立法上能够得出责任保险当然适用保险代位求偿权的结论。但是，保险代位求偿权的基本属性又为在责任保险中的适用提出难题：保险代位求偿权是保险人向造成保险事故的责任人追偿的制度，责任保险中造成保险事故的责任是被保险人。如果适用保险代位求偿权制度，则出现了保险人向被保险人追偿的结果。这与被保险人购买责任保险的初衷相违背。[①]

《最高人民法院关于适用〈中华人民共和国保险法〉若干问题的解释（四）》第16条对保险代位求偿权在责任保险中的适用范围作出了明确规定，"责任保险的被保险人因共同侵权依法承担连带责任，保险人以该连带责任超出被保险人应承担的责任份额为由，拒绝赔付保险金的，人民法院不予支持。保险人承担保险责任后，主张就超出被保险人责任份额的部分向其他连带责任人追偿的，人民法院应予支持"。

（二）责任保险第三人直接请求权

责任保险是否规定了第三人直接请求权，即由受害第三人直接向保险人请求给付保险金的权利？对于这一疑问，需要考量三个因素：第一，我国现行保险立法的基本规定是什么？第二，责任保险合同的目的是什么？

---

① 潘红艳：《最高人民法院关于适用〈中华人民共和国保险法〉若干问题的解释（四）》述评，《月旦民商法杂志》2019年第3期，第85页。

第三，被保险人和第三人在责任保险法律关系中的法律地位是什么？

1. 我国《保险法》的规定

依照我国《保险法》第65条第1款和第2款的规定："保险人对责任保险的被保险人给第三者造成的损害，可以依照法律的规定或者合同的约定，直接向该第三者赔偿保险金。责任保险的被保险人给第三者造成损害，被保险人对第三者应负的赔偿责任确定的，根据被保险人的请求，保险人应当直接向该第三者赔偿保险金。被保险人怠于请求的，第三者有权就其应获赔偿部分直接向保险人请求赔偿保险金。"

据此，责任保险事故发生以后，保险金的理赔有两种方式：第一，保险人直接依据法律规定或者合同约定向第三人赔偿保险金；第二，基于被保险人的请求，保险人向第三人给付保险金。可见，我国《保险法》并未规定第三人向保险人直接请求保险金的权利，仅在被保险人怠于请求时，第三人才可以向保险人直接请求赔偿保险金。

《最高人民法院关于适用〈中华人民共和国保险法〉若干问题的解释（四）》第14条补充规定了被保险人向保险人请求直接向第三者赔偿保险金的法定情形：被保险人对第三者所负的赔偿责任经人民法院生效裁判、仲裁裁决确认；被保险人对第三者所负的赔偿责任经被保险人与第三者协商一致；被保险人对第三者应负的赔偿责任能够确定的其他情形。

同时，该解释第15条对"被保险人怠于请求"需要具备的条件作了规定：第一，被保险人对第三者应负赔偿责任确定，被保险人不履行该赔偿责任；第二，第三者已经起诉。

2. 责任保险合同目的

我国《保险法》第65条第3款规定："责任保险的被保险人给第三者造成损害，被保险人未向该第三者赔偿的，保险人不得向被保险人赔偿保险金。"保险实务中，如果保险公司与被保险人甲签订责任保险合同，甲导致第三人货物遭受损失。依据损害补偿原则，甲先向第三人赔偿损失，之后保险公司确定其赔付是否符合保险赔付条件。除非保险公司与甲属于长期合作关系，保险公司才会将赔款直接给付受害的第三人，而无须由甲先向第三人赔付，再由保险公司赔付。可见，该款规定的目的，是为了确保责任保险第三人获得保险赔付。由被保险人先赔付，保险公司再向被保险人赔付，可以防止被保险人获得保险金后不向第三人进行赔付，从而最终达到责任保险向第三人赔付保险金，填补被保险人责任损失的目的。

3. 被保险人和第三人在责任保险中的地位

在责任保险合同中，被保险人是享有保险金请求权的主体，第三人并非责任保险合同的当事人和保险金请求权人。在被保险人和第三人的侵权或者违约法律关系中，二者产生侵权损害赔偿关系或者违约赔偿的基础法律关系。责任保险的保险人根据被保险人和第三人的基础法律关系中的赔偿责任和赔偿范围，确定其应当支付的保险金。我国保险立法的保险金请求权设置顺序和前提，也正是基于责任保险中关涉的双重法律关系而设置的。

（三）责任保险费用负担

我国《保险法》第 66 条规定了责任保险的费用负担，"责任保险的被保险人因给第三者造成损害的保险事故而被提起仲裁或者诉讼的，被保险人支付的仲裁或者诉讼费用以及其他必要的、合理的费用，除合同另有约定外，由保险人承担"。

第六节　财产保险合同典型案例

机动车保险案件的司法裁判结果，不仅关涉诉争双方保险赔付与否的利益纷争，同时关涉车险中道德风险的防范——案件的裁判结果，直接决定涉案被保险人的道德风险能否得到有效防范。对此类案件的理论梳理、分析和论证，包含三个递进的理论层次：首先，以案件诉争的核心事实，保险合同纠纷为起点，需要围绕保险合同条款，进行符合保险法律规定以及车险运营原理的探查；其次，以案件法律适用及法律解释的结论为起点，围绕防范道德风险的导向，进行符合常理以及被保险人利益的探查；最后，将案件置于类型化的车险纠纷之中，以保险法律和保险制度的融贯为导向，进行与保险制度功能发挥为终点的法律适用逻辑和法律解释论支撑的探查。[1]

---

[1]　潘红艳、沙银华：《保险司法裁判能动性及车险产品创新问题研究——以车险道德风险防范案例考察为源起》，《法律适用》2020 年第 3 期。

围绕车险裁判中的道德风险防范问题，笔者选取两则案例：一则是受害人故意制造事故（俗称"碰瓷"），向保险公司索要保险金的案件，即（2019）粤01民终5199号案件；另一则是被保险人故意造成保险事故，向保险公司请求保险金的案件，即（2018）粤0106民初9262号案件。

一　案件核心事实及裁判要旨

（一）（2019）粤01民终5199号案件核心事实及裁判要旨

2017年10月30日，广州市白云区某路段发生一起交通事故，龙某昌驾驶小型轿车行驶至事发地点，遇行人刘某平持户外遮阳伞行走，龙某昌驾车驶过刘某平身边时，其驾驶轿车左侧与刘某平所持遮阳伞发生碰撞，刘某平倒地后当场死亡。公安机关无法查明事故发生前后行人刘某平持户外遮阳伞在事故地点活动的行为动机，交通事故成因不明。交警部门提供的案发现场视频资料显示：事发之前，行人刘某平从另一辆小轿车里下车，并从附近草丛中取出雨伞，载刘某平的小轿车停在事发不远处等待。肇事小轿车行驶出现后，刘某平打开雨伞，与肇事小轿车发生碰撞。此后，搭载刘某平的小轿车行驶回事发现场，下来一男子冲向现场，并踹了肇事司机以后离开。综合公安部门有关刘某平曾涉嫌参与制造交通事故进行敲诈勒索的案件，以及法医对刘某平的尸检报告结论、广东省某汽车保险事故咨询服务有限公司出具的有关肇事车辆检验情况的说明等证据材料，可以认定受害人故意制造事故的事实。

裁判要旨：本案一审法院判决保险公司支付50%的保险金，二审法院认定了受害人刘某平因故意制造事故而发生意外，导致自身死亡，进而判决保险公司不承担给付保险金的责任。

（二）（2018）粤0106民初9262号案件核心事实及裁判要旨

案件核心事实：原告李某维驾驶投保车辆在广东省珠海市国际赛车场内参加试驾活动发生碰撞护墙的单方事故导致该车损害。事故发生后向被告某保险公司请求理赔，被拒。裁判要旨：法院认定了原被告之间的保险合同关系，判定原告将被保险车辆开进珠海国际赛车场赛道内高速竞驶发生事故造成损失，符合保险条款载明的免责情形。原告的行为不属于常规的驾驶行为，极大地增加了被保险车辆的风险，此为常理，无须提示及明确说明。进而驳回原告李某维的诉讼请求，判令被告某保险公司无须对被保险车辆的损失进行赔付。

二 车险纠纷中道德风险防范的功能扩容及法律路径

（一）车险纠纷中道德风险防范的功能扩容

道德风险防范是贯穿保险立法中各项保险法律制度的指针，也是保险经营过程中保险人以营利为导向应当采取的必要手段。车险中的道德风险，形成以下多维的谱系：投保车险的被保险人内在放纵保险事故发生的心理，与没有投保车险相比，被保险人驾驶行为谨慎程度降低，发生交通事故以后被保险人放任损失继续扩大结果的发生，被保险人或者受害人故意制造事故。车险赔付案件中，道德风险防范的功能需要以车险所处的具体场景为出发点进行需求导向的扩容。

首先，车险道德风险的防范关涉多维法律关系。

车险的转嫁危险目的角度，构成了三个层次的法律关系：第一，单一的、个体的车险投保人和保险人之间的法律关系；第二，车险投保群体与车险承保主体之间的法律关系；第三，全体道路交通参与者与道路交通风险承担者之间的法律关系。这三个层次的法律关系以道德风险的防范为靶心，指向车险合同条款设置的合理性问题。

其次，车险道德风险防范关涉保险法与其他部门法的融贯。

保险法对车险案件的调整是以保险合同为基础展开的，道德风险防范功能的发挥受限于保险法调整的社会关系。实现充分防范车险案件道德风险的目标，需要与《民法典》侵权责任编以及《中华人民共和国道路交通安全法》等其他部门法并同进行。

最后，车险是以交通事故为具体场景的，车险的道德危险防范不仅指向保险合同内部关系本身，还指向以车险为核心的交通事故涉及的其他主体。受害人故意导致交通事故发生取得保险金请求权的情形也应当纳入道德危险防范的范畴之内。

（二）车险道德风险防范的法律路径

从法律制度层面，道德风险的防范是综合的和系统的，以前述两个案例为观察基点，车险案例中道德风险防范的法律制度路径包括以下三种：①限缩免责条款明确说明义务的适用范围；②运用危险增加保险人免责的法律规定；③借助侵权责任法受害人故意加害人免责的法律规定。

三　对车险道德危险防范法律制度布局的分析

（一）以保险法律制度为基准，将（2018）粤 0106 民初 9262 号案件中萃取的法律规定作为分析对象

（2018）粤 0106 民初 9262 号案件法官作出最终判决拣选的法律制度包括两个：第一，我国《保险法》第 17 条第 2 款，保险人免责条款明确说明义务的规定；第二，我国《保险法》第 52 条第 2 款，被保险人不履行危险增加通知义务，保险人免责的规定。

1. 免责条款明确说明义务的制度内核

保险合同具有专业性、技术性特征，又是保险人提供的格式合同，投保人对保险合同内容的探知受限于其对保险以及保险合同条款的认知程度。我国《保险法》规定保险人应当负有对免责条款的明确说明义务，使得投保人可以对其购买的保险产品有充分翔实的知悉。

我国《保险法》第 17 条第 2 款规定："对保险合同中免除保险人责任的条款，保险人在订立合同时应当在投保单、保险单或者其他保险凭证上作出足以引起投保人注意的提示，并对该条款的内容以书面或者口头形式向投保人作出明确说明；未作提示或者明确说明的，该条款不产生效力。"可见，免责条款明确说明义务的制度内核由 3 个方面构成：第一，对免除保险人责任条款范围的确定；第二，对保险合同中免责条款提示的判定；第三，对保险人是否履行明确说明义务的判定。

2. 危险增加通知义务的制度内核

危险增加虽然属于个案和单个险种具体衡量的事项，在保险合同层面，危险和危险确定的义务相互联系。危险属性本身包含着变化，以危险

为基础的保险合同本身包含着危险的变化特征。一般程度的危险增加是保险合同当然的承保对象，只有当危险显著增加时，法律才存在调整的必要。我国《保险法》以危险"显著"增加为调整对象，体现了对危险基本属性的顺承，也体现了保险合同与保险标的的功能发挥的顺位：保险标的功能的发挥顺位优先于保险合同对保险标的的保险保障，保险法对危险增加的调整是以充分发挥（不阻碍）保险标的的功能为前提的。对"非显著"的危险增加法律不加以规定和干涉，仅对"显著"的危险增加进行调整符合危险的基本属性。

我国《保险法》第 52 条规定了危险增加通知义务及其法律后果，该条第 1 款规定："在合同有效期内，保险标的的危险程度显著增加的，被保险人应当按照合同约定及时通知保险人，保险人可以按照合同约定增加保险费或者解除合同。保险人解除合同的，应当将已收取的保险费，按照合同约定扣除自保险责任开始之日起至合同解除之日止应收的部分后，退还投保人。"该条第 2 款规定："被保险人未履行前款规定的通知义务的，因保险标的的危险程度显著增加而发生的保险事故，保险人不承担赔偿保险金的责任。"

（二）以侵权法律制度为基准，将（2019）粤 01 民终 5199 号案件中萃取的法律适用过程作为分析对象

（2019）粤 01 民终 5199 号案件首先对案件的事实和证据进行认定，然后对案件适用法律进行分析：法官将二审的争议焦点确定为刘某平是否故意制造案涉交通事故，对案件证据和事实进行综合全面分析：（2019）粤 01 民终 5199 号案件判决书中，判案法官分析了以下事实：刘某平是否故意制造案涉交通事故的事实，其中包括《道路交通事故证明》对案件事实认定的影响、案涉事故发生经过的事实认定、案涉事故发生前后刘某平与套牌车的关系分析。在此基础上，得出结论："刘某平故意制造案涉交通事故的高度可能性。"[①] 最终选择适用《中华人民共和国侵权责任法》（以下简称《侵权责任法》）第 27 条的规定以及《中

---

① （2019）粤 01 民终 5199 号案件判决书。

华人民共和国道路交通安全法》第 76 条第 2 款①作为判决依据。《侵权责任法》第 27 条规定："损害是因受害人故意造成的，行为人不承担责任。"

四 两则车险案例司法裁判能动性分析

（一）（2018）粤 0106 民初 9262 号案件裁判司法能动性分析

（2018）粤 0106 民初 9262 号案件法官对保险法规定的适用未局限于该法律制度内核，而是显现了司法裁判过程的能动性。从制度内核观察，危险增加的法律制度规定包括两个层次：第一，危险增加通知义务；第二，危险增加未通知法律后果。对《保险法》第 52 条两款的设置进行体系解释可知：第 1 款危险增加通知义务是第 2 款中规定的保险人不承担给付保险金义务的前提。同时，保险人在被保险人未履行通知义务时应当行使合同解除权，否则不能直接推导出保险人不承担责任的法律后果。即，依据该法条的文义解释和体系解释，第 2 款规定的保险人不承担责任的条件包括三个：第一，危险程度显著增加；第二，被保险人未履行通知义务；第三，保险人行使解除权。法官在适用该法律规定时，并未拘泥于保险人免责的表层法律解释，而是将危险程度显著增加的判断纳入车险发生的具体场景中，并将判断标准与"常情"进行连接和比对。在此基础上得出结论："被告车辆投保的是家庭自用保险，私家车在高速路上的时速不得超过 120 公里，原告在赛道上超过 180 公里，车辆的危险程度显著增加是显而易见的。"②

1. 案件事实判断的能动性分析

法官的裁决和判断兼顾了车险案件的内部性和外部性两个方面，从内部性角度衡量，本案需要解决围绕机动车保险合同展开的合同条款效力以

---

① 《中华人民共和国道路交通安全法》第 76 条第 2 款规定："交通事故的损失是由非机动车驾驶人、行人故意碰撞机动车造成的，机动车一方不承担赔偿责任。"本文中未将该法条作为分析对象纳入论证过程的原因在于：该法条与侵权责任法的规定同质，且本文侧重观察《保险法》与《侵权责任法》之间的关系，将《侵权责任法》作为保险案件的外部性支撑部门法进行探查。

② （2018）粤 0106 民初 9262 号案件判决书。

及承保范围等问题。本案所涉保险合同是针对一般家用机动车展开的，在保险费率厘定上，以家用机动车的危险为确定保险费精算的基础。以保险交易的等价有偿标准衡量，作为投保人缴纳保险费的对价的是，保险人在承保公共道路上，以常态驾驶方式和正常速度实施的驾驶行为过程所蕴含的危险。从外部性角度衡量，本案需要考察与本案所涉的机动车保险合同相对应的其他保险类型，即与本案中被保险人所实施的赛道内高速驾驶行为相匹配的机动车保险类型。然后将属于本案涉及保险合同承保范围的危险与被保险人发生事故时实施的具体行为进行比对，从而获得兼顾保险合同内部性事实和外部性事实的判断。

2. 案件法律适用的能动性分析

在适用法律的选择上，摒弃选择单一法律制度的做法，而是将《保险法》有关免责条款明确说明义务的规定、危险增加通知义务的规定作为一个整体加以适用。从本案的核心事实出发，被保险人在赛道内高速驾驶机动车造成损失，法官适用法律的选取以下述方式展开：第一，与被保险人投保的机动车保险合同条款作对应进行适用法律的选择，从而选择适用保险法有关免责条款明确说明义务的规定；第二，与被保险人高速驾驶行为作对应，从而选择适用危险增加通知义务的规定。在适用免责条款明确说明义务的时候，没有局限于该规定的制度内核，对保险人是否履行了明确说明义务进行机械探查，而是综合运用对被保险人行为的主观状态和客观结果的分析，并同对危险增加通知义务的解释，以及对保险原理中有关危险的界定标准得出保险人免责的结论。法官在判决书中写道："保险合同属于射幸合同，所承保的风险属于不可预料的风险，也因此在保险上将故意行为排除在承保范围之外。""保险标的危险程度显著增加造成的损失，保险人不承担赔偿责任，是法律的直接规定，无论保险人是否明确说明，均对被保险人产生法律约束力。"

（二）（2019）粤 01 民终 5199 号案件裁判司法能动性分析

（2019）粤 01 民终 5199 号案件虽然属于车险纠纷，但是法官在判决中并未适用《保险法》的规定，而是适用了《侵权责任法》的规定。法律适用的选择本身就是司法能动性的体现，分析如下。

从确定保险合同权利义务关系的角度出发，侵权法律关系为保险法律关系的基础法律关系，保险法律关系是侵权法律关系的上层法律关系。保险合同关系和侵权关系具有各自独立的功能指向，探查目的和内容也不相同，需要进行区隔。区隔的意义在于将保险案件与侵权案件加以各个层面的区分。

1. 立法层面

保险法和侵权法律各种的功能和基本理论：保险法偏重保险合同的制度设置以及各方利益平衡。侵权法律偏重加害方、受害方的综合考量，惩戒与赔偿综合考量。两种法律关系牵涉的保险人和被保险人的利益体系并不相同。

2. 司法层面

保险人的案件利益和作为加害人的被保险人的案件利益并不相同：保险人的案件利益核心在于确定侵权基础法律关系中被保险人需要赔付的部分，并将这部分赔付和保险合同作对应，以最终确定保险人是否需要履行保险金给付义务。作为加害人的被保险人的案件利益核心在于确定侵权法律关系中被保险人应当承担的责任。

但是，侵权案件和保险案件常常存在交叠，尤其在车险案件中，机动车第三者责任险的承保范围是被保险人交通肇事中应当承担的责任，责任的确认过程和侵权案件的处理过程重叠。从本案的事实出发，处理机动车责任保险纠纷需要顺次解决两个问题：首先，需要判定交通事故中被保险人是否应当承担责任；其次，在被保险人需要承担责任的前提下，再对被保险人的责任是否属于机动车责任保险的承保范围进行判断，在此基础上作出保险人是否应当支付保险金的最终判断。第一个问题需要解决的就是被保险人（交通肇事者）与受害人之间的侵权法律关系，本案中，只要能够证明受害人属于故意，被保险人则无须承担交通事故责任，第二个问题也就无须进行判断。

（三）保险司法裁判能动性的范畴和方式

根据前述对两则案件司法能动性的分析，保险司法裁判能动性如图 1 所示。

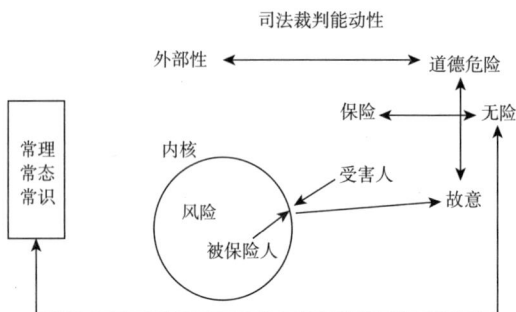

图1　保险司法裁判能动性

从保险内核分析：保险是分散风险、消化损失的制度，道德风险的防范需要将被保险人的故意行为排除在车险合同的承保范围以及保险法律制度允许的范围之外。从保险的外部性分析：道德风险防范核心功能是保证被保险人和受害人在即使没有保险的前提下，会实施同样的交通参与行为。以道德风险防范对故意行为的排斥为纵轴，以保险的转嫁风险功能以及其最终指向的"无险"状态为横轴，我们可以确定保险司法裁判能动性的作用范畴和方式。

（1）将道德风险防范与车险所处外部性进行衔接，突破道德风险防范的保险制度内核和保险法律视域，将被保险人和受害人的故意行为防范均纳入道德风险防范的问题视域之中。

（2）将保险与"无险"进行衔接，突破保险的既有功能视域，将无险作为保险的终极功能导向，进而将保险与保险所处的社会常态（常理、常识）进行比对探查。

笔者有话说之一：保险公司能否代位获偿公估费用

最高人民法院发布的第74号指导案例是有关保险人行使代位权的纠纷——中国某某财产保险股份有限公司江苏分公司诉江苏某某安装集团有限公司保险人代位求偿权纠纷案。案情中包括以下内容：保险人、被保险人、第三人共同协商，由保险人预先支付公估费用，保险公司向被保险人支付保险金之后，取得向第三人的代位求偿权，这部分公估费用能否获偿？案件的一审法院驳回了保险公司主张公估费的诉讼请求、二审法院驳回保险公司包括公估费的全部诉讼请求，再审法院维持了一审法院的判决。此案中保险公司有权行使代位求偿权部分是否包括保险公司支付的公估费，还是仅限于保险公司向被保险人支付的保险金？有商榷的必要。

一 保险代位权的案件的三重结构

保险代位权案件存在三重结构：第一，保险公司基于保险合同与被保险人之间形成的保险合同理赔关系；第二，被保险人与第三人之间形成的赔偿关系；第三，保险公司与第三人之间的代位求偿关系。

这三重结构基于不同的准据法形成了三重请求权关系：第一，基于保险法的规定，被保险人有向保险公司请求保险金的权利；第二，基于《民法典》侵权责任编或者合同编的规定，被保险人有向第三人请求赔偿损失的权利；第三，基于保险法的规定，保险公司有向第三人请求赔偿的关系。

三重结构在事实和法律关系上重叠交织，司法裁判过程折射出不同准据法之间、不同法律制度之间的立法主旨的区别合同调和。

二 三重法律关系各自的立法目的存在差异

保险金请求权和保险代位求偿权之间、保险代位求偿权和第三人侵权或违约赔偿请求权在法律关系层面形成了交叉和叠合的联系，保险人是否有权向第三人请求公估费用，处于前述叠合联系之中。

1. 保险代位求偿权的立法目的

我国《保险法》第60条规定：因第三者对保险标的的损害而造成保险事故的，保险人自向被保险人赔偿保险金之日起，在赔偿金额范围内代位行使被保险人对第三者请求赔偿的权利。《最高人民法院关于适用〈中华人民共和国保险法〉若干问题的解释（四）》第7条规定：保险人依照保险法第六十条的规定，主张代位行使被保险人因第三者侵权或者违约等享有的请求赔偿的权利的，人民法院应予支持。有观点主张，第三者对保险标的的损害仅指第三者对标的的侵权损害。最高人民法院通过司法解释的形式确认了这种损害还包括违约损害等其他法律关系造成的损害。

保险法设立代位求偿权制度的立法目的在于防止被保险人获得多重赔偿而产生不当得利，保险人给付保险金之后取得被保险人向第三人享有的赔偿请求权。我国《保险法》第 60 条中规定的"在赔偿金额范围内代位行使被保险人对第三者请求赔偿的权利"即为该立法目的代位求偿权数额的体现。

2. 保险人支付公估费法律规定的立法目的

保险人支付公估费的法律依据是我国《保险法》第 64 条，该条规定：保险人、被保险人为查明和确定保险事故的性质、原因和保险标的的损失程度所支付的必要的、合理的费用，由保险人承担。该条的立法主旨在于：在保险合同关系中，确定和查明保险事故性质、原因和保险标的的损失程度的必要合理费用，是为了确定保险人支付的保险金数额而进行的支出；加之保险是转嫁危险的制度，必要且合理的费用成为确定危险损失数额的组成部分。不是出于保险合同保险人履行保险金的需要，投保人没有必要支出该笔费用。故此，该条法律规定的必要的、合理的费用由保险人承担。

3. 被保险人向第三人享有赔偿请求权的立法目的

依据被保险人向第三人享有的赔偿请求权性质不同，其立法目的也不同。如果被保险人向第三人享有侵权赔偿请求权，则其立法目的在于保护民事主体的合法权益，明确侵权责任，预防并制裁侵权行为。如果被保险人向第三人享有违约赔偿请求权，则其立法目的为保护合同当事人的合同法权益，维护社会经济秩序。

三　公估费用赔付请求权的法律和事实基础

依据我国《保险法》第 60 条的规定，保险人仅能在"在赔偿金额范围内"行使代位求偿权。对此，这一规定进行文义解释和立法目的的解释结果存在差别：从文义解释角度，在赔偿金额范围内行使代位求偿权，是将保险人支付给被保险人的保险金数额作为保险人向第三人行使代位求偿权的金额范围，保险人只能向第三人请求其支付的保险金范围内的数额，不能超出这一数额。那么，公估费并不是保险人向被保险人支付的保险金数额，不能向第三人请求。依据保险代位求偿权的立法目的进行解释，防止被保险人多重受偿，将这种多重受偿置于被保险人和第三人之间的侵权或者违约关系之中，则保险代位求偿权的立法目的是：防止被保险人从第三人处获得侵权或者违约赔偿而出现的多重受偿的结果。

首先，单独探查被保险人和第三人之间的赔偿关系可知，对标的损失进行评估，支付公估费用属于第三人履行赔偿义务的组成部分，虽然这部分费用无须向被保险人支付，而在事实上需要向公估部门支付，但是却是应当由第三人支付的数额。

其次，再以保险人代位求偿权的角度探查，保险人代替被保险人的地位取得向第三人的求偿权，即行使代位求偿权时，保险人和被保险人的地位是替换的关系——被保险人对第三人享有的权利范围与保险人对第三人享有的权利范围是相同的。被保险人有权向第三人请求赔付公估费用，保险人也有权向第三人请求赔付公估费用。

最后，回到保险人代位求偿权的立法目的，防止被保险人从第三人处获得侵权或者违约赔偿而出现的多重受偿的结果，"赔偿金额范围内"应当被解释为：在被保险人向第三人的赔偿请求权范围内的，保险人已经向被保险人实施了保险金理赔范围内的，并且为了给付这些保险金支付了必要合理费用的"赔偿金额范围内"。而不是仅仅从文义表面的内涵，将赔偿金额范围内简单等同于保险人已经向被保险人支付的保险金。

这样的解释结果实质上是我国《保险法》第60条（保险人代位求偿权）和《保险法》第64条（必要合理费用的承担）两个法律规定立法目的的叠加，同时也兼顾和尊重了被保险人享有向第三人公估费用请求权的事实。防止表面文义解释的弊端：即使没有保险合同，被保险人也有权向第三人请求公估费用，有了保险合同，保险人支付公估费用以后，却不能向第三人请求这部分费用支出。

故此，本书的结论是，应当从被保险人和第三人之间赔偿关系的基本事实出发，对"赔偿金额范围"作多重立法目的的解释，本案中的公估费用应当由第三人承担。

笔者有话说之二：我国交强险评述

一 交强险强制性的特征

1. 交强险的强制性体现

一直以来，虽然不断有纷争，交强险、旅行社责任保险、船舶油污险等险种纷纷采取强制的方式运行。食品安全强制保险的呼声，环境责任强制保险的即将落地，在保护受害群体、提升赔付效率等方面作出了卓越贡献。但是，本属于市场行为的保险制度，遵循等价有偿的经营原则，为何以强制方式推行？是对计划经济的复辟？还是具有内在正当性的机理？

从保护的社群出发对正当性的支撑隔靴搔痒；从加害社群与受害社群的博弈角度开启了一扇通往正当性的门；在正当性追问之后保险的商业属性与公益属性得以融贯。

保险，以商业经营模式为雏形，大数法则的定价机制以及精算方法的运用，极大提升了保险定价的科学性，商人们从以往的依据商业经验判断保险费，成长为依据科学的数据判断保险费，保持盈利或者只赚不赔成为可能。手有盈余有暇他顾、具有情怀和更长远视野的保险人开始关注社会责任。加之对保险制度观察研判的外力，保险危险治理的社会功能不断得以彰显。

2. 交强险强制性的实质

何为强制？其实就是法律规定必须加入的保险，我们称为法定保险。强制保险就是法定保险。如果没有法律规定，不能称为强制保险。强制保险无异于强制投保人缴纳保险费，是否构成对投保人财产自由处分权的侵害？在责任事故层出不穷的时代，食品安全、巨灾损害、环境风险能否采取强制的方式推行？如果采取强制的方式推行，如何保障避免强制保险带来的负效应？保险公司因为强制而获得市场竞争规则以外的业务，其拓展市场、提供更优质保险服务以及更具有创新性的保险产品的积极性减退；受害人基于强制保险获赔，司法裁判系统弱化了原有的对侵权等基础法律关系中蕴含的查明事件真相的动力；侵权法律中承载的惩戒以及教育侵权人功能被保险合同理赔关系所全部或者部分取代。

3. 交强险特征与强制性的关联

从社群利益本身不能推出强制保险的正当性，所有类型的保险均具有群体属性，均设计对一定范围群体的利益保护，推演的结果是所有类型的保险均具有强制性。

从责任社会化的立法现实以及责任保险的功能导向可以反推出超出对投保群体利益保护，延伸至对责任保险受益群体利益保护的视域之中的强制性保险的正当性所在。这样，责任保险的强制正当性追问就回归到了责任社会化的机理中来：回归至对不同社群利益的权衡中来，回归至对保险运行机制的社会功能中来。以世界各国普遍采取的交强险为例，交强险加强了对受害群体的利益保护——对因机动车的使用而带来便宜、高效等利益的被保险群体施加强制缴纳保险费的义务，换取对处于机动车肇事受害人的保险保障。符合朴素的"谁获益，谁支付对价"的公共观念，也符合机动车使用人和因机动车肇事而遭受损失的受害人之间的基础利益平衡关系。再加上机动车的普遍适用等时代背景，强制责任保险的正当性凸显出来。

二　交强险的社保属性分析

交强险受害人包括四种情况：①机动车和非机动车交通事故，机动车全责；②机动车和非机动车交通事故，比例责任；③两机动车交通事故，一车全责；④两机动车交通事故，比例责任。①和③，我们称为单纯受害人，②和④，我们称为交互受害人。在交强险中，为什么单纯受害人和交互受害人获得的保险保障的结果是相同的？

明明行人有责任，为什么交强险就能给付保险金？连醉酒驾车后，受害人受伤，保险公司立马拿出保险金，任意商业险是拒赔的。为什么交强险带有救济性质？

一切的疑问集结为一点：交强险的强制性到底可以更精准地表述为什么？答案是：交强险是具有社保性质的保险，其强制性是基于社保属性的强制。这就将其与其他原因的强制区分开来，也可以刻画出所有交强险中的具体制度的样态。

以社保性为基点，我们能更加清晰地对交强险的整个权利义务架构作宏观、微观以及比较视角的体察；同时对交强险市场主导和政府引导之间的融通和互动关系进行更具有理论深度的刻画。也能解释单纯受害人和交互受害人获得的交强险赔付并无区别，社保的核心在于所有社会成员获得保障相同。那么，无论是单纯受害人还是交互受害人，获得的交强险保障也应当是相同的。

三　政府介入交强险的实质与回弹性

1. 政府介入保险市场的实质

政府公共管理专业化，与保险承保风险专业化的对接，是政府介入保险市场的实质所在。政府管理公共事务的职能中包含了对交强险的控制、管理、预防和出险后救助的内容。与市场化运营的、专业处理风险转嫁事项的保险制度比较，由政府一揽子对上述风险进行管理在效率、专业化程度、成本控制、人员可持续发展以及公平性等方面均处于相对弱势。

2. 政府风险管控职能的回弹性

在交强险的推行上，政府的介入和推进功能在于引发保险市场主体的积极性，一旦形成了良性的保险市场层面的参与度和竞争状态，政府就应当将交强险交由保险市场运营。相应地，如果市场运营的结果是保险公司入不敷出，纷纷选择退出交强险的市场，政府应当及时介入，再次以一系列方式激发市场参与的热情。

同时，鉴于交强险的特殊性，政府和市场的作用应当协同发挥：既不是完全交由市场，也不是退回到完全由政府管理、防控和承担交强险以及交强险造成的损失的阶段。这种协同集中体现在政府对交强险相关信息的平台的搭建以及向保险公司的信息提供平台的维护、对交强险研究和预防经费等方面的支持、对交强险数据化管理公共服务系统的运营等方面。

四　交强险中的双重立体结构

1. 保险人与受害人权利义务的立体架构

既然交强险的立法目的是保护受害人的利益，将这一目的融贯入交强险合同之中，与该目的最直接对应的权利义务设置体现为：保险人向受害人直接履行保险金给付义务，受害人享有直接向保险人请求给付保险金的权利——受害人的保险金直接请求权。这一权利的实现背后的机理是一重立体结构关系：保险人与被保险人签订保险合同，保险合同的权利义务主体应当是保险人和被保险人，此为立体结构的平面体现；交强险以保护受害人为立法目的，受害人取得保险金直接请求权是贯彻这一立法目的的最直接权利设置，此为立体结构的纵深之维体现。

以受害人保险金直接请求权这一点出发向外辐射进行观察，可以精准地体现和验证出交强险和机动车商业第三者责任险的区别。

在机动车商业第三者责任险中，平面的保险人和被保险人之间的权利义务设置占据保险金利益分配的支配地位。被保险人享有保险金的请求权，只有出现诸如被保险人怠于请求保险金的情形时，受害人才能直接向保险人请求保险金。①

在机动车商业第三者责任险中，基于被保险人的原因而导致保险人免责的，受害人无法获得保险金给付。但在交强险中，对保险人免责条款的规定应当受到交强险保护受害人目的的制约和限制。同时，当然不能无限扩大保险人的义务，将依据保险定价原理本应由被保险人自行负担的风险不当转嫁给保险人。我国台湾地区的交强险规定作出了较为贴合的制度设置：将保险人免责事由的设定限于受害人，而不是被保险人的特定行为基础上。

我国台湾地区"强制汽车责任保险法"第28条规定：受害人或其他请求权人有下列情事之一，致被保险汽车发生汽车交通事故的，保险人不负保险给付责任：故意行为所致。在机动车商业三者险中常规的属于保险人免责的被保险人的情形，交强险中作了保险人享有代位权的制度设置。我国台湾地区"强制汽车责任保险法"第29条规定：被保险人有下列情事之一，致被保险汽车发生汽车交通事故的，保险人仍应依本法规定负保险给付之责。但得在给付金额范围内，代位行使请求权人对被保险人的请求权：①饮用酒类或其他类似物后驾驶汽车；②驾驶汽车，经测试检定有吸食毒品、迷幻药、麻醉药品或其他相类似管制药品；

---

① 我国《保险法》第65条规定即是对受害人间接保险金请求权的体现。

③故意行为所致；④从事犯罪行为或逃避合法拘捕等。

2. 保险费厘定与机动车使用者群体的立体架构

机动车使用作为一个危险群体观察，其中会出现应该投保而未投保的机动车、虽然投保但肇事之后逃逸、无法确定承担保险金给付义务保险人的机动车等情形。从受害人的角度，同样是交通事故的受害人，不应因为上述情形而在保险金保障上存在差别。我国设置了交强险的社会救助基金，我国台湾地区设置了安定基金和特别补偿基金，分别用以弥补没有投保交强险或者无法找到肇事机动车的受害人损失。

在保险费厘定上，不能单纯以机动车商业第三者责任险的投保群体作为衡量"等价有偿"的标准，而应当将整个机动车使用群体作为衡量标准。即将诸如社会救助基金、安定基金等纳入交强险的保险费计费依据之中，从而出现对于投保的机动车而言"不等价有偿"的计费结果。

笔者有话说之三：出口信用保险

我国出口信用保险产生于 1985 年，国务院发布的《国务院批转国家计委等八个部门关于扩大机电产品出口报告的通知》（国发〔1985〕128号）中，首次提出在我国按照国际惯例开办出口信用保险，把办好出口信用保险作为扶持机电产品出口的重要政策措施。我国出口信用保险业务的开展历经独家经营和市场化的过程。[①] 2006 年 6 月，国资委发布《中央企业全面风险管理指引》。在我国《保险法》及其相关的四个司法解释中，

---

① 1988 年，国务院决定由中国人民保险公司办理机电产品出口信用保险业务。后来，中国进出口银行出于业务发展的需要，开始经营出口信用保险业务。中国人民保险公司以承办短期信用保险业务为主，中国进出口银行以承办大型成套机电设备的中长期信用保险业务为主。"入世"以后，2001 年我国在中国人民保险公司和中国进出口银行出口信用保险公司基础上组建了中国出口信用保险公司，独家从事政策性出口信用保险业务。2013 年，中国人民财产保险公司获批经营短期出口信用保险业务；2014 年，国务院批准平安财险、太平洋财险和大地财险三家商业保险机构试点经营短期险业务。结束了我国出口信用保险市场独家经营弊端，市场化进程拉开序幕。参见王稳《出口信用保险：起源、发展与趋势》，《中国保险》2016 年第 6 期。

在《对外贸易法》中均未涉及规制出口信用保险的专门规定。[①]

出口信用保险的经营经历了一个从政策先导到政策与市场并行，再到政治职能强化的发展过程。[②] 其中的政策先导是国家以国营或者补贴保险金等形式直接参与出口信用保险经营的形式。

一 出口信用保险承保范围的特点

我国现行的出口信用保险承保范围包括：①商业风险，债务人宣告破产、倒闭、解散或拖欠商务合同或贷款协议项下应付款项。②政治风险，债务人所在地政府或还款必经的第三国（或地区）政府禁止或限制债务人以约定货币或其他可自由兑换货币偿还债务。债务人所在地政府或还款必经的第三国（或地区）政府颁布延期付款令，致使债务人无法还款。债务人所在地政府发生战争、革命、暴乱或保险人认定的其他政治事件。呈现出以下特点：

出口信用保险承保的风险划归成两类：基于国域差别而产生的政治风险；基于出口国的法律、经贸、文化等差异而产生的风险。国内贸易中，商业理性的范畴之内的风险一般不会将其纳入保险制度之中加以转嫁，通常属于商业主体自身经营判断和应对范围之内的风险。与国内贸易相比，出口企业探查出口国的法律、经贸、文化差异的成本提升，效率降低。将这些风险，如债务人宣告破产、倒闭、解散或拖欠商务合同或贷款协议项下应付款项等，纳入保险的分散机制之中，实质上是使得这部分国内贸易中的"非保险"风险"保险化"的过程。

同时，将上述风险转嫁给保险公司，其功能是双向的：首先，可以贯彻鼓励出口的经济政策；其次，以保险公司专业的经营风险的能力，对这部分转嫁的风险进行统一的、综合的管理，从而降低和更有效地防范这些风险。

---

① 潘红艳：《"一带一路"视域中的出口信用保险法律问题研究——从亚当·斯密的"重商主义"谈起》，《兰州学刊》2019年第3期。
② 王稳：《出口信用保险：起源、发展与趋势》，《中国保险》2016年第6期。

二 出口信用保险经营的历时性特点

出口信用保险的经营经历了政策性主导阶段、政商共存阶段以及政策性职能强化阶段。

1. 政策性主导阶段

第一次世界大战后对恢复经济的需求增加，各国开始寻找有效的政策工具以促进出口，出口信用保险在扩张贸易、提高就业以及复苏经济方面效果显著，各国开始了由政府支持机构经营保险业务的阶段。英国的出口信用保险局就是这种背景下应运而生的，全球大部分出口信用保险机构成立于这一阶段。我国香港于1966年成立香港出口信用保险局。

随着国际合作的需求增强以及出口信用保险的发展，逐步建立了统一的国际规则。1934年，由英国①、法国②、意大利和西班牙的出口信用保险机构共同成立了"国际信用监督保险人联盟"（以下简称伯尔尼协会），目的是为成员搭建一个信息共享、共同商讨相关事宜的平台。1974年，伯尔尼协会修改联盟章程，允许专门从事海外投资保险的机构加入该协会并启用新名称"国际信用和投资保险人协会"。目前，伯尔尼协会的作用包括两个方面：第一，在成员间交流有关出口信用保险的信息；第二，通过成员不定期交换意见和定期会晤，交流对出口信贷和官方担保原则的看

---

① 现代出口信用保险起源于英国，1919年，英国设立出口信用担保局（ECGD），是世界上第一家由政府支持成立的、政策性的出口信贷担保机构。后颁布《出口担保和投资法》对出口信用保险加以规制。1991年，ECGD进行改革，将短期出口信用保险义务出售给荷兰出口信用保险局（NCM），自此，该业务具有商业化经营的特征。ECGD直属于英国政府，经营范围包括：向客户提供卖方信用保险、卖方信用融资担保和买方信用融资担保。出口信用保险费率的厘定，主要根据进口国家的信用评级和风险状况，参考对进口商进行的全面风险评估。参见唐金成、利寒俏《出口信用保险助力"一带一路"协调发展》，《上海保险》2016年第11期。

② 1946年，法国政府组建了法国外贸信贷保险公司（COFACE），经营政策性出口信用保险。1994年，COFACE进行了私有化改革。法国经济财政部和工业部组成部际机构，委派专员进驻COFACE，对其日常运作进行监管。COFACE为企业提供资信信息和追账、出口信用保险以及出口担保业务，承保商业和政治风险，承保汇率、投资以及成本上升风险。COFACE采用国家风险评级体系，包含七个风险等级，不同的因素计算企业违约概率；买方风险包含六个等级，与批限额度直接挂钩；采取无赔款优待系统，根据投保人的以往保险调整费率；建立了覆盖面较广的国外企业信用数据库，作为保险费率制定的重要依据。

法，协商出口信贷的指导原则。

随着出口信用保险的国际化，1978 年，以英、德①、法等为代表的 OECD 国家在出口信贷与信用保险领域达成了以防止相关成员之间出现利益不均衡的恶性竞争为目的的君子协定，出台《官方支持出口信贷的安排》。目前，《官方支持出口信贷的安排》（2015 修订版）已经发布，成为指导和协调各国出口信用保险机构的重要文件。

2. 政商共存阶段

政商共存阶段开始于 20 世纪 90 年代，结束于 2008 年金融危机后。世界经济在这一阶段进入了平稳高速发展时期，伴随着欧洲经济一体化程度的加深，几家欧洲规模较大的商业保险机构具备了承保出口信用保险的实力，开始从事短期出口信用保险业务。这一阶段以出口信用保险业务急速扩张、经营主体数量增加以及商业保险机构通过并购等方式大规模介入出口信用保险市场为特征。

一些国家的政府也在金融改革的背景下将国有出口信用保险机构实行市场化运作，1991 年，英国将出口信用保险局的短期出口信用保险业务出售给荷兰 NCM 公司，拉开了 ECA 短期业务商业化经营的序幕。美国 1992 年终止了与美国外国信用保险协会（FCIA）的独家承保合作关系。法国外贸信贷保险公司（COFACE）于 1994 年实行了私有化改革。1997 年 9 月，欧盟出台《欧盟委员会关于政府支持短期信用保险指导原则的决定》，要求欧盟成员国将市场风险交由商业保险机构经营，官方出口信用机构应放弃此类义务，承担弥补私营市场空缺的"最后保险人"责任。

---

① 德国出口信用保险开始于 1926 年，1949 年德国政府指定专门政策，推出官方出口担保计划，将出口信用保险分为私营和官方经营两个部分。德国经济技术部联合财政部、外交部以及经济合作发展部组成部际委员会，制定了出口信用保险的承保方针和扶持政策。现在的德国出口信用保险主要由安联保险集团旗下的裕利安宜信用保险公司（Euler Hermes）经营。Euler Hermes 将私营及官方的出口信用保险分设两个账户核算。官方出口信用保险主要承保中长期出口项目，资金在政府账户中列支，由财政资金给予支持，业务由 Euler Hermes 经营。在定价方面，主要考虑出口风险、成本和利润三个方面，其中出口风险和成本分为不同风险及成本因子，各个因子再细化为多种数据指标；同时建立信用评级体系，为客户提供差异化服务。

3. 政策性职能强化阶段

2008 年的金融危机之后，全球经济增长放缓，世界主要经济体进入了调整和恢复阶段。全球贸易市场萎缩也使得出口信用保险业务利润率大幅度缩减，导致商业保险机构开始削减或取消类似业务。出口信用保险的政策性职能优势愈加明显，官方支持的出口信用保险机构在支持出口企业的风险防范和融资方面更能发挥作用。

英国出口信用担保局于 2009 年初重新大规模介入短期出口信用保险业务，将经营范围扩大到几乎所有货物的出口，并且重新推出了营运资金银行担保、保函担保及保险、信用证担保，且在多年收缩后重新开始扩大网络，时隔 90 年后再度开始提供直接贷款和融资服务。2014 年，英国议会授权其支持范围扩大至出口供应链中的企业，意味着介入英国国内信用险市场的时机即将到来。

附录：财产保险合同条款

家庭财产保险条款

注册号：×号

总　则

第一条　本保险合同由保险条款、投保单、保险单、保险凭证以及批单等组成，凡涉及本保险合同的约定，均应采用书面形式。

第二条　本保险合同的被保险人应为自然人。

第三条　本保险合同的投保人应为具有完全民事行为能力的自然人。

第四条　本保险合同可以承保的家庭财产包括由被保险人所有的**房屋主体、房屋装修、室内财产**及其他经投保人申请且经保险人书面同意承保的其他家庭财产，**具体承保的家庭财产以保单载明为准。**

第五条　下列财产不属于本保险合同的保险标的：

（一）金银、首饰、珠宝、货币、有价证券、票证、邮票、古玩、文件、账册、技术资料、图表、动植物以及其他无法鉴定价值的财产；

（二）违章建筑、危险建筑、非法占有的财产；

（三）用于生产经营的财产；

（四）其他保险单中载明的不属于保障范围的财产；

（五）其他不属于第四条所列范围的财产。

保险责任

第六条 保险期间内，保险标的在保险单载明的地址内由于下列原因发生的损失，保险人按照本保险合同的约定负责赔偿：

（一）火灾、爆炸，包括但不限于：

（1）家庭燃气用具、电器、用电线路以及其他内部或外部火源引起的火灾；

（2）家庭燃气用具、液化气罐以及燃气泄漏引起的爆炸；

（二）空中运行物体坠落、外界物体倒塌；

（三）台风、暴风、暴雨、龙卷风、雷击、洪水、冰雹、暴雪、崩塌、冰凌、突发性滑坡、泥石流和自然灾害引起地面突然下陷下沉。

第七条 保险事故发生后，被保险人为防止或减少保险标的的损失所支付的必要的、合理的费用，保险人按照本保险合同的约定负责赔偿。

责任免除

第八条 下列原因造成的损失、费用，保险人不承担赔偿责任：

（一）投保人、被保险人及其家庭成员、家庭雇佣人员、暂居人员的故意或重大过失行为；

（二）战争、军事行动、暴动或武装叛乱；

（三）核辐射、核爆炸、核污染及其他放射性污染；

（四）地震、海啸及其次生灾害；

（五）行政行为或司法行为。

第九条 下列损失、费用，保险人不负责赔偿：

（一）家用电器因超电压、碰线、漏电、自身发热等原因所造成的自身损毁，但发生燃烧造成火灾的除外；

（二）保险标的因自身缺陷、变质、霉烂、受潮、虫咬、自然磨损，或保管不善所导致的损失；

（三）保险标的在保险单载明地址的房屋外遭受的损失，但安装在房屋外的空调器和太阳能热水器等家用电器的室外设备除外。

（四）间接损失。

第十条 每次事故免赔额（率）由投保人与保险人协商确定，并在保险单中载明。免赔额（率）内的损失、费用，保险人不承担赔偿责任。

保险期间

第十一条 本保险合同的保险期间由投保人与保险人双方约定，并在保险单中载明。

保险金额

第十二条 本保险合同的房屋主体保险金额、房屋装修保险金额、室内财产保险金额，由投保人与保险人双方约定，并在保险单中载明。

保险人义务

第十三条 本保险合同成立后，保险人应当及时向投保人签发保险单或其他保险凭证。

第十四条 保险人按照第二十一条的约定，认为被保险人提供的有关索赔的证明和资料不完整的，应当及时一次性通知投保人、被保险人补充提供。

第十五条 保险人收到被保险人的给付保险金的请求后，应当及时作出是否属于保险责任的核定；情形复杂的，保险人将在确定是否属于保险责任的基本材料收集齐全后，尽快作出核定。

保险人应当将核定结果通知被保险人；对属于保险责任的，在与被保险人达成给付保险金的协议后十日内，履行赔偿保险金义务。保险合同对给付保险金的期限有约定的，保险人应当按照约定履行给付保险金的义务。保险人依照前款约定作出核定后，对不属于保险责任的，应当自作出核定之日起三日内向被保险人发出拒绝给付保险金通知书，并说明理由。

第十六条 保险人自收到给付保险金的请求和有关证明、资料之日起六十日内，对其给付的数额不能确定的，应当根据已有证明和资料可以确定的数额先予支付；保险人最终确定给付的数额后，应当支付相应的差额。

投保人、被保险人义务

第十七条 除另有约定外，投保人应当在保险合同成立时缴纳保险费。

第十八条 订立保险合同，保险人就被保险人的有关情况提出询问的，投保人应当如实告知。

投保人故意或者因重大过失未履行前款规定的义务，足以影响保险人决定是否同意承保或者提高保险费率的，保险人有权解除本保险合同。

投保人故意不履行如实告知义务的，保险人对于合同解除前发生的保险事故，不承担给付保险金责任，并不退还保险费。

投保人因重大过失未履行如实告知义务，对保险事故的发生有严重影响的，保险人对于合同解除前发生的保险事故，不承担给付保险金责任，但应当退还保险费。

第十九条　被保险人应当遵守国家有关消防、安全等方面的规定，采取合理的预防措施，尽力避免或减少保险事故的发生，维护保险标的的安全。

若被保险人未按照约定履行对保险标的的安全应尽责任，保险人有权要求增加保险费或者解除合同。

第二十条　保险事故发生后，被保险人应当：

（一）尽力采取必要、合理的措施，防止或减少损失，否则，**对因故意或重大过失扩大的损失，保险人不承担赔偿责任；**

（二）及时通知保险人，并书面说明事故发生的原因、经过和损失情况；**故意或者因重大过失未及时通知，致使保险事故的性质、原因、损失程度等难以确定的，对无法确定的部分，保险人不承担赔偿保险金的责任，但保险人通过其他途径已经及时知道或者应当及时知道保险事故发生的除外；**

（三）保护事故现场，允许并且协助保险人进行事故调查，**对于拒绝或者妨碍保险人进行事故调查导致无法确定事故原因或核实损失情况的，对无法确定或核实的部分，保险人不承担赔偿责任；**

（四）涉及违法、犯罪的，应立即向公安部门报案，**否则，对因此扩大的损失，保险人不承担赔偿责任。**

赔偿处理

第二十一条　当发生保险事故后，被保险人需尽快向保险人报案，并提供以下资料：

（一）保单号和索赔申请书；

（二）被保险人的身份证明；

（三）财产损失、费用清单，发票（或其他保险人认可的财产证明）；

（四）投保人、被保险人所能提供的与确认保险事故的性质、原因、损失程度等有关的其他证明和资料。

被保险人未履行前款约定的索赔材料提供义务，导致保险人无法核实损失情况的，保险人对无法核实的部分不承担赔偿责任。

第二十二条 保险标的遭受损失后，如果有残余价值，应由被保险人和保险人双方协商处理。如折归被保险人，由双方协商确定其价值，并在保险赔款中扣除。

第二十三条 保险标的发生保险责任范围内的损失，保险人按实际损失计算赔偿，**以保险金额和保险标的出险时实际价值的较小者为限。**

被保险人为了防止或减少保险标的的损失所支付的必要、合理的费用，在保险标的损失赔偿金额之外另行计算，**以保险金额和被施救保险标的的出险时实际价值的较小值为限。被施救的财产中，若含有本保险合同未承保财产的，按被施救保险标的的出险时的实际价值与全部被施救财产价值的比例分摊施救费用。**

第二十四条 若保险标的发生部分损失，且该次赔偿金额与免赔额之和（不含施救费用）小于保险金额时，保险人履行赔偿义务后，**本保险合同的保险金额自损失发生之日起按赔偿金额相应减少，且无须退还保险金额减少部分的保险费。**

若保险标的发生全部损失，或该次赔偿金额与免赔额之和（不含施救费用）大于或等于保险金额时，保险人履行赔偿义务后，**本保险合同自动终止。**

第二十五条 保险人受理报案、进行现场查勘、核损定价、参与案件诉讼、向被保险人提供建议等行为，均不构成保险人对赔偿责任的承诺。

争议处理和法律适用

第二十六条 因履行本保险合同发生的争议，由当事人协商解决。协商不成的，提交保险单载明的仲裁机构仲裁；保险单未载明仲裁机构或者争议发生后未达成仲裁协议的，依法向中华人民共和国（不包括港澳台地区）人民法院起诉。

第二十七条 与本保险合同有关的以及履行本保险合同产生的一切争议处理适用中华人民共和国法律（不包括港澳台地区法律）。

其他事项

第二十八条 被保险人请求赔偿保险金的诉讼时效期间为二年，自其知道或者应当知道保险事故发生之日起计算。

第二十九条 投保人和保险人可以协商变更合同内容。

变更保险合同的，应当由保险人在保险单或者其他保险凭证上批注或附贴批单，或者投保人和保险人订立变更的书面协议。

第三十条 在本保险合同成立后，投保人可以书面形式通知保险人解除合同，但保险人已根据本保险合同约定赔偿保险金的除外。

投保人解除本保险合同时，应提供下列证明文件和资料：

（一）保险合同解除申请书；

（二）保险单；

（三）保险费交付凭证；

（四）投保人身份证明。

投保人要求解除本保险合同，自保险人接到保险合同解除申请书之时起，本保险合同的效力终止。保险人收到上述证明文件和资料之日起三十日内退还保险单的未满期净保险费。

释　义

【房屋主体】指房屋主体承重结构、围护结构，但不包括独立于房屋主体之外的车库、围墙等附属建筑物。其中，围护结构是指围合建筑空间四周的墙体、门、窗等。

【房屋装修】指房屋装潢中固定的、不能移动的硬装修，如固定装置的水暖、气暖、卫生、供水、管道煤气及供电设备、吊顶、墙面涂料等。

【室内财产】包括（1）普通家用电器（包括安装在房屋外的空调器和太阳能热水器等家用电器的室外设备）；（2）便携式家用电器（包括便携式电脑、移动电话、随身听、数码播放器、电动剃须刀、照相机、摄像机）；（3）床上用品、衣物、鞋帽、箱包、手表；（4）家具；（5）文体娱乐用品，包括文具、书籍、球具、棋牌；（6）投保人申请且经保险人书面同意承保的其他家庭财产。

【家庭成员】指与被保险人存在法律上的亲属关系的人员。

【暂居人员】指居住于标的房屋内超过五日的人员。

【间接损失】指有形财产直接损坏、损毁后，进而造成的收益的减少或损失、价值的降低以及支出的增加等后果损失。

【全部损失】指保险标的整体损毁，或保险标的的修复费用与施救费用之和达到或超过出险当时的实际价值，保险人可推定全损。

【火灾】在时间或空间上失去控制的燃烧所造成的灾害。构成本保险的火灾责任必须同时具备以下三个条件：有燃烧现象，即有热、有光、有火焰；偶然、意外发生的燃烧；燃烧失去控制并有蔓延扩大的趋势。

因此，仅有燃烧现象并不等于构成本保险中的火灾责任。在生产、生活中有目的用火，如为了防疫而焚毁沾污的衣物，点火烧荒等属正常燃烧，不同于火灾责任。

因烘、烤、烫、烙造成焦糊变质等损失，既无燃烧现象，又无蔓延扩大趋势，也不属于火灾责任。

电机、电器、电气设备因超电压、碰线、漏电、自身发热所造成的本身损毁，不属于火灾责任。但如果发生了燃烧并失去控制、蔓延扩大，才构成火灾责任，并对电机、电器、电气设备本身的损失负责赔偿。

【爆炸】爆炸分物理性爆炸和化学性爆炸。

（1）物理性爆炸：由于液体变为蒸汽或气体膨胀，压力急剧增加并大大超过容器所能承受的极限压力，因而发生爆炸。如锅炉、空气压缩机、压缩气体钢瓶、液化气罐爆炸等。关于锅炉、压力容器爆炸的定义是：锅炉或压力容器在使用中或试压时发生破裂，使压力瞬时降到等于外界大气压力的事故，称为"爆炸事故"。

（2）化学性爆炸：物体在瞬息分解或燃烧时放出大量的热和气体，并以很大的压力向四周扩散的现象。如火药爆炸、可燃性粉尘纤维爆炸、可燃气体爆炸及各种化学物品的爆炸等。

因物体本身的瑕疵，使用损耗或产品质量低劣以及由于容器内部承受"负压"（内压比外压小）造成的损失，不属于爆炸责任。

【台风】台风指中心附近最大平均风力12级或以上，即风速在32.6米/秒以上的热带气旋。

【暴风】指风力达8级、风速在17.2米/秒以上的自然风。

【暴雨】指每小时降雨量达16毫米以上，或连续12小时降雨量达30

毫米以上，或连续 24 小时降雨量达 50 毫米以上的降雨。

【龙卷风】指一种范围小而时间短的猛烈旋风，陆地上平均最大风速在 79~103 米/秒，极端最大风速在 100 米/秒以上。

【雷击】指由雷电造成的灾害。雷电为积雨云中、云间或云地之间产生的放电现象。雷电的破坏形式分为直接雷击和感应雷击两种。

（1）直接雷击：由于雷电直接击中保险标的造成损失，属直接雷击责任。

（2）感应雷击：由于雷击产生的静电感应或电磁感应使屋内对地绝缘金属物体产生高电位放出火花引起的火灾，导致电器本身的损毁，或因雷电的高电压感应，致使电器部件的损毁，属感应雷击责任。

【洪水】指山洪暴发、江河泛滥、潮水上岸及倒灌。**但规律性的涨潮、自动灭火设施漏水以及在常年水位以下或地下渗水、水管爆裂不属于洪水责任。**

【冰雹】从强烈对流的积雨云中降落到地面的冰块或冰球，是直径大于 5 毫米，核心坚硬的固体降水。

【暴雪】指连续 12 小时的降雪量大于或等于 10 毫米的降雪现象。

【崩塌】石崖、土崖、岩石受自然风化、雨蚀造成崩溃下塌，以及大量积雪在重力作用下从高处突然崩塌滚落。

【冰凌】指春季江河解冻期时冰块漂浮遇阻，堆积成坝，堵塞江道，造成水位急剧上升，以致江水溢出江道，漫延成灾。

【突发性滑坡】斜坡上不稳的岩土体或人为堆积物在重力作用下突然整体向下滑动的现象。

【泥石流】由于雨水、冰雪融化等水源激发的、含有大量泥沙石块的特殊洪流。

【地面突然下陷下沉】地壳因为自然变异，地层收缩而发生突然塌陷。对于因海潮、河流、大雨侵蚀或在建筑房屋前没有掌握地层情况，地下有孔穴、矿穴，以致地面突然塌陷，也属地面突然下陷下沉。**但未按建筑施工要求导致建筑地基下沉、裂缝、倒塌等，不在此列。**

【地震】地壳发生的震动。

【海啸】海啸是指由海底地震，火山爆发或水下滑坡、塌陷所激发的海洋巨波。

【未满期净保险费】未满期保险费＝保险费×（1－保险单已经过天数／保险期间天数）×（1－15%），其中保单已经过天数未满一天的按一天计算。

参考文献

1. 〔日〕大森忠夫：《法律学全集31保险法（补订版）》，有斐阁，1985。

2. 周玉华：《保险合同法总论》，中国检察出版社，2000。

3. 刘建勋：《保险法典型判例与审判思路》，法律出版社，2012。

4. 潘红艳：《最高人民法院关于适用〈中华人民共和国保险法〉若干问题的解释（四）》述评，《月旦民商法杂志》2019年第3期。

5. 潘红艳、沙银华：《保险司法裁判能动性及车险产品创新问题研究——以车险道德风险防范案例考察为源起》，《法律适用》2020年第3期。

6. 王稳：《出口信用保险：起源、发展与趋势》，《中国保险》2016年第6期。

7. 潘红艳：《"一带一路"视域中的出口信用保险法律问题研究——从亚当·斯密的"重商主义"谈起》，《兰州学刊》2019年第3期。

8. 唐金成、利寒俏：《出口信用保险助力"一带一路"协调发展》，《上海保险》2016年第11期。

9. 潘红艳、夏晴：《〈保险法〉第57条立法解析及其完善》，《当代法学》2014年第2期。

保险合同法修改建议

　　本书在写作的过程中，梳理了很多对现行保险合同法未来走向的预见和建议，有些建议关涉大陆法系和英美法系立法层面的抉择，有些建议仅仅是在我国现有保险合同立法的基础上进行微调。此处对保险合同法修改建议的总结，仅将那些具有现实可操作性的修改建议列举出来，而在理论上关涉更深层次立法抉择的修改建议并未加以列明（见表1）。

表1　保险合同法修改建议

原法条	修改建议
第12条：人身保险的投保人在保险合同订立时，对被保险人应当具有保险利益。财产保险的被保险人在保险事故发生时，对保险标的应当具有保险利益。人身保险是以人的寿命和身体为保险标的的保险。财产保险是以财产及其有关利益为保险标的的保险。被保险人是指其财产或者人身受保险合同保障，享有保险金请求权的人。投保人可以为被保险人。保险利益是指投保人或者被保险人对保险标的具有的法律上承认的利益。	增加规定："以转让保险合同利益的形式转让保险利益的，其转让行为无效。"
第13条第1款：投保人提出保险要求，经保险人同意承保，保险合同成立。	建议删除，或者修改为："投保人和保险人意思表示一致时，保险合同成立。"
第13条第2款：保险人应当及时向投保人签发保险单或者其他保险凭证。保险单或者其他保险凭证应当载明当事人双方约定的合同内容。当事人也可以约定采用其他书面形式载明合同内容。第3款：依法成立的保险合同，自成立时生效。投保人和保险人可以对合同的效力约定附条件或者附期限。	增加一款，作为第4款："保险合同的效力可以约定追溯至合同订立之前开始。订约时，保险人知道危险不会发生或者已经发生的，保险人不得收取保险费。投保人知道危险已经发生的，保险人不承担给付保险金义务。" 增加一款，作为第5款："投保人可以在保险合同订立之日起的15日内解除。"

原法条	修改建议
第14条：保险合同成立后，投保人按照约定交付保险费，保险人按照约定的时间开始承担保险责任。	增加一款，作为第2款规定撤保犹豫期制度："投保人可以在保险合同签订之日起的15日内解除合同。投保人无须说明理由即可以书面形式行使上述解除权，但是应当严格遵守上述时限。"
第15条：除本法另有规定或者保险合同另有约定外，保险合同成立后，投保人可以解除合同，保险人不得解除合同。	增加一款，作为第2款："保险人应当扣除从保险合同生效到投保人解除合同期间的保险费，并将剩余保险费退还投保人。"
第16条：订立保险合同，保险人就保险标的或者被保险人的有关情况提出询问的，投保人应当如实告知。投保人故意或者因重大过失未履行前款规定的如实告知义务，足以影响保险人决定是否同意承保或者提高保险费率的，保险人有权解除合同。前款规定的合同解除权，自保险人知道有解除事由之日起，超过三十日不行使而消灭。自合同成立之日起超过二年的，保险人不得解除合同；发生保险事故的，保险人应当承担赔偿或者给付保险金的责任。投保人故意不履行如实告知义务的，保险人对于合同解除前发生的保险事故，不承担赔偿或者给付保险金的责任，并不退还保险费。投保人因重大过失未履行如实告知义务，对保险事故的发生有严重影响的，保险人对于合同解除前发生的保险事故，不承担赔偿或者给付保险金的责任，但应当退还保险费。保险人在合同订立时已经知道投保人未如实告知的情况的，保险人不得解除合同；发生保险事故的，保险人应当承担赔偿或者给付保险金的责任。保险事故是指保险合同约定的保险责任范围内的事故。	第1款增加被保险人为告知义务主体，增加"书面询问"的限定修改为"订立保险合同，保险人就保险标的或者被保险人的有关情况提出书面询问的，投保人或者被保险人应当如实告知。" 第2款应该修改为："投保人故意或者重大过失未履行前款规定的如实告知义务，不告知和不实告知的，……" 第2款增加一项："投保人未告知或者不实告知的事项并非保险事故的原因或与保险人承担责任的范围无关，保险人应当对该保险事故承担给付义务。" 第4款中使用的概念"不履行如实告知义务"修改为和本款以及第5款保持一致的"未履行如实告知义务" 第5款增加规定："投保人因一般过失违反如实告知义务的，保险人不能解除保险合同，可以在通知投保人之日起三十日内终止合同。" 增加一款，作为第7款："违反告知义务是由于保险中介妨碍而导致的，保险人不得解除合同。"
第33条、第34条："父母为其未成年子女投保的人身保险"。	统一修改为："父母为其无民事行为能力子女投保的人身保险。"
第39条第2款：投保人指定受益人时须经被保险人同意。	增加规定："被保险人及其近亲属向与其有劳动关系的投保人转让保险金请求权的，该转让行为无效。"

续表

原法条	修改建议
第 55 条：投保人和保险人约定保险标的的保险价值并在合同中载明的，保险标的发生损失时，以约定的保险价值为赔偿计算标准。投保人和保险人未约定保险标的的保险价值的，保险标的发生损失时，以保险事故发生时保险标的的实际价值为赔偿计算标准。保险金额不得超过保险价值。超过保险价值的，超过部分无效，保险人应当退还相应的保险费。保险金额低于保险价值的，除合同另有约定外，保险人按照保险金额与保险价值的比例承担赔偿保险金的责任。	增加一款："投保人为获取非法利益订立的超额保险合同，该合同无效，并不退还保险费。"
第 56 条：重复保险的投保人应当将重复保险的有关情况通知各保险人。重复保险的各保险人赔偿保险金的总和不得超过保险价值。除合同另有约定外，各保险人按照其保险金额与保险金额总和的比例承担赔偿保险金的责任。重复保险的投保人可以就保险金额总和超过保险价值的部分，请求各保险人按比例返还保险费。重复保险是指投保人对同一保险标的、同一保险利益、同一保险事故分别与两个以上保险人订立保险合同，且保险金额总和超过保险价值的保险。	增加一款："投保人订立重复保险的目的是为了获得非法财产利益的，该保险合同无效，并不退还保险费。"
第 57 条：保险事故发生时，被保险人应当尽力采取必要的措施，防止或者减少损失。保险事故发生后，被保险人为防止或者减少保险标的的损失所支付的必要的、合理的费用，由保险人承担；保险人所承担的费用数额在保险标的的损失赔偿金额以外另行计算，最高不超过保险金额的数额。	去掉"最高不超过保险金额的数额"。
第 60 条第 3 款：保险人依照本条第一款规定行使代位请求赔偿的权利，不影响被保险人就未取得赔偿的部分向第三者请求赔偿的权利。	增加一句话："保险人的代位求偿权不得有害于被保险人的利益。"

保险法立法背景和立法解释

1995 年第八届全国人民代表大会常务委员会第十二次会议简况

第八届全国人民代表大会常务委员会第十二次会议于 1995 年 2 月 22 日至 28 日在北京举行。① 会议的主要议程是，审议关于修改《中华人民共和国全国人民代表大会和地方各级人民代表大会选举法（草案）》的决定，关于修改《地方各级人民代表大会和地方各级人民政府组织法（草案）》的决定，《中华人民共和国法官法（草案）》，《中华人民共和国检察官法（草案）》，《关于惩治违反公司法的犯罪的决定（草案）》，《中华人民共和国税收征管法修正案（草案）》，《中华人民共和国担保法（草案）》，《中华人民共和国票据法（草案）》，《中华人民共和国保险法（草案）》，《中华人民共和国预备役军官法（草案）》，审议国务院关于提请审议《中国和加拿大关于刑事司法协助的条约》的议案，审议《全国人民代表大会常务委员会代表资格审查委员会关于选举、补选代表的代表资格的审查报告》，审议《第八届全国人民代表大会第三次会议议程（草案）》、《主席团和秘书长名单（草案）》，《全国人大常委会工作报告（草稿）》、《第八届全国人民代表大会第三次会议列席人员名单（草案）》。

会议通过了全国人大常委会关于修改《全国人民代表大会和地方各级人民代表大会选举法》和关于修改《中华人民共和国地方各级人民代表大

---

① http://www.npc.gov.cn/npc/cwhhy/content_ 6002. htm，最后访问日期：2019 年 1 月 5 日。

会和地方各级人民政府组织法》的决定，通过《中华人民共和国法官法》，《中华人民共和国检察官法》，《中华人民共和国人民警察法》，《全国人大常委会关于惩治违反公司法的犯罪的决定》，通过《关于修改〈中华人民共和国税收征管法〉的决定》和《关于批准〈中华人民共和国和加拿大关于刑事司法协助的条约〉的决定》。通过《第八届全国人民代表大会第三次会议议程（草案）》，《主席团和秘书长名单（草案）》，决定提请第八届全国人民代表大会第三次会议预备会议通过和选举。原则通过了《全国人大常委会工作报告》，提请第八届全国人民代表大会第三次会议审议。决定了第八届全国人民代表大会第三次会议列席人员名单。

会议还通过了全国人大常委会任命名单和决定任免名单。

第八届全国人民代表大会常务委员会第十四次会议简况

第八届全国人民代表大会常务委员会第十四次会议于 1995 年 6 月 28 日至 30 日在北京举行。① 会议的主要议程是，审议《中华人民共和国担保法（草案）》，《中华人民共和国保险法（草案）》，《中华人民共和国节约能源法（草案）》，惩治破坏金融秩序的犯罪分子的决定（草案），审议国务院提请审议《中华人民共和国民用航空法（草案）》，《中华人民共和国执业医师法（草案）》，《中华人民共和国体育法（草案）》，关于提请审议批准《中华人民共和国和土耳其共和国关于民事、商事和刑事司法协助的协定》的议案，《关于乡级人大代表选举时间的决定（草案）》。听取 1994 年国家决算的报告，关于统计工作情况的报告和全国人大常委会关于检查妇女权益保障法执行情况的报告。审议全国人大代表团访问毛里塔尼亚、科威特两国情况的书面报告。

会议通过了《中华人民共和国担保法》，《中华人民共和国保险法》，《关于惩治破坏金融秩序犯罪的决定》，《关于批准〈中华人民共和国和土耳其共和国关于民事、商事和刑事司法协助的协定〉的决定》，《关于乡级人民代表大会代表选举时间的决定》，《关于批准 1994 年国家决算的决议》。

会议任命戴相龙为中国人民银行行长，还通过了其他任免事项。

---

① http://www.npc.gov.cn/npc/cwhhy/content_ 6017.htm，最后访问日期：2019 年 1 月 5 日。

2002 年第九届全国人民代表大会常务委员会第二十九次会议简况

第九届全国人民代表大会常务委员会第二十九次会议于 2002 年 8 月 23 日至 29 日在北京举行，李鹏委员长出席并主持会议开幕式和闭幕式，在闭幕式上发表重要讲话①。

（前略）

本次会议还继续审议了《环境影响评价法（草案）》，《道路交通安全法（草案）》，《民办教育促进法（草案）》，《保险法修正案（草案）》。初步审议了《监督法（草案）》，《证券投资基金法（草案）》，《行政许可法（草案）》，《草原法（修订草案）》。

（后略）

2002 年第九届全国人民代表大会常务委员会第三十次会议简况

第九届全国人民代表大会常务委员会第三十次会议于 2002 年 10 月 25 日至 28 日在北京举行，李鹏委员长出席并主持会议开幕式和闭幕式，在闭幕式上发表重要讲话。②

会议首先表决通过了《中华人民共和国文物保护法（修订）》，江泽民主席签署第七十六号令予以公布，自公布之日起开始施行；通过了《中华人民共和国环境影响评价法》，江泽民主席签署第七十七号令予以公布，于 2003 年 9 月 1 日起开始施行；通过了《中华人民共和国保险法（修订）》，江泽民主席签署第七十八号主席令予以公布，并于 2003 年 1 月 1 日起开始施行。

（后略）

修订保险法有利于保险事业的发展——分组审议保险法（修订草案）发言摘登之一

2008 年 8 月 26 日下午，十一届全国人大常委会第四次会议分组审议《中华人民共和国保险法（修订草案）》，发言摘登如下。③

王万宾委员说，保险法修订草案提请常委会审议非常必要，保险法草

---

① http：//www.npc.gov.cn/npc/cwhhy/content_ 299545. htm，最后访问日期：2019 年 1 月 5 日。
② http：//www.npc.gov.cn/npc/cwhhy/content_ 304790. htm，最后访问日期：2019 年 1 月 5 日。
③ http：//www.npc.gov.cn/npc/xinwen/2008-09/09/content_ 1448963. htm，最后访问日期：2019 年 1 月 5 日。

案修订以后，对于保障被保险人的合法权益和保险人的合法权益都具有非常重要的意义。

郑功成委员说，修订保险法十分必要。我国的保险业发展非常快，自20世纪80年代初恢复保险业务以来到现在已经有20多年了。现在的保险业务已经遍布城乡，年收保险费数以千亿元计，保险机构的资产以万亿元计。同时，保险市场不规范的行为很多，而我国加入WTO的一些承诺也需要兑现，因此，对保险法进行修订非常必要。我看了一下保险法修订草案，应该说这次有较大的修改，而且有多个地方是实质性的修改。从原来的158条到现在的194条，不仅内容增加了，规定内容也更完整了一些。如保险组织开工形式采取有限责任公司制，允许相互制、合作制；再如删除了对保险业、金融、证券混业经营的禁止性条款，这应该说是符合整个保险业发展趋势的。还有对再保险的境外分保限制取消了，这是服从WTO的规则。这些实质性的修改，是符合保险业发展规律的。因此，这个修订草案是对现行保险法一个很大程度的完善。

达列力汗·马米汗委员说，这几年保险业发展非常迅速，保险行业管理进一步规范，发展的势头也非常好。保险业在经济发展、社会稳定中也发挥着独特的作用，成绩显著。根据保险业发展中出现的新问题、新情况，对保险法进行修订是非常必要的。我认为，总的来说，保险法修订案内容比较丰富，操作性很强，确确实实有利于解决保险业中存在的问题，使保险业更加健康发展。

管国芳委员说，中华人民共和国保险法修订草案进一步明确了保险当事人的权利，完善了保险行业的基本制度和法律责任，进一步加强了对被保险人的保护以及打击保险的违法行为。对保险法的修订，我表示赞成。在修订草案通过以后，有关部门应该加强对该法案的宣传力度，提高公民的保险意识和对法律的认识。

吕薇委员说，修改保险法很有必要。因为近些年保险业发展很快，越来越深入人民群众的生活中，涉及广大人民群众的切身利益，比如说医疗保险和养老保险，老百姓确实从这些险种中获得了实惠。但目前，社会上对一些商业保险，特别是一些长期的商业保险有不信任感。因此，加强对保险业的规范和监管，不仅可以保护广大投保人的利益，另一方面也有利于促进保险业的健康发展。

陈佳贵委员说，新修订的保险法草案作了很多非常必要的修改，我原则上表示同意。财经委提了四条补充意见，这四条意见都是很有道理的，希望在以后的修改当中能够把这四条意见充分反映到保险法修订草案当中。另外，对于扩大保险业务范围的观点我也赞同。

汪光焘委员说，我赞成对保险法的修改，这部法律是1995年颁发的，尽管2002年作过部分修改，主要条款是立足当时背景，现在应该按照新情况适时进行修改，这是适应社会主义市场经济的要求的。

温孚江委员说，从1995年保险法出台到现在已经十几年了，进行修订是非常必要的。保险业在我国是一个新兴行业，因此在立法上、执行上，以及人们日常生活中的操作上都存在一些难点、疑点。这部法专业性很强，我不对具体内容提建议，我希望下一步除了做好立法调研之外，希望将这部法律在网络上等大众媒体上对社会公布，请全国有关人士对这部法的修正提出意见和建议。

马福海委员说，保险法修订草案加大了对投保人利益的保护力度，加强了对保险公司的监管，进一步完善了保险行业的基本制度和法律责任。为了适应我国保险业改革发展的需要，修订保险法非常必要。

唐世礼委员说，保险法是1995年公布的，近年来我国的经济取得了长足的发展，保险业的外部环境也随之发生了很大变化。一方面，保险活动逐步深入社会的各领域、各层面。另一方面，保险业发展的空间还是非常大的，为规范保险业健康发展，促进金融系统的完善，有必要对现行的保险法进行修改。听了有关部门负责同志的说明后，我赞成加强对保险行业自律的要求和规范，赞成加强监管机构的职责和措施，赞成加重对保险违法行为法律责任的追究。

宋法棠委员说，为适应社会主义市场经济的发展，适应保险业改革发展的需要，对保险法进行进一步修订是非常必要的。现在的草案征求了各方面的意见，有关方面做了大量的工作，我基本上同意。

辜胜阻委员说，我曾经到保监会调研，也跟有关专家进行了沟通，修订好这部法，要处理好六个方面的关系。第一，法律修订的系统性和前瞻性并重。刚才有委员和代表们讲到了，这部法律是1995年制定的，2002

年只是作了一个过渡性的修改，当时提出了可修可不修的不修，这个法律在 2002 年的修订是不系统的，主要是针对我国加入 WTO 的过渡性的修改。这次是系统性的修改，要借鉴外国保险法的经验，还有就是吸收现在的经验，还要反映社会发展的需要。比如刚才有人提到的巨灾保险。从国际情况来看，市场经济比较发达的国家，保险赔付额在巨灾的风险中承担 30%~40%，而我们国家保险赔付额占灾害直接损失的 1%左右。这次修订保险法保监会没有提出来，但是财经委提出来要有一个巨灾保险的问题。所以我觉得要用保险的方式来化解巨灾的风险，确实应该在保险法中有所体现，应该系统地考虑来修订这部法律，因为现在跟 2002 年的情况不一样。另外也要考虑前瞻性，比如说为综合性经营留下法律的空间，很有必要。现在保险公司已经成为股市上重要的机构投资者，刚才保监会也作了解释，它有一个规定，不得超过 10%。我们现在是分业经营、分业管理，但实际上，从保险、银行、证券发展的规律来看，将来会出现综合性的混业经营。我们讲前瞻性，就是要为后来保险业的发展留出一定的空间。第二，明确保险当事人的权责和加强对被保险人利益的保护并重。刚才有委员提出确立近因的原则，我同意写入这一原则。事故的发生有直接的原因，也有间接的原因。很多专家学者都觉得近因原则应该写进保险法，投保容易、理赔难的问题大家也都说得很多，这次媒体比较关注的是一个不可抗拒的条文。第 18 条，"自保险合同成立之日起超过 2 年的，保险人不得解除合同"，这是对被保险人的保护，第 15 条加了第 3 款，"依法成立的保险合同，自成立时生效。投保人和保险人可以对保险合同的效力约定附条件或附期限。"加进这一款，专家们认为这给合同成立和生效期间留下了一个空间，对被保险人是不利的。总之，我们要加强对被保险人利益的保护，现在保险公司也觉得，应该是双向的，应该是所有当事人的权利和义务都加以保护，保险法的修订要针对当前的现实。目前在整个保险市场上，保险人和被保险人双方，一个是强势、一个是弱势，刚才讲到保险合同的规定，有的要特别提示的只用很小的字标出来，在国外都应该用很大的字标出来的，推销保险的人把好处夸大，把应该注意的问题淡化，所以市场上确实要对被保险人的利益加以保护，这主要是因为双方的信息不对称。第三，推进保险业市场化和防控保险市场风险并重。这次修改在保险业市场化方面，适应了新的要求，比如说业务范围的拓展，还有保险资金应用范围的拓展，这是保险业市场化的两个重要的方向，但是同时也要防控保险市场的风险。现在保险资金的营运总规模已经达到了 2.7 万亿元，占 GDP 的 11% 左右，保险资金的运用还是很大的。随着业务范围的突破，市场化程度越来越高，防控保险市场的风险也显得尤为重要，所以这次修订在防控风险方面也有很多措施。大家可以回忆，海南房地产发展比较兴旺的时候，很多保险资金炒海南房地产，造成很多资金成了呆坏账，收不回来，这是经验教训。要看到我们的股市和房市是不完善的，是不能跟国外相提并论，市场风险很大，所以在立法过程中要特别高度关注市场风险。第四，资金的融通和资金的保值增值并重。为什么这次修订对资金的使用范围有一定的拓展？如果保险融通大量资金，但是这个资金不能保值增值，保险就没有吸引力。我们现在可以看到一种趋势，我们的股市低迷了以后，老百姓对保险就很关注，所以保险和股市、楼市是互为消长的关系，保险资金的保值增值也是非常重要的，这次拓宽范围也是为了保值增值。第五，市场准入和退出机制并重。这次法律的修订提出建立退出机制，非常好。市场准入方面，对公司的涉密和高管人员有严格的规定，另外监管部门对退出机制也要高度重视，这次修改有专门这方面的条款。第六，行业外部监管和内部自律并重。行业外部的监管，保监会的行业监管写了很多，对保险市场的行为，对保险公司的治理结构加强监管，另外还有对人的监管，从业者如果违法违规，要取消任职资格、实行市场禁入的规定，都是非常好的。还有内部自律，这次专门提出保险行业协会，还有对中介机构的管理等，政府的监管、社会的监管、中介机构的监管以及保险行业的自律，形成完备的监管和自律的体系。总之，这次保险法的修订和上一次的修改是很不一样的，是比较全面和系统的。我们既要借鉴国外的经验，又要把我们自己的经验上升到法律的高度。保险市场是整个金融市场的一部分，我们对金融风险、保险风险要高度重视，在立法过程中应当特别关注风险防控。

吴亮星（全国人大代表）说，在国家经济发展过程中，保险所起的作用相当重要，除了有力补充政府在特殊情况下给人民、企业、各种机构提供的特殊保障作用以外，正常的、大量的、主要的保障是来自保险业，这在市场经济中起到相当大的主导作用。所以，管好、办好保险业对于保障社会各方面的持续发展起到非常大的作用。在某种意义上，我认为现在这个时期，如果能把保险业管好、办好，对我国的改革开放会起到关键性的保障作用。修订保险法，使它起到更加重要的作用，意义是非常重要的，这一点我也同意刚才各位委员说的，我们应该通过修改保险法使之发挥更加重要的作用。

李沛霖（全国人大代表）说，保险法的修订是非常适时的，昨天吴定富同志的说明把修改的情况都介绍了，对于这些修订的内容，我个人理解，有三点非常重要。第一，修订适应了时代的变化，回应了现在出现的新问题、新矛盾，以及如何去解决这些问题。第二，是对 2002 年第一次修订的补充，也对保险法从法理上做了更完善的安排。因为在 2002 年的修订，只是对保险业法方面的修改比较多，对保险合同法这方面基本没有什么变动，所以这次的修订着重在保险合同方面作了更好的规范。正如昨天吴主席解释说明的第一点已经明确地讲清楚了对当事人的权益如何保障，尤其是如何更好地保障消费者的权益，这些都是非常正确的，也是大家非常乐见的。在澳门，有时候我们开玩笑，假如你想一个人破产，你就建议他开电影院，因为澳门的电影院只剩下两家了，其他的都结业了，现在大家都有了 VCD、DVD，还有网上看电影，另外还有盗版，电影院根本就没有生意，只有大片才有人去看，所以肯定是亏本的。另外，你想一个人断六亲，你就建议他去做保险，人家看见你是保险公司的，即使亲人，一见到你也会马上掉头走，因为从事这个行业的人有时候就会主动去推销，在推销的过程中就肯定会多说好的东西，到时候假如真的出事的话，这也不赔，那也不赔，和原来想让人家买保险的时候说的话完全不一样了，这对被保险人来说确实没有什么好的保障。对于规范保险业，尤其是保险合同，更多地维护受益人或被保险人的利益，确实非常需要规范保险法，所以我认为这次尤其是在保险合同方面作了更好的调整，这一点非常好。第三，这也是与国际接轨的一个好做法。在吸收外国的一些成功经验、避免出现他们存在的问题方面，也都注意到了，所以是非常好的。

王英伟（全国人大代表）说，这次保险法的修订草案可以说充分体现了与时俱进的精神。这次修订草案中有四个重点，一是扩大保险公司的经营范围；二是拓宽保险资金运用渠道；三是增强监管手段；四是完善保险合同的规范，这几方面在草案中都有所涉及，而且有些修订还是及时的，我表示赞同。

应进一步完善保险合同的内容——分组审议保险法（修订草案）发言摘登之二[①]

2008 年 8 月 26 日下午，十一届全国人大常委会第四次会议分组审议《中华人民共和国保险法（修订草案）》，发言摘登如下。

郑功成委员说，保险合同一章基本上保留了原来的内容，但还有进一步完善的需要。可以增加一节到二节，专门规范再保险合同、责任保险合同、信用保证保险合同，这都不是一般意义上的财产保险合同和人身保险合同可以简单包容的。比如责任保险，既涉及对于第三方的财产损失赔偿，又涉及对于第三方的人身伤亡赔偿，信用保证保险合同则涉及质量乃至于人的信誉和品格，至于再保险的合同，更是保险人和再保险人之间的合同，这些合同还是有其特定责任与内容的。既然现在修改法律，就应该更精细、规范和标准一些，因此，应当增加 1～2 节，将上述较特殊的保险合同单独列出来。

马福海委员说，第一，第 16 条，"保险合同成立后，投保人按照约定交付保险费；保险人按照约定的时间开始承担保险责任。"这里没有规定投保人未按约定交付保险费的法律责任，建议增加"保险合同约定一次交付或分期交付保险费后保险合同生效"的内容。第二，第 18 条第 1 款，"保险人提出询问的，投保人应当如实告知"，我认为这个规定是投保人对保险公司有如实告知的义务，但对告知的范围没有明确规定，建议加以明确。第三，第 68 条，"因被保险人故意犯罪导致其自身伤残或者死亡的"，对于保险人是否犯罪，是否故意犯罪，应该根据法院的判决决定，但被保险人已经死亡的，法院如何审判？也就是说，不能决定被保险人是否犯罪，或是否故意犯罪，所以这一内容还要斟酌。

许振超委员说，实践中很多问题都出现在保险合同上。新的保险法第

---

① http：//www.npc.gov.cn/npc/xinwen/2008-09/09/content_ 1448956. htm，最后访问日期：2019 年 1 月 5 日。

18 条，对保险合同作了比较详细的描述，我认为体现了"公平原则"，但对订立保险合同的保险人的责任义务描述不够。保险的基本原则就是自愿，这里"保险人对于保险合同解除前发生的保险事故，不承担赔偿或者给付保险金的责任，并不退还保险费"。但在保险实践中，往往是无法证明的。第 23 条，"保险人依照保险合同的约定，认为有关的证明和资料不完整的，应当及时一次性书面通知投保人、被保险人或者受益人补充提供。"我认为，应当进一步明确保险法执行过程中合同签订双方权利人的责任条款，一旦出现保险事故索赔，往往会造成被保险人一次、两次、三次甚至更多地被刁难，我希望在法律条文中有更详细的描述。"保险人依照保险合同的约定，认为有关的证明和资料不完整的，应当一次性及时进行更正"，这一条要明确地进行规定。

石泰峰委员说，第一，关于保险合同规定中保险合同的成立和生效。在保险实践过程中，保险合同的成立和生效是争议比较大的问题，直接侵害了投保人的权益。建议在第 15 条进一步细化保险合同成立规则，更加突出保险合同的非要式性。第二，关于重大危险增加的通知义务，在第 38 条中，具体规定了财产保险合同的重大危险增加通知义务。目前，在保险立法中规定重大危险增加的通知义务只适用财产保险合同。实际上，人身保险中危险增加的情况也存在，比如在投保意外伤害保险的情况下，被保险人职业变化也会直接影响保险责任的承担。所以，建议将危险增加的通知义务规定在保险合同的一般规定中，或者在人身保险合同部分也增加关于重大危险增加的通知义务。

包景岭（全国人大代表）说，第 38 条里有一个程度的问题，"在合同有效期内，保险标的危险程度增加的，被保险人按照合同约定应当及时通知保险人，保险人有权要求增加保险费或者解除合同"，其中"增加"很难说，很难定量化，而且很多"增加"，被保险人并不知情。比如某一个保险的物品可能放在哪个地方，有可能起火，但是被保险人并不知情，这样在理赔中可能产生矛盾。我建议前面一句中增加一个词"明显"，即"在合同有效期内，保险标的危险程度明显增加的"，后面加一个"且被保险人知情的，被保险人应按照合同约定应当及时通知保险人"。

陈小川（广东省人大常委会副主任）说，我看过一些保险合同，发现保险合同的条款很多是含糊其词的，理解非常费劲。在我国民众文化水平相对不高的前提下，应规定保险条款必须用准确、易于理解的文字予以描述，以明确双方的权责，保护投保人的利益。建议加一条：要用明确的、易于准确理解含义的文字去表述保险合同条款的内容。

冯淑萍（全国人大财政经济委员会委员）说，第一，草案第 19 条第 2 款规定，保险人应当"对责任免除条款的内容以书面或者口头形式向投保人作出说明"，建议取消"口头形式"，或规定采取"口头形式"说明的必须有其他证据证明，避免因口头说明引起纠纷。第二，草案第 20 条的核心内容是保险合同的内容，第 3 款的规定是有关当事人权利义务，遵循公平原则是合同的应有之义，建议修改为"采用格式条款订立合同的，应当包括本条第一款规定的内容"。第三，草案第 21 条第 2 款规定应当明确变更保险合同的，必须在投保人和保险人双方的保险凭证上批注或者附贴批单。第四，建议将草案第 22 条第 2 款对受益人的界定提前到第一次出现受益人表述的第 20 条，与草案其他条款保持一致。第五，草案第 23 条第 2 款规定保险人认为有关证明和资料不完整的，应当一次性书面通知投保人，建议补充规定投保人按照通知要求补充提供有关证明和资料后，保险人不得再次要求投保人补充提供其他证明和资料。第六，草案第 24 条规定了保险人做出理赔核定和赔偿或给付保险金的时间限制，但未明确超过时限的法律后果，建议明确规定超过时限未做出核定的，视为保险人同意理赔，超过赔偿或给付保险金时限未履行义务的，保险人应按日计付利息并承担因迟延履行义务而造成的损失。第七，草案第 27 条规定了保险赔偿请求权消灭，建议补充规定在保险合同存续期间，保险人应当以书面方式定期提示被保险人和受益人其依据保险合同所享有的权利，对其进行善意的提示。第八，草案第 29 条第 1 款规定了再保险，建议在该款中增加规定"再保险不影响原保险保险人、投保人、被保险人和受益人依据原保险合同而享有的权利或应履行的义务"。第九，草案第 38 规定的"保险标的的危险程度增加"过于原则和笼统，实践中容易引发被保险人与保险人的争议，建议增加规定"保险标的危险程度增加的具体情形应当在保险合同中明确约定"。第十，建议在草案第 46 条第 1 款中增加规定因第三者对保险标的的损害而造成保险事故的，"保险人应当按照保险合同的约定履行赔偿义务"，保险人自向被保险人赔偿保险金之日起享有代位请求权。

　　倪岳峰委员说，第一，草案第 19 条第 2 款对免责条款进行了规范，是必要的，但是对于保障投保人、被保险人的利益还是不够的。保险合同中的免除责任条款是关系保险人与投保人利益的核心条款之一，在实践中对免责条款的理解以及保险人是否进行了解释等常常是产生保险纠纷的重要原因。目前，保险公司将投保单和保险人免责声明印制在一起，是利用自己的强势地位制定不平等规则的表现。建议参考国外通行的做法，作出将投保单和保险人免责条款说明分别印制的规定，并明确规定，保险人对于保险责任免除条款未逐条说明或投保人在免除责任条款部分未签名认可的，保险合同无效。第二，在实际生活中有赠与保险的情况，其重要特点就是，不需要支付保险费用，没有明示拒绝视为接受。这类保险和修订草案中第 2 条对保险的定义，即"本法所称保险，是指投保人根据合同约定，向保险人支付保险费"不一致。希望草案考虑这类没有支付保险费的保险问题的定位。第三，随着科技的进步，合同介质发生了变化，建议修订案考虑电子介质等新型载体对保险合同效力的影响。

加强投保人权益保护力度　严控高管人员"超高薪"——分组审议保险法（修订草案）发言摘登之三

　　2008 年 8 月 26 日下午，十一届全国人大常委会第四次会议分组审议《中华人民共和国保险法（修订草案）》，发言摘登如下[①]。

　　王万宾委员说，建议进一步强化维护被保险人的权益。保险法已经实施多年了，这次是进一步修订。现在看，保险法修订草案与中央倡导的建设和谐社会、以人为本还有一定距离，主要体现在保险法指导思想上。我看了几遍，总的感觉是这部保险法是维护保险公司利益的保险法，而不是维护被保险人利益的保险法。如第 18 条第 3 款"前款规定的保险合同解除权，自保险人知道有解除事由之日起，超过 30 日不行使而消灭。除本法第 55 条第 1 款规定外……"，第 55 条，规定的三款"投保人申报的被保险人年龄不真实，并且其真实年龄不符合合同约定的年龄限制的，保险人可以

---

　　① http://www.npc.gov.cn/npc/xinwen/2008-09/09/content_ 1448957.htm，最后访问日期：2019 年 1 月 5 日。

解除合同，并在扣除手续费后，向投保人退还保险费。自合同成立之日起超过2年的，保险人不得解除合同，但投保人故意不真实申报被保险人年龄构成保险欺诈的除外"等，反映了保险法的有关规定更多的是从维护保险公司利益作为出发点的。因此，这次修订保险法，建议从整体上重新审视一下，建议把以维护被保险人的利益作为基本出发点。

任茂东委员说，应当加强对投保人权益保护的力度。目前，保险业发展过程中出现的新情况和新问题之一是投保人的权益得不到有效的保护，但法律草案中的相关规定远远不够，建议增加相应的内容。这部法从第8章到第10章，第158条到第194条，增加了36条，两章增加的都是部门的权力，现在出现的问题不是监管部门的监管手段没有，而是投保人的权益得不到有效保护的问题，法律应该明确这些内容。

吕薇委员说，保险业的专业性很强，为了保护投保人的利益，建议在保险合同一章中增加一个条款，保证保险合同的可读性。一方面合同的内容应该容易理解。比如有些大病保险的具体条款很难懂。所以，首先要保证保险合同的可读性，使非专业人士也能够理解和可识别。还有就是要让人看得清，现在有些保险合同，特别是附加条款字非常小，实际上就是不想让你看清楚。这对投保人来讲是非常不公平的。由于保险业具有很强的专业性，草案中的一些术语和名词应该加以注解。比如保险利益、保险价值等，很多名词应该有解释。

李登海（全国人大农业与农村委员会委员）说，在第2章中，保险合同的签订应该尽量做得细一些，如果不明晰的话，会出现很多纠纷。在广大农村和中小企业，保险越来越多，因为农民文化水平的限制，在签合同的过程中有些事项不清楚，有时候保险公司拉客户入保时说得很好，但是在具体做保险给付的时候，他列了好多条新的理由解释，力争少赔。有一个单位，出了车祸，开始保险公司说能赔二十几万元，但是后来保险公司说话不算数了，最后就赔了几万元，多了不赔了，最后协商，如果单位下一年不再继续入保的话，保险公司就不多赔，如果单位下年继续入保险，就多赔几万元，随意性太大，这损害了投保人的利益。所以我认为保险合同的签订应该尽量完善和细致，把保险赔偿标准讲清楚，防止解释的随意性，确保投保人的合法权益。建议加上关于合同纠纷处理解决的途径，维护保险公司和投保人的利益。

庄先委员说，第二章"保险合同"。大家知道，"理赔难"是保险工作中很重要的问题。但整个草案侧重于保护保险人，而对于投保人这个相对弱势群体来说，则有些不足。建议第二章"保险合同"中增加保护投保人的条款。

倪岳峰委员说，近年来，我国的保险业取得了快速发展。但是，保险公司将重点放在了保险推销获取保险费上，没有放在如何更好地保障投保人、被保险人等的人身、财产等核心利益问题上，对保险业的长期健康发展产生了不利影响。根据我国 2007 年国民经济和社会发展统计公报，我国的保险总赔付率为 32.2%，寿险的赔付率仅为 23.8%，财产险赔付率最高为 51.1%，也就是说，现阶段的保险赔付率相对较低，一定程度上反映出对投保人、被保险人的利益保障还有待改善。建议这次保险法修订的核心要放在如何加大对投保人、被保险人权益的维护，改变保险人与投保人权利义务不对等的局面。

程贻举委员说，财经委的审议意见中建议进一步明确保险活动当事人的权益，认为草案对保险活动当事人特别是受益人的权利和义务的规定不够，但没有具体的意见，希望请有关部门进一步研究。现在投保交钱是比较容易的，真正出现问题兑现的时候却比较困难。希望法律进一步规定保护受益人的权利。另外，保险公司的高管年薪太高，几千万元的年薪，保监会应该进行很好的监管，他们把我们老百姓的钱都分走了。

南振中委员说，保险法修订草案规定了保险公司高级管理人员的资格条件，明确了保险监管机构的职责，强化了监管手段和监管措施。但是，对保险公司高级管理人员的"超高薪"问题尚未涉及。据媒体报道，有的保险公司高管年薪高达几百万元甚至上千万元。高级管理人员的巨额年薪是由谁确定的，他们的薪酬与其对公司和国家的贡献是否相匹配，享受的待遇同担负的责任是否相匹配？对于少数高管的"超高薪"问题，互联网上反对的声浪一波未平、一波又起，不知保监会负责人是否上网，看没看到这些帖文？值得庆幸的是，保监会主席吴定富已经注意到保险公司高级管理人员的高薪问题。2007 年 1 月，他在全国保险工作会议上就曾指出，部分保险公司高管的薪酬不断攀升，保险业存在着"高成本、低效率"的问题。但时至今日，高管高薪问题还没有解决的迹象。建议在对保险法进行修订的过程中，能够尊重国情民意，在相关条款中对保险公司高级管理人员的薪酬作出约束性规定。

龚学平委员说，从事保险业的人员薪酬还是要规范，现在老百姓对保险公司老总薪金比较高意见很大，有的老总一年拿六千多万元，这太离谱了，因为公司的业绩出色完全靠垄断收益，并不是完全靠领导的经营能力。建议在第 161 条第 6 款加上，"依法制定保险从业人员的资格标准、行为准则和国资保险从业人员的薪金标准"，加上这一条就比较全面了。

田玉科委员说，刚才南振中委员谈到了关于保险业高管人员的巨额薪酬问题，这个问题社会反响很大、很强烈。保险业的健康发展对保护投保人的生命财产非常重要，高管人员高薪酬的确定依据是什么？我认为，在某种程度上难免会损害参保人员的利益，加上信息的不对称，使投保人常常会有逆反心理，认为自己投保不一定能得到应该得到的利益，使保险业的发展受到影响。保监会应高度重视目前我国保险业的高成本低效益现象，使更多人投保。

包景岭（全国人大代表）说，关于保险公司高管人员年薪高的问题，较为普遍，除了高管以外，中介的部分也是这样，百姓的保险费被提成提走的部分比例也很大。这个问题也应该明确规定，不应该完全市场化，完全市场化容易出现后期理赔难的问题。

关于保险公司的设立——分组审议保险法（修订草案）发言摘登之四

2008 年 8 月 26 日下午，十一届全国人大常委会第四次会议分组审议《中华人民共和国保险法（修订草案）》，发言摘登如下。①

王万宾委员说，保险公司设立的规定，从法律规定的定义上讲是成立的，但还不全面。如第 3 章第 27 条规定"国务院保险监督管理机构审查保险公司的设立申请时，应当考虑保险业的发展和公平竞争的需要"。建议对保险公司的设立要增加对被保险人负责，讲社会诚信，规定要有一定的经营业绩。对没有一定经营业绩的新设立的公司，保监机构应该有规定性

---

① http://www.npc.gov.cn/npc/xinwen/2008-09/09/content_ 1448958.htm，最后访问日期：2019 年 1 月 5 日。

的要求。

庄先委员说，第 73 条，具备 7 个条件就可以在我国设立保险公司。改革开放的深入，两岸关系的进一步发展，国外的保险公司来这里行不行？台湾的保险公司来这里行不行？这里都没有回答。建议在保险公司这一章中写清楚。

冯淑萍（全国人大财政经济委员会委员）说，第一，草案第 73 条第 1 项规定保险公司主要股东应具有持续经营盈利能力，是否意味着保险公司股东必须是企业？国家是否能直接投资设立保险公司？非营利性机构是否能够设立保险公司？建议予以明确。第二，草案第 75 条第 4 项规定的"注册会计师"应改为"中华人民共和国注册会计师"。

南振中委员说，修订草案第 79 条第 2 款规定"保险公司分支机构不具有法人资格，其民事责任由保险公司承担"。建议在"分支机构"之后增加"和代表机构"五个字。因为该条第 1 款规定了保险公司设立分支机构和代表机构须经保险监督管理机构批准，对代表机构的法律地位和责任也应予以明确。

王英伟（全国人大代表）说，草案规定了净资产不能低于人民币两亿元，这其实不是一个大数，如果太多的小型保险公司在运行，其实对投保人的保险系数是比较低的，现在全世界的趋势都是走向大的保险公司，因为它承受风险的能力比较高，所以我们是不是要鼓励更多小型保险公司成立？或者我们应该逐步把注册的净资产提高，让这些保险公司更有实力，让受保人有更大保障。在这个方面如何体现，我们应该有一个指导性思想。

乌日图委员说，近年来，一些大的企业集团、公司自办了专业自保公司，草案中有一般保险公司，也提出了"相互保险公司"，但是还有一块没有涉及，即这种"自保公司"，当然"自保公司"的说法也不一定确切，主要是指大的行业内部自己举办的保险业务。我们国家大的企业集团，比如中远、中海油等，它们都有行业内部的自保公司，但是由于国内的法律没有规定，也缺乏相关政策规定，所以这些公司现在都是在海外、在香港，根据当地的法律规定设立自保公司，主要经营本公司和集团内部的保险业务，这样就造成了我们国内的很多保险费流入海外。像这样的特大型企业，经办的内部保险业务为主的专业自保公司是否也应该在我们的保险法中有所涉及、有所规范，这也是一个需要研究的问题。

吴亮星（全国人大代表）说，第一，第 87 条是对保险公司董事、监事和高级管理人员的指导性法律条文，其中提到"保险公司的董事、监事和高级管理人员，应当正直诚实、品行良好，熟悉与保险相关的法律、行政法规，具有履行职责所需的经营管理能力，并在任职前取得保险监督管理机构核准的任职资格"。这个符合国际惯例的结尾写法起到了对行业有关人事的高标准要求的作用。这里有三个问题要引起注意，其一，我认为"德才兼备"的强调在具体的文字上可以再推敲一下，在主要条文里，"应当"大部分是讲机构的，多是讲公司应当怎样、机构应当怎样，如果需要在人事方面的主要职位进行规定的话，我认为应该把"应当"这个词改一下，比如用"必须"，也可以更加突出对人的德才兼备的要求，让机构和人有所分别，也体现出了对有关文字的推敲。其二，在经营管理能力中可以考虑增加经验的要求，即经营管理的经验和能力。国际上的猎头公司都要将做过某一个行业或做过某家公司的人过去的管理经验考虑在内，所以能力主要是看他曾经做过什么工作，我建议把"经验"加在"经营管理"后面。其三，"在任职前取得保险监督管理机构批准的任职资格"这种做法和其他的国内金融业同等类别人员的法定要求是大体相同的。比如他今天是做保险的，明天有一定的调动，比如调到银行，或者从银行调到保险机构，如果有关要求在法定标准上都大致相同，那么对未来的安排，或者使用人员的时候会更加方便，接轨也会比较顺畅。第二，第 87 条第 2 款讲到"范围"，即"保险公司高级管理人员的范围由国务院保险监督管理机构规定"。在香港使用两个字，即"标准"，那么这个"范围"是否等同于"标准"？我不知道这个"标准"究竟是什么样的规定。参考第 114 条的最后 1 款也讲到"前款规定的保险销售人员的范围和管理办法"，这里的"范围"两字我也不太明白，是不是也等同于"标准"？

张少琴委员说，草案中，对保险公司的董事、监事和高管人员的违法违纪有一个处罚，就是取消任职资格后五年之内不得担任保险公司的董事、监事和高级管理人员。这一条款反馈了一个信息，就是说董事可以在违法违规之后，只要改正了，五年之后还可以继续干。如果 5 年以后再违法违规了，再改正，还可以再干。我们应该考虑到，保险公司的健康发展在我国经济和社会的发展中起着重要的作用，保险公司的投资和成败直接关系到老百姓的利益，关系到社会稳定和金融安全，所以对于保险公司的监管必须得力，对保险公司的董事、监事和高级管理人员的操守、道德品质以及经营能力，一定要用高标准要求。希望第88条再仔细考虑一下。

保险公司资金运行必须遵循安全稳健的原则——分组审议保险法（修订草案）发言摘登之五

2008年8月26日下午，十一届全国人大常委会第四次会议分组审议《中华人民共和国保险法（修订草案）》，发言摘登如下。①

吴晓灵委员说，关于第109条，主要涉及保险公司的资金运用。这次保险法的修订，更大地拓宽了保险公司资金运用的渠道，对于保险公司今后的经营是有好处的。过去我们总怕保险公司出风险，因此把它的资金运用限定在非常窄的范围内，这样就制约了保险公司对投保人的保障和提供补偿的能力。今后在拓宽渠道的基础上，保险公司秉承投资组合的理念，在风险可控的范畴内加大资金运用的自主权，我认为这是符合市场经济发展方向的。但是这里有几个表述问题，保险公司的资金运用限于下列形式，第一项是"银行存款"，我就不说了。第二项是"买卖债券、股票、证券投资基金等有价证券"，凡是上市公开发行的有价证券都允许保险公司投资，这是一个非常好的拓展。第三项是"投资不动产"，这是新增加的内容。根据我的理解，保险公司非常希望投资房地产或一些基础设施，这些投资风险性不大，还可以带来利润。我个人认为"投资不动产"范围太窄了，建议修改为"进行股权投资"。股权投资的概念相对于第二项，实际上就是"未上市的股权"，如果是这个概念，就比"投资不动产"概念宽。"股权"可以表现为房地产的股权，也可以表现为基础设施的股权，还可以表现为其他企业的股权，比如保险公司非常希望投资电网、电厂等企业，所以改为"投资于股权"可能表述得更好。财经委在审议意见中曾经想写"投资于股权投资基金"，但是法工委提出，已有一个兜底条款，

---

① http://www.npc.gov.cn/huiyi/lfzt/bxf/2008-09/09/content_ 1448941.htm，最后访问日期：2019年1月5日。

建议不写股权投资基金。另外，由于对于股权投资基金社会上的认识不太统一，现在提出来怕有争议，因此就拿掉了。作为个人意见，我认为还是直接写"投资于股权"更好。这样，一是比现在的表述面更广；二是风险可以由保监会在制定投资组合比例时加以控制。

刘振伟委员说，风险控制问题。草案拓宽了保险业的经营范围，这样做有利于分散保险行业的经营风险，但也加速了其他行业风险向保险行业的传递，是一把双刃剑，如何趋利避害，保证保险资金安全，监管措施一定要跟上去。保险公司投资证券和不动产（第109条），其投资占资金总额的具体比例以及资金运用的管理办法，是由国务院保险监督管理机构规定，还是由国务院规定，需要研究。也可研究借鉴国外的成功做法。保险公司应当是一个"谨慎的商人"，投资更要考虑谨慎原则。

王英伟（全国人大代表）说，草案第109条规定了资金的运用，其实保险公司的收入是需要资金能增值来给投保人合理的回报，他们往往需要有一些比银行贷款利率更高回报的投资，才可以长期持续地经营及发展下去，所以在外国都是除了银行存款以外可以投资股票、不动产。但是这里我们又要考虑到我们的国情，外国的保险公司有很悠久的历史，自律能力很高，所以在投资不动产的时候不会炒卖，一般大型的保险公司找的不动产都是办公楼、商场或工业厂房，采取长期收租，所以房产价格的升降对它影响不大。因此，这里可以修订为，"以非投机性的不动产为主"，即可以买不动产，但是动机不能是投机性的。有的国家规定买进房子后，3年内不能卖，这样短期炒卖就不会出现。这样就会减少房地产的波动对保险公司资金的影响，降低风险。

吴亮星（全国人大代表）说，第109条，关于资金的运用问题。这里规定"资金运用必须稳健，遵循安全性原则，并保证资产的保值增值"，保险公司要保证它的保险能力，不能连自己都保不住，只要它的资金投放有道，那它的资金保障能力就强，我非常同意在这里规定这个原则。但这一条第2款第3项加进了"投资不动产"，而投资不动产的一般认识是买房地产。大量的房地产买卖会出现高低价格的变化，而且变化很大，甚至会出现负资产，那么原来的资产会减值得很厉害，甚至会影响整体的资产安全，流动资金也会出现相当大的问题。原来法律中没有考虑过投资不动产，这次修订把它加了进来，这是较为开放的。第 3 款又规定"保险公司运用的资金、具体项目的资金占其资金总额的具体比例以及资金运用的管理办法，由国务院监督管理机构按照本条的第一款的规定的原则规定"，这是一个比较细微的规营，如果有一千亿元，用百分之多少买房地产，也补充了我刚才讲的，如果投资了风险相当大的不动产，一旦投资比例不合理，会出现很大的风险。我认为，制定这个规定的每个时期应该考虑得更加清楚。至于资金的投资做法，可以增加考虑贵金属，近年来，贵金属的价格上下波动相当大，可以考虑在资金投放增多一些渠道。再提一个文字性的问题。第 109 条最后 1 款用了"规定"两字，但是下面很多条文都是用的"制定"，比如第 110 条最后 1 款，"保险资产管理公司的管理办法由国务院保险监督管理机构会同国务院有关部门制定"，这个"有关部门"又不清楚是哪个部门，建议在草案中界定清楚。这是一部大法，如果这部大法能够将"有关部门"规定得更规范，对今后的实施会更有利。

龚学平委员说，草案中提到，保险公司资金运用必须稳健。但是看了草案后，反而感到资金不保险。我认为，对资金运用问题不必要写得这么具体，因为前面一条，把原则性问题写得很清楚，即"遵循稳健、安全的原则，实行保值增值"，这样就可以了。现在写的四项中，有两项风险比较大，反而不好，让我们自己很被动，建议修改。

杨定华（上海市人大常委会主任）说，我们国家保险业的改革开放还是非常审慎的，这是对的。从 90 年代到现在，我们是逐步放开，这次有了很大突破，但由此也带来了很多担心，突破以后怎么能促进保险闲置资金的保值增值，又能够有效地防范风险，特别是在加强监管、实行监控方面，希望有一些措施。对偿付能力的风险事先也要有所防范。

乌日图委员说，2007 年下半年以来，我们国内的人身保险市场出现快速的增长，其中理财型保险业务的增长是最主要的原因，比如投资连接险、分红保险等，增长非常快。其原因，一方面是其他资本市场的低迷使得国内投资者关注保险领域新开发的、带有投资理财型的保险产品；另外一方面也和这些年国外热钱的流入有很大关系。在人民币升值预期，人民币和美元利率倒挂以及经济基本面存在差别的情况下，购买理财型的保险产品，在持有一段时间后退保可以获得较高的收益，但对保险市场的稳定运行却有很大影响。因此，是否要从法律上对此作出一定的限制，这个问题值得研究。

庞丽娟委员说，昨天作的说明中提到，拓宽保险公司业务范围和保险资金运用渠道。关于这方面，在保险法修订草案中有一些相应的条款。对前一部分，拓宽保险公司的业务范围，我是非常同意的。确实，现在的保险种类、范围比较狭窄，不太适应形势发展的需要。比如今年的雪灾、震灾中，就反映出我国的巨灾保险落后了。保险在巨灾的预防、救助和灾后的恢复重建中，未能很好地发挥作用。目前自然灾害保险赔款占因灾直接损失的水平过低，仅1%左右，而国际上已经达到了30%～40%。所以，我认为，拓宽保险公司的业务范围，新增加一些必需的保险种类是非常必要的，我非常赞成。但是对后一部分，即拓宽保险资金的运用渠道，怎么拓宽，包括哪些渠道？还需要斟酌和慎重。现在在修订草案中，提到保险资金的运用渠道，包括买卖债券、股票等，这个问题还需要进一步慎重研究。现在有些问题恰恰出在这里。保险资金的运用，既要考虑增值，考虑到行业和经济发展的需要，同时必须而且首先要考虑稳妥、稳健，把安全性作为第一原则，在安全的前提下再考虑其他问题。把保险资金投到债券和股票上，特别是股票都是有风险的，收不回来怎么办？请对保险资金的运用，特别是买卖债券和股票等的数量，尤其是种类和管理等作出更明确、具体、稳妥的规定。

袁敬华（全国人大代表）说，草案中将保险资金的投资渠道由原来的"买卖政府债券、金融债券"改为"买卖有价证券"，并增加不动产投资等。但保险资金尤其人身保险是百姓的救命钱，必须加强对保险公司投资的监管力度，确保资产的保值和增值。

加强保险监督管理　明确监管机构职责——分组审议保险法（修订草案）发言摘登之六

2008年8月26日下午，十一届全国人大常委会第四次会议分组审议《中华人民共和国保险法（修订草案）》，发言摘登如下。①

————————

① http://www.npc.gov.cn/npc/xinwen/2008-09/09/content_ 1448959.htm，最后访问日期：2019年1月5日。

石泰峰委员说，关于保险业的监督管理，建议增加企业内控和社会监督方面的内容。从国际经验来看，一个完善的监管体系包括内部控制和外部监管的统一，所以我国保险监管体系建设的发展方向也应当是构建企业内控、政府监管、行业自律和社会监督相结合的四位一体的体系，建议在条款中增加企业内控和社会监督方面的内容。另外，建议增加保险信用评级制度的内容，建立保险信用评级机构，有利于为保险参与者提供更好的服务，从而降低监管成本和提高监管的效率。

吕薇委员说，第一，保险业的监管非常重要。监管的重点应该放在保护投保人的利益以及保障保险公司的赔偿能力上。第 5 章关于保险业监管规定中，首先应该明确监管的基本原则，要让大家知道监管要遵从什么原则，比如公平竞争的原则，保护投保人利益的原则，等等。接下来应明确基本的监管内容和范围。比如说公司的设立、险种、保险费、偿付能力、信息公开、公平竞争等，这些都属于监管范围。这样不仅保险公司明白哪些地方要受到监管，而且老百姓也可以清楚知道哪些是属于监管的范围。在这章的表述上，逻辑应该更清楚一些。首先应该讲一般性的监管，然后才是特殊性的监管，如在破产的情况下，或者在偿付能力不足的情况下应该如何监管。建议把监管和监管机构合并，财经委的意见中也提到了这一点。在监管内容中，有些概念要说清楚。比如第 120 条讲到了在偿付能力不足的情况下如何监管，这个偿付能力不足到底是什么含义？是行业的含义还是破产的含义。后面还有严重影响到偿付能力等提法，这些概念要清晰，否则将来很难操作。第二，行业协会和部门监管之间的职责划分。草案中提到了监管部门要制定保险从业人员的职责标准和从业准则，这个资格和资质的认证应该由谁来做？从国际经验来看，大部分国家都是由行业协会进行资格和资质认证，还有一些行业的行为准则也是由行业协会的成员共同确定。所以应该区分哪些是由行业协会做，哪些是由监管部门做。第三，目前在混业经营的情况下，对金融机构之间的关联交易如何监管，如何判断偿付能力。这些应该在草案中有所体现。因为目前有很多大的国际金融公司进入中国，它们实行混业经营，同时涉及银行、保险、证券业等。在这种情况下如何监管关联交易，如何保护投保人的利益。

张少琴委员说，修订保险法非常必要。现在的草案有一个重要的变化，就是保险基金由原来可以买卖政府债券、金融债券，扩大为买卖债权、股票和固定资产。投资的范围扩大了，风险也就增大了。因此，在第5章保险业的监督管理中，应该加大对保险公司投资结构风险控制信息的披露和监管。

杨永良委员说，第五章关于保险业的监督管理。这一章重点明确保监会的职责，授予保监会职权，这是需要的，但整个法律中，好像这个职责到保监会就到头了，由谁来监督保监会？保监会有重大问题应该报国务院批准。但是这一点在法律中看不出来。所以，不是到保监会就完了，重大政策方针还是要国务院来批准，这是需要充实的一点。

吴晓灵委员说，第136条，当初和保监会交换意见时候，我也提出过这个问题。我非常理解他们提出这个问题的用意，就是"保险公司聘请或者解聘会计师事务所、资产评估机构、资信评级机构等中介服务机构的，应当向保险监督管理机构报告"。他们一是想知道保险公司聘了哪些中介机构；二是怕出现由于中介机构说了真话而被保险公司解聘的情况，这是这一款修订的目的。但是我认为，这样会引发两个问题，就是向保监会报告，是合同生效后只是让保监会知道一下就行了，还是让保监会表态？我认为，法律应该是非常严格的规定，应该把这件事非常明确地表示出来，就是聘请中介机构的自主权在保险公司，保监会只有知情权。另外"解聘的时候应该说明理由"，这里就给保监会一个权力，如果保监会认为有什么疑问，可以按此线索对它进行特别的追踪或检查，在对解聘的理由进行跟踪检查后，如果是保险公司不公正地解聘中介机构，保监会有权否决这种解聘，这样才能给说真话的中介机构以正向激励，否则不利于严肃市场秩序。所以建议把保监会的权力规定明确，即经检查后，保监会有权否定其不公正的解聘行为。

余自甦（全国人大代表）说，我认为，保险公司的诚信应该是保险市场健康发展的重要前提，而草案第136条提到的"聘请或者解聘会计师事务所、资产评估机构、资信评级机构等中介服务机构"，保险公司的诚信是其财务信息、资产信息的真实。现在市场上的中介机构什么层次的都有，如果完全把这项监督权交给保险监督管理机构是不够的，同时还要把保险公司聘请或者解聘这些中介机构由媒体公告。除了中介机构的监督，媒体的监督也很重要，这些监督会让保险公司的顾客更加了解聘用的中介机构的可靠性，即中介机构是不是作为内幕人员参与了资产或资信的不诚信的披露。所以建议第 136 条应加上"按照规定告知公众"的内容。

郑功成委员说，对保险监管一章的内容，还应当有相应的原则规定。即确定公平、公正、维护保险消费者权益应当成为保险监管机构必须遵循的原则。目前的保险监管一章，一开始就赋予保险监管机构审查和审批的权利，但社会上有各种各样的反映，包括交强险，收费那么多，赔付那么少，大家就会问到底是如何经营的？保险监管机构应担什么责任？因此，对于保险监管机构，应当遵循公平、公正的原则，不仅要维护市场的秩序，更要维护保险消费者的权益。所以，通过法律对于监管机构提出必要的要求和原则约束是完全必要的。

王英伟（全国人大代表）说，草案第 160 条，有关保险监督管理机构对保险业实施监督管理，这里的三大原则，好像缺了一个"专业"原则，其实保险业是非常复杂和专业的行业，这里提到依法、公开、公正的原则来管理保险行业，似乎对其专业性强调不够。其实很多与保险业有关的行为，无论是颁发许可证让保险代理机构或者保险经理人营运，都需要有专业资格，所以希望这里可以体现保险行业也是需要遵循专业原则来监督管理，这样保险业可以发展得更健康一点。

任茂东委员说，第 162 条有些不妥，"保险监督管理机构依法履行职责，有权采取下列措施"，这些措施是强制性的措施，并且是非常强硬的。规定了这些条款以后，相应的法律责任没有作出明确的规定，也就是说，加大了保险监督管理机构执法的手段和权力，但是没有相应的法律责任，应当认真考虑。不能简单攀比银监会，两者性质不同。

周声涛委员说，这次修改的草案特别强调了保险监管机构的作用。跟我们所有的法律修改一样，都有一个共同的特点，就是强化了政府行政部门的作用。我不反对强化政府行政部门的作用，但与此同时，如果政府部门不作为，或者不正确作为的话，承担的责任也应该在法律中有所表述。这次修改，赋予保险机构监管的权力很大，从保险公司的设立、保险公司高管人员的任职，一直到对保险公司的接管，这个权力比政府部门的职责还大。权责应该是一致的，如果保险监管机构工作不到位，或者不正确履行职责，也应承担责任。在法律里，我特别注意了第八章，保险监督管理机构，从 160 条到 167 条，虽然也强调了保险监督管理机构的工作人员依法办事的问题，但没有谈到如果政府不作为怎么办。这使我想起了一个问题，安徽阜阳的奶粉事件发生以后，监督管理部门不是没有，主要是不作为的问题。儿童奶粉没有标准？没有监督部门？实际上是监督部门职责不到位。保险法也同样有这个问题。草案赋予保险监督部门的职责和权力很大，但如果不作为怎么办？建议要把这一内容写进去。

应规范保险代理人、经纪人和公估机构的行为——分组审议保险法（修订草案）发言摘登之七

2008 年 8 月 26 日下午，十一届全国人大常委会第四次会议分组审议《中华人民共和国保险法（修订草案）》，发言摘登如下。①

郑功成委员说，保险经营规划与监督章节中，我认为应该把保险代理人、经纪人、公估机构纳入其中，不能仅仅规范保险公司的经营与监管。现在从保险公司的业务来源来看，我注意到 80% 的业务是通过保险经纪机构和保险代理机构开展的。我国各类保险中介机构发展很快，业务在持续扩张，强化法律规范是十分必要的。与此相适应，有关保险业务的分类，亦应细分。我看到第 99 条以及前面个别条款，还是简单地分为财产保险和人身保险两大类，但是责任保险、信用保证保险和再保险有它的特殊性。对保险业务及市场，作进一步的细分，将有利于我们根据保险市场加强监管。

杨定华（上海市人大常委会主任）说，对于保险代理人、保险经纪人等队伍的建设非常重要。目前，保险代理人、保险经纪人准入的门槛比较低，从业人员的流动性也比较大，从业人员队伍素质的提高以及职业的诚信建设方面，在法规当中也应该有所体现。

范徐丽泰委员说，我在香港时买了保险，比如汽车保险等，发生意外后，我个人是无法和保险公司直接磋商的，全是靠保险经纪人，内地称为保险代理人，通过经纪人帮我拿赔偿。所以，经纪人的专业和能力标准是

---

① http：//www.npc.gov.cn/npc/xinwen/2008-09/09/content_ 1448960.htm，最后访问日期：2019 年 1 月 5 日。

很重要的，如果他是帮保险公司的，那我就拿不到赔偿，即使我的理由很充分，也拿不到应有的赔偿。但如果他是为我着想的，至少我可以拿回一部分。大家都希望，买了保险以后保险公司能够赔偿全部损失，可惜我到现在还没有这样的经历，因为保险公司财力非常雄厚，它拥有各种中介人，像律师、会计师、精算师等各式各样的专业人士的支持，它的目的当然是利用我们的保险费去做各种各样的投资，然后利用这些投资赚钱，因此他们是希望可以少赔一点，如果赔多了，它一定会增加这一类保险的保险费。我现在还搞不清楚草案中对代理人和保险经纪人之间的规定有何不同，但是这些中介机构实在太重要了。我非常欣赏第138条中提到的，保险经纪人"是基于投保人的利益"，我认为这句话是应该着重强调的。我们立一部法律，一方面是希望这些保险公司能够运作得更好，因为它们将来是需要与外国保险公司竞争的，如果我们在法律上对它的限制太大了，它们就不能与外国公司竞争，但是如果我们对它们的限制太少，它们赚钱太容易，那么这个机构将来也没有能力与外国保险公司竞争。另一方面，法律要有效保障投保人、被保险人的利益。我们必须在这两方面找到一个平衡。我们必须要保护那些小人物，平民百姓从来都拿不到更多的利益，所以需要有人为他们争取合理的权益，这个就是保险的中介机构、保险代理人和保险经纪人的责任。既然说保险经纪人是"基于投保人的利益"为其订立合同，提供中介服务，那么代理人是不是也应该"基于投保人的利益"？在可能的情况之下，我们的法律应该不断强调投保人的利益。我对内地的情况不太清楚，但是我相信，香港的情况在内地会同样发生。我曾经在加拿大买汽车保险，在那里很方便，打个电话问一个价钱，再打另一个电话问一个价钱，都是中介机构的电话，中介机构还会告诉你是哪个保险公司的，之后可以选择我认为合适的保险公司进行投保。而在香港，我找保险公司的经纪人做保险，他们会告诉我甲公司的价格可能便宜一些，但是处理保险事故可能差一些，乙公司的价格高一些，但是处理事故的能力好一些。我在大陆没有遇到这样的经历，因为我们的保险公司很有限，就是这么几家。但我相信，将来会出现更多的保险公司。那么，对代理人、经纪人的要求，以及对于他们的培训就很重要了。按照目前的参阅资料，有很多保险推销员，这些人可能是以卖保险为生，但实际上他们对保险行业、保险公司的理解并不一定很深入。既然法律要求这批人应该达到一定的水平，就应该对他们进行培训，让他们有机会达到这样的水平。我们在香港也有相似的情况，就是我们的地产经纪人多得不得了，有的是大学毕业生，有的是小学水平，有的说话水平差得不得了，整天就为了赚取佣金而骗买楼者，因此后来就出台了法律，要求他们去考试，他们对此很抗拒，因为有的经纪人连英文都不会，让他们去考试怎么可能？开始的时候先提供培训，考试的题目非常非常容易，只要填对选择题就可以，但是过了这一批人之后，题目就越来越难。所以应该有一个过程，我们不能一下子就把门槛抬得太高，这也不符合和谐社会的要求。

乌日图委员说，关于保险的评估机构，草案第六章提到的保险公估机构实际上也是资产评估机构的一种。现在国内评估机构的状况是这样的，除了草案中提到的保险公估机构外，还有房地产的估价机构、土地的估价机构、价格的鉴证机构、车辆（二手车）的评估机构、矿业权的评估机构等。其他还有一些从事相关业务但是没有相对规范管理的评估机构。我认为，目前不应该按照部门和行业来分别设置各自的评估机构，因为无论是哪个行业的评估机构，其实都是对资产的评估。现在有的评估机构挂好几个牌子，取得很多许可，这样的管理方式比较混乱。近年来，特别是在国有企业改制过程中，由于评估机构的不规范造成国有资产流失的问题时有发生，常委会的领导同志和国务院领导，对规范评估机构都做过批示。十届全国人大财经委从 2006 年起开始起草制定资产评估法，本届人大继续相关工作，希望通过法律规范国内的各类评估机构。建议对第六章关于保险公估机构的相关规定作进一步研究。

关于农村保险和大灾保险问题——分组审议保险法（修订草案）发言摘登之八

2008 年 8 月 26 日下午，十一届全国人大常委会第四次会议分组审议《中华人民共和国保险法（修订草案）》，发言摘登如下。①

陈佳贵委员说，草案第 99 条本身的规定没有问题，但是在说明中拟把

① http://www.npc.gov.cn/npc/xinwen/2008-09/09/content_ 1448969.htm，最后访问日期：2019 年 1 月 5 日。

农村合作医疗改革试点也纳入商业保险范围，值得研究。城市医疗、养老、失业等保险是纳入社会保险范围之内的，过去一些人主张在农村不搞社会保险，走商业保险的道路，包括农村的医疗保险，但现在国务院正在推进农村的新型合作医疗改革试点工作。这项工作到底是纳入社会保险范围，还是纳入商业保险的范围？这个问题还没有定论，值得研究。如果把农村合作医疗保险放在商业保险的范围中，我认为不太合适。因为商业保险和社会保险是性质完全不同的两种做法，我认为这几个例子不举为好。我国的医疗保险和养老保险是完全不同的支付形式，养老保险采取的部分积累制，医疗保险采取的是现收现付的制度，每年收上来的钱基本上每年要支付出去，结余多了就不正常。没有资金结余就不存在风险，也用不着采用商业保险形式。养老保险是现在交保险，几十年后再享受。因此，把农村合作医疗放在商业保险范围内，我认为是不妥的。

周声涛委员说，当前最缺失保险的是农村，尤其是农业保险。这次保险法修订草案里也赋予了相互制、合作制保险组织的法律地位，但也只是提出了一个概念而已，强调由法律、行政法规另行规定。这个规定不知道要到什么时候才能出台。我们制定一部法，应该对于当前特别需要的，或者是对亟须解决的问题提出规范和约束，当然这是一个实践的过程，但是希望主管部门能够进一步研究。

周坚卫（全国人大财政经济委员会委员）说，关于强制保险，第192条"国家支持发展为农业生产服务的保险事业，农业保险由法律、行政法规另行规定"。除特殊的交通险和强制险外，一般不应该采取强制保险的办法，应该由投保人和保险人自己去商议。现在国家搞的农业保险，是国家拿一部分钱，省里出一部分钱，还要农民掏一部分钱，这实际上是代替了农民的发言权。农民是否愿意投保，你一下子就把他代表了，实际上是强制，好吗？应该由个人选择保险公司，选择保险费、保率。现在统统把几亿人的事都代办了，国家规定了保率、规定赔付标准。我认为这种做法是不妥当的。国家不能代替农民作决定。

达列力汗·马米汗委员说，在社会经济发展中，特别是在发生重大灾情时，保险业发挥着独特的作用。所以我建议，保险业应进一步加大保险力度，特别是加大重大灾情的赔付力度。我看过一个材料，目前，自然灾害保险赔款仅占因灾直接损失的 1% 左右，远远低于国际水平。我们国家自然灾害发生频繁，重大灾情不断，建议保险业进一步加大保险力度，特别是对农村、农民的保险，一定要进一步加大对重大灾情损失的保险补偿力度。

王小青（青海省人大常委会副主任）说，全球气候变暖，尤其是自然灾害越来越多，中国成为全球灾害频发最高的地区之一，而遭受自然灾害的地区又是抵御能力较低、经济支付能力也低的地区。保险业是一个特许经营的行业，建议设计专门条款对自然灾害、广大农村地区的保险增加一些普惠政策，以提高保险的广度和深度。

刘振伟委员说，现在各种巨灾发生的频率和严重程度不断上升，巨灾保险的需求明显增加，商业保险机构在这方面应有什么作为，如何通过多种投资组合转移和分散巨灾风险，政府如何扶持，社会以及行业互助组织怎样参与，都应当认真研究。现在，许多国家的保险界都在研究如何应对巨灾风险，我们也不能回避。

庄先委员说，关于巨灾或大灾的保险问题，我赞成庞丽娟委员提的意见。我记得保险合同上有一条规定，如遇到地震、台风、洪水、战争等不可抗拒的灾害时，保险公司是可以不予赔付的，但是这次草案中没有提到这一条。鉴于我国是个灾害频发的国家，我建议要增加一章，即第 7 章，"关于巨灾和大灾的保险"。对巨灾、大灾的保险作出原则规定，来满足我国灾害保险的需要。

关于保险法修订草案的结构问题——分组审议保险法（修订草案）发言摘登之九

2008 年 8 月 26 日下午，十一届全国人大常委会第四次会议分组审议《中华人民共和国保险法（修订草案）》，发言摘登如下。[1]

郑功成委员说，法律的结构应当调整并理顺。第一，我赞成财经委员会的意见，应把第 5 章保险业的监督管理和第 8 章保险监督管理机制合并成保险监管一章，对内容重新加以组合。第二，第 4 章保险经营规则应当

---

[1] http://www.npc.gov.cn/npc/xinwen/2008-09/09/content_ 1448962. htm，最后访问日期：2019 年 1 月 5 日。

移到第 6 章保险代理人等的后面。因为按结构看，保险经营规则不能只讲保险公司的经营规则，还须覆盖到保险代理人、经纪人等保险中介经营，所以经营规则一章不仅要后置，还要扩充内容。第三，第 7 章保险行业协会的内容，有些不太妥当。行业协会属于民间组织，可以提，但单独作为一章，无论从篇幅还是内容来讲都不合适。我认为，这一章可以删掉，可以在总则或监管一章规定中提到相关的内容。

刘自强（全国人大财政经济委员会委员）说，法律的结构。现在是第十章，我不知道为什么要这样排列。一上来讲完总则就讲保险合同。合同我们有合同法，这部法的名称叫"保险法"，这是基本的概念，如果一上来就讲合同，后面又有一个保险经营规则，我们就要问，经营规则大，还是合同大。没有讲大概念，上来就讲小概念，这本身就不合逻辑。再比如对保险经营规则的提法，我对"经营规则"的提法不赞成，以前没见过这个提法，这个概念本身也不容易界定。合同中讲到的很多重要的内容，这难道不是规则吗？经营是讲保险公司自身的经营，还是整个保险业或者保险事项本身的规则？实际上保险经营规则中，讲的是对保险公司的一些要求，如一些准备金的提取，费率的确定等。用经营规则的概念，实际上是不准确的。第 3 条讲到保险公司，然后第 6 条讲保险代理人、经纪人、公估机构。如果从结构来讲，保险公司和这些中介机构应该放在一起讲。监督管理和监督管理机构、法律责任又分三章来讲。刚才有些委员讲这也不太妥当。至于行业协会，我认为是可有可无的内容，可以取消或在什么地方提到即可。总则中讲的一些内容，好像是别的地方不好放的，但还要提一下的内容。其实总则一定要讲最重要的原则。现在的总则，除了第二条对保险作了定义外，其他关于保险业务的实质内容一句都没讲，讲的都是外围、边缘的内容，显得不太妥当。草案中很多章节，我感觉，很多条文的排列顺序都没有经过很好的推敲。有些逻辑关系让人理不出头绪。其中有一个原因，可能是保险的专业性比较强，相当多的人对它比较生疏。这个法律要为群众服务，要为社会服务，就必须有清晰的条理性和相当的通俗性。建议对一些技术性比较强的条款，在条款的一开始用一个主持词概括一下。第 188 条第 2 款讲到"连带无限清偿责任"，我的理解是，董事或者总经理个人拿自己的钱去承担责任，这好像不符合公司法。不知道为什么会写这一条。我认为可以把这个草案的内容打乱，重新排列、锤炼一下。另外，建议有些专用名词，可作为本法的附录单独定义和解释。总之，我认为，目前的这个稿子还不够成熟，希望再仔细斟酌一下。

周坚卫（全国人大财政经济委员会委员）说，我赞成前面几位同志的发言，觉得保险法草案需要重新考虑一下。比如，行业协会有没有必要单列一章，第5章是保险业的监督管理，第8章又写保险监督管理机构，两者应该合起来。关于监督管理机构，我觉得不应该写得过死。现在是银监会、证监会、保监会三个监会同时存在，我认为完全没有必要，国外也没有这个先例，应该把三个机构合起来，所以这个规定不要写得过死，就说工作如何监管即可。

宋法棠委员说，这个草案过长，建议将第5章和第8章合并，第5章讲保险业的监督管理，第8章讲保险监督管理机构，可以合并为一章，即"保险业的监督管理"，先讲机构，以及这个机构的职责、责任，再讲权力，文字适当简化一些。

庄先委员说，第7章，保险行业协会。全国人大制定的是法律，法律没有必要对行业协会的职责、章程进行规定。行业协会是在民政部门登记的社团组织。全国人大用法律的形式一条一条地把协会的章程职责定下来，我认为没有必要。所以，我建议：第一，取消第7章保险行业协会；第二，在第6章增加一条，"国家支持建立保险行业协会"。

任茂东委员说，行业协会不宜作为一章，单独以法律的方式规定行业协会的职责，也应当在法律责任一章中规定相应的法律责任。

加强对被保险人合法利益的保护强化保险监管——分组审议保险法（草案）发言摘登

2008年12月23日下午，十一届全国人大常委会第六次会议分组审议《中华人民共和国保险法（草案）》，发言摘登如下。①

黄燕明委员说，保险法经过修改后吸收了很多意见，但是在某些条款上，还需要在怎样更多地保护被保险人的合法利益方面进一步加强。提几点

---

① http：//www.npc.gov.cn/npc/xinwen/lfgz/lfdt/2009-01/05/content_1466013.htm，最后访问日期：2019年1月5日。

具体修改意见，第一，第 13 条第 3 款规定"依法成立的保险合同自成立时生效，投保人和保险人可以对合同的效力约定附条件或者附期限。"我认为，后面这句话是不是可以删除。因为如果附上这样的条件或者期限，可能会导致保险公司可以在保险条款内规定本保险要在被保险人收到保险书时才可以生效。这样就导致被保险人已经缴纳了保险费，而还没有收到保单时，保险合同就未生效。保险公司往往会拖延出单的时间，所以建议删除这句话。第二，第 17 条讲到格式条款的问题。现在的一些格式条款比较烦琐、艰深，而且投保人往往来不及阅读，或者不是以正常的阅读心态，再加上有很多格式条款非常专业。建议增加一句话："格式条款应确保一般人所能理解和阅读。"第三，第 22 条第 1 款后建议加上一句话："但保险人对可以从公开或者相关政府行政机关等渠道获取的信息，保险人不得以投保人、被保险人和受益人未提供资料为由拖延、拒绝赔偿或者给付保险金。"实际上有些资料无必要由理赔申请人提供的，比如自然灾害的资料，保险人完全可以通过公开的途径取得，并不需要每一个理赔申请人提供。

吕薇委员说，关于保险法修订草案，第一，第 17 条，关于保险人的免责条款。口头说明无法证明，对于免责条款应该有投保人签字确认。第二，关于对保险业的监督管理，审批保险合同是一项重要内容。建议将第 139 条中的"……保险条款和保险费率，应当报国务院保险监督管理机构批准"，改为"保险合同和保险费率，应当报国务院保险监督管理机构批准"。因为保险条款可能是合同的部分条款，不能代表全部。

达列力汗·马米汗委员说，对保险法修订草案谈点意见。这些年保险业发展得很快，保险在社会经济发展中的作用越来越突出。为了保险业更加规范发展，对保险法进行修改是非常必要的。保险法操作性很强，政策性也很强。我觉得需要进一步修改、充实。第 16 条第 2 款规定："保险人有权解除合同。"这个问题在司法实践中可能会出现一些难点，法律规定是否同意承保或提高保险费率仍由保险人决定，所以无论是否通过司法途径，最终决定权都在保险公司，这样保险公司既是运动员，又是裁判员。建议社会保险合同费率标准由保险公司以外的专业机构来认定。

赵可铭委员说，保险法草案修改得很好，一是更加突出了被保险人的正当权益；二是更加注重保险公司内部的法人治理结构；三是更加强调了对保险市场的监管。我提几点原则性意见。第一，保险行业的生存与发展全靠诚信，现行的保险法虽然规定了诚实信用的原则，但是一般合同法里基本通行的原则，还不能很好地体现出保险法"最大诚信"原则的特点。保险法的突出特点应该是强调"最大诚信"的原则。这个最大诚信原则包括告知与说明、保证、弃权与禁止反言等保障双方当事人利益的内容。我们现在的保险法草案，对告知与说明作了明确的规定，而对"保证、弃权与禁止反言"没有明确规定，这样就使得被保险人的利益不能得到完全的保障。所以建议草案除了进一步阐述告知义务之外，根据国际上通用的办法履行保证的义务，并明确弃权与禁止反言的概念和意义。弃权和禁止反言是合同的一方可以自愿放弃其在保险合同中可以主张的权利，而自己自愿放弃，就不能在以后再向合同的另一方主张已放弃的原则。这是与现在保险代理人的行为联系比较紧密的，作为保险公司的业务，是靠保险代理人来展开的，这些保险代理人代表就是卖保险的，对于投保人来说，他就是代表保险公司，因此，如果保险代理人知道被保险人有不符合条件的情况，仍表示可以承保，就视为他从业的保险公司放弃拒保权利，而愿意承保，即使保险公司在承保后发现，也不能因此而拒赔，这一原则是对投保方利益的保护。在我国保险的实际情况中，经常出现代理人为收取佣金，在投保人投保之前不惜放宽承保的标准，保险公司自己也不一定知情，但出现赔保情况以后，就不愿意赔保。所以建议这一条原则要很好地体现到条款中。第二，为了更好地保障投保人利益，在要求投保人履行诚实告知义务说明时，保险公司同时应该明确规定告知与说明的范围，因为现实生活中经常发现这样的情况，就是当投保人投保时，保险公司已经要求投保人告诉一些事实，但是出现赔付以后，保险公司仍然以投保人未如实告知来拒绝赔付，而实际上投保人却不知道哪些事实是在投保前必须告知保险公司的，这样就带来了一些问题。保险公司本来可以把事实调查清楚，但是在签订保险合同前却不作调查，这样不发生保险事故就可以坐收保险费，如果发生了保险事故，就可以以"未如实告知"为由不进行理赔，所以应该加强这方面的管理力度。

南振中委员说，2008年8月常委会分组审议保险法修订草案时，不少委员谈到保险公司高管人员的"超高薪"问题。有的保险公司高管年薪高达几千万元，巨额年薪是谁定的？对"超高薪"问题，互联网上反对的声浪一波未平、一波又起，为什么解决起来这么艰难？"高成本、低效率"，增大了保险业的风险，侵害了投保人的利益。过去拿高薪的借口是"与国际接轨"，金融危机爆发后，一些发达国家的企业高管纷纷降低年薪，美国底特律三大汽车巨头 12 月初向美国国会递交了扭亏为盈的"整改方案"，答应将高管年薪降到令人难以置信的程度，这个时候为什么不积极主动地"与国际接轨"？现在是下决心解决"超高薪"问题的时候了。建议保险法修订草案增加对保险业高级管理人员薪酬的约束性规定，比如，在"保险业监督管理"一章中增加"依法制定保险从业人员的资格标准、行为准则和国资保险公司董事长、监事和高级管理人员的薪金标准"的内容。我再提几点具体修改建议，第一，当前在保险纠纷中，保险公司处于强势地位。如果对保险人理赔的程序、过程、时限缺乏严格规定，他们有可能以理赔申请人提供的资料不全为由，拖延理赔或者拒绝理赔。为保护保险人的合法权益，各项规定均应具体化。建议将修订草案第 22 条修改为"保险事故发生后，依照保险合同请求保险人赔偿或者给付保险金时，投保人、被保险人或者受益人应当向保险人提供其所能提供的与确认保险事故的性质、原因、损失程度等有关的证明和资料。保险人依照保险合同的约定，认为有关的证明和资料不完整的，应当在第一次收到证明和资料 5 个工作日内一次性书面通知投保人、被保险人或者收益人补充提供。但对于可以从公开渠道获取的与确认保险事故的性质、原因、损失程度等有关的材料，保险人不得以投保人、被保险人或者收益人未予提供为理由拖延、拒绝赔偿或者给付保险金"。第二，修订草案第 53 条第 1 款规定"在合同有效期内，保险标的的危险程度增加的，被保险人应当按照合同约定及时通知保险人，保险人有权要求增加保险费或者解除合同"。建议对合同解除后保险人与被保险人的权利义务承担问题作出明确规定。第三，修订草案第 177 条第 2 款规定"未取得合法资格的人员非法从事保险销售的，可以区别不同情况予以警告，处以十万元以下的罚款；情节严重的，可以限制其一定期限直至终身进入保险业。"建议将其修改为"未取得合法资格的人员非法从事保险销售的，可以区别不同情况处警告或者十万元以下的罚款；情节严重的，可以限制其一定期限直至终身进入保险业。"这样修改，可以避免产生警告与罚款是单罚还是并罚的歧义，也符合行政处罚的惯用体例。

云治厚（全国人大代表）说，财产保险方面，第 30 条"保险合同的解释"写得非常好。现在公路上跑的大卡车，拉 20 吨以上的，上两个牌照，车头部分上一个牌照，交一份交强险，货柜挂一个牌照，也交一份交强险，但是保险公司的条款规定，撞了人出了事以后，只能有一份交强险有效，理由是如果前面碰了，是车头碰的，跟货柜没有关系，如果货柜碰了，跟车头没有关系。但是货柜没有车头跑不了，装车的时候货柜把人撞了，可能有这种情况。这个事故发生以后，在河南有一起上诉案件法院进行调解，采取折中的办法，一个保了 4 万元，两个保了 8 万元，最后赔了 6 万元，保险公司给出的理由是当初没有跟他（投保人）说清楚，等于是赔了一份半。第二个例子发生在另一个省，交强险都交了，刹车的时候挡风玻璃烂了，里面的乘客摔出去被所乘车轧死了，保险公司不赔，说这不是第三者，是乘车人。上诉到法院，法院裁定有利于投保人，乘车的时候不属于第三者，掉下来就属于第三者了，这样就赔付了。所以，我建议：国家出台保险法，对于那些含糊其词的、不易于理解、不利于保护被保险人和受益人的利益的保险合同应当修改。建议保险合同的条款应该明确、易于理解，公平地保护合同双方的利益。（中国人大网 唐志强整理）

第十一届全国人民代表大会常务委员会第十五次委员长会议

2008 年 12 月 15 日吴邦国委员长在十一届全国人大常委会第七次会议闭幕会上的讲话摘录。[①]

本次常委会会议的主要任务，是为即将召开的十一届全国人大二次会议作准备。会议审议并原则通过了常委会工作报告稿，通过了十一届全国人大二次会议议程草案、主席团和秘书长名单草案、列席人员名单、代表资格审查报告等有关文件，还审议通过了食品安全法、刑法修正案（七），修改了保险法，批准了 3 个国际条约等。在大家的共同努力下，圆满完成了各项议程。

---

① http://www.npc.gov.cn/npc/xinwen/2009-02/28/content_ 1538284.htm，最后访问日期：2019 年 1 月 5 日。

（后略）

中华人民共和国主席令（十一届第十一号）

《中华人民共和国保险法》已由中华人民共和国第十一届全国人民代表大会常务委员会第七次会议于 2009 年 2 月 28 日修订通过，现将修订后的《中华人民共和国保险法》公布，自 2009 年 10 月 1 日起施行。

中华人民共和国主席　胡锦涛

2009 年 2 月 28 日

2014 年全国人大常委会组成人员对加强金融监管防范金融风险工作情况报告的审议意见

2014 年 6 月 25 日，十二届全国人大常委会第九次会议审议中国人民银行副行长刘士余受国务院委托作的关于加强金融监管防范金融风险工作情况的报告，共有 65 人次发言。现根据会议发言情况，将常委会组成人员和列席会议人员的主要意见整理如下。①

出席人员普遍认为，金融是现代经济的核心。国务院及其有关部门高度重视防范金融风险、维护金融稳定，积极加强和改进金融监管，工作成绩应予充分肯定。全国人大财政经济委员会相关调研报告的建议务实中肯，希望有关部门认真研究处理，并在依法向全国人大常委会报告审议意见研究处理情况时一并作出回应。出席人员指出，当前我国金融运行整体平稳，金融风险总体可控。同时也要看到，受国际经济环境不确定因素增多、国内经济下行压力较大、金融业综合经营和业务创新加快等多重因素影响，金融风险的复杂性、隐蔽性和传染性上升，信用风险过度集聚于银行体系、流动性风险因素增多、违法违规金融活动多发等问题不容忽视。国务院及其有关部门要切实增强防范金融风险的忧患意识和危机意识，完善金融监管协调机制，强化金融市场约束，加强金融基础设施建设，有效防范、化解和处置金融风险，保障金融市场安全高效运行和整体稳定。审议中，出席人员还提出了一些具体意见和建议。

---

① http：//www.npc.gov.cn/npc/xinwen/jdgz/2014-07/10/content_ 1870673.htm，最后访问日期：2019 年 1 月 5 日。

部分出席人员认为，金融必须服务实体经济，在支持实体经济发展中防范自身风险。有些出席人员提出，目前我国经济增长处于换挡期，下行压力较大，实体经济和金融风险可以形象地概括为"一增一降一紧一窄一冒泡"，即银行不良贷款率和余额大幅增加，银行存款大幅下降，生产企业资金普遍吃紧，银行盈利空间收窄，资产存在泡沫化现象等。建议国务院进行系统性研究，统筹提出发展实体经济、防范金融风险的综合措施。有些出席人员认为，总体上看我国货币供应是充足的，但银行贷款主要集中于房地产、大型国有企业、政府主导的基础设施建设等方面，中小企业融资难、融资贵的老问题没有得到缓解。银行特别是国有银行应重视对中小企业的信贷投放，优化贷款审批权限配置，提高审批效率，取消不合理收费，下调对银行分支机构的利润考核标准，畅通企业贷款融资渠道。有的出席人员提出，针对小微企业融资特别困难的情况，政府应完善小微企业授信业务制度，明确国有和商业银行对小微企业中长期贷款的规模和比重，出台小微企业知识产权、动产、股权等贷款质押物认定细则，同时发挥财政资金"四两拨千斤"的作用，建立小微企业信用保险基金、转贷引导基金等，为其提供贷款担保。有些出席人员认为，农村金融仍然是金融体系最薄弱的环节，应充分认识农村金融的公共产品性质，强化金融支农的法律法规和政策措施，推动银行等金融机构增加涉农信贷，积极发展村镇银行等金融机构，让农村富余资金留在乡村、用于农业。有的出席人员提出，融资结构不合理、间接融资比重过大，导致企业融资过度依赖银行。建议加快股权融资市场、企业债券市场建设，发展面向中小企业的集合票据、私募债券等公司信用类债权，改善金融市场结构和融资结构。

部分出席人员提出，应进一步完善金融监管体制机制，加快金融监管转型，增强防范化解风险能力。有些出席人员认为，金融业综合经营已是现实，交叉性金融产品和跨市场金融创新不断涌现，过去"一行三会"分业监管的模式难以满足客观需要，各监管机构的监管标准不统一问题更加凸显。建议国务院在成立金融监管协调部际联席会议的基础上，加强对金融业综合经营模式及监管原则的顶层设计，进一步明确集团综合、法人分业的综合经营模式，确立机构监管与功能监管相结合、牌照准入的监管原则。有的出席人员建议，应参照大部制改革的思路，研究推进金融监管机构整合，建立全面、统一的大监管格局。有些出席人员认为，党的十八届三中全会提出界定中央和地方金融监管职责和风险处置责任，国务院应尽快出台指导性意见，按照统分结合、权责一致的原则，建立主体、权限、责任明确的中央和地方分级监管体系，中央负责制定统一的监管规则和标准，监管可能出现的系统性、跨行业、跨地域的金融风险，地方重点监管地区性金融机构和风险相对可控的金融领域。有些出席人员提出，加强对系统性重要金融机构的监管，应重视发挥审计监督作用，组织审计机关定期对银行内控系统特别是风险防范系统进行审计并作出评估。

部分出席人员提出，必须高度重视和加强对金融创新活动和影子银行体系的监管，促进新兴金融业态规范化发展。有些出席人员提出，随着金融创新深入的推进，影子银行体系日益活跃，在满足社会多方面金融需求的同时，也暴露出法律关系不清晰、信息不透明、监管不到位等问题。一些影子银行规避宏观调控要求和存贷比、信用风险、流动性、风险抵补和资本等方面的监管指标，从而实现监管套利。应尽快统一影子银行同一属性业务或产品的监管要求，加强流动性、杠杆率、期限错配、交易风险等方面的监管。有些出席人员指出，我国信息产业核心软硬件受制于外国厂商，金融信息网络特别是互联网金融在客户信息、资金账户上的安全隐患问题突出。建议组织专门力量对金融网络开展全面检查，排查信息系统中的漏洞和"后门"，加快构建以国产自主软硬件为主的金融网络和安全防控体系。有些出席人员认为，近些年小额贷款公司、融资担保公司、农村资金互助合作组织等准金融机构纷纷涌现，监管相对薄弱，不少机构缺乏有效盈利模式。应当吸取20世纪90年代农村合作基金运营不力导致风险的教训，规范准金融机构设立，完善监管措施，尽快出台借贷人条例等法规。

有些出席人员认为，应当强化对房地产、地方政府性债务等重点领域金融风险防范工作，加大对金融违法违规行为惩治力度。有些出席人员提出，房地产业超常规发展，与金融业形成了一荣俱荣、一损俱损的关系。目前房地产市场出现拐点的可能性上升，应督促金融机构认真排查房地产拐点风险，做好风险防控预案，同时也应避免房地产业出现整体资金链断裂，导致市场剧烈波动。有些出席人员认为，地方政府性债务即将进入偿付高峰期和集中兑付期，但不少地方财政收入增长放缓，债务违约风险令人关注。金融监管部门应组织专门力量加强地方政府性债务核查，指导金融机构做好各级地方融资平台债务管理，中国人民银行应加强对地方政府直接承担的债务运行情况的监管，每年向当地人大、政府以及上级政府作出报告。有的出席人员提出，一些机构或个人采取"代客理财""民间借贷"等方式非法集资，有的机构未经批准变相从事证券、期货业务，有的金融机构从业人员违规代理、虚假销售金融产品甚至内外勾结从事违法犯罪活动，导致一些地方发生金融风险事件。监管机构应清理整顿各类违法违规交易场所，严厉打击违法违规活动。有些出席人员提出，不少金融机构包括国有商业银行推出各式各样的金融理财产品，推销过程中夸大收益、隐瞒风险现象普遍，有些老年人因不了解实际情况把多年积蓄的养老钱投入理财，最后血本无归，影响极坏。建议对金融机构的理财产品进行专项整治，保护群众切身利益。

有些出席人员提出，应加快金融领域立法步伐，确保金融业务和金融监管都在法治轨道上运行。及时修改人民银行法、商业银行法、证券法、保险法、银行业监督管理法等法律，完善综合经营模式下金融机构经营业态和范围、监管机构职责定位等制度。制定银行、保险、证券等金融机构破产的法律法规，健全退出机制。出台融资租赁法，保障融资租赁行业健康发展。

中华人民共和国主席令（第十四号）①

新华社北京 8 月 31 日电　中华人民共和国主席令　第十四号

《全国人民代表大会常务委员会关于修改〈中华人民共和国保险法〉等五部法律的决定》已由中华人民共和国第十二届全国人民代表大会常务委员会第十次会议于 2014 年 8 月 31 日通过，现予公布，自公布之日起施行。

中华人民共和国主席　习近平

2014 年 8 月 31 日

---

① http://www.npc.gov.cn/npc/xinwen/2014-09/01/content_ 1877020. htm，最后访问日期：2019 年 1 月 5 日。

全国人民代表大会常务委员会关于修改《中华人民共和国保险法》等五部法律的决定

新华北京 8 月 31 日电　全国人民代表大会常务委员会关于修改《中华人民共和国保险法》等五部法律的决定（2014 年 8 月 31 日第十二届全国人民代表大会常务委员会第十次会议通过）

第十二届全国人民代表大会常务委员会第十次会议决定①：

一、对《中华人民共和国保险法》作出修改

（一）将第八十二条中的"有《中华人民共和国公司法》第一百四十七条规定的情形"修改为"有《中华人民共和国公司法》第一百四十六条规定的情形"。

（二）将第八十五条修改为："保险公司应当聘用专业人员，建立精算报告制度和合规报告制度。"

（后略）

在第十二届全国人民代表大会第三次会议上全国人民代表大会常务委员会工作报告

2015 年 3 月 8 日

全国人大常委会委员长　张德江

各位代表：

现在，我受全国人大常委会委托，向大会报告工作，请予审议。

一、过去一年的主要工作

过去一年，在以习近平同志为总书记的党中央坚强领导下，全国人大常委会全面贯彻党的十八大和十八届三中、四中全会精神，以邓小平理论、"三个代表"重要思想、科学发展观为指导，深入学习贯彻习近平总书记系列重要讲话精神，紧紧围绕党和国家工作大局依法行使职权，充分发挥最高国家权力机关作用，认真完成十二届全国人大二次会议确定的各项任务，各方面工作都取得新进展、新成效。

（前略）

---

① http://www.npc.gov.cn/npc/xinwen/2014-09/01/content_1877049.htm，最后访问日期：2019 年 1 月 5 日。

二、抓住提高立法质量这个关键，充分发挥立法的引领和推动作用

立法是全国人大及其常委会的重要职权和主要任务。常委会把提高立法质量放在首位，突出立法重点，加快立法步伐，完善立法机制，提升立法效果。一年来，共审议 20 部法律草案，修改法律 10 部，制定法律 2 部，作出 8 个法律解释。

（前略）

（二）通过立法推动和落实重大改革举措。修改预算法，对于深化财税体制改革，实施全面规范、公开透明的预算制度，具有重要意义。常委会前后经过 4 次审议，对预算法作出重要修改。重点从实行政府全口径预算管理、完善财政转移支付制度、健全地方政府债务管理机制、推进预算公开和绩效管理、加强人大预算决算审查监督等方面，对预算法进行了全面完善。国务院按照新修改的预算法，作出关于深化预算管理制度改革的决定，出台加强地方政府性债务管理等举措，强调坚持依法理财、主动接受监督。

适应推动政府简政放权的需要，常委会对保险法、证券法、注册会计师法、政府采购法、气象法等 5 部法律的部分规定作出修改，取消和下放法律规定的有关行政审批事项，为推进行政审批制度改革提供法律依据和支持。

（后略）

第十二届全国人民代表大会常务委员会第十四次会议上《〈中华人民共和国药品管理法〉等 26 部法律的修正案（草案）》的说明

2015 年 4 月 20 日，国务院法制办公室主任宋大涵作出该说明。①

全国人民代表大会常务委员会：

我受国务院的委托，对《〈中华人民共和国药品管理法〉等 26 部法律的修正案（草案）》作说明。

为了落实第十二届全国人民代表大会第一次会议通过的关于国务院机构改革和职能转变方案的决定，依法推进行政审批制度改革和政府职能转变，进一步激发市场、社会的创造活力，不断提高政府管理科学化、规范

---

① http://www.npc.gov.cn/npc/lfzt/rlyw/2018-10/19/content_ 2062727.htm，最后访问日期：2019 年 1 月 5 日。

化水平，根据 2014 年 7 月、10 月，2015 年 2 月国务院三次公布的关于取消调整行政审批项目等事项的决定和 2014 年 11 月国务院第 69 次常务会议审议通过的《近期加快推进价格改革工作方案》的精神，国务院法制办会同国务院有关部门，经商中央编办、全国人大有关专门委员会、全国人大常委会法工委，对需要依照法定程序提请全国人大常委会修订相关法律的问题进行了研究，起草了《〈中华人民共和国药品管理法〉等 26 部法律的修正案（草案）》（以下简称草案）。草案已经国务院审批通过。现就草案的主要内容说明如下：

（前略）

《保险法》第七十九条、第一百二十四条、第一百三十二条分别设立了保险公司在境外设立代表机构审批，保险代理机构动用保证金审批，保险经纪人动用保证金审批，保险专业代理机构分立、合并、变更组织形式、设立分支机构或者解散审批，保险经纪人分立、合并、变更组织形式、设立分支机构或者解散审批；民用航空法第九十七条设立了国际航空运价审批。考虑到这些审批主要针对市场主体的商业行为，政府有关主管部门可以通过制定规范、标准等方式加强事中事后监管，草案删去了上述条款中对企业经营行为进行审批的规定，并删去了保险法第一百六十八条相关法律责任的规定。

（后略）

《〈中华人民共和国药品管理法〉等 26 部法律的修正案（草案）》和以上说明是否妥当，请审议。

全国人民代表大会常务委员会关于修改《中华人民共和国计量法》等五部法律的决定

（2015 年 4 月 24 日第十二届全国人民代表大会常务委员会第十四次会议通过①）

第十二届全国人民代表大会常务委员会第十四次会议决定，对下列法律中有关行政审批、工商登记前置审批或者价格管理的规定作出修改。

---

① http://www.npc.gov.cn/npc/cwhhy/12jcwh/2015-04/25/content_ 1934602.htm，最后访问日期：2019 年 1 月 5 日。

（前略）三、对《中华人民共和国保险法》作出修改

（一）删去第七十九条中的"代表机构"。

（二）将第一百一十一条修改为："保险公司从事保险销售的人员应当品行良好，具有保险销售所需的专业能力。保险销售人员的行为规范和管理办法，由国务院保险监督管理机构规定。"

（三）删去第一百一十六条第八项中的"或者个人"。

（四）删去第一百一十九条第二款、第三款。

（五）将第一百二十二条修改为："个人保险代理人、保险代理机构的代理从业人员、保险经纪人的经纪从业人员，应当品行良好，具有从事保险代理业务或者保险经纪业务所需的专业能力。"

（六）删去第一百二十四条中的"未经保险监督管理机构批准，保险代理机构、保险经纪人不得动用保证金"。

（七）删去第一百三十条中的"具有合法资格的"。

（八）删去第一百三十二条。

（九）将第一百六十五条改为第一百六十四条，并删去第六项中的"或者代表机构"。

（十）删去第一百六十八条。

（十一）将第一百六十九条改为第一百六十七条，并删去其中的"从业资格"。

（十二）将第一百七十三条改为第一百七十一条，修改为："保险公司、保险资产管理公司、保险专业代理机构、保险经纪人违反本法规定的，保险监督管理机构除分别依照本法第一百六十条至第一百七十条的规定对该单位给予处罚外，对其直接负责的主管人员和其他直接责任人员给予警告，并处一万元以上十万元以下的罚款；情节严重的，撤销任职资格。"

（十三）将第一百七十四条改为第一百七十二条，并删去第一款中的"并可以吊销其资格证书"和第二款。

（后略）本决定自公布之日起施行。

《中华人民共和国计量法》《中华人民共和国烟草专卖法》《中华人民共和国保险法》《中华人民共和国民用航空法》《中华人民共和国畜牧法》根据本决定作相应修改，重新公布。

最高人民法院关于《中华人民共和国保险法》的司法解释

最高人民法院关于适用《中华人民共和国保险法》若干问题的解释（一）

（法释〔2009〕12号，2009年9月14日最高人民法院审判委员会第1473次会议通过）

为正确审理保险合同纠纷案件，切实维护当事人的合法权益，现就人民法院适用2009年2月28日第十一届全国人大常委会第七次会议修订的《中华人民共和国保险法》（以下简称保险法）的有关问题规定如下：

第一条 保险法施行后成立的保险合同发生的纠纷，适用保险法的规定。保险法施行前成立的保险合同发生的纠纷，除本解释另有规定外，适用当时的法律规定；当时的法律没有规定的，参照适用保险法的有关规定。

认定保险合同是否成立，适用合同订立时的法律。

第二条 对于保险法施行前成立的保险合同，适用当时的法律认定无效而适用保险法认定有效的，适用保险法的规定。

第三条 保险合同成立于保险法施行前而保险标的转让、保险事故、理赔、代位求偿等行为或事件，发生于保险法施行后的，适用保险法的规定。

第四条 保险合同成立于保险法施行前，保险法施行后，保险人以投保人未履行如实告知义务或者申报被保险人年龄不真实为由，主张解除合同的，适用保险法的规定。

第五条 保险法施行前成立的保险合同，下列情形下的期间自2009年

10 月 1 日起计算：

（一）保险法施行前，保险人收到赔偿或者给付保险金的请求，保险法施行后，适用保险法第二十三条规定的三十日的；

（二）保险法施行前，保险人知道解除事由，保险法施行后，按照保险法第十六条、第三十二条的规定行使解除权，适用保险法第十六条规定的三十日的；

（三）保险法施行后，保险人按照保险法第十六条第二款的规定请求解除合同，适用保险法第十六条规定的二年的；

（四）保险法施行前，保险人收到保险标的转让通知，保险法施行后，以保险标的转让导致危险程度显著增加为由请求按照合同约定增加保险费或者解除合同，适用保险法第四十九条规定的三十日的。

第六条 保险法施行前已经终审的案件，当事人申请再审或者按照审判监督程序提起再审的案件，不适用保险法的规定。

最高人民法院关于适用《中华人民共和国保险法》若干问题的解释（二）

（法释〔2013〕14 号，2013 年 5 月 6 日最高人民法院审判委员会第1577 次会议通过，自 2013 年 6 月 8 日起施行）

为正确审理保险合同纠纷案件，切实维护当事人的合法权益，根据《中华人民共和国保险法》《中华人民共和国合同法》《中华人民共和国民事诉讼法》等法律规定，结合审判实践，就保险法中关于保险合同一般规定部分有关法律适用问题解释如下：

第一条 财产保险中，不同投保人就同一保险标的分别投保，保险事故发生后，被保险人在其保险利益范围内依据保险合同主张保险赔偿的，人民法院应予支持。

第二条 人身保险中，因投保人对被保险人不具有保险利益导致保险合同无效，投保人主张保险人退还扣减相应手续费后的保险费的，人民法院应予支持。

第三条 投保人或者投保人的代理人订立保险合同时没有亲自签字或者盖章，而由保险人或者保险人的代理人代为签字或者盖章的，对投保人不生效。但投保人已经交纳保险费的，视为其对代签字或者盖章行为的追认。

保险人或者保险人的代理人代为填写保险单证后经投保人签字或者盖章确认的，代为填写的内容视为投保人的真实意思表示。但有证据证明保险人或者保险人的代理人存在保险法第一百一十六条、第一百三十一条相关规定情形的除外。

第四条　保险人接受了投保人提交的投保单并收取了保险费，尚未作出是否承保的意思表示，发生保险事故，被保险人或者受益人请求保险人按照保险合同承担赔偿或者给付保险金责任，符合承保条件的，人民法院应予支持；不符合承保条件的，保险人不承担保险责任，但应当退还已经收取的保险费。

保险人主张不符合承保条件的，应承担举证责任。

第五条　保险合同订立时，投保人明知的与保险标的或者被保险人有关的情况，属于保险法第十六条第一款规定的投保人"应当如实告知"的内容。

第六条　投保人的告知义务限于保险人询问的范围和内容。当事人对询问范围及内容有争议的，保险人负举证责任。

保险人以投保人违反了对投保单询问表中所列概括性条款的如实告知义务为由请求解除合同的，人民法院不予支持。但该概括性条款有具体内容的除外。

第七条　保险人在保险合同成立后知道或者应当知道投保人未履行如实告知义务，仍然收取保险费，又依照保险法第十六条第二款的规定主张解除合同的，人民法院不予支持。

第八条　保险人未行使合同解除权，直接以存在保险法第十六条第四款、第五款规定的情形为由拒绝赔偿的，人民法院不予支持。但当事人就拒绝赔偿事宜及保险合同存续另行达成一致的情况除外。

第九条　保险人提供的格式合同文本中的责任免除条款、免赔额、免赔率、比例赔付或者给付等免除或者减轻保险人责任的条款，可以认定为保险法第十七条第二款规定的"免除保险人责任的条款"。

保险人因投保人、被保险人违反法定或者约定义务，享有解除合同权利的条款，不属于保险法第十七条第二款规定的"免除保险人责任的条款"。

第十条　保险人将法律、行政法规中的禁止性规定情形作为保险合同免责条款的免责事由，保险人对该条款作出提示后，投保人、被保险人或者受益人以保险人未履行明确说明义务为由主张该条款不生效的，人民法院不予支持。

第十一条　保险合同订立时，保险人在投保单或者保险单等其他保险凭证上，对保险合同中免除保险人责任的条款，以足以引起投保人注意的文字、字体、符号或者其他明显标志作出提示的，人民法院应当认定其履行了保险法第十七条第二款规定的提示义务。

保险人对保险合同中有关免除保险人责任条款的概念、内容及其法律后果以书面或者口头形式向投保人作出常人能够理解的解释说明的，人民法院应当认定保险人履行了保险法第十七条第二款规定的明确说明义务。

第十二条　通过网络、电话等方式订立的保险合同，保险人以网页、音频、视频等形式对免除保险人责任条款予以提示和明确说明的，人民法院可以认定其履行了提示和明确说明义务。

第十三条　保险人对其履行了明确说明义务负举证责任。

投保人对保险人履行了符合本解释第十一条第二款要求的明确说明义务在相关文书上签字、盖章或者以其他形式予以确认的，应当认定保险人履行了该项义务。但另有证据证明保险人未履行明确说明义务的除外。

第十四条　保险合同中记载的内容不一致的，按照下列规则认定：

（一）投保单与保险单或者其他保险凭证不一致的，以投保单为准。但不一致的情形系经保险人说明并经投保人同意的，以投保人签收的保险单或者其他保险凭证载明的内容为准；

（二）非格式条款与格式条款不一致的，以非格式条款为准；

（三）保险凭证记载的时间不同的，以形成时间在后的为准；

（四）保险凭证存在手写和打印两种方式的，以双方签字、盖章的手写部分的内容为准。

第十五条　保险法第二十三条规定的三十日核定期间，应自保险人初次收到索赔请求及投保人、被保险人或者受益人提供的有关证明和资料之日起算。

保险人主张扣除投保人、被保险人或者受益人补充提供有关证明和资料期间的，人民法院应予支持。扣除期间自保险人根据保险法第二十二条规定作出的通知到达投保人、被保险人或者受益人之日起，至投保人、被保险人或者受益人按照通知要求补充提供的有关证明和资料到达保险人之日止。

第十六条　保险人应以自己的名义行使保险代位求偿权。

根据保险法第六十条第一款的规定，保险人代位求偿权的诉讼时效期间应自其取得代位求偿权之日起算。

第十七条　保险人在其提供的保险合同格式条款中对非保术语所作的解释符合专业意义，或者虽不符合专业意义，但有利于投保人、被保险人或者受益人的，人民法院应予认可。

第十八条　行政管理部门依据法律规定制作的交通事故认定书、火灾事故认定书等，人民法院应当依法审查并确认其相应的证明力，但有相反证据能够推翻的除外。

第十九条　保险事故发生后，被保险人或者受益人起诉保险人，保险人以被保险人或者受益人未要求第三者承担责任为由抗辩不承担保险责任的，人民法院不予支持。

财产保险事故发生后，被保险人就其所受损失从第三者取得赔偿后的不足部分提起诉讼，请求保险人赔偿的，人民法院应予依法受理。

第二十条　保险公司依法设立并取得营业执照的分支机构属于《中华人民共和国民事诉讼法》第四十八条规定的其他组织，可以作为保险合同纠纷案件的当事人参加诉讼。

第二十一条　本解释施行后尚未终审的保险合同纠纷案件，适用本解释；本解释施行前已经终审，当事人申请再审或者按照审判监督程序决定再审的案件，不适用本解释。

最高人民法院关于适用《中华人民共和国保险法》若干问题的解释（三）

（法释〔2015〕21号，2015年9月21日最高人民法院审判委员会第1661次会议通过）

为正确审理保险合同纠纷案件，切实维护当事人的合法权益，根据《中华人民共和国保险法》《中华人民共和国合同法》《中华人民共和国民事诉讼法》等法律规定，结合审判实践，就保险法中关于保险合同章人身保险部分有关法律适用问题解释如下：

第一条 当事人订立以死亡为给付保险金条件的合同，根据保险法第三十四条的规定，"被保险人同意并认可保险金额"可以采取书面形式、口头形式或者其他形式；可以在合同订立时作出，也可以在合同订立后追认。

有下列情形之一的，应认定为被保险人同意投保人为其订立保险合同并认可保险金额：

（一）被保险人明知他人代其签名同意而未表示异议的；

（二）被保险人同意投保人指定的受益人的；

（三）有证据足以认定被保险人同意投保人为其投保的其他情形。

第二条 被保险人以书面形式通知保险人和投保人撤销其依据保险法第三十四条第一款规定所作出的同意意思表示的，可认定为保险合同解除。

第三条 人民法院审理人身保险合同纠纷案件时，应主动审查投保人订立保险合同时是否具有保险利益，以及以死亡为给付保险金条件的合同是否经过被保险人同意并认可保险金额。

第四条 保险合同订立后，因投保人丧失对被保险人的保险利益，当事人主张保险合同无效的，人民法院不予支持。

第五条 保险合同订立时，被保险人根据保险人的要求在指定医疗服务机构进行体检，当事人主张投保人如实告知义务免除的，人民法院不予支持。

保险人知道被保险人的体检结果，仍以投保人未就相关情况履行如实告知义务为由要求解除合同的，人民法院不予支持。

第六条 未成年人父母之外的其他履行监护职责的人为未成年人订立以死亡为给付保险金条件的合同，当事人主张参照保险法第三十三条第二款、第三十四条第三款的规定认定该合同有效的，人民法院不予支持，但经未成年人父母同意的除外。

第七条 当事人以被保险人、受益人或者他人已经代为支付保险费为由，主张投保人对应的交费义务已经履行的，人民法院应予支持。

第八条 保险合同效力依照保险法第三十六条规定中止，投保人提出恢复效力申请并同意补交保险费的，除被保险人的危险程度在中止期间显著增加外，保险人拒绝恢复效力的，人民法院不予支持。

保险人在收到恢复效力申请后，三十日内未明确拒绝的，应认定为同意恢复效力。

保险合同自投保人补交保险费之日恢复效力。保险人要求投保人补交相应利息的，人民法院应予支持。

第九条　投保人指定受益人未经被保险人同意的，人民法院应认定指定行为无效。

当事人对保险合同约定的受益人存在争议，除投保人、被保险人在保险合同之外另有约定外，按照以下情形分别处理：

（一）受益人约定为"法定"或者"法定继承人"的，以我国《民法典》继承编规定的法定继承人为受益人；

（二）受益人仅约定为身份关系，投保人与被保险人为同一主体的，根据保险事故发生时与被保险人的身份关系确定受益人；投保人与被保险人为不同主体的，根据保险合同成立时与被保险人的身份关系确定受益人；

（三）受益人的约定包括姓名和身份关系，保险事故发生时身份关系发生变化的，认定为未指定受益人。

第十条　投保人或者被保险人变更受益人，当事人主张变更行为自变更意思表示发出时生效的，人民法院应予支持。

投保人或者被保险人变更受益人未通知保险人，保险人主张变更对其不发生效力的，人民法院应予支持。

投保人变更受益人未经被保险人同意的，人民法院应认定变更行为无效。

第十一条　投保人或者被保险人在保险事故发生后变更受益人，变更后的受益人请求保险人给付保险金的，人民法院不予支持。

第十二条　投保人或者被保险人指定数人为受益人，部分受益人在保险事故发生前死亡、放弃受益权或者依法丧失受益权的，该受益人应得的受益份额按照保险合同的约定处理；保险合同没有约定或者约定不明的，该受益人应得的受益份额按照以下情形分别处理：

（一）未约定受益顺序和受益份额的，由其他受益人平均享有；

（二）未约定受益顺序但约定受益份额的，由其他受益人按照相应比例享有；

（三）约定受益顺序但未约定受益份额的，由同顺序的其他受益人平均享有；同一顺序没有其他受益人的，由后一顺序的受益人平均享有；

（四）约定受益顺序和受益份额的，由同顺序的其他受益人按照相应比例享有；同一顺序没有其他受益人的，由后一顺序的受益人按照相应比例享有。

第十三条 保险事故发生后，受益人将与本次保险事故相对应的全部或者部分保险金请求权转让给第三人，当事人主张该转让行为有效的，人民法院应予支持，但根据合同性质、当事人约定或者法律规定不得转让的除外。

第十四条 保险金根据保险法第四十二条规定作为被保险人的遗产，被保险人的继承人要求保险人给付保险金，保险人以其已向持有保险单的被保险人的其他继承人给付保险金为由抗辩的，人民法院应予支持。

第十五条 受益人与被保险人存在继承关系，在同一事件中死亡且不能确定死亡先后顺序的，人民法院应根据保险法第四十二条第二款的规定推定受益人死亡在先，并按照保险法及本解释的相关规定确定保险金归属。

第十六条 保险合同解除时，投保人与被保险人、受益人为不同主体，被保险人或者受益人要求退还保险单的现金价值的，人民法院不予支持，但保险合同另有约定的除外。

投保人故意造成被保险人死亡、伤残或者疾病，保险人依照保险法第四十三条规定退还保险单的现金价值的，其他权利人按照被保险人、被保险人继承人的顺序确定。

第十七条 投保人解除保险合同，当事人以其解除合同未经被保险人或者受益人同意为由主张解除行为无效的，人民法院不予支持，但被保险人或者受益人已向投保人支付相当于保险单现金价值的款项并通知保险人的除外。

第十八条 保险人给付费用补偿型的医疗费用保险金时，主张扣减被保险人从公费医疗或者社会医疗保险取得的赔偿金额的，应当证明该保险产品在厘定医疗费用保险费率时已经将公费医疗或者社会医疗保险部分相应扣除，并按照扣减后的标准收取保险费。

第十九条 保险合同约定按照基本医疗保险的标准核定医疗费用，保险人以被保险人的医疗支出超出基本医疗保险范围为由拒绝给付保险金的，人民法院不予支持；保险人有证据证明被保险人支出的费用超过基本医疗保险同类医疗费用标准，要求对超出部分拒绝给付保险金的，人民法院应予支持。

第二十条 保险人以被保险人未在保险合同约定的医疗服务机构接受治疗为由拒绝给付保险金的，人民法院应予支持，但被保险人因情况紧急必须立即就医的除外。

第二十一条 保险人以被保险人自杀为由拒绝给付保险金的，由保险人承担举证责任。

受益人或者被保险人的继承人以被保险人自杀时无民事行为能力为由抗辩的，由其承担举证责任。

第二十二条 保险法第四十五条规定的"被保险人故意犯罪"的认定，应当以刑事侦查机关、检察机关和审判机关的生效法律文书或者其他结论性意见为依据。

第二十三条 保险人主张根据保险法第四十五条的规定不承担给付保险金责任的，应当证明被保险人的死亡、伤残结果与其实施的故意犯罪或者抗拒依法采取的刑事强制措施的行为之间存在因果关系。

被保险人在羁押、服刑期间因意外或者疾病造成伤残或者死亡，保险人主张根据保险法第四十五条的规定不承担给付保险金责任的，人民法院不予支持。

第二十四条 投保人为被保险人订立以死亡为给付保险金条件的保险合同，被保险人被宣告死亡后，当事人要求保险人按照保险合同约定给付保险金的，人民法院应予支持。

被保险人被宣告死亡之日在保险责任期间之外，但有证据证明下落不明之日在保险责任期间之内，当事人要求保险人按照保险合同约定给付保险金的，人民法院应予支持。

第二十五条 被保险人的损失系由承保事故或者非承保事故、免责事由造成难以确定，当事人请求保险人给付保险金的，人民法院可以按照相应比例予以支持。

第二十六条 本解释自 2015 年 12 月 1 日起施行。本解释施行后尚未终审的保险合同纠纷案件，适用本解释；本解释施行前已经终审，当事人申请再审或者按照审判监督程序决定再审的案件，不适用本解释。

最高人民法院关于适用《中华人民共和国保险法》若干问题的解释（四）

（法释〔2018〕13 号，2018 年 5 月 14 日最高人民法院审判委员会第1738 次会议通过，自 2018 年 9 月 1 日起施行）

为正确审理保险合同纠纷案件，切实维护当事人的合法权益，根据《中华人民共和国保险法》《中华人民共和国合同法》《中华人民共和国民事诉讼法》等法律规定，结合审判实践，就保险法中财产保险合同部分有关法律适用问题解释如下：

第一条 保险标的已交付受让人，但尚未依法办理所有权变更登记，承担保险标的毁损灭失风险的受让人，依照保险法第四十八条、第四十九条的规定主张行使被保险人权利的，人民法院应予支持。

第二条 保险人已向投保人履行了保险法规定的提示和明确说明义务，保险标的受让人以保险标的转让后保险人未向其提示或者明确说明为由，主张免除保险人责任的条款不生效的，人民法院不予支持。

第三条 被保险人死亡，继承保险标的的当事人主张承继被保险人的权利和义务的，人民法院应予支持。

第四条 人民法院认定保险标的是否构成保险法第四十九条、第五十二条规定的"危险程度显著增加"时，应当综合考虑以下因素：

（一）保险标的用途的改变；

（二）保险标的使用范围的改变；

（三）保险标的所处环境的变化；

（四）保险标的因改装等原因引起的变化；

（五）保险标的使用人或者管理人的改变；

（六）危险程度增加持续的时间；

（七）其他可能导致危险程度显著增加的因素。

保险标的危险程度虽然增加，但增加的危险属于保险合同订立时保险人预见或者应当预见的保险合同承保范围的，不构成危险程度显著增加。

第五条　被保险人、受让人依法及时向保险人发出保险标的的转让通知后，保险人作出答复前，发生保险事故，被保险人或者受让人主张保险人按照保险合同承担赔偿保险金的责任的，人民法院应予支持。

第六条　保险事故发生后，被保险人依照保险法第五十七条的规定，请求保险人承担为防止或者减少保险标的的损失所支付的必要、合理费用，保险人以被保险人采取的措施未产生实际效果为由抗辩的，人民法院不予支持。

第七条　保险人依照保险法第六十条的规定，主张代位行使被保险人因第三者侵权或者违约等享有的请求赔偿的权利的，人民法院应予支持。

第八条　投保人和被保险人为不同主体，因投保人对保险标的的损害而造成保险事故，保险人依法主张代位行使被保险人对投保人请求赔偿的权利的，人民法院应予支持，但法律另有规定或者保险合同另有约定的除外。

第九条　在保险人以第三者为被告提起的代位求偿权之诉中，第三者以被保险人在保险合同订立前已放弃对其请求赔偿的权利为由进行抗辩，人民法院认定上述放弃行为合法有效，保险人就相应部分主张行使代位求偿权的，人民法院不予支持。

保险合同订立时，保险人就是否存在上述放弃情形提出询问，投保人未如实告知，导致保险人不能代位行使请求赔偿的权利，保险人请求返还相应保险金的，人民法院应予支持，但保险人知道或者应当知道上述情形仍同意承保的除外。

第十条　因第三者对保险标的的损害而造成保险事故，保险人获得代位请求赔偿的权利的情况未通知第三者或者通知到达第三者前，第三者在被保险人已经从保险人处获赔的范围内又向被保险人作出赔偿，保险人主张代位行使被保险人对第三者请求赔偿的权利的，人民法院不予支持。保险人就相应保险金主张被保险人返还的，人民法院应予支持。

保险人获得代位请求赔偿的权利的情况已经通知到第三者，第三者又向被保险人作出赔偿，保险人主张代位行使请求赔偿的权利，第三者以其已经向被保险人赔偿为由抗辩的，人民法院不予支持。

第十一条　被保险人因故意或者重大过失未履行保险法第六十三条规定

的义务，致使保险人未能行使或者未能全部行使代位请求赔偿的权利，保险人主张在其损失范围内扣减或者返还相应保险金的，人民法院应予支持。

第十二条 保险人以造成保险事故的第三者为被告提起代位求偿权之诉的，以被保险人与第三者之间的法律关系确定管辖法院。

第十三条 保险人提起代位求偿权之诉时，被保险人已经向第三者提起诉讼的，人民法院可以依法合并审理。

保险人行使代位求偿权时，被保险人已经向第三者提起诉讼，保险人向受理该案的人民法院申请变更当事人，代位行使被保险人对第三者请求赔偿的权利，被保险人同意的，人民法院应予准许；被保险人不同意的，保险人可以作为共同原告参加诉讼。

第十四条 具有下列情形之一的，被保险人可以依照保险法第六十五条第二款的规定请求保险人直接向第三者赔偿保险金：

（一）被保险人对第三者所负的赔偿责任经人民法院生效裁判、仲裁裁决确认；

（二）被保险人对第三者所负的赔偿责任经被保险人与第三者协商一致；

（三）被保险人对第三者应负的赔偿责任能够确定的其他情形。

前款规定的情形下，保险人主张按照保险合同确定保险赔偿责任的，人民法院应予支持。

第十五条 被保险人对第三者应负的赔偿责任确定后，被保险人不履行赔偿责任，且第三者以保险人为被告或者以保险人与被保险人为共同被告提起诉讼时，被保险人尚未向保险人提出直接向第三者赔偿保险金的请求的，可以认定为属于保险法第六十五条第二款规定的"被保险人怠于请求"的情形。

第十六条 责任保险的被保险人因共同侵权依法承担连带责任，保险人以该连带责任超出被保险人应承担的责任份额为由，拒绝赔付保险金的，人民法院不予支持。保险人承担保险责任后，主张就超出被保险人责任份额的部分向其他连带责任人追偿的，人民法院应予支持。

第十七条 责任保险的被保险人对第三者所负的赔偿责任已经生效判决确认并已进入执行程序，但未获得清偿或者未获得全部清偿，第三者依法请求保险人赔偿保险金，保险人以前述生效判决已进入执行程序为由抗辩的，人民法院不予支持。

第十八条 商业责任险的被保险人向保险人请求赔偿保险金的诉讼时效期间，自被保险人对第三者应负的赔偿责任确定之日起计算。

第十九条 责任保险的被保险人与第三者就被保险人的赔偿责任达成和解协议且经保险人认可，被保险人主张保险人在保险合同范围内依据和解协议承担保险责任的，人民法院应予支持。

被保险人与第三者就被保险人的赔偿责任达成和解协议，未经保险人认可，保险人主张对保险责任范围以及赔偿数额重新予以核定的，人民法院应予支持。

第二十条 责任保险的保险人在被保险人向第三者赔偿之前向被保险人赔偿保险金，第三者依照保险法第六十五条第二款的规定行使保险金请求权时，保险人以其已向被保险人赔偿为由拒绝赔偿保险金的，人民法院不予支持。保险人向第三者赔偿后，请求被保险人返还相应保险金的，人民法院应予支持。

第二十一条 本解释自 2018 年 9 月 1 日起施行。

本解释施行后人民法院正在审理的一审、二审案件，适用本解释；本解释施行前已经终审，当事人申请再审或者按照审判监督程序决定再审的案件，不适用本解释。

缩略语表

保险法	中华人民共和国保险法
保险法司法解释（一）	最高人民法院关于适用《中华人民共和国保险法》若干问题的解释（一）
保险法司法解释（二）	最高人民法院关于适用《中华人民共和国保险法》若干问题的解释（二）
保险法司法解释（三）	最高人民法院关于适用《中华人民共和国保险法》若干问题的解释（三）
保险法司法解释（四）	最高人民法院关于适用《中华人民共和国保险法》若干问题的解释（四）
民法典	中华人民共和国民法典
突发事件应对法	中华人民共和国突发事件应对法

本书定稿，是在百年不遇的新冠肺炎疫情肆虐期间，学生们不在学校，即将毕业的佩茹写了《窗外》给我，实际上是替我记录了茫茫来路，也和这本书"为了教而学"的写作初衷完全契合，于是作为后记。

感谢我所有的学生，给了我写这本书的动力。特别感谢我的学生张蕾、高雅、吴佳凝、段冬林、李琦、高艺琪、单佳琦、师佳慧，他们承担了统稿和校对的所有工作。殷殷切切，倩影幽幽，他日回望，家人依旧。

潘红艳

于吉林大学法学院研究室

2020 年 5 月 28 日

窗　外

2020 年 5 月初，雨声淅沥。雨丝轻抚我的梦境，缓缓将我唤醒。打开手机，长春今日多云，明日才悠悠转雨。我看着窗外，不禁想起那一抹粉白来。不知今年的五月花广场光景如何，杏花是否已显颓势，窗外浸着簇簇的嫩绿来。潘老师的办公室在吉大老行政楼的 7 层，办公室的窗正好将五月花广场的全景镶嵌于胸。年将过半，却仍只能从老师的朋友圈窥探到那个窗外的景致，往后恐怕更无法亲眼领略其四季的更迭。

2017 年秋，我还没机会领略那窗外的美景。那时我刚入校，潘老师的办公室还在东荣大厦。我对她的了解限于吉林大学法学院网站的简介、电子邮件的简短回复和一通爽朗的电话，她如此迅速地答应收我为徒，我又意外又安心的同时，不由得对她产生了极强的好奇。第一次真正见面是一个午后，三两学生坐在她午休的行军床上，潘老师介绍新老生认识，并安排大家收集和整理各大保险公司的人身及财产保险的合同文本。我一边拿本子记下任务，一边打量着屋里的一切。这间办公室为几位老师共同使用，当天却没有旁人。办公室的窗很大，窗外的阳光曚昽地投影她的身形。她随意地坐着，学生说话时，她眼神笑盈盈地望着，偶尔陷入自己的思索中，仿佛望向远方。在那一瞬，我仿佛瞥到了她的另一个宇宙。

2017 年转冬，师哥师姐帮着潘老师搬了办公室，我却没怎么去过，与潘老师的交流仅限于定期的保险法论坛活动。这是我们师门的特色，搬了办公室后，论坛地点便固定在了吉林大学行政楼 7 层会议室。那学期最后一次论坛活动，轮到我们几个研一新生进行读书汇报。对保险法还不是很精通的我们经历了前几次师哥师姐论文讨论会的傻眼与惶恐，疯狂地看书学习，进行自我补课，认认真真地汇报了自己的读书情况。潘老师耐心地听完我们三个的发言，她站起身，双手支在桌上，对着师哥师姐们露出欣慰的笑容："看看我这届新招的学生，不错吧。"我这就算是获得老师的肯定了吗？终于有资格踏入保险法领域了吗？我抬头望向潘老师，潘老师的目光在学生们身上跳转，这目光中流露出的肯定与热切，燃起了我对保险法学的热情。论坛结束，我们路过潘老师的办公室，潘老师热情地向我们介绍她的卡座和书架，潘老师的卡座在前面，后面是另一位老师的座位，卡座侧面放置一个舒服的沙发，占了好大空间，深处的窗台上零星放着绿植。大家走到两个座位的中间，便停住了脚步，我也随着大家说了些许客套话，与众人一同离场。

转年的 2 月底，又要开学了。吉林大学的寒假比其他学校略长，我在被窝里怀念着那些年在火车上一路看元宵节各地炸裂又消逝的烟火，突然贪恋起家乡的烧烤与海鲜来，一点都不想回到让我冻到灵魂出窍的长春。草草返校再见到师哥师姐时才意识到，我们的慧子师姐马上要毕业了。潘老师从来没有吝啬过对她的赞美与喜爱，我也喜欢这个聪慧机敏的大师姐。我和慧子师姐约饭，她刚刚面试完某家公司的法务职务，转而问我律师的待遇和工作到底如何。我暗暗吃了一惊，没头没脑地问道："师姐，你不是要读博吗？"她放下筷子，举起水杯笑道："不读了，还是要找工作。"说完，抿了口水。后来我听说，潘老师为实现慧子师姐的博士梦想做了许多努力，我想潘老师一定特别想自己带她吧。可人生总是有些许遗憾，此时的残缺，也许是彼时圆满的开始。怀着这样的心情，我默默地观察着潘老师。如同她的新办公室只用了一半，她的心似乎也空着一半，她突然变了，开始拼命地思考与创作。她就像一盏浮灯，随着海浪起起伏伏，孤绝地撕裂暗夜。

2018 年夏天悄然而至，我有幸陪着潘老师处理部分律师业务，再为成团去英国做着准备工作，得以从群体中分离，作为独立的个体闯入她的视野中。有一天我在她的办公室看着文件，她留我在办公室吃饭，并告诉我可以在沙发上午睡，她放着 BBC 的新闻，离开了办公室，我迷迷糊糊地睡着了。再睁眼，我被办公室窗台上的纸船吸引住了目光。我站起身，走到窗口，窗台上还有老师女儿的其他"大作"。我被她的童趣所吸引，拿起来仔细看这些画作，目光不由得瞥向窗外。原来，潘老师办公室的窗外可以看到吉林大学五月花广场的全貌，骑车穿行的学生，手挽手的情侣，推着婴儿车的老人，形形色色的人群融入那片郁郁葱葱之中。五月花广场有着吉大独特的清冷与温柔，开阔又包容地承载着无数人的梦，潘老师的梦，我的梦，也一定在其中生根发芽，向上生长。

从此，我爱上了潘老师办公室窗外的景色，时不时地眺望一番，整个空间都有了活力，仿佛通过窗，连接到了更远的地方。潘老师也在我的生命里鲜活了起来，她在我面前有过开心，有过自豪，有过痛苦，有过不甘，但她从来没有服输过，从来没有屈服过。2018 年以来，潘老师的吉林大学保险法论坛做得有声有色，出国项目逐步落地，潘老师本人及学生的学术观点逐渐呈现系统的流派特色。与其他学生一样，我也被潘老师的身影深深地吸引着，为思考而活，为创作而生，她不再是一盏孤独的浮灯，她的学生们亦点燃了自己的生命，在不同的人生旅途上发光发热，去抚平黑夜，温暖寒冷。

还有一个多月，我就要毕业了。在潘老师的帮助与鼓励下，写完了毕业论文，找到了工作，即将开启人生的新篇章。我们是最寂寞的毕业生，没有毕业旅行，没有毕业典礼，甚至见不到其他师弟师妹最后再当面道声珍重。好在我还能再次回到那间办公室，回到那扇窗前，眺望窗外的景色。以后的日子，我都会如今日一般，心绪突然从眼前的窗外景象，飞到长春的某处。我在玻璃的反光下，一定会再次想起潘老师给我们这些小丫头娓娓道来人间百态时，身后从窗泻入的万千灯火；再想起潘老师与我在异国街头聊到哽咽时，那晚醉人摇曳的点点星光；再想起潘老师那眼中对理想求索时，永不熄灭的万丈光芒。

刘佩茹

二〇二〇年五月八日

图书在版编目（CIP）数据

保险合同法精解：释义与案例／潘红艳著 . --北
京：社会科学文献出版社，2021.11
（吉林大学哲学社会科学学术文库）
ISBN 978-7-5201-9103-6

Ⅰ.①保…　Ⅱ.①潘…　Ⅲ.①保险合同-合同法-研
究-中国　Ⅳ.①D923.64

中国版本图书馆 CIP 数据核字（2021）第 194963 号

·吉林大学哲学社会科学学术文库·

保险合同法精解：释义与案例

著　　者／潘红艳

出 版 人／王利民
组稿编辑／恽　薇
责任编辑／陈凤玲
文稿编辑／陈　荣
责任印制／王京美

出　　版／社会科学文献出版社·经济与管理分社 （010）59367226
　　　　　　地址：北京市北三环中路甲 29 号院华龙大厦　邮编：100029
　　　　　　网址：www.ssap.com.cn
发　　行／市场营销中心 （010）59367081　59367083
印　　装／三河市尚艺印装有限公司

规　　格／开　本：787mm×1092mm　1/16
　　　　　　印　张：31.5　字　数：491 千字
版　　次／2021 年 11 月第 1 版　2021 年 11 月第 1 次印刷
书　　号／ISBN 978-7-5201-9103-6
定　　价／168.00 元

本书如有印装质量问题，请与读者服务中心（010-59367028）联系